VAT practice
of construction
enterprises

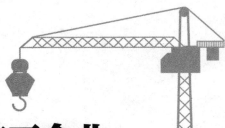

建筑施工企业
增值税操作实务

政策解读　纳税申报　发票管理　会计核算

李志远　李建军　陈颖◎编著

中国市场出版社
China Market Press

·北京·

图书在版编目（CIP）数据

建筑施工企业增值税操作实务/李志远，李建军，陈颖编著. —北京：中国市场出版社，2017.8

ISBN 978-7-5092-1568-5

Ⅰ. ①建… Ⅱ. ①李… ②李… ③陈… Ⅲ. ①建筑施工企业-增值税-税收管理-中国 Ⅳ. ①F812.423

中国版本图书馆 CIP 数据核字（2017）第 174262 号

建筑施工企业增值税操作实务
JIANZHU SHIGONG QIYE ZENGZHISHUI CAOZUO SHIWU

编　　著	李志远　李建军　陈　颖
责任编辑	张　瑶
出版发行	中国市场出版社　China Market Press
社　　址	北京月坛北小街 2 号院 3 号楼　　　邮政编码　100837
电　　话	编辑部（010）68032104　读者服务部（010）68022950
	发行部（010）68021338　68020340　68053489
	68024335　68033577　68033539
	总编室（010）68020336
	盗版举报（010）68020336
邮　　箱	474885818@qq.com
经　　销	新华书店
印　　刷	河北鑫兆源印刷有限公司
规　　格	185 mm×260 mm　16 开本　　版　次　2017 年 8 月第 1 版
印　　张	27　　　　　　　　　　　　　印　次　2017 年 8 月第 1 次印刷
字　　数	570 千字　　　　　　　　　　定　价　60.00 元
书　　号	ISBN 978-7-5092-1568-5

序 言
PREFACE

从 2016 年 5 月 1 日起，建筑业全面推开营业税改征增值税试点。在这一年多时间里，新业务层出不穷，营改增政策也在不断完善。本书是在 2016 年 6 月出版的《建筑施工企业营改增实务》一书的基础上修改完成的，主要有以下特点：

一、体现最新税收政策的要求

2016 年建筑业实施营改增后，在《财政部 国家税务总局关于全面推开营业税改征增值税试点的通知》（财税〔2016〕36 号）、《跨县（市、区）提供建筑服务增值税征收管理暂行办法》（国家税务总局公告 2016 年第 17 号发布）的基础上，又颁布了一系列相关文件。这些文件，有些是对原来政策的补充完善，比如 2016 年 7 月 12 日颁布的《财政部 国家税务总局关于纳税人异地预缴增值税有关城市维护建设税和教育费附加政策问题的通知》（财税〔2016〕74 号），对异地预缴城市维护建设税和教育费附加政策进行了完善；有些是对原来政策的修订，比如 2017 年 4 月 20 日颁布的《国家税务总局关于进一步明确营改增有关征管问题的公告》（国家税务总局公告 2017 年第 11 号），对纳税人销售活动板房、机器设备、钢结构件等自产货物的同时提供建筑、安装服务业务政策做出了新的规定；有些是增值税制度改革的延续，比如 2017 年 4 月 28 日颁布的《财政部 国家税务总局关于简并增值税税率有关政策的通知》（财税〔2017〕37 号）中取消了 13％的税率，反映了我国增值税制度改革的一个重要方向。2017 年 7 月 11 日发布的《财政部 税务总局关于建筑服务等营改增试点政策的通知》（财税〔2017〕58 号）取消了"纳税人提供建筑服务采取预收款方式的，其纳税义务发生时间为收到预收款的当天"的规定。在本书中，我们把 2017 年 7 月 31 日之前颁布的、与建筑业相关的增值税政策予以集中，进行了全面的解读。

二、增值税会计核算系统全面

随着各行业营改增的全面实施，增值税制度成为我国各行各业普遍采用的一种税收制度。2016 年 12 月财政部颁布了《财政部关于印发〈增值税会计处理规定〉的通知》（财会〔2016〕22 号）及其解读文件，对所有行业企业的增值税会计核算业务做出了统一规定。该文件既对增值税进项税额、销项税额等基本业务会计核算做出了规定，又对待认证进项税额、待抵扣进项税额、增值税留抵税额等特殊业务做出了规定，同时对于用途改变的采购业务的增值税以及增值税纳税义务与会计收入差异规定了核算方法。在本书中，我们结合财会〔2016〕22 号文件的规定，针对建筑业企业存在的各种业务进行了系统的案例式讲解，力求给读者呈现一个系统全面的增值税会计核算模板。

三、联系企业实务并遵从税法

建筑施工企业的生产经营具有分散性、流动性等特征，导致在执行增值税法规政策过程中，面临很多特殊问题，比如增值税专用发票的取得、可抵扣与不可抵扣进项税额的区分、增值税在总部和项目之间的转移与核算，等等。同时，增值税法规对企业的涉税业务又有明确而系统的规定，尤其是对增值税发票的管理要求越来越严格，偷税漏税、虚开增值税发票已经成为经济犯罪领域涉税犯罪的重要风险区。遵从税法的基本规定，结合建筑施工企业实际情况，帮助企业做好财务、税务工作，是我们的宗旨。本书编写过程中，我们坚持"以正确的政策引导人、以准确的理解启发人、以稳健的方法帮助人"的原则，力求所有入书的案例和做法都符合有关会计和税法基本规定，一些哗众取宠、华而不实，甚至存在巨大涉税风险的案例和做法都被排除在外，以确保本书内容的合法性和可用性。

由于时间和水平所限，尽管我们已经竭尽全力，但书中差错在所难免，恳请广大读者给予批评指正！本书的交流平台是"远见财税"微信公众号（YJ13810383845），我的手机号码为 13810383845，电子邮箱地址为 124823032＠qq.com，欢迎各位读者通过各种方式与我们进行业务交流并提出宝贵意见！

李志远

2017 年 7 月 31 日

目 录
CONTENTS

第一章　营业税改征增值税概述

第一节　营业税与增值税概述 / 3

一、营业税概述 / 3

（一）营业税的起源和发展 / 3

（二）建筑业营业税的特殊规定 / 4

二、增值税概述 / 4

（一）增值税的起源和发展 / 5

（二）增值税的征收范围 / 6

三、两个税种的比较 / 6

（一）营业税与增值税的特点 / 6

（二）营业税与增值税要素比较 / 7

第二节　营业税改征增值税概述 / 8

一、营改增的总体安排 / 8

二、营改增的基本原则 / 9

三、改革试点的主要内容 / 9

（一）范围与时间 / 9

（二）过渡期政策 / 9

四、营改增的进展情况 / 10

第三节　营改增对建筑施工企业的影响 / 10

一、建筑业营改增的意义 / 11

（一）营改增彻底解决了对建筑施工企业重复征税的问题 / 11

（二）营改增将促进建筑施工企业的技术改造和设备更新 / 11

（三）营改增能促进建筑施工企业的基础管理 / 12

二、建筑业营改增影响分析 / 12

（一）企业组织架构需要优化调整 / 12

（二）企业经营方式要求合法规范 / 13

（三）工程计价规则已经发生改变 / 13

（四）工程结算对纳税资金影响大 / 14

（五）会计核算内容和方式将改变 / 14

（六）采购定价原则和策略将改变 / 15

（七）施工成本预算管理受到影响 / 15

（八）企业绩效评价工作受到影响 / 15

（九）纳税筹划的难度进一步加大 / 16

（十）合同和发票管理的要求提高 / 16

第二章　现行增值税政策的规定

第一节　征税范围及纳税义务人 / 19

一、征税范围 / 19

（一）关于"境内"的界定 / 19

（二）征税范围的一般规定 / 19

（三）销售服务范围注释 / 20

（四）销售无形资产范围注释 / 29

（五）销售不动产范围注释 / 29

（六）征税范围的特殊规定 / 29

二、纳税义务人和扣缴义务人 / 32

（一）纳税义务人 / 32

（二）扣缴义务人 / 33

第二节　一般纳税人和小规模纳税人的分类及管理 / 33

一、小规模纳税人的标准及管理 / 34

（一）小规模纳税人的认定标准 / 34

（二）小规模纳税人的管理 / 34

二、一般纳税人的标准及管理 / 34

（一）一般纳税人的认定标准 / 34

（二）一般纳税人资格登记的条件 / 35

（三）一般纳税人纳税辅导期管理办法 / 35

第三节　税率、征收率与预征率 / 36

一、税　率 / 36

（一）17％税率 / 36

（二）11％税率 / 36

（三）6％税率 / 36

（四）零税率 / 37

二、征收率及预征率 / 38

（一）小规模纳税人征收率的规定 / 38

（二）原一般纳税人按照简易办法征收增值税的征收率规定 / 39

（三）营改增试点纳税人适用征收率和预征率的规定 / 40

（四）纳税人销售旧货适用征收率的规定 / 43

第四节　一般计税方法的应用 / 43

一、增值税额的计算 / 43

二、销项税额的计算 / 44

（一）一般销售方式下的销售额 / 44

（二）特殊销售方式下的销售额 / 45

（三）营改增纳税人销售额计算的特殊规定 / 48

（四）含税销售额的换算 / 50

三、进项税额的计算 / 50

（一）准予从销项税额中抵扣的进项税额 / 51

（二）不得从销项税额中抵扣的进项税额 / 52

（三）不得抵扣进项税额的计算 / 53

四、应纳税额的计算 / 54

（一）计算应纳税额的时间限定 / 54

（二）不动产在建工程的特殊规定 / 56

（三）计算应纳税额时进项税额不足抵扣的处理 / 56

（四）销货退回或折让涉及销项税额和进项税额的税务处理 / 56

（五）向供货方取得返还收入的税务处理 / 56

（六）一般纳税人注销时进项税额的处理 / 57

（七）纳税人资产重组增值税留抵税额的处理 / 57

（八）一般纳税人应纳税额计算实例 / 57

第五节　简易计税方法的应用 / 58

一、应纳税额的计算 / 58

二、含税销售额的换算 / 59

三、对营改增纳税人选择简易计税方法的规定 / 59

（一）建筑服务 / 59

（二）销售不动产 / 60

（三）不动产经营租赁服务 / 61

（四）其他业务 / 61

第六节　特殊经营行为和产品的税务处理 / 62

一、兼营不同税率的货物、劳务、服务、无形资产或者不动产 / 62

二、混合销售行为 / 62

三、成品油零售加油站增值税的征收管理 / 63

（一）对加油站的一般规定 / 63

（二）加油站应税销售额的确定 / 64

（三）对财务核算不健全的加油站的规定 / 64

第七节　进口货物的税收政策 / 65

一、进口货物的征税范围及纳税人 / 65

（一）进口货物征税的范围 / 65

（二）进口货物的纳税人 / 65

二、进口货物的适用税率 / 65

三、进口货物应纳税额的计算 / 66

四、进口货物的税收管理 / 67

第八节　出口货物退（免）税 / 67

一、出口货物退（免）税基本政策 / 68

二、出口货物退（免）税的适用范围 / 69

（一）适用增值税退（免）税政策的范围 / 69

（二）增值税退（免）税办法 / 72

（三）增值税出口退税率 / 72

（四）增值税退（免）税的计税依据 / 73

（五）增值税免抵退税和免退税的计算 / 74

三、出口货物和劳务增值税免税政策 / 79

（一）适用增值税免税政策的范围 / 79

（二）进项税额的处理与计算 / 80

四、出口货物增值税征税政策 / 81

（一）适用增值税征税政策的范围 / 81

（二）应纳增值税的计算 / 82

五、出口货物退（免）税管理 / 83

（一）认定和申报 / 83

（二）若干征、退（免）税规定 / 84

（三）外贸企业核算要求 / 84

（四）符合条件的生产企业 / 85

（五）出口货物退（免）税日常管理 / 85

（六）违章处理 / 85

第九节　税收优惠 / 87

一、《增值税暂行条例》规定的免税项目 / 87

二、免征增值税的应税服务 / 87

三、增值税即征即退 / 95

四、扣减增值税规定 / 96

 （一）退役士兵创业就业 / 96

 （二）重点群体创业就业 / 97

五、跨境零税率应税行为 / 99

六、跨境免税应税行为 / 100

七、国际运输服务项目 / 101

八、采用简易计税方法的规定 / 101

九、增值税起征点的规定 / 102

十、其他有关减免税规定 / 102

第十节　征收管理 / 103

一、纳税义务时间 / 103

 （一）原增值税纳税人的规定 / 103

 （二）营改增纳税人的规定 / 104

二、纳税期限 / 105

三、纳税地点 / 105

第三章　建筑施工企业税务规定与会计处理

第一节　建筑施工企业增值税的基本规定 / 109

一、建筑业增值税基本政策 / 109

 （一）纳税人 / 109

 （二）征税范围 / 109

 （三）税率和征收率 / 111

 （四）计税方法 / 111

 （五）销售额的确定 / 112

 （六）纳税地点 / 114

 （七）纳税义务发生时间 / 116

 （八）增值税进项税额抵扣 / 116

 （九）税收优惠 / 118

 （十）容易混淆的几项应税服务 / 119

二、增值税会计核算科目的设置 / 120

 （一）"应交税费"明细科目的设置 / 120

 （二）"应交税费——应交增值税"明细科目的设置 / 121

 （三）小规模纳税人增值税会计科目的设置 / 122

第二节　一般计税方法的会计处理 / 123

　　一、销项税额的会计处理 / 123

　　　　（一）提供建筑业应税服务的会计处理 / 123

　　　　（二）不动产经营租赁与转让的会计处理 / 126

　　　　（三）销售货物、其他服务的会计处理 / 127

　　　　（四）兼营不同税率业务的会计处理 / 129

　　　　（五）旧固定资产销售业务的核算 / 131

　　　　（六）常见视同销售业务的核算 / 132

　　二、进项税额的会计处理 / 140

　　　　（一）一般采购业务的进项税额会计处理 / 140

　　　　（二）待认证进项税额的会计处理 / 143

　　　　（三）暂估入账的采购业务的会计处理 / 143

　　　　（四）代扣代缴增值税业务的会计处理 / 144

　　　　（五）待抵扣进项税额的会计处理 / 145

　　　　（六）进项税额转出的会计处理 / 146

　　　　（七）月末转出多交增值税和未交增值税的会计处理 / 148

　　三、税款缴纳与减免税款的会计处理 / 149

　　　　（一）税款缴纳的会计处理 / 149

　　　　（二）一般纳税人汇总纳税的会计处理 / 150

　　　　（三）总部和项目部两级核算时的会计处理 / 151

　　　　（四）减免税款的会计处理 / 151

　　四、纳税检查的会计处理 / 152

　　五、出口退（免）税业务的处理 / 155

第三节　简易计税方法的会计处理 / 156

　　一、会计科目设置 / 156

　　二、小规模纳税人常见业务会计处理 / 156

　　　　（一）购进货物、加工修理修配劳务及其他应税服务的会计处理 / 156

　　　　（二）销售货物、提供修理修配劳务及其他应税服务的会计处理 / 156

　　　　（三）税款缴纳及退税的会计处理 / 157

　　　　（四）初次购买税控设备及缴纳技术维护费的会计处理 / 157

　　三、一般纳税人简易计税项目的会计处理 / 157

　　　　（一）购进货物、加工修理修配劳务及其他应税服务的会计处理 / 157

　　　　（二）销售货物、提供修理修配劳务及其他应税服务的会计处理 / 157

　　　　（三）总分包差额纳税的会计处理 / 157

　　　　（四）税款缴纳及退税的会计处理 / 159

第四节　营改增试点有关特殊事项的会计处理 / 159

一、期末留抵税额的会计处理 / 159

二、取得财政性扶持资金的会计处理 / 160

第四章 增值税申报

第一节 增值税申报与缴纳管理 / 163

一、增值税纳税义务发生时间 / 163

（一）基本规定 / 163

（二）现行增值税法规的规定 / 163

（三）营改增文件的主要规定 / 164

二、纳税期限 / 164

（一）增值税纳税期限的规定 / 164

（二）增值税报缴税款期限的规定 / 165

三、纳税地点 / 165

第二节 一般纳税人纳税申报 / 165

一、纳税申报资料 / 165

（一）必报资料 / 165

（二）备查资料 / 166

二、增值税纳税申报资料的管理 / 167

（一）增值税纳税申报必报资料 / 167

（二）增值税纳税申报备查资料 / 167

（三）《增值税纳税申报表（一般纳税人适用）》（主表及附表）购领 / 167

第三节 一般纳税人申报表填写说明 / 168

一、名词解释 / 168

二、《增值税纳税申报表（一般纳税人适用）》填写说明 / 168

三、《增值税纳税申报表附列资料（一）》（本期销售情况明细）填写说明 / 175

（一）"税款所属时间""纳税人名称"的填写 / 175

（二）各列填写说明 / 175

（三）各行填写说明 / 176

四、《增值税纳税申报表附列资料（二）》（本期进项税额明细）填写说明 / 178

（一）"税款所属时间""纳税人名称"的填写 / 178

（二）第1至12栏"一、申报抵扣的进项税额"各栏 / 178

（三）第13至23栏"二、进项税额转出额"各栏 / 180

（四）第24至34栏"三、待抵扣进项税额"各栏 / 181

（五）第35至36栏"四、其他"各栏 / 182

五、《增值税纳税申报表附列资料（三）》（服务、不动产和无形资产扣除项目

明细）填写说明 / 182

六、《增值税纳税申报表附列资料（四）》（税额抵减情况表）填写说明 / 183

七、《增值税纳税申报表附列资料（五）》（不动产分期抵扣计算表）
填写说明 / 184

八、《固定资产（不含不动产）进项税额抵扣情况表》填写说明 / 184

九、《本期抵扣进项税额结构明细表》填写说明 / 184

十、《增值税减免税申报明细表》填写说明 / 185

第四节　《增值税预缴税款表》填写说明 / 187

一、《增值税预缴税款表》填写对象 / 187

二、基础信息填写说明 / 187

三、具体栏次填写说明 / 188

（一）纳税人异地提供建筑服务 / 188

（二）房地产开发企业预售自行开发的房地产项目 / 188

（三）纳税人出租不动产 / 188

第五章　增值税发票管理

第一节　金税工程 / 205

一、工程背景 / 205

二、工程组成 / 206

（一）金税工程网络 / 206

（二）金税工程软件系统构成 / 206

三、金税三期 / 207

第二节　增值税发票简介 / 209

一、发　票 / 209

二、增值税发票的种类 / 209

三、增值税专用发票的特殊性 / 210

四、增值税专用发票的构成要素 / 211

（一）票样 / 211

（二）规格与纸张 / 211

（三）专用发票七要素 / 211

（四）印章 / 212

（五）专用发票印制 / 212

第三节　增值税扣税凭证 / 212

一、增值税扣税凭证 / 212

二、常见成本扣税凭证及其适用税率 / 213

第四节　增值税发票的领购 / 219

　　一、增值税专用发票的真伪鉴别 / 219

　　　　（一）光角变色圆环纤维 / 219

　　　　（二）造纸防伪线 / 219

　　　　（三）防伪油墨颜色擦可变 / 219

　　　　（四）专用异型号码 / 220

　　　　（五）复合信息防伪 / 220

　　二、增值税发票的领购方法 / 220

　　　　（一）一般纳税人首次领购增值税专用发票 / 220

　　　　（二）一般纳税人再次领购增值税专用发票 / 221

　　三、不得领购开具专用发票的情形 / 221

第五节　增值税发票的保管 / 222

　　一、增值税发票的保管要求 / 222

　　　　（一）落实安全保管 / 222

　　　　（二）落实登记管理 / 222

　　　　（三）禁止带票外出 / 222

　　二、未按规定保管专用发票和专用设备的情形 / 222

第六节　增值税发票的开具 / 223

　　一、增值税专用发票开具范围 / 223

　　　　（一）政策规定 / 223

　　　　（二）操作要点 / 223

　　二、增值税专用发票开具要求 / 224

　　　　（一）政策规定 / 224

　　　　（二）操作要点 / 224

　　三、不得开具增值税专用发票的情形 / 224

第七节　增值税扣税凭证管理 / 225

　　一、扣税凭证类型 / 225

　　二、扣税凭证的抵扣方式 / 225

　　　　（一）认证抵扣 / 225

　　　　（二）比对抵扣 / 225

　　　　（三）计算抵扣 / 226

　　三、增值税扣税凭证认证（比对）期限 / 226

　　　　（一）政策规定 / 226

　　　　（二）操作要点 / 227

　　四、逾期未认证的补救措施 / 227

　　　　（一）政策规定 / 227

（二）操作要点 / 228

五、不得抵扣的扣税凭证 / 228

（一）认证后不得作为增值税进项税额抵扣凭证的情形 / 228

（二）认证后暂不得作为增值税进项税额抵扣凭证的情形 / 229

（三）海关缴款书稽核比对异常的处理 / 229

第八节　增值税专用发票管理的特殊事项 / 230

一、增值税专用发票被盗、丢失 / 230

（一）办理程序 / 230

（二）处罚措施 / 230

二、增值税专用发票发票联、抵扣联丢失 / 230

三、增值税专用发票作废 / 231

（一）政策规定 / 231

（二）操作要点 / 231

四、红字增值税专用发票 / 232

五、税务机关代开增值税专用发票 / 233

第九节　对虚开增值税专用发票的处罚 / 234

一、虚开增值税专用发票 / 234

二、善意取得虚开的增值税专用发票 / 234

（一）政策规定 / 234

（二）操作要点 / 236

三、虚开增值税专用发票罪 / 236

四、犯罪形式 / 237

（一）虚开增值税专用发票罪的主体 / 237

（二）虚开增值税专用发票的五种主要犯罪形式 / 237

五、判罚界定 / 238

（一）与有关的变造增值税专用发票行为区分 / 238

（二）增值税发票的轻微变造 / 238

（三）虚开增值税发票犯罪未遂问题 / 238

第六章　全国税务机关营改增典型问题解答

1. 个人提供应税服务是否需要缴纳增值税？ / 241

2. 其他个人提供建筑服务在哪里申报纳税？ / 241

3. 营改增前发生的应税行为如何补缴税款？ / 241

4. 简易计税方法下如何差额纳税和开发票？ / 241

5. 取得的不动产进项税额如何分期抵扣？ / 241

6. 营改增前发生的应税行为如何申请退税？/ 242

7. 企业之间的免息资金拆借是否需缴纳增值税？/ 242

8. 既从事钢结构等的生产销售，又提供安装、工程等建筑服务，如何纳税？/ 242

9. "采购设备＋安装业务"应如何缴纳增值税？/ 243

10. 《外出经营活动税收管理证明》需不需要缴销？/ 243

11. 甲供工程施工方销售额如何确定？/ 243

12. 营改增后提供建筑服务的分包方进行再分包，能否按照差额纳税？/ 243

13. 境外工程项目如何办理免税？/ 244

14. 企业给高危行业职工购买的意外保险取得的增值税专用发票能否作为进项税额抵扣？/ 244

15. 建筑业纳税人跨县（市、区）项目应该如何办理税务登记？/ 244

16. 增值税纳税义务发生时间如何确定？/ 245

17. 采取简易办法征收的建筑项目，能否抵扣取得的进项税额？是否可以开具增值税专用发票？/ 245

18. 付款单位与购货单位不一致进项税额能否抵扣？/ 245

19. 简易计税项目差额纳税时可以扣除的分包款项有哪些？/ 246

20. EPC 总承包项目如何缴纳增值税？/ 246

21. 发包方代分包方发放的农民工工资如何处理？/ 246

22. 委托付款方式下开具的发票是否可以抵扣？/ 247

23. 建筑工程项目采用不同计税方法，在 2016 年 5 月 1 日后竣工的，处置结余的工程物资如何计税？/ 247

24. 提供图纸是否可以界定为甲供工程？/ 247

25. 自然人提供建筑服务，纳税申报地点如何确定？/ 248

26. EPC 工程项目应按什么税目征收增值税？/ 248

27. 建筑安装业跨省异地工程作业人员个人所得税怎样征收？/ 248

28. 开具增值税发票时，发票票面栏次无法满足开具需求的，如何填写？/ 248

29. 增值税普通发票购买方信息如何填列？/ 248

30. 购进办公用不动产能否抵扣进项税额？/ 248

31. 销售门窗同时提供安装服务的业务如何征税？/ 249

32. 如何判断确认纳税义务的发生？/ 249

33. 跨地区预缴增值税销售额如何划分？/ 249

34. PPP 项目（政府与社会资本合作）先期由市政工程集团建设后由政府回购如何缴税？/ 249

35. 如何判断外来施工企业是否是增值税一般纳税人？/ 250

36. 为供电线路提供的日常维护如何纳税？/ 250

37. 代建行为如何开具增值税发票? / 250

38. 实行差额征税的劳务派遣服务应符合哪些要求? / 250

39. 适用一般计税方法后是否可以改为简易计税方法? / 251

40. 企业为员工购买的一年以下的人寿保险（应税）是否可以抵扣? / 251

41. 既有总机构所在地开票又有经营地开票的如何纳税? / 252

42. 以分公司名义取得的进项税额能否在总公司抵扣? / 252

43. 简易计税项目能否改为一般计税方法? / 252

44. 相关合同是否必须注明"清包工"或者"甲供工程"? / 252

45. 预缴税款是否可以申请退税? / 253

46. 处置结余的工程物资如何计税? / 253

47. 总公司向独立核算的分公司收取的管理费用是否需要缴纳增值税? / 253

48. 采购部分材料用于提供建筑服务是否应分别纳税? / 253

49. PPP 等投融资项目应如何纳税? / 253

50. EPC 业务是否属于混合销售? / 254

51. 没有建筑资质的纳税人能否开具建筑业增值税发票? / 255

52. 能否按照临时纳税人开具增值税发票并缴纳增值税? / 255

53. 其他个人代开票金额能否超过 500 万元? / 255

54. 建筑服务发票是否通过差额征税开票功能开具? / 255

55. 试点纳税人用于生产经营的不动产，因属于违建项目被依法拆除，
    前期按规定核算抵扣的进项税额如何处理? / 255

56. 纳税人跨县（市、区）提供建筑服务扣除支付的分包款应取得
    什么凭证? / 256

57. 资质共享模式下如何开具发票? / 256

58. 是否建筑企业省内外所有建筑业务的发票（含普票和专票）都必须
    由总部开具? / 256

59. 一般纳税人从事土地复垦业务，是否可以选择简易计税方法? / 257

60. 一级土地开发如何缴纳增值税? / 257

61. 营改增后，建筑劳务适用税率和征收率分别是多少? / 257

62. 承包建筑安装业各项工程作业的承包人取得的收入，如何计算个人
    所得税? / 257

63. 建安业的《外出经营活动税收管理证明》有效期是多长? / 257

64. 跨旗县市区的建设（施工）标段如何纳税? / 258

65. 建安企业应由总部还是分公司给客户开发票? / 258

66. 建筑公司的抵债房，未办理产权登记，在销售时按二手房交易
    处理吗? / 258

附录　营改增文件汇编

财政部 国家税务总局关于全面推开营业税改征增值税试点的通知（财税〔2016〕36
　　号）/ 261

国家税务总局关于全面推开营业税改征增值税试点后增值税纳税申报有关事项的公
　　告（国家税务总局公告 2016 年第 13 号）/ 304

国家税务总局关于发布《纳税人转让不动产增值税征收管理暂行办法》的公告
　　（国家税务总局公告 2016 年第 14 号）/ 307

国家税务总局关于发布《不动产进项税额分期抵扣暂行办法》的公告（国家税务
　　总局公告 2016 年第 15 号）/ 310

国家税务总局关于发布《纳税人提供不动产经营租赁服务增值税征收管理暂行办法》
　　的公告（国家税务总局公告 2016 年第 16 号）/ 313

国家税务总局关于发布《纳税人跨县（市、区）提供建筑服务增值税征收管理暂行
　　办法》的公告（国家税务总局公告 2016 年第 17 号）/ 316

国家税务总局关于发布《房地产开发企业销售自行开发的房地产项目增值税征收管
　　理暂行办法》的公告（国家税务总局公告 2016 年第 18 号）/ 319

国家税务总局关于营业税改征增值税委托地税机关代征税款和代开增值税发票的
　　公告（国家税务总局公告 2016 年第 19 号）/ 323

国家税务总局关于全面推开营业税改征增值税试点有关税收征收管理事项的公告
　　（国家税务总局公告 2016 年第 23 号）/ 324

国家税务总局关于发布增值税发票税控开票软件数据接口规范的公告（国家税务
　　总局公告 2016 年第 25 号）/ 328

国家税务总局关于明确营改增试点若干征管问题的公告（国家税务总局公告 2016 年
　　第 26 号）/ 329

国家税务总局关于调整增值税纳税申报有关事项的公告（国家税务总局公告 2016 年
　　第 27 号）/ 330

国家税务总局关于发布《营业税改征增值税跨境应税行为增值税免税管理办法
　　（试行）》的公告（国家税务总局公告 2016 年第 29 号）/ 331

国家税务总局关于营业税改征增值税部分试点纳税人增值税纳税申报有关事项调整
　　的公告（国家税务总局公告 2016 年第 30 号）/ 338

国家税务总局关于营业税改征增值税委托地税局代征税款和代开增值税发票的通知
　　（税总函〔2016〕145 号）/ 339

国家税务总局关于进一步做好营改增税控装置安装服务和监督管理工作有关问题的
　　通知（税总函〔2016〕170 号）/ 342

财政部 国家税务总局关于营改增后契税 房产税 土地增值税 个人所得税计税依据

问题的通知（财税〔2016〕43 号）/ 343

国务院关于印发《全面推开营改增试点后调整中央与地方增值税收入划分过渡方案》
的通知（国发〔2016〕26 号）/ 344

财政部 国家税务总局关于进一步明确全面推开营改增试点金融业有关政策的通知
（财税〔2016〕46 号）/ 346

财政部 国家税务总局关于进一步明确全面推开营改增试点有关劳务派遣服务、收费
公路通行费抵扣等政策的通知（财税〔2016〕47 号）/ 348

国家税务总局关于纳税人销售其取得的不动产办理产权过户手续使用的增值税发票
联次问题的通知（税总函〔2016〕190 号）/ 350

财政部 国家税务总局关于促进残疾人就业增值税优惠政策的通知（财税〔2016〕52
号）/ 351

财政部 国家税务总局关于营业税改征增值税试点有关文化事业建设费政策及征收管
理问题的补充通知（财税〔2016〕60 号）/ 353

国家税务总局关于发布《促进残疾人就业增值税优惠政策管理办法》的公告（国家
税务总局公告 2016 年第 33 号）/ 354

财政部 国家税务总局关于进一步明确全面推开营改增试点有关再保险、不动产租赁
和非学历教育等政策的通知（财税〔2016〕68 号）/ 357

国家税务总局关于印发《全面推开营改增试点税负分析和整体运行情况分析工作方
案》的通知（税总函〔2016〕202 号）/ 359

国家税务总局关于优化《外出经营活动税收管理证明》相关制度和办理程序的意见
（税总发〔2016〕106 号）/ 360

国家税务总局关于个人保险代理人税收征管有关问题的公告（国家税务总局公告
2016 年第 45 号）/ 362

国家税务总局关于红字增值税发票开具有关问题的公告（国家税务总局公告 2016 年
第 47 号）/ 364

国家税务总局关于被盗、丢失增值税专用发票有关问题的公告（国家税务总局公告
2016 年第 50 号）/ 366

财政部 国家税务总局关于纳税人异地预缴增值税有关城市维护建设税和教育费附加
政策问题的通知（财税〔2016〕74 号）/ 367

国家税务总局关于保险机构代收车船税开具增值税发票问题的公告（国家税务总局
公告 2016 年第 51 号）/ 368

财政部 国家税务总局关于收费公路通行费增值税抵扣有关问题的通知（财税
〔2016〕86 号）/ 369

国家税务总局关于规范国税机关代开发票环节征收地方税费工作的通知（税总发
〔2016〕127 号）/ 370

国家税务总局关于营改增试点若干征管问题的公告（国家税务总局公告 2016 年第 53

号）/ 372

国家税务总局关于物业管理服务中收取的自来水水费增值税问题的公告（国家税务总局公告 2016 年第 54 号）/ 376

财政部 国家税务总局关于供热企业增值税 房产税 城镇土地使用税优惠政策的通知（财税〔2016〕94 号）/ 377

国家税务总局关于纳税人申请代开增值税发票办理流程的公告（国家税务总局公告 2016 年第 59 号）/ 379

国家税务总局关于调整增值税普通发票防伪措施有关事项的公告（国家税务总局公告 2016 年第 68 号）/ 381

国家税务总局关于在境外提供建筑服务等有关问题的公告（国家税务总局公告 2016 年第 69 号）/ 382

国家税务总局关于按照纳税信用等级对增值税发票使用实行分类管理有关事项的公告（国家税务总局公告 2016 年第 71 号）/ 384

国家税务总局关于纳税人转让不动产缴纳增值税差额扣除有关问题的公告（国家税务总局公告 2016 年第 73 号）/ 385

国家税务总局关于全面推行增值税发票网上申领有关问题的通知（税总函〔2016〕638 号）/ 386

国家税务总局关于调整增值税一般纳税人留抵税额申报口径的公告（国家税务总局公告 2016 年第 75 号）/ 388

国家税务总局关于走逃（失联）企业开具增值税专用发票认定处理有关问题的公告（国家税务总局公告 2016 年第 76 号）/ 389

国家税务总局关于启用增值税普通发票（卷票）有关事项的公告（国家税务总局公告 2016 年第 82 号）/ 390

财政部 国家税务总局关于明确金融 房地产开发 教育辅助服务等增值税政策的通知（财税〔2016〕140 号）/ 391

国家税务总局关于土地价款扣除时间等增值税征管问题的公告（国家税务总局公告 2016 年第 86 号）/ 394

国家税务总局关于启用全国增值税发票查验平台的公告（国家税务总局公告 2016 年第 87 号）/ 396

财政部 国家税务总局关于资管产品增值税政策有关问题的补充通知（财税〔2017〕2 号）/ 397

国家税务总局关于开展鉴证咨询业增值税小规模纳税人自开增值税专用发票试点工作有关事项的公告（国家税务总局公告 2017 年第 4 号）/ 398

国家税务总局关于进一步做好增值税电子普通发票推行工作的指导意见（税总发〔2017〕31 号）/ 399

国家税务总局关于使用印有本单位名称的增值税普通发票（卷票）有关问题的公告

（国家税务总局公告 2017 年第 9 号）/ 401

国家税务总局关于进一步明确营改增有关征管问题的公告（国家税务总局公告 2017
年第 11 号）/ 402

财政部 国家税务总局关于继续执行有线电视收视费增值税政策的通知（财税
〔2017〕35 号）/ 404

财政部 国家税务总局关于简并增值税税率有关政策的通知
（财税〔2017〕37 号）/ 405

国家税务总局关于增值税发票开具有关问题的公告（国家税务总局公告 2017 年第 16
号）/ 407

国家税务总局关于调整增值税纳税申报有关事项的公告（国家税务总局公告 2017 年
第 19 号）/ 408

财政部 税务总局关于建筑服务等营改增试点政策的通知（财税〔2017〕58 号）/ 409

1 第一章
营业税改征增值税概述

第一节 营业税与增值税概述

一、营业税概述

营业税是政府对工商营利事业按营业额征收的税，属于流转税的一种。在人类税收发展历史上，营业税属于比较早的一个税种。

（一）营业税的起源和发展

我国营业税的起源可以追溯到周代"关市之征"和"商贾虞衡"。随后的历朝历代都开征过类似的税种，比较有名的如汉代的"算络钱"、明朝的"市肆门摊税""课铁"等。清朝时期，政府开始征收"铺间房税"和"牙当"等，这些都具有营业税的性质。1931 年 6 月 13 日，当时的国民政府颁布营业税法，开始征收营业税。这标志着我国出现了较为正式的营业税制度。

新中国成立后，人民政府废除旧的营业税法，并在 1950 年公布了《工商业税暂行条例》，我国营业税的发展进入了崭新的时代。

1984 年 9 月 18 日，国务院发布了《中华人民共和国营业税条例（草案）》，从当年 10 月 1 日起实施。按照该条例的规定，在中华人民共和国境内从事商业、物资供销、交通运输、建筑安装、金融保险、邮政电讯、公用事业、出版业、娱乐业、加工修理业和其他各种服务业的单位和个人，均是营业税纳税义务人。

1994 年我国实行分税制改革。这次改革的主要内容是确定中央政府与地方政府之间的财政关系。为了配合分税制改革的顺利实施，我国的流转税制度也进行了相应的变革。1993 年，国务院发布了《中华人民共和国营业税暂行条例》，全国人民代表大会常务委员会公布了《关于外商投资企业和外国企业适用增值税、消费税、营业税等税收暂行条例的决定》，这两个法规的颁布标志着我国营业税的发展进入了一个新阶段。

从《中华人民共和国营业税条例（草案）》到《中华人民共和国营业税暂行条例》，营业税征税范围发生了较大的变化，商品零售、商品批发、出版事业、部分公共事业以及部分服务业等不再属于营业税纳税范围，改为缴纳增值税；在计税依据上，《中华人民共和国营业税暂行条例》列出了部分可以扣减的成本费用即所谓"差额纳税"的行为；营业税的税率也从原来以 10% 与 15% 的税率为主改为以 3% 和 5% 的税率为主；营业税的纳税时间、纳税地点以及纳税期限等内容也有了一定的修改。

2008 年，为了实施增值税转型，国务院修订了增值税和营业税法规。修订后的营业税制度的变化主要有：分公司或分支机构可以成为营业税纳税人；适时调整了营业税征税范围，单位或者个人土地使用权无偿赠送其他单位或者个人也纳入营业税征税范围；重新明确了价外费用的征税范围，明确建筑业营业税计税营业额确定问题；对境内外行为判定原则做了调整；细化了兼营与部分混合销售行为划分原则；纳税义务发生时间规定更加明了；纳税地点的表述调整为机构所在地；纳税申报期限延长，纳税申报期限由月后 10 日内延长至月后（或者季后）15 日内；等等。这是迄今为止的最后一版营业税法规，基本奠定了我国当时营业税的主要政策框架。

（二）建筑业营业税的特殊规定

营业税一般以营业收入额全额为计税依据，实行比例税率。营业额为纳税人提供应税劳务、转让无形资产或者销售不动产向对方收取的全部价款和价外费用。价外费用包括向对方收取的手续费、基金、集资费、代收款项、代垫款项及其他各种性质的价外收费。

按照我国现行规定，纳税人将建筑工程分包给其他单位的，以工程的全部承包额减去付给分包人的价款后的余额为营业额。纳税人从事建筑劳务（不含装饰劳务），其营业额应包括工程所用原材料、设备及其他物资和动力的价款在内，但不包括建设方提供的设备的价款。

纳税人自建自用的房屋不纳营业税，如纳税人将自建房屋（包括个人自建自用住房）对外销售，其自建行为应按建筑业缴纳营业税，同时按销售不动产缴纳营业税。

纳税人提供建筑业劳务的同时销售自产货物的行为以及财政部、国家税务总局规定的其他情形的混合销售行为，应当分别核算应税劳务的营业额和货物的销售额，其应税劳务的营业额作为营业税的计税依据。

营业税纳税义务发生时间为纳税人提供应税劳务、转让无形资产或者销售不动产并收讫营业收入款项或者取得索取营业收入款项凭据的当天。收讫营业收入款项是指纳税人应税行为发生过程中或者完成后收取的款项。取得索取营业收入款项凭据的当天，为书面合同确定的付款日期的当天；未签订书面合同或者书面合同未确定付款日期的，为应税行为完成的当天。纳税人提供建筑业或者租赁业劳务，采取预收款方式的，其纳税义务发生时间为收到预收款的当天。

纳税人将自建房屋（包括个人自建自用住房）对外销售，其纳税义务发生时间为销售自建建筑物的纳税义务发生时间。

二、增值税概述

增值税是以商品（含应税劳务）在流转过程中产生的增值额作为计税依据而征收的一种流转税。从计税原理上说，增值税是对商品生产、流通、劳务服务中各个环节的新增价值或商品的附加值征收的一种流转税。增值税的本质特点是"有增值才征税，没增值不征税"。

（一）增值税的起源和发展

美国耶鲁大学经济学教授亚当斯（T. S. Adams）是提出增值税概念的第一人，他于 1917 年在国家税务学会报告《营业税》（The Taxation of Business）中首先提出了对增值额征税的概念，指出对营业毛利课税比对利润课税的公司所得税好得多，这一营业毛利相当于工资薪金、租金、利息和利润之和，即相当于增值额。1954 年，时任法国税务总局局长助理的莫里斯·洛雷积极推动法国增值税制的制定与实施，并取得了成功，被誉为"增值税之父"。因此，一般认为增值税在 1954 年诞生于法国。之后，增值税在西欧和北欧各国迅速推广，现在已经成为许多国家广泛采用的一个国际性税种。

我国自 1979 年下半年开始引进增值税，并有针对性地选择了极少数地区进行试点。经过几年区域性的尝试，1983 年 1 月起，我国开始在全国范围内试行增值税。1984 年 10 月，我国正式将原来征收的工商税划分为产品税、增值税和营业税等税种，这标志着我国开始了具有中国特色的增值税税制改革道路。从 1984 年到 1993 年这十年间，我国的增值税基本上局限于工业企业的生产环节，而且采用不交叉征收的税收征收管理模式，增值税的普遍性原则、中性原则和简化原则没有得到充分体现。

1993 年 12 月 13 日，国务院发布了《中华人民共和国增值税暂行条例》，财政部紧接着下发了《中华人民共和国增值税暂行条例实施细则》，并同时于 1994 年 1 月 1 日起施行。这标志着我国的增值税税制改革进入实质性阶段。此次改革按照国际化做法，明确了我国的流转税制格局以增值税改革为核心。新的流转税体制以实行全面征收增值税为主，并在此基础上对少数消费品实行交叉征收消费税，对没有纳入增值税范畴的劳务交易征收营业税。与此同时，我国的税收征管机关也进行了相应的调整，在省级及省级以下政府部门分设国家税务局和地方税务局，增值税和营业税由国税局和地税局分别征收。

1994 年实施的《中华人民共和国增值税暂行条例》规定，销售货物或者提供加工、修理修配劳务以及进口货物的单位和个人为增值税纳税人。该条例还明确增值税的适用税率为基本税率 17% 和低税率 13% 两档，除少数货物（比如自来水、暖气、化肥、饲料等）适用低税率外，绝大多数货物及应税劳务都按照基本税率 17% 征收增值税。该条例采用了国际上普遍使用的税款抵扣方法，即根据销售商品或应税劳务取得的销售额，按规定的适用税率计算出销项税额后，扣除取得该商品或应税劳务时已经支付的增值税额（也就是进项税额），差额部分就是纳税人应交纳的增值税。此方法充分体现出增值税按增值因素计税的基本原则，符合国际惯例。不过，按照该条例的规定，增值税纳税人购入的机器设备等固定资产的进项税额不允许抵扣。当时我国的增值税属于生产型增值税。

2004 年 7 月 1 日起，国家有针对性地在东北三省范围内的装备制造业等八大行业率先进行增值税转型改革的试点工作。按照规定，增值税纳税人当年购入机器设备等固定资产所发生的进项税额准予抵扣，但抵扣的额度不允许超过当年新增增值税额，若当年没有新增增值税额或者新增增值税额不足以抵扣的，未抵扣的部分税额可以在下年度继续抵扣。2007年7月1日，我国将增值税转型改革试点扩大到中部地区六省的26个老工业基地城市的八大行业中。2008年7月4日，该政策扩大到了内蒙古东部地区。2008年8月1日，财政部、国家税务总局又联合印发了《汶川地震受灾严重地区扩大增值税抵扣范围暂行办法》，将汶川地震受灾严重的地区作为增值税转型试点，纳入享受增值税扩抵范围中。该办法的颁布既体现了国家支持汶川地震灾区灾后重建的税收扶植政策，也是为全国范围内全面推行增值税改革而进行的又一次重要尝试。

2008年11月5日，国务院第34次常务会议修订通过了新的《中华人民共和国增值税暂行条例》（以下简称《增值税暂行条例》）。修订后的《中华人民共和国增值税暂行条例》自2009年1月1日起施行。至此，允许设备、车辆等固定资产进项税额抵扣的政策得以在全国范围内推广，这标志着我国的增值税税制改革实现了从"生产型增值税"到"消费型增值税"的重大变革。

（二）增值税的征收范围

按照《增值税暂行条例》的规定，从事增值税应税行为的一切单位、个人都是增值税的纳税义务人。增值税的征税范围包括：销售和进口货物，提供加工及修理修配劳务。这里的货物是指有形动产，包括电力、热力、气体等，不包括不动产。加工是指受托加工货物，即委托方提供原料及主要材料，受托方按照委托方的要求制造货物并收取加工费的业务；修理修配是指受托对损伤和丧失功能的货物进行修复，使其恢复原状和功能的业务。同时，因为增值税实行凭增值税专用发票抵扣税款的制度，所以对纳税人的会计核算水平要求较高，要求纳税人能够准确核算销项税额、进项税额和应纳税额。

随着2012年营业税改征增值税试点的进展，在中华人民共和国境内提供交通运输业、邮政业、电信业和部分现代服务业服务的单位和个人，也陆续被纳入增值税征收范围。到2016年5月1日，随着建筑业、房地产业、金融业和生活服务业实行营改增试点，我国全面实施了增值税税制。

三、两个税种的比较

（一）营业税与增值税的特点

1. 营业税的特点

（1）征税范围广、税源普遍。

按照《中华人民共和国营业税暂行条例》的规定，营业税的征税范围包括在我国境内提供应税劳务、转让无形资产和销售不动产的经营行为，涉及国民经济中整个的第三产业，营业税的征税范围具有广泛性和普遍性。第三产业直接关系着城乡人民群众的日常生活，随着第三产业的不断发展，营业税的税源也逐步增加。

（2）以营业额为计税依据，计征简便。

营业税的计税依据为各种应税劳务的营业额、转让无形资产的转让额、销售不动产的销售额（通常将三者统称为营业额），税收收入不受成本、费用高低影响，收入比较稳定。营业税实行比例税率，计征方法简便。

（3）不能体现税收的公平，很难发挥经济调节作用。

因为各个行业的收益率千差万别，营业税主要按不同行业设置了税率，体现出行业间的税收差距，但同一行业内新增的分支与原传统行业的收益率相差甚远，适用相同的税率，很难体现公平，也难以起到税收的调节作用。

2. 增值税的特点

（1）差额征税，避免重复缴税。

增值税是以商品流转中的增值额为课税依据所征收的一种税。增值税只就商品销售额中的增值部分征税，避免了征收的重叠性。但在各国的实际运用中，由于各国规定的扣除范围不同，增值税仍然带有一定的重复缴税因素。随着扣除范围的扩大，征税的重叠性就会越来越小，甚至完全消除。值得注意的是，另一种观点认为，增值税与企业所得税都主要是针对企业利润征税，因此也存在重复征税的问题。

（2）涉及面广，体现连续征收。

增值税具有征收的广泛性和连续性。凡是纳入增值税征收范围的，只要经营收入产生增值就要征税，使得增值税具有征收的广泛性。一件商品从原材料到产成品直至实现消费，经历了从生产领域到流通领域、再到消费领域的过程，而该商品的增值额也是在这连续过程中逐步产生的。增值税能对这连续的过程实行道道征税，并且每一环节的增值环环相扣、紧密联系。

（3）征缴一致，维护税收公平。

增值税的税率能反映出一件商品的总体税负。就一件商品而言，它的增值税总税负是由各个经营环节的税收负担积累相加而成的。增值税的征收不因生产或销售环节的变化而影响税收负担，同一商品只要最后销售的价格相同，不受生产经营环节多少的影响，税收负担始终保持一致。因此，增值税具有同一商品税负的一致性，从而维护了税收的公平性。

（二）营业税与增值税要素比较

营业税是就纳税人所取得的营业额征收的一种税。按照《中华人民共和国营业税暂行条例》的规定，营业额为纳税人提供应税劳务、转让无形资产或者销售不动产收取的全部价款和价外费用。营业税为价内税，营业额中已经包括了应缴纳的营业税。按照《增值税暂行条例》的规定，销售额为纳税人销售货物或者提供加工、修理修配劳务、进口货物，向购买方收取的全部价款和价外费用，但是不包括收取的销项税额。计算增值税销项税额所依据的销售额与营业额所包含的内容不同。

营业税的应纳税额可以直接用营业额乘以税率来计算，有些情况下，可能差额纳税；而增值税的应纳税额在计算时，首先按销售额大小、会计核算水平，将纳税人区分一般纳税人和小规模纳税人。一般纳税人一般采用一般计税方法计税，而小规模纳税人一般采用简易计税方法征税。

营业税的主管税务机关为各级地方税务机关，而增值税的主管税务机关为各级国家税务机关。

第二节　营业税改征增值税概述

2009 年以来，财政部、国家税务总局展开了一系列增值税扩容的改革，目标是将缴纳营业税的一些交易活动纳入增值税的征收范围。2010 年底，中共中央《关于制定国民经济和社会发展第十二个五年规划的建议》指出，扩大增值税征收范围，相应调减营业税等税收，合理调整消费税范围和税率结构。2011 年 3 月，第十一届人大四次会议通过的《中华人民共和国国民经济和社会发展第十二个五年规划纲要》中明确提出"扩大增值税征收范围，相应调减营业税等税收"，"结合增值税改革，完善生产性服务业税收制度"。2011 年 6 月，国务院批转的国家发改委《关于 2011年深化经济体制改革重点工作的意见》明确指出，在总结试点经验的基础上，在部分生产性服务业领域推行增值税改革试点。

为进一步完善税收制度，支持现代服务业发展，2011 年 10 月 26 日，国务院常务会议决定开展深化增值税制度改革试点；11 月 16 日，财政部和国家税务总局发布经国务院同意的《营业税改征增值税试点方案》（财税〔2011〕110 号），同时印发了《关于在上海市开展交通运输业和部分现代服务业营业税改征增值税试点的通知》（财税〔2011〕111 号）。

一、营改增的总体安排

按照规划，我国营改增分为三步走：第一步，在部分行业部分地区进行营改增试点；第二步，选择部分行业在全国范围内进行试点；第三步，在全国范围内实现营改增，也即停止征收营业税。

按照"建立健全有利于科学发展的税收制度，促进经济结构调整，支持现代服务业发展"的指导思想，财税〔2011〕110号文件对营改增工作的基本原则、试点的基本内容做了安排。

二、营改增的基本原则

（1）统筹设计、分步实施。正确处理改革、发展、稳定的关系，统筹兼顾经济社会发展要求，结合全面推行改革需要和当前实际，科学设计，稳步推进。

（2）规范税制、合理负担。在保证增值税规范运行的前提下，根据财政承受能力和不同行业发展特点，合理设置税制要素，改革试点行业总体税负不增加或略有下降，基本消除重复征税。

（3）全面协调、平稳过渡。妥善处理试点前后增值税与营业税政策的衔接、试点纳税人与非试点纳税人税制的协调，建立健全适应第三产业发展的增值税管理体系，确保改革试点有序运行。

三、改革试点的主要内容

（一）范围与时间

（1）试点地区。综合考虑服务业发展状况、财政承受能力、征管基础条件等因素，先期选择经济辐射效应明显、改革示范作用较强的地区开展试点。

（2）试点行业。试点地区先在交通运输业、部分现代服务业等生产性服务业开展试点，逐步推广至其他行业。条件成熟时，可选择部分行业在全国范围内进行全行业试点。

（3）试点时间。2012年1月1日开始试点，并根据情况及时完善方案，择机扩大试点范围。

（二）过渡期政策

（1）税收收入归属。试点期间保持现行财政体制基本稳定，原归属试点地区的营业税收入，改征增值税后收入仍归属试点地区，税款分别入库。因试点产生的财政减收，按现行财政体制由中央和地方分别负担。

（2）税收优惠政策过渡。国家给予试点行业的原营业税优惠政策可以延续，但对于通过改革能够解决重复征税问题的，予以取消。试点期间针对具体情况采取适当的过渡政策。

（3）增值税抵扣政策的衔接。现有增值税纳税人向试点纳税人购买服务取得的增值税专用发票，可按现行规定抵扣进项税额。

四、营改增的进展情况

2012 年 1 月 1 日，上海市率先在交通运输业和部分现代服务业试点营业税改征增值税。2012 年 7 月 31 日，财政部、国家税务总局联合下发通知，明确将交通运输业和部分现代服务业营业税改征增值税试点范围分批扩大至北京市、天津市、江苏省、浙江省（含宁波市）、安徽省、福建省（含厦门市）、湖北省、广东省（含深圳市）等 8 个省（市）。

2013 年 5 月 24 日，财政部、国家税务总局联合印发《关于在全国开展交通运输业和部分现代服务业营业税改征增值税试点税收政策的通知》（财税〔2013〕37号），要求自 2013 年 8 月 1 日起，在全国范围内开展交通运输业和部分现代服务业营改增试点。

2013 年 12 月 12 日，财政部和国家税务总局联合印发《关于将铁路运输和邮政业纳入营业税改征增值税试点的通知》（财税〔2013〕106 号），明确从 2014 年 1 月1 日起，将铁路运输和邮政业纳入营改增试点范围。同时，根据前期试点运行情况，对财税〔2013〕37 号文件进行了调整和完善，重新发布了营改增试点实施办法、试点有关事项规定、试点过渡政策规定，以及应税服务增值税零税率和免税政策规定。

2014 年 4 月 29 日，财政部、国家税务总局联合印发《关于将电信业纳入营业税改征增值税试点的通知》（财税〔2014〕43 号）。文件规定在中华人民共和国境内提供电信业服务的单位和个人，为增值税纳税人，应当按照该文件和《财政部 国家税务总局关于将铁路运输和邮政业纳入营业税改征增值税试点的通知》（财税〔2013〕106 号）的规定缴纳增值税，不再缴纳营业税。提供基础电信服务，税率为 11％。提供增值电信服务，税率为 6％。

2016 年 3 月 23 日，财政部、国家税务总局联合印发《关于全面推开营业税改征增值税试点的通知》（财税〔2016〕36 号），将建筑业、房地产业、金融业和生活服务业纳入营改增试点。至此，我国的增值税制度实现了全覆盖。

第三节　营改增对建筑施工企业的影响

我国推行增值税转型改革，实现营改增，对于减轻企业税负、增加企业投资积极性、刺激经济增长、促进经济结构调整都具有重要意义。但由于建筑施工企业所处生产经营环境以及行业特点具有一定的特殊性，在营改增的过程中，建筑施工企业将面临更多的困难与挑战。尤其是从短期来看，营改增对建筑施工企业来讲，可以说机遇与困难同在，挑战与希望并存。

一、建筑业营改增的意义

营业税对商品流转额全额征税，增值税只要求纳税人为产品和服务的增值部分纳税，对流转额中属于转移过来的、以前环节已征过税的那部分则不再征税，从而有效地排除了营业税中重叠征税因素。同时，增值税的计税方法比营业税更复杂，对建筑施工企业纳税管理工作提出了更高的要求，也为企业带来更多的纳税筹划空间。

（一）营改增彻底解决了对建筑施工企业重复征税的问题

由于营业税对商品流转额全额征税，商品每经过一个销售环节，就会被征收一次税，从生产到消费的环节越多，商品的税负就越重。重复征税成为我国营业税时期存在的最大问题之一。在营业税体制下，解决重复征税的做法主要是差额纳税。比如，《中华人民共和国营业税暂行条例》第五条规定，纳税人将建筑工程分包给其他单位的，以其取得的全部价款和价外费用扣除其支付给其他单位的分包款后的余额为营业额。而实际业务中，受抵扣条件的制约，尤其是总分包发票的管理要求，使得总分包差额纳税难以实现，实质上造成建筑施工企业重复纳税。又如，《中华人民共和国营业税暂行条例实施细则》第十六条规定："除本细则第七条规定外，纳税人提供建筑业劳务（不含装饰劳务）的，其营业额应当包括工程所用原材料、设备及其他物资和动力价款在内，但不包括建设方提供设备的价款"。在营业税和增值税并存的时期，这条规定导致建筑安装工程中的"设备"在增值税或营业税的计算中有不同的方法，这不仅导致税负计算不一致，也可能破坏原有的增值税计税价值链条，导致重复缴税。

建筑业营改增后，课税对象从营业额变为增值额，无论是销售货物还是提供建筑安装服务，只要有增值额就征税、没增值额就不征税；设备物资不管由谁采购，只要满足条件就可抵扣。因此，在建筑业实施营改增，可以较彻底地解决建筑施工企业重复纳税的问题。

（二）营改增将促进建筑施工企业的技术改造和设备更新

我国目前实施的是消费型增值税政策，即企业购置的固定资产进项税额允许一次性从销项税额中抵减。营改增后，这一政策不仅降低了企业的增值税税负，而且直接降低了设备和车辆等固定资产的成本，这将有利于提升企业利润空间，促进企业设备更新换代。与此同时，无形资产、研发费用的进项税额也可以从销项税额中抵扣，这也必将促进施工企业加大研发的投入，促进施工技术的更新改造。

（三）营改增能促进建筑施工企业的基础管理

增值税实行凭发票抵扣制度，通过发票把买卖双方连成一个整体，并形成一个完整的抵扣链条。在这一链条中，无论哪一个环节少缴税，都会导致下一环节多缴税。因此，增值税的实施将使建筑业的所有参与主体都形成一种利益制约关系，这种相互制约、交叉管理有利于整个行业的规范和健康发展。同时，营改增后，因建筑企业取得的增值税发票需通过网络认证系统确认，这必将促进建筑业产业链上发票的进一步规范，可以有效规避虚假发票。这必将对规范建筑施工企业的经营行为产生深远影响，有利于进一步规范建筑市场的正常秩序。

总之，增值税作为符合市场经济发展要求的税种，有利于社会分工的细化，有利于转变经济发展方式；有利于产业结构的升级和优化，有利于促进生产要素的自由流动，有利于提高国内产品和劳务的国际竞争力。因此，实现营改增既是我国完善社会主义市场机制、加快经济发展方式转变、促进经济结构优化升级的内在要求，也是顺应经济全球化发展、提升我国税制国际竞争力的必然选择。

二、建筑业营改增影响分析

营改增给企业带来的影响是全方位的。建筑业营改增不仅直接影响企业的营业收入、成本、税费、利润、现金流等重要财务指标，还将对企业经营模式、组织架构、成本管控、财税管理、信息化建设、人力资源管理等方方面面产生重大影响。

（一）企业组织架构需要优化调整

与营业税相比，增值税具有"征管严格、以票控税、链条抵扣"的特点，每个增值环节均需严格按照销项税额与进项税额相抵的办法计征增值税。一般情况下，管理链条越长，流转环节越多，潜在的税务风险就越大。同时，随着企业规模的扩大，兼营业务也相应增加，如果管理不到位，还会存在从高适用税率的风险。另外，在增值税征管环境下，多层分包及新增交易环节都需要建立相应的合同关系，以便每个环节都能开具增值税专用发票，确保增值税抵扣链条完善，实现进项税额的层层抵扣，新增的合同必将较大幅度地增加企业印花税等交易成本，也增加交易的税务风险。

因此，结合企业的发展战略及营改增后对企业资质管理要求、工程项目组织模式及其业务流程管理需要，建筑施工企业应优化和调整内部组织架构。比如通过撤销规模较小或没有实际经营业务的分支机构、合并资质较低或没有资质的子公司、取消不必要的中间管理层级、合并管理职能相关或业务雷同的下属公司等措施，压缩企业管理层级、缩短管理链条，推进组织结构扁平化改革。

增值税税制鼓励企业设立专业化公司，进行专业化生产。在增值税环境下，设立专业化公司不仅不会增加企业税负，还可以提高经营效率、降低管理成本、规范取得进项发票、防范税务风险等诸多好处。比如，成立预制构件厂、混凝土公司、爆破公司等，分离不同税率、不同性质的业务，以降低企业管理难度，避免从高适用税率纳税的风险；又如，成立物资公司，企业实行以物资公司为主体的集中采购，这样既可以确保货源的安全和质量，也可以保证获得较高的进项税额和较低的采购成本。

（二）企业经营方式要求合法规范

根据当前建筑市场环境和资质要求，"以企业集团资质中标，子公司负责施工"的项目占有较大的比重。这种"资质共享"的经营模式造成了合同主体、核算主体、发票主体不统一，直接影响增值税进项税额的正常抵扣，甚至有可能导致所有进项税额都无法抵扣。同时，在全额转包或提点大包的情况下，发包人因无法取得可抵扣的进项税额发票，导致税负增加，甚至超过收取的管理费或利润，从而使利润大额缩水，甚至出现亏损。

因此，建筑施工企业应对现有的资质进行认真梳理，结合营改增后对企业资质管理的要求，修改完善企业资质管理的办法。集团性公司应该扶持培育子公司的承揽能力，加大下属公司自揽力度，尽可能减少集团内资质共享，同时限制将自己的资质共享给其他单位，严禁企业向无资质（个人）、系统外部挂靠单位出借资质；严禁将工程项目提点大包或非法转包。

（三）工程计价规则已经发生改变

工程造价一般由直接成本、间接费用、利润和税金构成。工程造价的编制方法一般采取工程量清单计价法，即造价部门根据相应工程的定额体系、计价程序及计价规范编制工程概预算。目前，在营业税税制下，工程造价中的直接成本和间接费用均为包含增值税的成本费用，工程造价中的税金则是指国家税法规定的应计入建筑安装工程费用的营业税、城市维护建设税及教育费附加，税金采用综合税率进行计算取费。而增值税属于价外税，营改增后投标报价将以增值税销项税额与工程造价分别列示，这就完全改变了原来建筑产品的造价构成。

为适应建筑业营改增的税制改革要求，住房和城乡建设部组织开展了建筑业营改增对工程造价及计价依据影响的专题研究。2016 年 2 月，住房和城乡建设部办公厅发布《关于做好建筑业营改增建设工程计价依据调整准备工作的通知》（建办标〔2016〕4 号），明确了工程造价构成各项费用调整和税金计算方法，该文件就工程计价依据调整准备有关工作做出了安排。

按照新的计价规则要求，工程造价可按以下公式计算：工程造价＝税前工程造价×（1＋11％）。其中，11％为建筑业增值税税率，税前工程造价为人工费、材料费、施工机具使用费、企业管理费、利润和规费之和，各费用项目均以不包含增值税可抵扣进项税额的价格计算，相应计价依据按上述方法调整。新计价规则采用了增值税"价税分离"原则，对原营业税下的计价规则进行了相应的调整，将营业税下建筑安装工程造价各项费用包含可抵扣增值税进项税额的计价规则，调整为税前造价各项费用不包含可抵扣增值税进项税额。因此，建设单位的招标概预算编制出现重大变化，相应的施工图预算编制和设计概算按新标准执行，对外发布的招标书内容也会有相应的调整。另外，由于要执行新的定额标准，企业的内部定额需要重新进行编制，企业施工预算也需要重新进行修订。

（四）工程结算对纳税资金影响大

建筑业营改增后，建筑施工企业应按照增值税的纳税义务发生时间计算确认销项税额，同时按照已取得并认证通过的增值税专用发票抵扣相关进项税额，计算并缴纳增值税。根据现行营改增政策对纳税义务发生时间的规定，建筑施工企业增值税纳税义务时间实质上是按照提供建筑劳务过程中实际收取款项的日期、合同约定的付款日期及开具发票的日期三者孰先的原则来确定的。其中，合同约定的付款日期一般体现为合同约定的业主确认验工计价结果的时间，如月度或季度终了一定时间内。在实际工作中，由于建筑市场不规范，业主普遍处于强势地位，对施工单位的验工计价会因其资金状况、预算完成情况、管控目的等因素而不同，普遍存在滞验、超验、欠验的情况。同时，建筑施工企业由于进项税额不能及时取得并抵扣，导致结算环节税金提前缴纳，给企业带来较大的资金压力和税务风险。

营改增后，建筑施工企业一定要注意采取措施规避工程结算环节可能产生的税务风险和资金压力。比如，在工程承包合同中，应增加工程款延迟支付的制约性条款，明确业主滞后支付工程款的违约责任，同时采取适当的措施加大对业主的收款力度。另外，还要加强对分包商、供应商的结算管理，尽快取得增值税专用发票，确保进项税额的及时足额抵扣。

（五）会计核算内容和方式将改变

营业税税制下，工程承包总价款就是企业的会计收入，施工过程中采购材料物资的总价款支出形成企业的会计成本和费用，企业购置的设备、车辆也是以支付的总价款作为成本入账的依据。也就是说，营业税税制下企业会计核算的收入、成本费用等都是含税的。

实行增值税后，建设单位需要将工程价款区分为不含税销售额和销项税额，施工企业分别将其作为成本、费用和进项税额进行核算。也就是说，增值税税制下企业会计核算的收入、成本费用等都是不含税的。对于销售环节产生的销项税额和采购环节产生的进项税额，会计核算中还要设置专门的会计科目对其进行核算。

（六）采购定价原则和策略将改变

在营业税税制下，建筑施工企业缴纳的营业税与采购发票无关，采购定价付款策略不需要考虑是否取得增值税专用发票，重点需要考虑采购总价最低。营改增后，企业支付的采购总价被分为进项税额和不含税买价，增值税下的采购成本就是不含税买价。这样，采购发票与企业的增值税税负直接相关，与企业的采购成本直接相关。供应商纳税人身份不同，导致采购方企业能否取得增值税专用发票及进项税额抵扣率区别较大，影响到企业的整体税负水平和采购成本。

企业要进行价税平衡测算，并分析价格构成，比如钢材采购是采用货物、运输费用分别计算，还是合并开具货物销售发票要进行价税平衡测算。改变建筑材料的供应和结算方式，尽量避免营改增后材料供给给企业带来的不利影响。由于劳务分包也是一种采购行为，对于劳务分包，也要进行价税平衡测算，在总价不变的情况下，争取更多地取得增值税进项税额，以减少劳务分包成本。总之，营改增后，企业采购人员要学会比较不同采购方案对企业税负和成本的影响，做出正确的采购决策。

另外，针对集中采购及资金统借统贷特点，建筑施工企业要结合增值税管理的要求，优化集中管理模式，对业务流程进行调整，建立和完善各业务主体之间的增值税抵扣链条，确保增值税税制下进项税额的顺利抵扣。

（七）施工成本预算管理受到影响

成本预算是施工企业成本控制的基础，是编制科学、合理的成本控制目标的基础。施工成本预算编制工作一般由企业成本管理部门以及项目部共同配合完成。预算编制人员通过深入施工现场，在对施工方案、劳务价格、材料价格、设备租赁价格等进行实际调研，收集现场基础资料，编制施工成本预算。建筑业营改增后，企业发生的成本费用所包含流转税金由价内税变为价外税，导致成本费用计量口径发生改变。企业最终计入成本费用的金额将受到进项税额能否抵扣的影响，成本预算构成中的税金预算以及各类成本计算口径也因此发生变化。

营改增后，建筑施工企业应按照"价税分离"的原则编制施工项目的成本费用预算，对人工费、材料费、机械使用费、其他直接费用、间接费用等成本费用项目，根据其进项税额能否抵扣，合理确定计入成本预算的金额。

（八）企业绩效评价工作受到影响

由于增值税属于价外税，所有财务指标在核算过程中需要做价税分离，这必然引起各项指标发生变化。营改增后，在工程总价款不变的情况下，营业收入总额将会下降，对利润产生负面影响；与成本有关的原材料、燃料和租赁费中包含的进项税将从成本中予以分离，企业的营业成本也将缩小，从而使毛利率发生变动；因外购原材料、固定资产等所含的增值税进项税额将从原价中扣除，从而导致资产总额有所降低，在负债总额不变的情况下可能造成资产负债率的上升。

由于财务指标值的变化，企业的业绩考核指标需要做相应调整。同时，由于采购业务能否获得合格的增值税进项税额抵扣凭证，直接影响到企业的增值税税负和采购成本，企业还应加强对基层部门增值税管理绩效的考评。

（九）纳税筹划的难度进一步加大

在建筑业中，营业税是根据营业额和税率直接计算应纳营业税额，增值税则是按照销项税额抵减进项税额之后的差额来确定应纳增值税额。实行增值税之后，企业可以通过合理安排筹资、投资、经营等业务活动，针对物资采购、生产经营以及内部核算进行合理筹划，在维持采购总价水平不变的情况下，尽量争取更多的进项税额，从而减少企业应纳增值税额，降低企业实际税负，提高企业利润，实现自身的持续健康发展。和营业税相比，增值税的纳税筹划点多，企业可根据单位的实际、面临的税务环境、业务人员对增值税法规的熟悉程度等情况，积极灵活地进行税收筹划。

（十）合同和发票管理的要求提高

增值税制对相关业务流、资金流和发票流都有更严格的要求。如何选择合格的供应商、如何在合同中对增值税相关事项做出合理合法的约定，等等，这些问题都直接影响到企业的增值税业务是否合法，相应的增值税进项税额能不能得到及时的抵扣。为了实现营改增的顺利过渡，企业应该根据增值税制度的管理要求，进一步修订和完善企业合同审批环节和内容，规范相关合同主体，完善合同范本的重要条款。

同时，由于增值税实行凭专用发票抵扣税款的制度，增值税发票管理也越来越重要。而由于市场环境的复杂性，实际工作中增值税发票犯罪屡有发生。随着发票管理风险的加大，企业未来应加强对增值税发票的管理。

2 第二章
现行增值税政策的规定

第一节　征税范围及纳税义务人

根据《增值税暂行条例》的规定，在中华人民共和国境内（以下称境内）销售货物或者提供加工、修理修配劳务以及进口货物的单位和个人，为增值税的纳税人，应当依照该条例缴纳增值税。营改增后，增值税的征税范围进一步扩大。按照财税〔2016〕36号文件的规定，在中华人民共和国境内销售服务、无形资产或者不动产（以下称应税行为）的单位和个人，为增值税纳税人，应当按照该文件的规定缴纳增值税，不缴纳营业税。

一、征税范围

根据《增值税暂行条例》及营改增相关文件的规定，只有境内发生上述应税行为的单位和个人属于增值税纳税人。

（一）关于"境内"的界定

按照《增值税暂行条例实施细则》的规定，在境内销售货物或者提供加工、修理修配劳务，是指销售货物的起运地或者所在地在境内以及提供的应税劳务发生在境内。

按照财税〔2016〕36号文件的规定，在境内销售服务、无形资产或者不动产，是指：（1）服务（租赁不动产除外）或者无形资产（自然资源使用权除外）的销售方或者购买方在境内；（2）所销售或者租赁的不动产在境内；（3）所销售自然资源使用权的自然资源在境内；（4）财政部和国家税务总局规定的其他情形。

下列情形不属于在境内销售服务或者无形资产：（1）境外单位或者个人向境内单位或者个人销售完全在境外发生的服务；（2）境外单位或者个人向境内单位或者个人销售完全在境外使用的无形资产；（3）境外单位或者个人向境内单位或者个人出租完全在境外使用的有形动产；（4）财政部和国家税务总局规定的其他情形。

（二）征税范围的一般规定

现行增值税征税范围的一般规定包括：

1. 销售或者进口的货物

货物是指有形动产，包括电力、热力、气体在内。销售货物，是指有偿转让货物的所有权。

2. 提供的加工、修理修配劳务

加工是指受托加工货物，即委托方提供原料及主要材料，受托方按照委托方的要求制造货物并收取加工费的业务；修理修配是指受托对损伤和丧失功能的货物进行修复，使其恢复原状和功能的业务。

提供加工、修理修配劳务（以下称应税劳务），是指有偿提供加工、修理修配劳务。有偿，是指从购买方取得货币、货物或者其他经济利益。但单位或者个体工商户聘用的员工为本单位或者雇主提供加工、修理修配劳务，不包括在内。

3. 销售服务、无形资产或者不动产

销售服务、无形资产或者不动产，是指有偿提供服务、有偿转让无形资产或者不动产，但下列非经营活动的情形除外：

（1）行政单位收取的同时满足以下条件的政府性基金或者行政事业性收费。

①由国务院或者财政部批准设立的政府性基金，由国务院或者省级人民政府及其财政、价格主管部门批准设立的行政事业性收费；

②收取时开具省级以上（含省级）财政部门监（印）制的财政票据；

③所收款项全额上缴财政。

（2）单位或者个体工商户聘用的员工为本单位或者雇主提供取得工资的服务。

（3）单位或者个体工商户为聘用的员工提供服务。

（4）财政部和国家税务总局规定的其他情形。

（三）销售服务范围注释

销售服务，是指有偿提供交通运输服务、邮政服务、电信服务、建筑服务、金融服务、现代服务、生活服务。

1. 交通运输服务

交通运输服务，是指利用运输工具将货物或者旅客送达目的地，使其空间位置得到转移的业务活动。包括陆路运输服务、水路运输服务、航空运输服务和管道运输服务。

（1）陆路运输服务。

陆路运输服务，是指通过陆路（地上或者地下）运送货物或者旅客的运输业务活动，包括铁路运输服务和其他陆路运输服务。铁路运输服务，是指通过铁路运送货物或者旅客的运输业务活动。其他陆路运输服务，是指铁路运输以外的陆路运输业务活动，包括公路运输、缆车运输、索道运输、地铁运输、城市轻轨运输等。

出租车公司向使用本公司自有出租车的出租车司机收取的管理费用，按照"陆路运输服务"缴纳增值税。

（2）水路运输服务。

水路运输服务，是指通过江、河、湖、川等天然、人工水道或者海洋航道运送货物或者旅客的运输业务活动。

水路运输的程租、期租业务，属于水路运输服务。程租业务，是指运输企业为租船人完成某一特定航次的运输任务并收取租赁费的业务。期租业务，是指运输企业将配备有操作人员的船舶承租给他人使用一定期限，承租期内听候承租方调遣，不论是否经营，均按天向承租方收取租赁费，发生的固定费用均由船东负担的业务。

（3）航空运输服务。

航空运输服务，是指通过空中航线运送货物或者旅客的运输业务活动。

航空运输的湿租业务，属于航空运输服务。湿租业务，是指航空运输企业将配备有机组人员的飞机承租给他人使用一定期限，承租期内听候承租方调遣，不论是否经营，均按一定标准向承租方收取租赁费，发生的固定费用均由承租方承担的业务。

航天运输服务，按照航空运输服务缴纳增值税。航天运输服务，是指利用火箭等载体将卫星、空间探测器等空间飞行器发射到空间轨道的业务活动。

（4）管道运输服务。

管道运输服务，是指通过管道设施输送气体、液体、固体物质的运输业务活动。

无运输工具承运业务，按照交通运输服务缴纳增值税。无运输工具承运业务，是指经营者以承运人身份与托运人签订运输服务合同，向托运人收取运费并承担承运人责任，然后委托实际承运人完成运输服务的经营活动。

2. 邮政服务

邮政服务，是指中国邮政集团公司及其所属邮政企业提供邮件寄递、邮政汇兑和机要通信等邮政基本服务的业务活动。包括邮政普遍服务和邮政特殊服务。

（1）邮政普遍服务。

邮政普遍服务，是指函件、包裹等邮件寄递，以及邮票发行、报刊发行和邮政汇兑等业务活动。函件，是指信函、印刷品、邮资封片卡、无名址函件和邮政小包等。包裹，是指按照封装上的名址递送给特定个人或者单位的独立封装的物品，其重量不超过 50 千克，任何一边的尺寸不超过 150 厘米，长、宽、高合计不超过 300 厘米。

（2）邮政特殊服务。

邮政特殊服务，是指义务兵平常信函、机要通信、盲人读物和革命烈士遗物的寄递等业务活动。

（3）其他邮政服务。

其他邮政服务，是指邮册等邮品销售、邮政代理等业务活动。

3. 电信服务

电信服务，是指利用有线、无线的电磁系统或者光电系统等各种通信网络资源，提供语音通话服务，传送、发射、接收或者应用图像、短信等电子数据和信息的业务活动。包括基础电信服务和增值电信服务。

（1）基础电信服务。

基础电信服务，是指利用固网、移动网、卫星、互联网，提供语音通话服务的业务活动，以及出租或者出售带宽、波长等网络元素的业务活动。

（2）增值电信服务。

增值电信服务，是指利用固网、移动网、卫星、互联网、有线电视网络，提供短信和彩信服务、电子数据和信息的传输及应用服务、互联网接入服务等业务活动。

卫星电视信号落地转接服务，按照"增值电信服务"缴纳增值税。

4. 建筑服务

建筑服务，是指各类建筑物、构筑物及其附属设施的建造、修缮、装饰，线路、管道、设备等的安装以及其他工程作业的业务活动。包括工程服务、安装服务、修缮服务、装饰服务和其他建筑服务。

（1）工程服务。

工程服务，是指新建、改建各种建筑物、构筑物的工程作业，包括与建筑物相连的各种设备或者支柱、操作平台的安装或者装设工程作业，以及各种窑炉和金属结构工程作业。

（2）安装服务。

安装服务，是指生产设备、动力设备、起重设备、运输设备、传动设备、医疗实验设备以及其他各种设备、设施的装配、安置工程作业，包括与被安装设备相连的工作台、梯子、栏杆的装设工程作业，以及被安装设备的绝缘、防腐、保温、油漆等工程作业。

固定电话、有线电视、宽带、水、电、燃气、暖气等经营者向用户收取的安装费、初装费、开户费、扩容费以及类似收费，按照"安装服务"缴纳增值税。

（3）修缮服务。

修缮服务，是指对建筑物、构筑物进行修补、加固、养护、改善，使之恢复原来的使用价值或者延长期使用期限的工程作业。

按照《国家税务总局关于进一步明确营改增有关征管问题的公告》（国家税务总局公告 2017 年第 11 号）的规定，纳税人对安装运行后的电梯提供的维护保养服务，按照"其他现代服务"缴纳增值税。

（4）装饰服务。

装饰服务，是指对建筑物、构筑物进行修饰装修，使之美观或者具有特定用途的工程作业。

(5) 其他建筑服务。

其他建筑服务,是指上列工程作业之外的各种工程作业服务,如钻井(打井)、拆除建筑物或者构筑物、平整土地、园林绿化、疏浚(不包括航道疏浚)、建筑物平移、搭脚手架、爆破、矿山穿孔、表面附着物(包括岩层、土层、沙层等)剥离和清理劳务等工程作业。

5. 金融服务

金融服务,是指经营金融保险的业务活动。包括贷款服务、直接收费金融服务、保险服务和金融商品转让。

(1) 贷款服务。

贷款,是指将资金贷与他人使用而取得利息收入的业务活动。

各种占用、拆借资金取得的收入,包括金融商品持有期间(含到期)利息(保本收益、报酬、资金占用费、补偿金等)收入、信用卡透支利息收入、买入返售金融商品利息收入、融资融券收取的利息收入,以及融资性售后回租、押汇、罚息、票据贴现、转贷等业务取得的利息及利息性质的收入,按照贷款服务缴纳增值税。

融资性售后回租,是指承租方以融资为目的,将资产出售给从事融资租赁业务的企业后,又将该资产租回的业务活动。

以货币资金投资收取的固定利润或者保底利润,按照贷款服务缴纳增值税。

(2) 直接收费金融服务。

直接收费金融服务,是指提供货币资金融通相关服务并且收取费用的业务活动。包括提供货币兑换、账户管理、电子银行、信用卡、信用证、财务担保、保管箱、资产管理、信托管理、基金管理、金融商品交易场所、资金结算、资金清算、金融支付等服务。

(3) 保险服务。

保险服务,是指投保人根据合同约定,向保险人支付保险费,保险人对于合同约定的可能发生的事故因其发生所造成的财产损失承担赔偿保险金责任,或者当被保险人死亡、伤残、疾病或者达到合同约定的年龄、期限等条件时承担给付保险金责任的商业保险行为。包括人身保险服务和财产保险服务。人身保险服务,是指以人的寿命和身体为保险标的的保险业务活动。财产保险服务,是指以财产及其有关利益为保险标的的保险业务活动。

(4) 金融商品转让。

金融商品转让,是指转让外汇、有价证券、非货物期货和其他金融商品所有权的业务活动。其他金融商品转让包括基金、信托、理财产品等各类资产管理产品和各种金融衍生品的转让。

6. 现代服务

现代服务，是指围绕制造业、文化产业、现代物流产业等提供技术性、知识性服务的业务活动，包括研发和技术服务、信息技术服务、文化创意服务、物流辅助服务、租赁服务、鉴证咨询服务、广播影视服务和商务辅助服务。

（1）研发和技术服务。

研发和技术服务，包括研发服务、合同能源管理服务、工程勘察勘探服务、专业技术服务。

研发服务，也称技术开发服务，是指就新技术、新产品、新工艺或者新材料及其系统进行研究与试验开发的业务活动。

合同能源管理服务，是指节能服务公司与用能单位以契约形式约定节能目标，节能服务公司提供必要的服务，用能单位以节能效果支付节能服务公司投入及其合理报酬的业务活动。

工程勘察勘探服务，是指在采矿、工程施工前后，对地形、地质构造、地下资源蕴藏情况进行实地调查的业务活动。

专业技术服务，是指气象服务、地震服务、海洋服务、测绘服务、城市规划、环境与生态监测服务等专项技术服务。

（2）信息技术服务。

信息技术服务，是指利用计算机、通信网络等技术对信息进行生产、收集、处理、加工、存储、运输、检索和利用，并提供信息服务的业务活动。包括软件服务、电路设计及测试服务、信息系统服务、业务流程管理服务和信息系统增值服务。

软件服务，是指提供软件开发服务、软件维护服务、软件测试服务的业务活动。

电路设计及测试服务，是指提供集成电路和电子电路产品设计、测试及相关技术支持服务的业务活动。

信息系统服务，是指提供信息系统集成、网络管理、网站内容维护、桌面管理与维护、信息系统应用、基础信息技术管理平台整合、信息技术基础设施管理、数据中心、托管中心、信息安全服务、在线杀毒、虚拟主机等业务活动，包括网站对非自有的网络游戏提供的网络运营服务。

业务流程管理服务，是指依托信息技术提供的人力资源管理、财务经济管理、审计管理、税务管理、物流信息管理、经营信息管理和呼叫中心等服务的活动。

信息系统增值服务，是指利用信息系统资源为用户附加提供的信息技术服务。包括数据处理、分析和整合、数据库管理、数据备份、数据存储、容灾服务、电子商务平台等。

（3）文化创意服务。

文化创意服务，包括设计服务、知识产权服务、广告服务和会议展览服务。

设计服务，是指把计划、规划、设想通过文字、语言、图画、声音、视觉等形式传递出来的业务活动。包括工业设计、内部管理设计、业务运作设计、供应链设计、造型设计、服装设计、环境设计、平面设计、包装设计、动漫设计、网游设计、展示设计、网站设计、机械设计、工程设计、广告设计、创意策划、文印晒图等。

知识产权服务,是指处理知识产权事务的业务活动。包括对专利、商标、著作权、软件、集成电路布图设计的登记、鉴定、评估、认证、检索服务。

广告服务,是指利用图书、报纸、杂志、广播、电视、电影、幻灯、路牌、招贴、橱窗、霓虹灯、灯箱、互联网等各种形式为客户的商品、经营服务项目、文体节目或者通告、声明等委托事项进行宣传和提供相关服务的业务活动。包括广告代理和广告的发布、播映、宣传、展示等。

会议展览服务,是指为商品流通、促销、展示、经贸洽谈、民间交流、企业沟通、国际往来等举办或者组织安排的各类展览和会议的业务活动。

(4)物流辅助服务。

物流辅助服务,包括航空服务、港口码头服务、货运客运场站服务、打捞救助服务、装卸搬运服务、仓储服务和收派服务。

航空服务,包括航空地面服务和通用航空服务。航空地面服务,是指航空公司、飞机场、民航管理局、航站等向在境内航行或者在境内机场停留的境内外飞机或者其他飞行器提供的导航等劳务性地面服务的业务活动。包括旅客安全检查服务、停机坪管理服务、机场候机厅管理服务、飞机清洗消毒服务、空中飞行管理服务、飞机起降服务、飞行通讯服务、地面信号服务、飞机安全服务、飞机跑道管理服务、空中交通管理服务等。通用航空服务,是指为专业工作提供飞行服务的业务活动,包括航空摄影、航空培训、航空测量、航空勘探、航空护林、航空吊挂播洒、航空降雨等。

港口码头服务,是指港务船舶调度服务、船舶通讯服务、航道管理服务、航道疏浚服务、灯塔管理服务、航标管理服务、船舶引航服务、理货服务、系解缆服务、停泊和移泊服务、海上船舶溢油清除服务、水上交通管理服务、船只专业清洗消毒检测服务和防止船只漏油服务等为船只提供服务的业务活动。港口设施经营人收取的港口设施保安费按照"港口码头服务"缴纳增值税。

货运客运场站服务,是指货运客运场站提供货物配载服务、运输组织服务、中转换乘服务、车辆调度服务、票务服务、货物打包整理、铁路线路使用服务、加挂铁路客车服务、铁路行包专列发送服务、铁路到达和中转服务、铁路车辆编解服务、车辆挂运服务、铁路接触网服务、铁路机车牵引服务等业务活动。

打捞救助服务,是指提供船舶人员救助、船舶财产救助、水上救助和沉船沉物打捞服务的业务活动。

装卸搬运服务,是指使用装卸搬运工具或者人力、畜力将货物在运输工具之间、装卸现场之间或者运输工具与装卸现场之间进行装卸和搬运的业务活动。

仓储服务,是指利用仓库、货场或者其他场所代客贮放、保管货物的业务活动。

收派服务，是指接受寄件人委托，在承诺的时限内完成函件和包裹的收件、分拣、派送服务的业务活动。收件服务，是指从寄件人收取函件和包裹，并运送到服务提供方同城的集散中心的业务活动。分拣服务，是指服务提供方在其集散中心对函件和包裹进行归类、分发的业务活动。派送服务，是指服务提供方从其集散中心将函件和包裹送达同城的收件人的业务活动。

(5) 租赁服务。

租赁服务，包括融资租赁服务和经营租赁服务。

融资租赁服务，是指具有融资性质和所有权转移特点的租赁活动。即出租人根据承租人所要求的规格、型号、性能等条件购入有形动产或者不动产租赁给承租人，合同期内租赁物所有权属于出租人，承租人只拥有使用权，合同期满付清租金后，承租人有权按照残值购入租赁物，以拥有其所有权。不论出租人是否将租赁物销售给承租人，均属于融资租赁。按照标的物的不同，融资租赁服务可分为有形动产融资租赁服务和不动产融资租赁服务。融资性售后回租不按照本税目缴纳增值税。

经营租赁，是指在约定时间内将有形动产或者不动产转让他人使用且租赁物所有权不变更的业务活动。按照标的物的不同，经营租赁服务可分为有形动产经营租赁服务和不动产经营租赁服务。

将建筑物、构筑物等不动产或者飞机、车辆等有形动产的广告位出租给其他单位或者个人用于发布广告，按照"经营租赁服务"缴纳增值税。

车辆停放服务、道路通行服务（包括过路费、过桥费、过闸费等）等按照"不动产经营租赁服务"缴纳增值税。

水路运输的光租业务、航空运输的干租业务，属于经营租赁。光租业务，是指运输企业将船舶在约定的时间内出租给他人使用，不配备操作人员，不承担运输过程中发生的各项费用，只收取固定租赁费的业务活动。干租业务，是指航空运输企业将飞机在约定的时间内出租给他人使用，不配备机组人员，不承担运输过程中发生的各项费用，只收取固定租赁费的业务活动。

按照《财政部 国家税务总局关于明确金融、房地产开发、教育辅助服务等增值税政策的通知》（财税〔2016〕140号）的规定，纳税人将建筑施工设备出租给他人使用并配备操作人员的，按照"建筑服务"缴纳增值税。

(6) 鉴证咨询服务。

鉴证咨询服务，包括认证服务、鉴证服务和咨询服务。

认证服务，是指具有专业资质的单位利用检测、检验、计量等技术，证明产品、服务、管理体系符合相关技术规范、相关技术规范的强制性要求或者标准的业务活动。

鉴证服务，是指具有专业资质的单位受托对相关事项进行鉴证，发表具有证明力的意见的业务活动。包括会计鉴证、税务鉴证、法律鉴证、职业技能鉴定、工程造价鉴证、工程监理、资产评估、环境评估、房地产土地评估、建筑图纸审核、医疗事故鉴定等。

咨询服务，是指提供信息、建议、策划、顾问等服务的活动。包括金融、软件、技术、财务、税收、法律、内部管理、业务运作、流程管理、健康等方面的咨询。

翻译服务和市场调查服务按照"咨询服务"缴纳增值税。

(7) 广播影视服务。

广播影视服务，包括广播影视节目（作品）的制作服务、发行服务和播映（含放映，下同）服务。

广播影视节目（作品）制作服务，是指进行专题（特别节目）、专栏、综艺、体育、动画片、广播剧、电视剧、电影等广播影视节目和作品制作的服务。具体包括与广播影视节目和作品相关的策划、米编、拍摄、录音、首视频文字图片素材制作、场景布置、后期的剪辑、翻译（编译）、字幕制作、片头、片尾、片花制作、特效制作、影片修复、编目和确权等业务活动。

广播影视节目（作品）发行服务，是指以分账、买断、委托等方式，向影院、电台、电视台、网站等单位和个人发行广播影视节目（作品）以及转让体育赛事等活动的报道及播映权的业务活动。

广播影视节目（作品）播映服务，是指在影院、剧院、录像厅及其他场所播映广播影视节目（作品），以及通过电台、电视台、卫星通信、互联网、有线电视等无线或者有线装置播映广播影视节目（作品）的业务活动。

(8) 商务辅助服务。

商务辅助服务，包括企业管理服务、社团管理服务、经纪代理服务、人力资源服务、安全保护服务和道路管理服务。

企业管理服务，是指为企事业单位和机关提供总部管理、投资与资产管理、市场管理、物业管理、日常综合管理等服务的业务活动。按照《财政部 国家税务总局关于明确金融、房地产开发、教育辅助服务等增值税政策的通知》（财税〔2016〕140号）的规定，物业服务企业为业主提供的装修服务，按照"建筑服务"缴纳增值税。

经纪代理服务，是指各类经纪、中介、代理服务。包括金融代理、知识产权代理、货物运输代理、报关代理、法律代理、房地产中介、职业中介、婚姻中介、代理记账、拍卖等。货物运输代理服务，是指接受货物收货人、发货人、船舶所有人、船舶承租人或者船舶经营人的委托，以委托人的名义，为委托人办理货物运输、装卸、仓储和船舶进出港口、引航、靠泊等相关手续的业务活动。报关代理服务，是指接受进出口货物的收、发货人委托，代为办理报关手续的业务活动。

人力资源服务，是指提供公共就业、劳务派遣、人才委托招聘、劳动力外包等服务的业务活动。

安全保护服务，是指提供保护人身安全和财产安全，维护社会治安等的业务活动。包括场所住宅保安、特种保安、安全系统监控以及其他安保服务。

(9) 其他现代服务。

其他现代服务，是指除研发和技术服务、信息技术服务、文化创意服务、物流辅助服务、租赁服务、鉴证咨询服务、广播影视服务和商务辅助服务以外的服务。

7. 生活服务

生活服务，是指为满足城乡居民日常生活需求提供的各类服务活动。包括文化体育服务、教育医疗服务、旅游娱乐服务、餐饮住宿服务和居民日常服务。

（1）文化体育服务。

文化体育服务，包括文化服务和体育服务。文化服务，是指为满足社会公众文化生活需求提供的各种服务。包括文艺创作、文艺表演、文化比赛、图书馆的图书和资料借阅、档案馆的档案管理、文物及非物质遗产保护、举办宗教活动、举办科技活动、举办文化活动。体育服务，是指举办体育比赛、体育表演、体育活动，提供体育训练、体育指导、体育管理的业务活动。

（2）教育医疗服务。

教育医疗服务，包括教育服务和医疗服务。

教育服务，是指提供学历教育服务、非学历教育服务、教育辅助服务的业务活动。学历教育服务，是指根据教育行政管理部门确定或者认可的招生和教学计划组织教学，并颁发相应学历证书的业务活动。包括初等教育、初级中等教育、高级中等教育、高等教育等。非学历教育服务，包括学前教育、各类培训、演讲、讲座、报告会等。教育辅助服务，包括教育测评、考试、招生等服务。

医疗服务，是指提供医学检查、诊断、治疗、康复、预防、保健、接生、计划生育、防疫服务等方面的服务，以及与这些服务有关的提供药品、医用材料器具、救护车、病房住宿和伙食的业务。

（3）旅游娱乐服务。

旅游娱乐服务，包括旅游服务和娱乐服务。

旅游服务，是指根据旅游者的要求，组织安排交通、游览、住宿、餐饮、购物、文娱、商务等服务的业务活动。

娱乐服务，是指为娱乐活动同时提供场所和服务的业务。具体包括：歌厅、舞厅、卡拉OK歌舞厅（包括夜总会、练歌房、恋歌房）、音乐茶座（包括酒吧）、台球、高尔夫球、保龄球、游艺（如射击、狩猎、跑马、游戏机、蹦极、卡丁车、热气球、动力伞、射箭、飞镖等）等。

（4）餐饮住宿服务。

餐饮住宿服务，包括餐饮服务和住宿服务。餐饮服务，是指通过同时提供饮食和饮食场所的方式为消费者提供饮食消费服务的业务活动。住宿服务，是指提供住宿场所及配套服务等的活动。包括宾馆、旅馆、旅社、度假村和其他经营性住宿场所提供的住宿服务。

按照财税〔2016〕140号文件的规定，提供餐饮服务的纳税人销售的外卖食品，按照"餐饮服务"缴纳增值税；宾馆、旅馆、旅社、度假村和其他经营性住宿场所提供会议场地及配套服务的活动，按照"会议展览服务"缴纳增值税。

（5）居民日常服务。

居民日常服务，是指主要为满足居民个人及其家庭日常生活需求提供的服务，包括市容市政管理、物业管理、家政、婚庆、养老、殡葬、照料和护理、救助救济、美容美发、按摩、桑拿、氧吧、足疗、沐浴、洗染、摄影扩印等服务。

（6）其他生活服务。

其他生活服务，是指除文化体育服务、教育医疗服务、旅游娱乐服务、餐饮住宿服务和居民日常服务的服务。

（四）销售无形资产范围注释

销售无形资产，是指转让无形资产所有权或者使用权的业务活动。无形资产，是指不具实物形态，但能带来经济利益的资产，包括技术、商标和著作权、自然资源使用权和其他权益性无形资产。

技术，包括专利或者非专利技术。

自然资源使用权，包括土地使用权、海域使用权、探矿权、采矿权、取水权和其他自然资源使用权。

其他权益性无形资产，包括基础设施资产经营权、公共事业特许权、配额、特许经营权、连锁经营权、经销权、分销权、代理权、会员费、席位费、网络游戏虚拟道具、商誉、域名、经营权、名称权、肖像权、冠名权等。

（五）销售不动产范围注释

销售不动产，是指转让不动产所有权的业务活动。不动产，是指不能移动或者移动后会引起性质、形状改变的财产，包括建筑物、构筑物等。

建筑物，包括住宅、商业营业用房、办公楼等可供居住、工作或者进行其他活动的建造物。

构筑物，包括道路、桥梁、隧道、水坝等建造物。

转让建筑物有限产权或者永久使用权的，转让在建的建筑物或者构筑物所有权的，以及在转让建筑物或者构筑物时一并转让其所占土地的使用权的，按照"销售不动产"缴纳增值税。

（六）征税范围的特殊规定

增值税的征税范围除了上述的一般规定以外，对于实务中某些特殊项目或行为是否属于增值税的征税范围，相关的增值税文件也做出了具体确定。

1. 属于征税范围的特殊项目

（1）货物期货〈包括商品期货和贵金属期货），应当征收增值税，在期货的实物交割环节纳税。

（2）银行销售金银的业务，应当征收增值税。

（3）典当业的死当物品销售业务和寄售业代委托人销售寄售物品的业务，均应征收增值税。

（4）电力公司向发电企业收取的过网费，应当征收增值税。

（5）对从事热力、电力、燃气、自来水等公用事业的增值税纳税人收取的一次性费用，凡与货物的销售数量有直接关系的，征收增值税；凡与货物的销售数量无直接关系的不征收增值税。

（6）纳税人代有关行政管理部门收取的费用，凡同时符合以下条件的，不属于价外费用，不征收增值税。

①经国务院、国务院有关部门或省级政府批准；

②开具经财政部门批准使用的行政事业收费专用票据；

③所收款项全额上缴财政或虽不上缴财政但由政府部门监管，专款专用。

（7）纳税人销售货物的同时代办保险而向购买方收取的保险费，以及从事汽车销售的纳税人向购买方收取的代购买方缴纳的车辆购置税、牌照费，不作为价外费用征收增值税。

（8）纳税人销售软件产品并随同销售一并收取的软件安装费、维护费、培训费等收入，应按照增值税混合销售的有关规定征收增值税，并可享受软件产品增值税即征即退政策。

（9）印刷企业接受出版单位委托，自行购买纸张，印刷有统一刊号（CN）以及采用国际标准书号编序的图书、报纸和杂志，按货物销售征收增值税。

（10）各燃油电厂从政府财政专户取得的发电补贴不属于增值税规定的价外费用，不计入应税销售额，不征收增值税。

（11）纳税人提供的矿产资源开采、挖掘、切割、破碎、分拣、洗选等劳务，属于增值税应税劳务，应当缴纳增值税。

（12）纳税人转让土地使用权或者销售不动产的同时一并销售的附着于土地或者不动产上的固定资产中，凡属于增值税应税货物的，应按照《财政部 国家税务总局关于部分货物适用增值税低税率和简易办法征收增值税政策的通知》（财税〔2009〕9号）第二条有关规定，计算缴纳增值税。

纳税人应分别核算增值税应税货物和不动产的销售额，未分别核算或核算不清的，由主管税务机关核定其增值税应税货物的销售额和不动产的销售额。

（13）纳税人在资产重组过程中，通过合并、分立、出售、置换等方式，将全部或者部分实物资产以及与其相关联的债权、负债和劳动力一并转让给其他单位和个人，不属于增值税的征税范围，其中涉及的货物转让，不征收增值税。

（14）供电企业利用自身输变电设备对并入电网的企业自备电厂生产的电力产品进行电压调节，属于提供加工劳务。根据《中华人民共和国增值税暂行条例》和

《中华人民共和国营业税暂行条例》有关规定，对于上述供电企业进行电力调节并按电站向电厂收取的并网服务费，应当征收增值税。

（15）经批准允许从事二手车经销业务的增值税纳税人按照《机动车登记规定》的有关规定，收购二手车时将其办理过户登记到自己名下，销售时再将该二手车过户登记到买家名下的行为，属于《增值税暂行条例》规定的销售货物的行为，应按照现行规定征收增值税。

除上述行为外，纳税人受托代理销售二手车，凡同时具备以下条件的，不征收增值税；不同时具备以下条件的，视同销售征收增值税。

①受托方不向委托方预付货款；

②委托方将二手车销售发票直接开具给购买方；

③受托方按购买方实际支付的价款和增值税额（如系代理进口销售货物则为海关代征的增值税额）与委托方结算货款，并另外收取手续费。

（16）关于罚没物品征免增值税问题：

执罚部门与单位查处的属于一般商业部门经营的商品，具备拍卖条件的，由执罚部门或单位商同级财政部门同意后，公开拍卖。其拍卖收入作为罚没收入由执罚部门和单位如数上缴财政，不予征税。对经营单位购入拍卖物品在销售的应照章征收增值税。

执罚部门与单位查处的属于一般商业部门经营的商品，不具备拍卖条件的，由执罚部门、财政部门、国家指定销售单位会同有关部门按质论价，交由国家指定销售单位纳入正常销售渠道变价处理。执罚部门按商定价格所取得的变价收入作为罚没收入如数上缴财政，不予征税。国家指定销售单位将罚没物品纳入正常销售渠道的，应照章征收增值税。

执罚部门与单位查处的属于专管机关管理或专管企业经营的财物，如金银（不包括金银首饰）、外币、有价证券、非禁止出口文物，应交由专管机关或专营企业收兑或收购。执罚部门和单位按收兑或收购价所取得的收入作为罚没收入如数上缴财政，不予征税。专管机关或专营企业经营上述物品中属于应征增值税的货物，应照章征收增值税。

2. 属于征税范围的特殊行为

（1）视同销售货物行为。

单位或者个体工商户的下列行为，视同销售货物：

①将货物交付其他单位或者个人代销；

②销售代销货物。

③设有两个以上机构并实行统一核算的纳税人，将货物从一个机构移送至其他机构用于销售，但相关机构设在同一县（市）的除外。

"用于销售"，是指受货机构发生以下情形之一的经营行为：向购货方开具发票；

或向购货方收取货款。

受货机构的货物移送行为有前述两项情形之一的，应当向所在地税务机关缴纳增值税；未发生前述两项情形的，则应由总机构统一缴纳增值税。

如果受货机构只就部分货物向购买方开具发票或收取货款，则应当区别不同情况计算并分别向总机构所在地或分支机构所在地缴纳税款。

④将自产或者委托加工的货物用于非增值税应税项目。

⑤将自产、委托加工的货物用于集体福利或者个人消费。

⑥将自产、委托加工或者购进的货物作为投资，提供给其他单位或者个体工商户。

⑦将自产、委托加工或者购进的货物分配给股东或者投资者。

⑧将自产、委托加工或者购进的货物无偿赠送其他单位或者个人。

上述8种行为应该确定为视同销售货物行为，均要征收增值税。其确定的目的主要有三个：一是保证增值税税款抵扣制度的实施，不致因发生上述行为而造成各相关环节税款抵扣链条的中断，如前两种情况就是这种原因。如果不将之视同销售就会出现销售代销货物方仅有销项税额而无进项税额，而将货物交付其他单位或者个人代销方仅有进项税额而无销项税额的情况，出现增值税抵扣链条不完整。二是避免因发生上述行为而造成货物销售税收负担不平衡的矛盾，防止以上述行为逃避纳税的现象。三是体现增值税计算的配比原则。即购进货物已经在购进环节实施了进项税额抵扣，这些购进货物应该产生相应的销售额，同时就应该产生相应的销项税额，否则就会产生不配比情况。如上述④～⑧项列举的几种情况就属于此种原因。

（2）视同销售服务、无形资产或者不动产的行为。

下列情形视同销售服务、无形资产或者不动产：单位或者个体工商户向其他单位或者个人无偿提供服务，但用于公益事业或者以社会公众为对象的除外；单位或者个人向其他单位或者个人无偿转让无形资产或者不动产，但用于公益事业或者以社会公众为对象的除外；财政部和国家税务总局规定的其他情形。

二、纳税义务人和扣缴义务人

（一）纳税义务人

根据《增值税暂行条例》及财税〔2016〕36号文件的规定，凡在中华人民共和国境内销售或者进口货物、提供应税劳务、提供服务、有偿转让无形资产或者不动产的单位和个人都是增值税纳税义务人。单位以承包、承租、挂靠方式经营的，承包人、承租人、挂靠人（统称承包人）以发包人、出租人、被挂靠人（统称发包人）名义对外经营并由发包人承担相关法律责任的，以该发包人为纳税人。否则，以承包人为纳税人。

增值税纳税人具有以下特征：

1. 必须有发生在中华人民共和国境内的应税行为

根据我国现行法律的规定和行政区域的设置，香港特别行政区、澳门特别行政区和台湾地区虽然是我国的领土，但由于其实行有别于祖国大陆的法律制度，实行独立的税收制度，保留独立的税收管辖权，自行立法规定税种、税率、税收豁免和其他税务事项。在税收制度上中央政府一般给予我国香港、澳门和台湾地区与其他国家或者地区相同的待遇，因此，这里所说的中华人民共和国境内主要指除了香港、澳门和台湾地区的其他境域。

需要注意的是，这里强调的是应税行为发生在中华人民共和国境内，而不是纳税人在境内。也就是说，只要增值税业务发生在中华人民共和国境内，而不管行为人是否具有中华人民共和国国籍、是否在境内登记注册、居住地是否在境内，都属于增值税的纳税人。

2. 增值税应税行为范围限于销售或进口货物，提供加工、修理修配劳务以及提供服务、有偿转让无形资产或者不动产

根据《增值税暂行条例》及财税〔2016〕36 号文件的规定，并非所有的单位或个人行为都需要缴纳增值税，只有发生了这些增值税法规规定范围内的行为才需要缴纳增值税。

3. 纳税人可以是单位和个人

增值税的纳税人既可以是单位，也可以是个人。其中"单位"是指企业、行政单位、事业单位、军事单位、社会团体及其他单位。"个人"包括个体工商户和其他个人。

（二）扣缴义务人

中华人民共和国境外单位或者个人在境内发生应税行为，在境内未设有经营机构的，以购买方为增值税扣缴义务人。财政部和国家税务总局另有规定的除外。

第二节 一般纳税人和小规模纳税人的分类及管理

为了适应纳税人经营管理规模差异大、财务核算水平不一的实际情况，便于税收征管工作的开展，我国的增值税法规将增值税纳税人分为一般纳税人与小规模纳税人两类。这两类纳税人在税款计算方法、适用税率以及管理办法上都有所不同。对一般纳税人实行凭发票扣税的计税方法，对小规模纳税人实行简易征收方法征收的管理办法。分类管理有利于税务机关加强重点税源管理，简化小型企业的计算缴纳程序，也有利于对专用发票正确使用与安全管理要求的落实。

一、小规模纳税人的标准及管理

（一）小规模纳税人的认定标准

小规模纳税人是指年销售额在规定标准以下，会计核算不健全，不能按规定报送有关税务资料的增值税纳税人。所称会计核算不健全是指不能正确核算增值税的销项税额、进项税额和应纳税额。

根据《增值税暂行条例》及其实施细则、财税〔2016〕36号文件的规定，小规模纳税人的规定标准是：

（1）从事货物生产或者提供应税劳务的纳税人，以及以从事货物生产或者提供应税劳务为主，并兼营货物批发或者零售的纳税人，年应征增值税销售额在50万元以下（含本数）的；"以从事货物生产或者提供应税劳务为主"是指纳税人的年货物生产或者提供应税劳务的销售额占年应税销售额的比重在50%以上。对上述规定以外的纳税人，年应税销售额在80万元以下的。

（2）应税行为的年应征增值税销售额超过500万元（含本数）的纳税人为一般纳税人，未超过规定标准的纳税人为小规模纳税人。

（3）年应税销售额超过小规模纳税人标准的其他个人按小规模纳税人纳税。

（4）非企业性单位、不经常发生应税行为的企业可选择按小规模纳税人纳税。

（二）小规模纳税人的管理

未超过规定标准的纳税人会计核算健全，能够提供准确税务资料的，可以向主管税务机关登记成为一般纳税人。会计核算健全，是指能够按照国家统一的会计制度规定设置账簿，根据合法、有效凭证核算。

除国家税务总局另有规定外，纳税人一经登记成为一般纳税人以后，不得转为小规模纳税人。

二、一般纳税人的标准及管理

（一）一般纳税人的认定标准

一般纳税人是指年应征增值税销售额，超过财政部、国家税务总局规定的小规模纳税人标准的单位和个人。年应税销售额，是指纳税人在连续不超过12个月的经营期内累计应征增值税销售额，包括纳税申报销售额、稽查查补销售额、纳税评估调整销售额、税务机关代开发票销售额和免税销售额。其中稽查查补销售额和纳税评估调整销售额计入查补税款申报当月的销售额，不计入税款所属期销售额。经营期，是指在纳税人存续期内的连续经营期间，含未取得销售收入的月份。

（二）一般纳税人资格登记的条件

按照《关于调整增值税一般纳税人管理有关事项的公告》（国家税务总局公告2015年第18号）的规定，纳税人年应税销售额超过规定标准的，在申报期结束后20个工作日内按照该公告第二条或第三条的规定办理相关手续；未按规定时限办理的，主管税务机关应当在规定期限结束后10个工作日内制作《税务事项通知书》，告知纳税人应当在10个工作日内向主管税务机关办理相关手续。"规定标准"包括《中华人民共和国增值税暂行条例实施细则》（以下简称《增值税暂行条例实施细则》）和财政部、国家税务总局在营改增试点中规定的销售额标准。

纳税人年应税销售额超过财政部、国家税务总局规定标准，且符合有关政策规定，选择按小规模纳税人纳税的，应当向主管税务机关提交书面说明。个体工商户以外的其他个人年应税销售额超过规定标准的，不需要向主管税务机关提交书面说明。

除财政部、国家税务总局另有规定外，纳税人自其选择的一般纳税人资格生效之日起，按照增值税一般计税方法计算应纳税额，并按照规定领用增值税专用发票。

（三）一般纳税人纳税辅导期管理办法

按照《增值税一般纳税人资格认定管理办法》第四条的规定，主管税务机关可以在一定期限内对新认定为一般纳税人的小型商贸批发企业实行纳税辅导期管理。"小型商贸批发企业"，是指注册资金在80万元（含80万元）以下、职工人数在10人（含10人）以下的批发企业。

具有下列情形之一的一般纳税人，主管税务机关也可以在一定期限内对其实行辅导期管理：

（1）增值税偷税数额占应纳税额的10%以上并且偷税数额在10万元以上的；

（2）骗取出口退税的；

（3）虚开增值税扣税凭证的；

（4）国家税务总局规定的其他情形。

新认定为一般纳税人的小型商贸批发企业实行纳税辅导期管理的期限为3个月；其他一般纳税人实行纳税辅导期管理的期限为6个月。

辅导期纳税人取得的增值税专用发票抵扣联、海关进口增值税专用缴款书等抵扣凭据应当在交叉稽核比对无误后，方可抵扣进项税额。

主管税务机关对辅导期纳税人实行限量限额发售专用发票。辅导期纳税人一个月内多次领购专用发票的，应从当月第二次领购专用发票起，按照上一次已领购并开具的专用发票销售额的 3% 预缴增值税，未预缴增值税的，主管税务机关不得向其发售专用发票。

第三节　税率、征收率与预征率

为了发挥增值税的中性作用，原则上应该对不同行业不同企业实行单一的增值税税率，称为基本税率。实践中为照顾不同行业或产品的特殊情况，我国目前设置了多档增值税税率，对于采取简易征收方式设置了 3%、5% 的征收率。对于部分业务还采用了预征的方式，实行 2%、3% 或 5% 的预征率。

一、税　率

（一）17% 税率

增值税一般纳税人销售或者进口货物，提供加工、修理修配劳务和有形动产租赁服务，除采用简易计税方法外，税率一律为 17%。

为公平税负，规范税制，促进资源节约和综合利用，自 2009 年 1 月 1 日起，将部分金属矿、非金属矿采选产品的增值税税率由原来的 13% 低税率恢复到 17%，如铜矿砂及其精矿（非黄金价值部分）、镍矿砂及其精矿（非黄金价值部分）、纯氯化钠、未焙烧的黄铁矿、石英、云母粉、天然硫酸钡（重晶石）等。

（二）11% 税率

提供交通运输服务、邮政服务、基础电信服务、建筑服务、不动产租赁服务、销售不动产、转让土地使用权，按 11% 计征增值税。

按照《财政部　国家税务总局关于简并增值税税率有关政策的通知》（财税〔2017〕37 号）的规定，农产品（含粮食）、自来水、暖气、石油液化气、天然气、食用植物油、冷气、热水、煤气、居民用煤炭制品、食用盐、农机、饲料、农药、农膜、化肥、沼气、二甲醚、图书、报纸、杂志、音像制品、电子出版物，自 2017 年 7 月 1 日起，按 11% 计征增值税。

（三）6% 税率

提供增值电信服务、金融服务、现代服务（有形动产租赁服务除外）、生活服务，按 6% 计征增值税。

（四）零税率

1. 出口货物适用增值税零税率的规定

纳税人出口货物，税率为零；但是，国务院另有规定的除外。

· 税率为零不是简单地等同于免税。出口货物免税仅指在出口环节不征收增值税，而零税率是指对出口货物除了在出口环节不征增值税外，还要对该产品在出口前已经缴纳的增值税进行退税，使该出口产品在出口时完全不含增值税税款，从而以无税产品进入国际市场。当然我国目前并非对全部出口产品都实行零税率，而是根据经济形势的变化和调节出口产品结构的需要规定出口退税率，对大部分出口产品实行零税率。

2. 应税服务适用增值税零税率的规定

中华人民共和国境内（以下称境内）的单位和个人销售的下列服务和无形资产，适用增值税零税率：

（1）国际运输服务。国际运输服务，是指在境内载运旅客或者货物出境；在境外载运旅客或者货物入境；在境外载运旅客或者货物。

（2）航天运输服务。

（3）向境外单位提供的完全在境外消费的下列服务：研发服务、合同能源管理服务、设计服务、广播影视节目（作品）的制作和发行服务、软件服务、电路设计及测试服务、信息系统服务、业务流程管理服务、离岸服务外包业务和转让技术。

离岸服务外包业务包括信息技术外包服务（ITO）、技术性业务流程外包服务（BPO）、技术性知识流程外包服务（KPO），其所涉及的具体业务活动，按照《销售服务、无形资产、不动产注释》相对应的业务活动执行。

（4）财政部和国家税务总局规定的其他服务。

按照国家有关规定应取得相关资质的国际运输服务项目，纳税人取得相关资质的，适用增值税零税率政策，未取得的，适用增值税免税政策。

境内的单位或个人提供程租服务，如果租赁的交通工具用于国际运输服务和港澳台运输服务，由出租方按规定申请适用增值税零税率。境内的单位和个人向境内单位或个人提供期租、湿租服务，如果承租方利用租赁的交通工具向其他单位或个人提供国际运输服务和港澳台运输服务，由承租方适用增值税零税率。境内的单位或个人向境外单位或个人提供期租、湿租服务，由出租方适用增值税零税率。

境内单位和个人以无运输工具承运方式提供的国际运输服务，由境内实际承运人适用增值税零税率；无运输工具承运业务的经营者适用增值税免税政策。

境内的单位和个人提供适用增值税零税率的服务或者无形资产，如果属于适用简易计税方法的，实行免征增值税办法。如果属于适用增值税一般计税方法的，生产企业实行免、抵、退税办法，外贸企业外购服务或者无形资产出口实行免（退）

税办法，外贸企业直接将服务或自行研发的无形资产出口，视同生产企业连同其出口货物统一实行免抵退税办法。

服务和无形资产的退税率为其按照《营业税改征增值税试点实施办法》（财税〔2016〕36 号文件附件 1，以下简称《试点实施办法》）第十五条第（一）至（三）项规定适用的增值税税率。实行退（免）税办法的服务和无形资产，如果主管税务机关认定出口价格偏高的，有权按照核定的出口价格计算退（免）税，核定的出口价格低于外贸企业购进价格的，低于部分对应的进项税额不予退税，转入成本。

境内的单位和个人销售适用增值税零税率的服务或无形资产的，可以放弃适用增值税零税率，选择免税或按规定缴纳增值税。放弃适用增值税零税率后，36 个月内不得再申请适用增值税零税率。

境内的单位和个人销售适用增值税零税率的服务或无形资产，按月向主管退税的税务机关申报办理增值税退（免）税手续。具体管理办法由国家税务总局商财政部另行制定。

上述规定所称完全在境外消费，是指：（1）服务的实际接受方在境外，且与境内的货物和不动产无关；（2）无形资产完全在境外使用，且与境内的货物和不动产无关；（3）财政部和国家税务总局规定的其他情形。

境内单位和个人发生的与香港、澳门、台湾有关的应税行为，除另有规定外，参照上述规定执行。

二、征收率及预征率

增值税的征收率适用于小规模纳税人和特定一般纳税人。小规模纳税人一般统一按 3% 的征收率计征；对一般纳税人某些特定的业务，也适用该征收率。财税〔2016〕36 号文件中还规定了 5% 的征收率，以及按照预征方式纳税时采用的 2%、3% 和 5% 的预征率。

（一）小规模纳税人征收率的规定

小规模纳税人采用简易计税方法计算征收增值税，增值税征收率为 3%。根据《增值税暂行条例》及财税〔2016〕36 号文件的规定，小规模纳税人涉及征收率的业务有：

（1）小规模纳税人增值税征收率为 3%，征收率的调整，由国务院决定。

（2）小规模纳税人（除其他个人外）销售自己使用过的固定资产，按照 3% 的征收率减按 2% 征收增值税。只能够开具普通发票，不得由税务机关代开增值税专用发票。

（3）小规模纳税人销售自己使用过的除固定资产以外的物品，应按 3% 的征收率征收增值税。

（二）原一般纳税人按照简易办法征收增值税的征收率规定

一般纳税人按照简易办法征收增值税的征收率规定，主要依据文件为《财政部 国家税务总局关于全国实施增值税转型改革若干问题的通知》（财税〔2008〕170 号）和《财政部 国家税务总局关于简并增值税征收率政策的通知》（财税〔2014〕57 号）等。

（1）一般纳税人销售自己使用过的属于《增值税暂行条例》第十条规定不得抵扣且未抵扣进项税额的固定资产，按照简易办法依照 3% 征收率减按 2% 征收增值税。

一般纳税人销售自己使用过的其他固定资产，自 2009 年 1 月 1 日起，按下面税率计算增值税：

①2008 年 12 月 31 日以前未纳入扩大增值税抵扣范围试点的纳税人，销售自己使用过的 2008 年 12 月 31 日以前购进或者自制的固定资产，按照简易办法依照 3% 征收率减按 2% 征收增值税。

②2008 年 12 月 31 日以前已纳入扩大增值税抵扣范围试点的纳税人，销售自己使用过的在本地区扩大增值税抵扣范围试点以前购进或者自制的固定资产，按照简易办法依照 3% 征收率减按 2% 征收增值税；销售自己使用过的在本地区扩大增值税抵扣范围试点以后购进或者自制的固定资产，按照适用税率征收增值税。

值得注意的是，销售自己使用过的 2009 年 1 月 1 日以后购进或者自制的固定资产，按照适用税率征收增值税。

一般纳税人销售自己使用过的固定资产，按照简易计税方法计税的应开具普通发票，不得开具增值税专用发票。不过，按照《国家税务总局关于营业税改征增值税试点期间有关增值税问题的公告》（国家税务总局公告 2015 年第 90 号）的规定，纳税人销售自己使用过的固定资产，适用简易办法依照 3% 征收率减按 2% 征收增值税政策的，可以放弃减税，按照简易办法依照 3% 征收率缴纳增值税，并可以开具增值税专用发票。

（2）一般纳税人销售自己使用过的除固定资产以外的物品，应当按照适用税率缴纳增值税。

（3）一般纳税人销售自产的下列货物，可选择按照简易办法依照 3% 征收率计算缴纳增值税，按规定可自行开具增值税专用发票：

①县级及县级以下小型水力发电单位生产的电力。小型水力发电单位，是指各类投资主体建设的装机容量为 5 万千瓦以下（含 5 万千瓦）的小型水力发电单位。

②建筑用和生产建筑材料所用的砂、土、石料。

③以自己采掘的砂、土、石料或其他矿物连续生产的砖、瓦、石灰（不含粘土实心砖、瓦）。

④用微生物、微生物代谢产物、动物毒素、人或动物的血液或组织制成的生物制品。

⑤自来水。

⑥商品混凝土（仅限于以水泥为原料生产的水泥混凝土）。

一般纳税人选择简易办法计算缴纳增值税后，36个月内不得变更。

（4）一般纳税人销售货物属于下列情形之一的，暂按简易办法依照3%征收率计算缴纳增值税，按规定可自行开具增值税专用发票。

①寄售商店代销寄售物品（包括居民个人寄售的物品在内）；

②典当业销售死当物品；

③经国务院或国务院授权机关批准的免税商店零售的免税品。

对属于一般纳税人的自来水公司销售自来水按简易办法依照3%征收率征收增值税，可自行开具增值税专用发票。但不得抵扣其购进自来水取得增值税扣税凭证上注明的增值税税款。

（三）营改增试点纳税人适用征收率和预征率的规定

1. 建筑服务适用征收率和预征率的规定

一般纳税人以清包工方式提供的建筑服务，可以选择适用简易计税方法按照3%计税。以清包工方式提供建筑服务，是指施工方不采购建筑工程所需的材料或只采购辅助材料，并收取人工费、管理费或者其他费用的建筑服务。

一般纳税人为甲供工程提供的建筑服务，可以选择适用简易计税方法按照3%计税。甲供工程，是指全部或部分设备、材料、动力由工程发包方自行采购的建筑工程。

一般纳税人为建筑工程老项目提供的建筑服务，可以选择适用简易计税方法按照3%计税。建筑工程老项目，是指：（1）《建筑工程施工许可证》注明的合同开工日期在2016年4月30日前的建筑工程项目；（2）未取得《建筑工程施工许可证》的，建筑工程承包合同注明的开工日期在2016年4月30日前的建筑工程项目。

一般纳税人跨地级行政区提供建筑服务，适用一般计税方法计税的，应以取得的全部价款和价外费用为销售额计算应纳税额。纳税人应以取得的全部价款和价外费用扣除支付的分包款后的余额，按照2%的预征率在建筑服务发生地预缴税款后，向机构所在地主管税务机关进行纳税申报。

一般纳税人跨地级行政区提供建筑服务，选择适用简易计税方法计税的，应以取得的全部价款和价外费用扣除支付的分包款后的余额为销售额，按照3%的征收率计算应纳税额。纳税人应按照上述计税方法在建筑服务发生地预缴税款后，向机构所在地主管税务机关进行纳税申报。

试点纳税人中的小规模纳税人（以下称小规模纳税人）跨地级行政区提供建筑服务，应以取得的全部价款和价外费用扣除支付的分包款后的余额为销售额，按照3%的征收率计算应纳税额。纳税人应按照上述计税方法在建筑服务发生地预缴税款后，向机构所在地主管税务机关进行纳税申报。

纳税人提供建筑服务取得预收款，应在收到预收款时，以取得的预收款扣除支付的分包款后的余额，按照2%或3%的预征率预缴增值税。其中，适用一般计税方法计税的项目预征率为 2%，适用简易计税方法计税的项目预征率为 3%。按照现行规定应在建筑服务发生地预缴增值税的项目，纳税人收到预收款时在建筑服务发生地预缴增值税。按照现行规定无须在建筑服务发生地预缴增值税的项目，纳税人收到预收款时在机构所在地预缴增值税。

一般纳税人跨省（自治区、直辖市或者计划单列市）提供建筑服务或者销售、出租取得的与机构所在地不在同一省（自治区、直辖市或者计划单列市）的不动产，在机构所在地申报纳税时，计算的应纳税额小于已预缴税额，且差额较大的，由国家税务总局通知建筑服务发生地或者不动产所在地省级税务机关，在一定时期内暂停预缴增值税。

2. 销售不动产适用征收率和预征率的规定

一般纳税人销售其 2016 年 4 月 30 日前取得（不含自建）的不动产，可以选择适用简易计税方法，以取得的全部价款和价外费用减去该项不动产购置原价或者取得不动产时的作价后的余额为销售额，按照 5% 的征收率计算应纳税额。纳税人应按照上述计税方法在不动产所在地预缴税款后，向机构所在地主管税务机关进行纳税申报。一般纳税人销售其 2016 年 5 月 1 日后取得（不含自建）的不动产，应适用一般计税方法，以取得的全部价款和价外费用为销售额计算应纳税额。纳税人应以取得的全部价款和价外费用减去该项不动产购置原价或者取得不动产时的作价后的余额，按照 5% 的预征率在不动产所在地预缴税款后，向机构所在地主管税务机关进行纳税申报。

一般纳税人销售其 2016 年 4 月 30 日前自建的不动产，可以选择适用简易计税方法，以取得的全部价款和价外费用为销售额，按照 5% 的征收率计算应纳税额。纳税人应按照上述计税方法在不动产所在地预缴税款后，向机构所在地主管税务机关进行纳税申报。一般纳税人销售其 2016 年 5 月 1 日后自建的不动产，应适用一般计税方法，以取得的全部价款和价外费用为销售额计算应纳税额。纳税人应以取得的全部价款和价外费用，按照 5% 的预征率在不动产所在地预缴税款后，向机构所在地主管税务机关进行纳税申报。

小规模纳税人销售其取得（不含自建）的不动产（不含个体工商户销售购买的住房和其他个人销售不动产），应以取得的全部价款和价外费用减去该项不动产购置原价或者取得不动产时的作价后的余额为销售额，按照 5% 的征收率计算应纳税额。纳税人应按照上述计税方法在不动产所在地预缴税款后，向机构所在地主管税务机关进行纳税申报。

小规模纳税人销售其自建的不动产，应以取得的全部价款和价外费用为销售额，按照 5% 的征收率计算应纳税额。纳税人应按照上述计税方法在不动产所在地预缴税款后，向机构所在地主管税务机关进行纳税申报。

房地产开发企业中的一般纳税人，销售自行开发的房地产老项目，可以选择适用简易计税方法按照 5% 的征收率计税。

房地产开发企业中的小规模纳税人，销售自行开发的房地产项目，按照5%的征收率计税。

房地产开发企业采取预收款方式销售所开发的房地产项目，在收到预收款时按照3%的预征率预缴增值税。

个体工商户销售购买的住房，应按照财税〔2016〕36号文件附件3《营业税改征增值税试点过渡政策的规定》第五条的规定征免增值税。纳税人应按照上述计税方法在不动产所在地预缴税款后，向机构所在地主管税务机关进行纳税申报。

其他个人销售其取得（不含自建）的不动产（不含其购买的住房），应以取得的全部价款和价外费用减去该项不动产购置原价或者取得不动产时的作价后的余额为销售额，按照5%的征收率计算应纳税额。

3. 不动产经营租赁服务适用征收率和预征率的规定

公路经营企业中的一般纳税人收取试点前开工的高速公路的车辆通行费，可以选择适用简易计税方法，减按3%的征收率计算应纳税额。一般纳税人收取试点前开工的一级公路、二级公路、桥、闸通行费，可以选择适用简易计税方法，按照5%的征收率计算缴纳增值税。试点前开工，是指相关施工许可证注明的合同开工日期在2016年4月30日前。

一般纳税人出租其2016年4月30日前取得的不动产，可以选择适用简易计税方法，按照5%的征收率计算应纳税额。纳税人出租其2016年4月30日前取得的与机构所在地不在同一县（市）的不动产，应按照上述计税方法在不动产所在地预缴税款后，向机构所在地主管税务机关进行纳税申报。一般纳税人出租其2016年4月30日前取得的不动产，适用一般计税方法计税的，应以取得的全部价款和价外费用，按照3%的预征率在不动产所在地预缴税款后，向机构所在地主管税务机关进行纳税申报。

一般纳税人出租其2016年5月1日后取得的、与机构所在地不在同一县（市）的不动产，应按照3%的预征率在不动产所在地预缴税款后，向机构所在地主管税务机关进行纳税申报。

小规模纳税人出租其取得的不动产（不含个人出租住房），应按照5%的征收率计算应纳税额。纳税人出租与机构所在地不在同一县（市）的不动产，应按照上述计税方法在不动产所在地预缴税款后，向机构所在地主管税务机关进行纳税申报。

其他个人出租其取得的不动产（不含住房），应按照5%的征收率计算应纳税额。

个人出租住房，应按照5%的征收率减按1.5%计算应纳税额。

4. 其他适用3%征收率的应税服务

一般纳税人发生下列应税行为可以选择适用简易计税方法按照3%的征收率计税：

（1）公共交通运输服务，包括轮客渡、公交客运、地铁、城市轻轨、出租车、长途客运、班车。班车，是指按固定路线、固定时间运营并在固定站点停靠的运送旅客的陆路运输服务。

（2）经认定的动漫企业为开发动漫产品提供的动漫脚本编撰、形象设计、背景设计、动画设计、分镜、动画制作、摄制、描线、上色、画面合成、配音、配乐、音效合成、剪辑、字幕制作、压缩转码（面向网络动漫、手机动漫格式适配）服务，以及在境内转让动漫版权（包括动漫品牌、形象或者内容的授权及再授权）。动漫企业和自主开发、生产动漫产品的认定标准和认定程序，按照《文化部 财政部 国家税务总局关于印发〈动漫企业认定管理办法（试行）〉的通知》（文市发〔2008〕51号）的规定执行。

（3）电影放映服务、仓储服务、装卸搬运服务、收派服务和文化体育服务。

（4）以纳入营改增试点之日前取得的有形动产为标的物提供的经营租赁服务。

（5）在纳入营改增试点之日前签订的尚未执行完毕的有形动产租赁合同。

值得注意的是，营改增试点纳税人中的一般纳税人兼有销售货物、提供加工修理修配劳务的，凡未规定可以选择按照简易计税方法计算缴纳增值税的，其全部销售额应一并按照一般计税方法计算缴纳增值税。

（四）纳税人销售旧货适用征收率的规定

纳税人销售旧货，按照简易办法依照 3% 征收率减按 2% 征收增值税。所称旧货，是指进入二次流通的具有部分使用价值的货物（含旧汽车、旧摩托车和旧游艇），但不包括自己使用过的物品。

纳税人销售旧货，应开具普通发票，不得自行开具或者由税务机关代开增值税专用发票。

第四节 一般计税方法的应用

我国目前对一般纳税人采用的计税方法主要是国际上通行的购进扣税法，即先按当期销售额和适用税率计算出销项税额，然后对当期购进项目已经缴纳的税款（所含税款）进行抵扣，从而间接计算出对当期增值额部分的应纳税额。财税〔2016〕36号文件将这种方法称为一般计税方法。本节主要讲述一般计税方法在企业的应用。

一、增值税额的计算

增值税一般纳税人采用一般计税方法计算应纳税额时，销售货物、应税劳务、应税服务、无形资产，或者不动产的应纳税额，应该等于当期销项税额抵扣当期进项税额后的余额。其计算公式如下：

$$当期应纳税额＝当期销项税额－当期进项税额$$
$$＝当期销售额×适用税率－当期进项税额$$

增值税一般纳税人当期应纳税额的多少，取决于当期销项税额和当期进项税额这两个因素。而当期销项税额的确定关键在于确定当期销售额。对当期进项税额的确定在税法中也做了一些具体的规定，在分别确定销项税额和进项税额的情况下，就不难计算出应纳税额。

二、销项税额的计算

销项税额是指纳税人销售货物、提供应税劳务、销售服务、无形资产或者不动产，按照销售货物、提供应税劳务收入、销售服务、无形资产或者不动产的销售额和规定的税率计算并向购买方收取的增值税额。对于属于一般纳税人的销售方来说，在没有抵扣其进项税额前，销售方收取的销项税额还不是其应纳增值税额。销项税额的计算公式为：

$$销项税额＝销售额×适用税率$$

从定义和公式可以看出，销项税额是由购买方在购买货物、接受应税劳务、应税服务、无形资产或者不动产支付价款时，一并向销售方支付的税额。销项税额的计算取决于销售额和适用税率两个因素。在适用税率既定的前提下，销项税额的大小主要取决于销售额的大小。增值税适用税率是比较明确的，因而销项税额计算的关键是如何准确确定作为增值税计税依据的销售额。

（一）一般销售方式下的销售额

销售额是指纳税人销售货物、提供应税劳务、销售服务、无形资产或者不动产向购买方收取的全部价款和价外费用。特别需要强调的是，尽管销项税额也是销售方向购买方收取的，但是增值税采用价外计税方式，用不含税价作为计税依据，因而销售额中不包括向购买方收取的销项税额。

按照《增值税暂行条例实施细则》的规定，价外费用包括价外向购买方收取的手续费、补贴、基金、集资费、返还利润、奖励费、违约金、滞纳金、延期付款利息、赔偿金、代收款项、代垫款项、包装费、包装物租金、储备费、优质费、运输装卸费以及其他各种性质的价外收费。但下列项目不包括在内：

（1）受托加工应征消费税的消费品所代收代缴的消费税。

（2）同时符合以下条件的代垫运输费用：

①承运部门的运输费用发票开具给购买方的；

②纳税人将该项发票转交给购买方的。

（3）同时符合以下条件代为收取的政府性基金或者行政事业性收费：

①由国务院或者财政部批准设立的政府性基金，由国务院或者省级人民政府及其财政、价格主管部门批准设立的行政事业性收费；

②收取时开具省级以上财政部门印制的财政票据；

③所收款项全额上缴财政。

（4）销售货物的同时代办保险等而向购买方收取的保险费，以及向购买方收取的代购买方缴纳的车辆购置税、车辆牌照费。

凡随同销售货物、提供应税劳务、销售服务、无形资产或者不动产向购买方收取的价外费用，无论其会计制度如何核算，均应并入销售额计算应纳税额。税法规定各种性质的价外收费都要并入销售额计算征税，目的是防止以各种名目的收费减少销售额逃避纳税的现象。上述四项允许不计入价外费用是因为在满足了上述相关条件后可以确认销售方在其中仅仅是代为收取了有关费用，这些价外费用确实没有形成销售方的收入。

应当注意，根据国家税务总局的规定，对增值税一般纳税人（包括纳税人自己或代其他部门）向购买方收取的价外费用和逾期包装物押金，应视为含税收入，在征税时换算成不含税收入再并入销售额。

按会计制度规定，对价外收费一般都不在"主营业务收入"科目中核算，而在"其他应付款""其他业务收入""营业外收入"等科目中核算，这样，企业在实务中时常出现对价外收费虽在相应科目中做会计核算，但却未核算其销项税额；有的企业则既不按会计核算要求进行收入核算，又不按规定核算销项税额，而是将发生的价外收费直接冲减有关费用科目。这些做法都是逃避纳税的错误行为，是要受到税法处罚的。因此，纳税人对价外收费按税法规定并入销售额计税必须予以高度重视，严格核查各项价外收费，保证做到正确计税和会计核算。

销售额以人民币计算。纳税人以人民币以外的货币结算销售额的，应当折合成人民币计算。

（二）特殊销售方式下的销售额

在销售活动中，为了达到促销的目的，有多种销售方式。不同销售方式下，销售者取得的销售额会有所不同。对不同销售方式如何确定其计征增值税的销售额，既是纳税人关心的问题，也是税法必须分别予以明确规定的事情。税法对以下几种销售方式分别做了规定：

1. 采取商业折扣方式销售

商业折扣（也称折扣销售）是指销货方在销售货物、提供应税劳务或应税服务时，因购货方购货数量较大等原因而给予购货方的价格优惠（如：购买5件，销售价格折扣10%；购买10件，折扣20%等）。根据税法规定，纳税人销售货物并向购买方开具增值税专用发票后，由于购货方在一定时期内累计购买货物达到一定数量，或者由于市场价格下降等原因，销货方给予购货方相应的价格优惠或补偿等折扣、折让行为，销货方可按现行《增值税专用发票使用规定》的有关规定开具红字增值税专用发票。这里需要做几点解释：

第一，商业折扣不同于现金折扣（也称销售折扣）。现金折扣是指销货方在销售货物、提供应税劳务或应税服务后，为了鼓励购货方及早偿还货款而协议许诺给予购货方的一种折扣优待（如：10 天内付款，货款折扣 2％；20 天内付款，折扣 1％；30 天内全价付款）。现金折扣发生在销货之后，是一种融资性质的理财费用，因此，现金折扣不得从销售额中减除。企业在确定销售额时应把商业折扣与现金折扣，即折扣销售与销售折扣严格区分开。另外，现金折扣又不同于销售折让。销售折让是指货物销售后，由于其品种、质量等原因购货方未予退货，但销货方需给予购货方的一种价格折让。销售折让与现金折扣相比较，虽然都是在货物销售后发生的，但因为销售折让是由于货物的品种和质量引起销售额的减少，因此，对销售折让可以折让后的货款为销售额。

第二，折扣销售仅限于货物价格的折扣，如果销货者将自产、委托加工和购买的货物用于实物折扣的，则该实物金额不能从货物销售额中减除，且该实物应按《增值税暂行条例》"视同销售货物"中的"赠送他人"计算征收增值税。

《国家税务总局关于印发〈增值税若干具体问题的规定〉的通知》（国税发〔1993〕154 号）第二条第（二）项规定："纳税人采取折扣方式销售货物，如果销售额和折扣额在同一张发票上分别注明的，可按折扣后的销售额征收增值税"。纳税人采取折扣方式销售货物，销售额和折扣额在同一张发票上分别注明是指销售额和折扣额在同一张发票上的"金额"栏分别注明的，可按折扣后的销售额征收增值税。未在同一张发票"金额"栏注明折扣额，而仅在发票的"备注"栏注明折扣额的，折扣额不得从销售额中减除。

2. 采取以旧换新方式销售

以旧换新是指纳税人在销售自己的货物时，有偿收回旧货物的行为。根据税法规定，采取以旧换新方式销售货物的，应按新货物的同期销售价格确定销售额，不得扣减旧货物的收购价格。之所以这样规定，既是因为销售货物与收购货物是两个不同的业务活动，销售额与收购额不能相互抵减，也是为了严格增值税的计算征收，防止出现销售额不实、减少纳税的现象。考虑到金银首饰以旧换新业务的特殊情况，对金银首饰以旧换新业务，可以按销售方实际收取的不含增值税的全部价款征收增值税。

3. 采取还本销售方式销售

还本销售是指纳税人在销售货物后，到一定期限由销售方一次或分次退还给购货方全部或部分价款。这种方式实际上是一种筹资，是以货物换取资金的使用价值，到期还本不付息的方法。税法规定，采取还本销售方式销售货物，其销售额就是货物的销售价格，不得从销售额中减除还本支出。

4. 采取以物易物方式销售

以物易物是一种较为特殊的购销活动，是指购销双方不是以货币结算，而是以同等价款的货物相互结算，实现货物购销的一种方式。按照规定，以物易物双方都应做购销处理，以各自发出的货物核算销售额并计算销项税额，以各自收到的货物按规定核算购货额并计算进项税额。在以物易物活动中，交易双方应分别开具合法的票据，如果收到的货物不能取得相应的增值税专用发票或其他合法票据，则不能抵扣进项税额。

5. 逾期包装物押金

包装物是指纳税人包装本单位货物的各种物品。纳税人销售货物时另收取包装物押金，目的是促使购货方及早退回包装物以便周转使用。根据税法规定，纳税人为销售货物而出租出借包装物收取的押金，单独记账核算的，时间在1年以内，又未过期的，不并入销售额征税，但对因逾期未收回包装物不再退还的押金，应按所包装货物的适用税率计算销项税额。

上述规定中，"逾期"是指按合同约定实际逾期或以1年为期限，对收取1年以上的押金，无论是否退还均并入销售额征税。当然，在将包装物押金并入销售额征税时，需要先将该押金换算为不含税价，再并入销售额征税。纳税人为销售货物出租出借包装物而收取的押金，无论包装物周转使用期限长短，超过1年（含1年）以上仍不退还的均并入销售额征税。

另外，包装物押金不应混同于包装物租金，包装物租金在销货时作为价外费用并入销售额计算销项税额。《国家税务总局关于加强增值税征收管理若干问题的通知》（国税发〔1995〕192号）规定，从1995年6月1日起，对销售除啤酒、黄酒外的其他酒类产品而收取的包装物押金，无论是否返还以及会计上如何核算，均应并入当期销售额征税。对销售啤酒、黄酒所收取的押金，按上述一般押金的规定处理。

6. 视同应税行为销售额的确定

增值税法规中已列明了单位和个体经营者八种视同销售货物行为，如将货物交付他人代销，将自产、委托加工或购买的货物无偿赠送他人等。这八种视同销售行为中，某些行为由于不是以资金的形式反映出来，会出现无销售额的现象。营改增相关文件规定，视同销售服务、无形资产或者不动产的情形包括：单位或者个体工商户向其他单位或者个人无偿提供服务，但用于公益事业或者以社会公众为对象的除外；单位或者个人向其他单位或者个人无偿转让无形资产或者不动产，但用于公益事业或者以社会公众为对象的除外；财政部和国家税务总局规定的其他情形。

对视同销售征税而无销售额的按下列顺序确定其销售额：

（1）按纳税人最近时期同类货物或服务、无形资产或者不动产的平均销售价格确定；

（2）按其他纳税人最近时期同类货物或服务、无形资产或者不动产的平均销售价格确定；

（3）按组成计税价格确定。组成计税价格的公式为：

组成计税价格＝成本×(1＋成本利润率)

征收增值税的货物，同时又征收消费税的，其组成计税价格中应加上消费税税额。其组成计税价格公式为：

组成计税价格＝成本×(1＋成本利润率)＋消费税税额

或　　组成计税价格＝成本×(1＋成本利润率)÷(1－消费税税率)

公式中的成本是指：销售自产货物的为实际生产成本，销售外购货物的为实际采购成本。公式中的成本利润率由国家税务总局确定。但属于应从价定率征收消费税的货物，其组成计税价格公式中的成本利润率，为国家税务总局确定的成本利润率。

（三）营改增纳税人销售额计算的特殊规定

1. 经纪代理服务

经纪代理服务，以取得的全部价款和价外费用，扣除向委托方收取并代为支付的政府性基金或者行政事业性收费后的余额为销售额。向委托方收取的政府性基金或者行政事业性收费，不得开具增值税专用发票。

2. 融资租赁和融资性售后回租业务

（1）经中国人民银行、银监会或者商务部批准从事融资租赁业务的试点纳税人，提供融资租赁服务，以取得的全部价款和价外费用，扣除支付的借款利息（包括外汇借款和人民币借款利息）、发行债券利息和车辆购置税后的余额为销售额。

（2）经中国人民银行、银监会或者商务部批准从事融资租赁业务的试点纳税人，提供融资性售后回租服务，以取得的全部价款和价外费用（不含本金），扣除对外支付的借款利息（包括外汇借款和人民币借款利息）、发行债券利息后的余额作为销售额。

（3）试点纳税人根据 2016 年 4 月 30 日前签订的有形动产融资性售后回租合同，在合同到期前提供的有形动产融资性售后回租服务，可继续按照有形动产融资租赁服务缴纳增值税。

继续按照有形动产融资租赁服务缴纳增值税的试点纳税人，经中国人民银行、银监会或者商务部批准从事融资租赁业务的，根据 2016 年 4 月 30 日前签订的有形动产融资性售后回租合同，在合同到期前提供的有形动产融资性售后回租服务，可以选择以下方法之一计算销售额：

①以向承租方收取的全部价款和价外费用，扣除向承租方收取的价款本金，以及对外支付的借款利息（包括外汇借款和人民币借款利息）、发行债券利息后的余额为销售额。

纳税人提供有形动产融资性售后回租服务，计算当期销售额时可以扣除的价款本金，为书面合同约定的当期应当收取的本金。无书面合同或者书面合同没有约定的，为当期实际收取的本金。

试点纳税人提供有形动产融资性售后回租服务，向承租方收取的有形动产价款本金，不得开具增值税专用发票，可以开具普通发票。

②以向承租方收取的全部价款和价外费用，扣除支付的借款利息（包括外汇借款和人民币借款利息）、发行债券利息后的余额为销售额。

经商务部授权的省级商务主管部门和国家经济技术开发区批准的从事融资租赁业务的试点纳税人，2016 年 5 月 1 日后实收资本达到 1.7 亿元的，从达到标准的当月起按照上述第（1）、（2）、（3）点规定执行；2016 年 5 月 1 日后实收资本未达到 1.7 亿元但注册资本达到 1.7 亿元的，在 2016 年 7 月 31 日前仍可按照上述第（1）、（2）、（3）点规定执行，2016 年 8 月 1 日后开展的融资租赁业务和融资性售后回租业务不得按照上述第（1）、（2）、（3）点规定执行。

3. 航空运输企业的销售额

航空运输企业的销售额不包括代收的机场建设费和代售其他航空运输企业客票而代收转付的价款。

4. 客运场站服务

试点纳税人中的一般纳税人（以下称一般纳税人）提供客运场站服务，以其取得的全部价款和价外费用，扣除支付给承运方运费后的余额为销售额。

5. 旅游服务

试点纳税人提供旅游服务，可以选择以取得的全部价款和价外费用，扣除向旅游服务购买方收取并支付给其他单位或者个人的住宿费、餐饮费、交通费、签证费、门票费和支付给其他接团旅游企业的旅游费用后的余额为销售额。

选择上述办法计算销售额的试点纳税人，向旅游服务购买方收取并支付的上述费用，不得开具增值税专用发票，可以开具普通发票。

6. 房地产项目

房地产开发企业中的一般纳税人销售其开发的房地产项目（选择简易计税方法

的房地产老项目除外），以取得的全部价款和价外费用，扣除受让土地时向政府部门支付的土地价款后的余额为销售额。房地产老项目，是指《建筑工程施工许可证》注明的合同开工日期在 2016 年 4 月 30 日前的房地产项目。

试点纳税人按照上述 6 款的规定从全部价款和价外费用中扣除的价款，应当取得符合法律、行政法规和国家税务总局规定的有效凭证。否则，不得扣除。

上述凭证是指：

（1）支付给境内单位或者个人的款项，以发票为合法有效凭证。

（2）支付给境外单位或者个人的款项，以该单位或者个人的签收单据为合法有效凭证，税务机关对签收单据有疑义的，可以要求其提供境外公证机构的确认证明。

（3）缴纳的税款，以完税凭证为合法有效凭证。

（4）扣除的政府性基金、行政事业性收费或者向政府支付的土地价款，以省级以上（含省级）财政部门监（印）制的财政票据为合法有效凭证。

（5）国家税务总局规定的其他凭证。

纳税人取得的上述凭证属于增值税扣税凭证的，其进项税额不得从销项税额中抵扣。

（四）含税销售额的换算

为了符合增值税作为价外税的要求，纳税人在填写进销货及纳税凭证、进行账务处理时，应分项记录不含税销售额、销项税额和进项税额，以正确计算应纳增值税额。然而，在实际工作中，常常会出现一般纳税人将销售货物、提供应税劳务、销售服务、无形资产或者不动产采用销售额和销项税额合并定价收取的方法，这就形成含税销售额。

我国增值税是价外税，计税依据中不含增值税本身的数额。在计算应纳税额时，如果不将含税销售额换算为不含税销售额，就不符合我国增值税的设计原则。因此，一般纳税人销售货物、提供应税劳务、销售服务、无形资产或者不动产取得的含税销售额在计算销项税额时，必须将其换算为不含税的销售额。

对于一般纳税人销售货物、提供应税劳务、销售服务、无形资产或者不动产，采用销售额和销项税额合并定价方法的，按下列公式计算销售额：

销售额＝含税销售额÷（1＋税率）

公式中的税率为销售货物、提供应税劳务、销售服务、无形资产或者不动产按《增值税暂行条例》以及财税〔2016〕36 号文件中规定的适用税率执行。

三、进项税额的计算

纳税人购进货物、应税劳务、应税服务、无形资产或者不动产支付或者负担的增值税额,为进项税额。进项税额是与销项税额相对应的另一个概念。在开具增值税专用发票的情况下,它们之间的对应关系是:销售方收取的销项税额,就是购买方支付的进项税额。对于任何一个一般纳税人而言,由于其在经营活动中,既会发生销售货物、应税劳务、应税服务、无形资产或者不动产,又会发生购进货物、应税劳务、应税服务、无形资产或者不动产,因此,每一个一般纳税人都会有收取的销项税额和支付的进项税额。增值税的核心就是用纳税人收取的销项税额抵扣其支付的进项税额,其余额为纳税人实际应缴纳的增值税额。这样,进项税额作为可抵扣的部分,对于纳税人实际纳税多少就起到了举足轻重的作用。

然而,需要注意的是,并不是纳税人支付的所有进项税额都可以从销项税额中抵扣。为体现增值税的配比原则,即购进项目金额与销售产品销售额之间应有配比性,当纳税人购进的货物、应税劳务、应税服务、无形资产或者不动产不是用于增值税应税项目,而是用于简易计税项目、免税项目或用于集体福利、个人消费等情况时,其支付的进项税额就不能从销项税额中抵扣。税法对不能抵扣进项税额的项目做了严格的规定,如果违反税法规定,随意抵扣进项税额,就将以偷税论处。因此,严格把握哪些进项税额可以抵扣,哪些进项税额不能抵扣,是十分重要的,这些也是纳税人在缴纳增值税实务中出现差错最多的地方。

(一)准予从销项税额中抵扣的进项税额

根据《增值税暂行条例》以及营改增相关文件的规定,准予从销项税额中抵扣的进项税额,限于下列增值税扣税凭证上注明的增值税额和按规定的扣除率计算的进项税额:

(1)从销售方取得的增值税专用发票上注明的增值税额。

一般纳税人在生产经营过程中支付的运输费用,允许计算抵扣进项税额。值得注意的是,交通运输业实行增值税后,纳税人购进或者销售货物以及在生产经营过程中支付运输费用的,曾经按照货物运输业增值税专用发票上注明的增值税额作为进项税额进行抵扣。从2015年7月1日开始,增值税一般纳税人提供货物运输服务停止使用货物运输业增值税专用发票,开始使用增值税专用发票和增值税普通发票。中国铁路总公司及其所属运输企业(含分支机构)提供货物运输服务,可自2015年11月1日起使用增值税专用发票和增值税普通发票。

(2)从海关取得的海关进口增值税专用缴款书上注明的增值税额。

纳税人进口货物,凡已缴纳了进口环节增值税的,不论其是否已经支付货款,其取得的海关进口增值税专用缴款书均可作为增值税进项税额抵扣凭证,在《国家税务总局关于加强海关进口增值税专用缴款书和废旧物资发票管理有关问题的通知》(国税函〔2004〕128号)中规定的期限内申报抵扣进项税额。《国家税务总局关于调整增值税扣税凭证抵扣期限有关问题的通知》(国税函〔2009〕617号)对相应扣税凭证抵扣期限进行了调整。

自 2009 年 4 月起，国家税务总局与海关部门共同推行海关专用缴款书"先比对、后抵扣"管理办法。由海关向税务机关传递专用缴款书电子信息，将"先抵扣、后比对"调整为"先比对、后抵扣"。增值税一般纳税人进口货物取得属于增值税扣税范围的海关专用缴款书，必须经稽核比对相符后方可申报抵扣税款，这从根本上解决了利用伪造海关专用缴款书骗抵税款问题。根据国家税务总局、海关总署联合发布的《关于实行海关进口增值税专用缴款书"先比对后抵扣"管理办法有关问题的公告》（国家税务总局、海关总署公告 2013 年第 31 号），自 2013 年 7 月 1 日起，在全国范围内实行海关缴款书"先比对、后抵扣"管理办法。

对纳税人丢失的海关进口增值税专用缴款书，纳税人应当凭海关出具的相关证明，向主管税务机关提出抵扣申请。主管税务机关受理申请后，应当进行审核，并将纳税人提供的海关进口增值税专用缴款书电子数据纳入稽核系统比对，稽核比对无误后，可予以抵扣进项税额。

上述规定说明，纳税人在进行增值税账务处理时，每抵扣一笔进项税额，就要有一份记录该进项税额的法定扣税凭证与之相对应；没有从销售方或海关取得注明增值税额的法定扣税凭证，就不能抵扣进项税额。

（3）购进农产品，除取得增值税专用发票或者海关进口增值税专用缴款书外，按照农产品收购发票或者销售发票上注明的农产品买价和 11% 的扣除率计算的进项税额。进项税额计算公式为：

$$进项税额＝买价×扣除率$$

对这项规定需要解释的是：

① "农产品"是指直接从事植物的种植、收割和动物的饲养、捕捞的单位和个人销售的自产而且免征增值税的农业产品，农业产品所包括的具体品目按照 1995 年 6 月财政部、国家税务总局印发的《农业产品征税范围注释》执行。

②购买农产品的买价，包括纳税人购进农产品在农产品收购发票或者销售发票上注明的价款和按规定缴纳的烟叶税。

纳税人购进货物、应税劳务、应税服务、无形资产或者不动产，取得的增值税扣税凭证不符合法律、行政法规或者国务院税务主管部门有关规定的，其进项税额不得从销项税额中抵扣。

（二）不得从销项税额中抵扣的进项税额

按《增值税暂行条例》及营改增相关文件规定，下列项目的进项税额不得从销项税额中抵扣：

（1）用于简易计税方法计税项目、免征增值税项目、集体福利或者个人消费的购进货物、加工修理修配劳务、服务、无形资产和不动产。其中涉及的固定资产、无形资产、不动产，仅指专用于上述项目的固定资产、无形资产（不包括其他权益性无形资产）、不动产。

所称固定资产，是指使用期限超过 12 个月的机器、机械、运输工具以及其他与生产经营有关的设备、工具、器具等有形动产。

所称个人消费包括纳税人的交际应酬消费。

所称不动产、无形资产的具体范围，可以按照财税〔2016〕36 号文件附件 1 所附的《销售服务、无形资产或者不动产注释》执行。一般来说，不动产是指不能移动或者移动后会引起性质、形状改变的财产，包括建筑物、构筑物和其他土地附着物。建筑物，是指供人们在其内生产、生活和其他活动的房屋或者场所，具体为《固定资产分类与代码》（GB/T14885—1994）中代码前两位为"02"的房屋；所称构筑物，是指人们不在其内生产、生活的人工建造物，具体为《固定资产分类与代码》（GB/T14885—1994）中代码前两位为"03"的构筑物；所称其他土地附着物，是指矿产资源及土地上生长的植物。

（2）非正常损失的购进货物，以及相关的加工、修理修配劳务和交通运输服务。

非正常损失，是指因管理不善造成货物被盗、丢失、霉烂变质，以及因违反法律法规造成货物或者不动产被依法没收、销毁、拆除的情形。

（3）非正常损失的在产品、产成品所耗用的购进货物（不包括固定资产）、加工修理修配劳务和交通运输服务。

（4）非正常损失的不动产，以及该不动产所耗用的购进货物、设计服务和建筑服务。

（5）非正常损失的不动产在建工程所耗用的购进货物、设计服务和建筑服务。

纳税人新建、改建、扩建、修缮、装饰不动产，均属于不动产在建工程。

（6）购进的旅客运输服务、贷款服务、餐饮服务、居民日常服务和娱乐服务。

（7）财政部和国家税务总局规定的其他情形。

上述第（4）项、第（5）项所称货物，是指构成不动产实体的材料和设备，包括建筑装饰材料和给排水、采暖、卫生、通风、照明、通讯、煤气、消防、中央空调、电梯、电气、智能化楼宇设备及配套设施。

按照增值税法规之前的规定，纳税人自用的应征消费税的摩托车、汽车、游艇，其进项税额不得从销项税额中抵扣。从 2013 年 8 月 1 日开始，该类采购业务进项税额允许抵扣。

（三）不得抵扣进项税额的计算

（1）采用一般计税方法的纳税人，兼营简易计税方法计税项目、免征增值税项目而无法划分不得抵扣的进项税额，按照下列公式计算不得抵扣的进项税额：

$$\text{不得抵扣的进项税额} = \text{当期无法划分的全部进项税额} \times \left(\text{当期简易计税方法计税项目销售额} + \text{免征增值税项目销售额} \right) \div \text{当期全部销售额}$$

主管税务机关可以按照上述公式依据年度数据对不得抵扣的进项税额进行清算。

（2）已抵扣进项税额的购进货物（不含固定资产）、劳务、服务，发生上述七种规定情形（简易计税方法计税项目、免征增值税项目除外）的，应当将该进项税额从当期进项税额中扣减；无法确定该进项税额的，按照当期实际成本计算应扣减的进项税额。

（3）已抵扣进项税额的固定资产、无形资产或者不动产，发生前述七种规定情形的，按照下列公式计算不得抵扣的进项税额：

不得抵扣的进项税额＝固定资产、无形资产或者不动产净值×适用税率

固定资产、无形资产或者不动产净值，是指纳税人根据财务会计制度计提折旧或摊销后的余额。

纳税人适用一般计税方法计税的，因销售折让、中止或者退回而退还给购买方的增值税额，应当从当期的销项税额中扣减；因销售折让、中止或者退回而收回的增值税额，应当从当期的进项税额中扣减。

（4）有下列情形之一者，应当按照销售额和增值税税率计算应纳税额，不得抵扣进项税额，也不得使用增值税专用发票：

①一般纳税人会计核算不健全，或者不能够提供准确税务资料的。

②应当办理一般纳税人资格登记而未办理的。

四、应纳税额的计算

一般纳税人在计算出销项税额和进项税额后就可以得出实际应纳税额。为了正确计算增值税的应纳税额，在实际操作中还需要掌握以下几个重要规定：

（一）计算应纳税额的时间限定

为了保证计算应纳税额的合理、准确性，纳税人必须严格把握当期进项税额从当期销项税额中抵扣这个要点。"当期"是个重要的时间限定，具体是指税务机关依照税法规定对纳税人确定的纳税期限；只有在纳税期限内实际发生的销项税额、进项税额，才是法定的当期销项税额或当期进项税额。目前，有些纳税人为了达到逃避纳税的目的，把当期实现的销售额隐瞒不记账或滞后记账，以减少当期销项税额，或者把不是当期实际发生的进项税额（上期结转的进项税额除外）也充作当期进项税额，以加大进项税额，少纳税甚至不纳税，这是违反税法规定的行为。为了制止这种违法行为，税法首先对销售货物、应税劳务、应税服务、无形资产或者不动产应计入当期销项税额以及抵扣的进项税额的时间做了限定。

1. 计算销项税额的时间限定

销项税额是增值税一般纳税人销售货物、应税劳务、应税服务、无形资产或者不动产按照实现的销售额计算的金额。

对于纳税人在什么时间计算销项税额，《增值税暂行条例》及其实施细则做了严格的规定。如，采取直接收款方式销售货物，不论货物是否发出，均为收到销售款或者取得索取销售款凭据的当天；采取托收承付和委托银行收款方式销售货物，为发出货物并办妥托收手续的当天；纳税人发生《增值税暂行条例实施细则》所规定的视同销售货物行为中第（3）至第（8）项的，为货物移送的当天等。

按照营改增文件的规定，纳税人发生应税行为并收讫销售款项或者取得索取销售款项凭据的当天；先开具发票的，为开具发票的当天。纳税人提供租赁服务采取预收款方式的，其纳税义务发生时间为收到预收款的当天。纳税人从事金融商品转让的，为金融商品所有权转移的当天。纳税人发生视同销售规定情形的，其纳税义务发生时间为服务、无形资产转让完成的当天或者不动产权属变更的当天。增值税扣缴义务发生时间为纳税人增值税纳税义务发生的当天。

收讫销售款项，是指纳税人销售服务、无形资产、不动产过程中或者完成后收到款项。取得索取销售款项凭据的当天，是指书面合同确定的付款日期；未签订书面合同或者书面合同未确定付款日期的，为服务、无形资产转让完成的当天或者不动产权属变更的当天。

2. 增值税专用发票进项税额抵扣的时间限定

国家税务总局公告 2017 年第 11 号规定，自 2017 年 7 月 1 日起，增值税一般纳税人取得的 2017 年 7 月 1 日及以后开具的增值税专用发票和机动车销售统一发票，应自开具之日起 360 日内认证或登录增值税发票选择确认平台进行确认，并在规定的纳税申报期内，向主管国税机关申报抵扣进项税额。

值得注意的是，按照《国家税务总局关于纳税信用 A 级纳税人取消增值税发票认证有关问题的公告》（国家税务总局公告 2016 年第 7 号）和《国家税务总局关于全面推开营业税改征增值税有关税收征收管理事项的公告》（国家税务总局公告 2016 年第 23 号）的规定，为进一步优化纳税服务，完善税收分类管理，税务总局决定对纳税信用 A 级增值税一般纳税人和纳税信用 B 级增值税一般纳税人取消增值税发票认证，即纳税人取得销售方使用增值税发票系统升级版开具的增值税发票（包括增值税专用发票、货物运输业增值税专用发票、机动车销售统一发票），可以不再进行扫描认证。

3. 进口增值税专用缴款书进项税额抵扣的时间限定

国家税务总局公告 2017 年第 11 号规定，增值税一般纳税人取得的 2017 年 7 月

1 日及以后开具的海关进口增值税专用缴款书，应自开具之日起 360 日内向主管国税机关报送《海关完税凭证抵扣清单》，申请稽核比对。

（二）不动产在建工程的特殊规定

适用一般计税方法的试点纳税人，2016 年 5 月 1 日后取得并在会计制度上按固定资产核算的不动产或者 2016 年 5 月 1 日后取得的不动产在建工程，其进项税额应自取得之日起分两年从销项税额中抵扣，第一年抵扣比例为 60%，第二年抵扣比例为 40%。

取得不动产，包括以直接购买、接受捐赠、接受投资入股、自建以及抵债等各种形式取得不动产，不包括房地产开发企业自行开发的房地产项目。

融资租入的不动产以及在施工现场修建的临时建筑物、构筑物，其进项税额不适用上述分两年抵扣的规定。

（三）计算应纳税额时进项税额不足抵扣的处理

由于增值税实行购进扣税法，有时企业当期购进的货物很多，在计算应纳税额时会出现当期销项税额小于当期进项税额不足抵扣的情况。根据税法规定，当期进项税额不足抵扣的部分，可以结转下期继续抵扣。

（四）销货退回或折让涉及销项税额和进项税额的税务处理

一般纳税人销售货物、提供应税劳务或者应税服务，开具增值税专用发票后，发生销售货物退回或者折让、开票有误等情形，应按国家税务总局的规定开具红字增值税专用发票。未按规定开具红字增值税专用发票的，增值税额不得从销项税额中扣减。

纳税人在货物购销活动中，因货物质量、规格等原因常会发生销货退回或销售折让的情况。由于销货退回或折让不仅涉及销货价款或折让价款的退回，还涉及增值税的退回，这样，销货方和购货方应相应对当期的销项税额或进项税额进行调整。为此，《增值税暂行条例》及相关文件规定，增值税一般纳税人因销售货物退回或者折让而退还给购买方的增值税额，应从发生销售货物退回或者折让当期的销项税额中扣减；因购进货物退回或者折让而收回的增值税额，应从发生购进货物退回或者折让当期的进项税额中扣减。

一些企业在发生进货退回或折让并收回价款和增值税额时，没有相应减少当期进项税额，造成进项税额虚增，减少纳税的现象，这是税法所不允许的，都将被认定为偷税行为，并按偷税予以处罚。

（五）向供货方取得返还收入的税务处理

自 2004 年 7 月 1 日起，对商业企业向供货方收取的与商品销售量、销售额挂钩

（如以一定比例、金额、数量计算）的各种返还收入，均应按照平销返利行为的有关规定冲减当期增值税进项税额。应冲减进项税额的计算公式调整为：

$$当期应冲减进项税额 = 当期取得的返还资金 \div \left(1 + 所购货物适用增值税税率\right) \times 所购货物适用增值税税率$$

商业企业向供货方收取的各种返还收入，一律不得开具增值税专用发票。

（六）一般纳税人注销时进项税额的处理

一般纳税人注销或取消辅导期一般纳税人资格，转为小规模纳税人时，其存货不做进项税额转出处理，其留抵税额也不予以退税。进项税额不做转出处理，是指已经申报抵扣了的进项税不再做转出处理。若公司转为小规模纳税人时，应交增值税有留抵税额，则需要将余额转入存货成本，税务机关不得退还留抵税额。

（七）纳税人资产重组增值税留抵税额的处理

纳税人在资产重组过程中涉及的货物转让不征收增值税。但是转让人原有的进项税额应该如何处理？《国家税务总局关于纳税人资产重组增值税留抵税额处理有关问题的公告》（国家税务总局公告 2012 年第 55 号）明确规定，增值税一般纳税人在资产重组中将全部资产、负债、劳动力一并转让给其他增值税一般纳税人，并按程序办理注销税务登记的，其在办理注销税务登记前尚未抵扣的进项税额可以结转至新纳税人处继续抵扣。这是因为，留抵税额实际上是纳税人对国家的债权。企业进行资产重组，其所有的资产、负债和人员全部由重组后的新公司承接，作为该企业债权之一的增值税留抵税额，理应由重组后的新公司继续享有。

（八）一般纳税人应纳税额计算实例

【例 2-1】某生产企业为增值税一般纳税人，适用增值税税率为 17%，20×6 年 5 月的有关生产经营业务如下：

（1）销售甲产品给某大商场，开具增值税专用发票，取得不含税销售收入 80 万元。

（2）销售乙产品，开具普通发票，取得含税销售收入 29.25 万元。

（3）销售 20×2 年 1 月份购进作为固定资产使用过的进口摩托车 5 辆，开具增值税普通发票，每辆取得含税销售收入 1.03 万元；该摩托车原值每辆 0.9 万元。

（4）购进货物取得增值税专用发票，注明支付的货款 60 万元、进项税额 10.2 万元；另外支付购货的不含税运输费用 6 万元，取得运输公司开具的增值税专用发票。

（5）向农业生产者购进免税农产品一批，支付收购价 30 万元，支付给运输单位的不含税运费 5 万元，取得相关的合法票据。本月下旬将购进的农产品的 20% 用于本企业职工福利。

以上相关票据均符合税法的规定。请按下列顺序计算该企业 5 月应缴纳的增值税额。

(1) 计算销售甲产品的销项税额;

(2) 计算销售乙产品的销项税额;

(3) 计算销售使用过的摩托车应纳税额;

(4) 计算外购货物应抵扣的进项税额;

(5) 计算外购免税农产品应抵扣的进项税额;

(6) 计算该企业 5 月合计应缴纳的增值税额。

【答案】

(1) 销售甲产品的销项税额＝80×17％＝13.6（万元）

(2) 销售乙产品的销项税额＝29.25÷(1＋17％)×17％＝4.25（万元）

(3) 销售使用过的摩托车应纳税额＝1.03÷(1＋3％)×2％×5＝0.1（万元）

(4) 外购货物应抵扣的进项税额＝10.2＋6×11％＝10.86（万元）

(5) 外购免税农产品应抵扣的进项税额＝(30×11％＋5×11％)×(1－20％)＝3.08（万元）

(6) 该企业 5 月应缴纳的增值税额＝13.6＋4.25＋0.1－10.86－3.08＝4.01（万元）

第五节　简易计税方法的应用

一、应纳税额的计算

纳税人销售货物、提供应税劳务、销售服务、无形资产或者不动产,按照规定选择简易计税方法缴税,按照销售额和征收率计算应纳税额,并不得抵扣进项税额。其应纳税额计算公式为:

应纳税额＝销售额×征收率

这里需要解释两点:第一,除了个别特殊规定外,简易计税方法采用的销售额与一般计税方法的销售额所包含的内容是相同的,都是销售货物或提供应税劳务向购买方收取的全部价款和价外费用,不包括向客户收取的增值税额。第二,采用简易计税方法缴税不得抵扣进项税额,这是因为《增值税暂行条例》或营改增相关文件规定的征收率,是综合考虑应税行为各环节税收负担水平而设计的,其税收负担与一般纳税人基本一致,因此不能再抵扣进项税额。

二、含税销售额的换算

当纳税人销售货物、提供应税劳务、销售服务、无形资产或者不动产采用销售额和应纳税额合并定价方法时，为了符合增值税作为价外税的要求，纳税人必须将含税销售额换算为不含税的销售额，才能计算应纳税额。按下列公式计算销售额：

销售额＝含税销售额÷(1＋征收率)

【例2-2】某商店为增值税小规模纳税人，按规定只能采用简易计税方法计算缴纳增值税。8月取得零售收入总额12.36万元，计算该商店8月应缴纳的增值税额。

20×5年8月取得的不含税销售额为：

12.36÷(1＋3%)＝12(万元)

8月应缴纳增值税额为：

12×3%＝0.36(万元)

小规模纳税人因销售货物退回或者折让退还给购买方的销售额，应从发生销售货物退回或者折让当期的销售额中扣减。

三、对营改增纳税人选择简易计税方法的规定

(一)建筑服务

一般纳税人以清包工方式提供的建筑服务，可以选择适用简易计税方法计税。以清包工方式提供建筑服务，是指施工方不采购建筑工程所需的材料或只采购辅助材料，并收取人工费、管理费或者其他费用的建筑服务。

一般纳税人为甲供工程提供的建筑服务，可以选择适用简易计税方法计税。甲供工程，是指全部或部分设备、材料、动力由工程发包方自行采购的建筑工程。

一般纳税人为建筑工程老项目提供的建筑服务，可以选择适用简易计税方法计税。建筑工程老项目，是指：(1)《建筑工程施工许可证》注明的合同开工日期在2016年4月30日前的建筑工程项目；(2)未取得《建筑工程施工许可证》的，建筑工程承包合同注明的开工日期在2016年4月30日前的建筑工程项目。

一般纳税人跨地级行政区提供建筑服务，选择适用简易计税方法计税的，应以取得的全部价款和价外费用扣除支付的分包款后的余额为销售额，按照3%的征收率计算应纳税额。纳税人应按上述计税方法在建筑服务发生地预缴税款后，向机构

所在地主管税务机关进行纳税申报。

　　试点纳税人中的小规模纳税人跨地级行政区提供建筑服务，应以取得的全部价款和价外费用扣除支付的分包款后的余额为销售额，按照3%的征收率计算应纳税额。纳税人应按照上述计税方法在建筑服务发生地预缴税款后，向机构所在地主管税务机关进行纳税申报。

（二）销售不动产

　　一般纳税人销售其2016年4月30日前取得（不含自建）的不动产，可以选择适用简易计税方法，以取得的全部价款和价外费用减去该项不动产购置原价或者取得不动产时的作价后的余额为销售额，按照5%的征收率计算应纳税额。纳税人应按照上述计税方法在不动产所在地预缴税款后，向机构所在地主管税务机关进行纳税申报。

　　一般纳税人销售其2016年4月30日前自建的不动产，可以选择适用简易计税方法，以取得的全部价款和价外费用为销售额，按照5%的征收率计算应纳税额。纳税人应按照上述计税方法在不动产所在地预缴税款后，向机构所在地主管税务机关进行纳税申报。

　　小规模纳税人销售其取得（不含自建）的不动产（不含个体工商户销售购买的住房和其他个人销售不动产），应以取得的全部价款和价外费用减去该项不动产购置原价或者取得不动产时的作价后的余额为销售额，按照5%的征收率计算应纳税额。纳税人应按照上述计税方法在不动产所在地预缴税款后，向机构所在地主管税务机关进行纳税申报。

　　小规模纳税人销售其自建的不动产，应以取得的全部价款和价外费用为销售额，按照5%的征收率计算应纳税额。纳税人应按照上述计税方法在不动产所在地预缴税款后，向机构所在地主管税务机关进行纳税申报。

　　房地产开发企业中的一般纳税人，销售自行开发的房地产老项目，可以选择适用简易计税方法按照5%的征收率计税。

　　房地产开发企业中的小规模纳税人，销售自行开发的房地产项目，按照5%的征收率计税。

　　房地产开发企业采取预收款方式销售所开发的房地产项目，在收到预收款时按照3%的预征率预缴增值税。

　　个体工商户销售购买的住房，应按照财税〔2016〕36号文件附件3《营业税改征增值税试点过渡政策的规定》第五条的规定征免增值税。纳税人应按照上述计税方法在不动产所在地预缴税款后，向机构所在地主管税务机关进行纳税申报。

　　其他个人销售其取得（不含自建）的不动产（不含其购买的住房），应以取得的全部价款和价外费用减去该项不动产购置原价或者取得不动产时的作价后的余额为销售额，按照5%的征收率计算应纳税额。

（三）不动产经营租赁服务

一般纳税人出租其 2016 年 4 月 30 日前取得的不动产，可以选择适用简易计税方法，按照 5％的征收率计算应纳税额。纳税人出租其 2016 年 4 月 30 日前取得的与机构所在地不在同一县（市）的不动产，应按照上述计税方法在不动产所在地预缴税款后，向机构所在地主管税务机关进行纳税申报。

公路经营企业中的一般纳税人收取试点前开工的高速公路的车辆通行费，可以选择适用简易计税方法，减按 3％的征收率计算应纳税额。一般纳税人收取试点前开工的一级公路、二级公路、桥、闸通行费，可以选择适用简易计税方法，按照 5％的征收率计算缴纳增值税。试点前开工，是指相关施工许可证注明的合同开工日期在 2016 年 4 月 30 日前。

小规模纳税人出租其取得的不动产（不含个人出租住房），应按照 5％的征收率计算应纳税额。纳税人出租与机构所在地不在同一县（市）的不动产，应按照上述计税方法在不动产所在地预缴税款后，向机构所在地主管税务机关进行纳税申报。

其他个人出租其取得的不动产（不含住房），应按照 5％的征收率计算应纳税额。

个人出租住房，应按照 5％的征收率减按 1.5％计算应纳税额。

（四）其他业务

一般纳税人发生下列应税行为可以选择适用简易计税方法计税：

（1）公共交通运输服务。

公共交通运输服务，包括轮客渡、公交客运、地铁、城市轻轨、出租车、长途客运、班车。班车，是指按固定路线、固定时间运营并在固定站点停靠的运送旅客的陆路运输服务。

（2）经认定的动漫企业为开发动漫产品提供的动漫脚本编撰、形象设计、背景设计、动画设计、分镜、动画制作、摄制、描线、上色、画面合成、配音、配乐、音效合成、剪辑、字幕制作、压缩转码（面向网络动漫、手机动漫格式适配）服务，以及在境内转让动漫版权（包括动漫品牌、形象或者内容的授权及再授权）。

动漫企业和自主开发、生产动漫产品的认定标准和认定程序，按照《文化部 财政部 国家税务总局关于印发〈动漫企业认定管理办法（试行）〉的通知》（文市发〔2008〕51 号）的规定执行。

（3）电影放映服务、仓储服务、装卸搬运服务、收派服务和文化体育服务。

（4）以纳入营改增试点之日前取得的有形动产为标的物提供的经营租赁服务。

（5）在纳入营改增试点之日前签订的尚未执行完毕的有形动产租赁合同。

第六节　特殊经营行为和产品的税务处理

一、兼营不同税率的货物、劳务、服务、无形资产或者不动产

兼营不同税率的货物、劳务、服务、无形资产或者不动产，是指纳税人生产或销售不同税率的货物，或者既销售货物又提供应税劳务或应税服务、无形资产或者不动产。如，某农村供销社既销售税率为17％的家用电器，又销售税率为11％的化肥、农药等；某建筑施工企业既提供税率为11％的建筑服务，又提供税率为6％的勘察设计服务；某装饰公司既提供税率为11％的装饰服务，又销售税率为17％的装饰材料。

对这种兼营行为，《增值税暂行条例》及营改增相关文件规定的税务处理方法如下：

纳税人兼营销售货物、劳务、服务、无形资产或者不动产，适用不同税率或者征收率的，应当分别核算适用不同税率或者征收率的销售额；未分别核算的，从高适用税率。

分别核算，主要是指对兼营的不同税率应税行为在取得收入后，应分别如实记账，分别核算销售额，并按照不同的税率各自计算应纳税额，以避免适用税率混乱，出现少缴或多缴税款的现象。

对未分别核算销售额的从高适用税率，是指兼营不同税率货物或应税劳务而取得的混合在一起的销售额，由于未分别核算，只能以不减少上缴国家的税收为前提，对混在一起的销售额一律高税率计税。这样规定有利于促进纳税人健全账簿，正确核算应纳税额。

二、混合销售行为

财税〔2016〕36号文件规定，一项销售行为如果既涉及服务又涉及货物，为混合销售。从事货物的生产、批发或者零售的单位和个体工商户的混合销售行为，按照销售货物缴纳增值税；其他单位和个体工商户的混合销售行为，按照销售服务缴纳增值税。所称从事货物的生产、批发或者零售的单位和个体工商户，包括以从事货物的生产、批发或者零售为主，并兼营销售服务的单位和个体工商户在内。随着营业税全面改征增值税，《增值税暂行条例实施细则》所规定的"一项销售行为如果既涉及货物又涉及非增值税应税劳务，为混合销售行为"，已经过时。

需要解释的是，出现混合销售行为，涉及的货物和服务只是针对一项销售行为而言的，也就是说，服务是为了直接销售一批货物而提供的，二者之间是紧密相连的从属关系，它与一般既从事货物销售又从事应税服务项目，二者之间没有直接从属关系的兼营行为是完全不同的。对实际经济活动中发生的混合销售行为与兼营行为，由于涉及不同的税务处理，要严格区分，不能混淆。

国家税务总局公告 2017 年第 11 号规定，纳税人销售活动板房、机器设备、钢结构件等自产货物的同时提供建筑、安装服务，不属于《营业税改征增值税试点实施办法》（财税〔2016〕36 号文件印发）第四十条规定的混合销售，应分别核算货物和建筑服务的销售额，分别适用不同的税率或者征收率。

三、成品油零售加油站增值税的征收管理

为加强成品油零售加油站的增值税征收管理，堵塞税收管理漏洞，2002 年国家税务总局专门制定颁布了《成品油零售加油站增值税征收管理办法》。凡经经贸委（现商务部）批准从事成品油零售业务，并已办理工商、税务登记，有固定经营场所、使用加油机自动计量销售成品油的单位和个体经营者（以下简称加油站），均按照该办法进行增值税管理。

（一）对加油站的一般规定

加油站按照《国家税务总局关于加油站一律按照增值税一般纳税人征税的通知》认定为增值税一般纳税人，并根据《增值税暂行条例》有关规定进行征收管理。

采用统一配送成品油方式设立的非独立核算的加油站，在同一县市的，由总机构汇总缴纳增值税。在同一省内跨县市经营的，是否汇总缴纳增值税，由省级税务机关确定。跨省经营的，是否汇总缴纳增值税，由国家税务总局确定。

对统一核算，且经税务机关批准汇总缴纳增值税的成品油销售单位跨县市调配成品油的，不征收增值税。

发售加油卡、加油凭证销售成品油的纳税人在售卖加油卡、加油凭证时，应按预收账款方法做相关账务处理，不征收增值税。预售单位在发售加油卡或加油凭证时可开具普通发票，如购油单位要求开具增值税专用发票，待用户凭加油卡或加油凭证加油后，根据加油卡或加油凭证回笼记录，向购油单位开具增值税专用发票。接受加油卡或加油凭证销售成品油的单位与预售单位结算油款时，接受加油卡或加油凭证销售成品油的单位根据实际结算的油款向预售单位开具增值税专用发票。

加油站无论使用何种结算方式〔如收取现金、支票、汇票、加油凭证（簿）、加油卡等〕收取售油款，均应征收增值税。加油站销售成品油必须按不同品种分别进行核算，准确计算应税销售额。加油站以收取加油凭证（簿）、加油卡方式销售成品

油，不得向用户开具增值税专用发票。

（二）加油站应税销售额的确定

加油站应税销售额包括当月成品油应税销售额和其他应税货物及劳务的销售额。其中成品油应税销售额的计算公式为：

$$成品油应税销售额＝（当月全部成品油销售数量－允许扣除的成品油数量）×油品单价$$

加油站通过加油机加注成品油属于以下情形的，允许在当月成品油销售数量中扣除：

（1）经主管税务机关确定的加油站自有车辆自用油。

（2）外单位购买、利用加油站的油库存放的代储油。

加油站发生代储油业务时，应凭委托代储协议及委托方购油发票复印件向主管税务机关申报备案。

（3）加油站本身倒库油。

加油站发生成品油倒库业务时，需提前向主管税务机关报告说明，由主管税务机关派专人实地审核监控。

（4）加油站检测用油（回罐油）。

上述允许扣除的成品油数量，加油站月终应根据《加油站月销售油品汇总表》统计的数量向主管税务机关申报。

（三）对财务核算不健全的加油站的规定

对财务核算不健全的加油站，如已全部安装税控加油机，应按照税控加油机记录的数据确定计税销售额征收增值税。对未全部安装税控加油机（包括未安装）或税控加油机运行不正常的加油站，主管税务机关应要求其严格执行台账制度，并按月报送《成品油购销存数量明细表》。按月对其成品油库存数量进行盘点，定期联合有关执法部门对其进行检查。

主管税务机关应将财务核算不健全的加油站全部纳入增值税纳税评估范围，结合通过金税工程网络所掌握的企业购油信息以及本地区同行业的税负水平等相关信息。按照有关规定进行增值税纳税评估。对纳税评估有异常的，应立即移送稽查部门进行税务稽查。

主管税务机关对财务核算不健全的加油站可根据所掌握的企业实际经营状况，核定征收增值税。

对于财务核算不健全的加油站，主管税务机关应根据其实际经营情况和专用发票使用管理规定限量供应专用发票。

第七节 进口货物的税收政策

一、进口货物的征税范围及纳税人

（一）进口货物征税的范围

根据《增值税暂行条例》的规定，申报进入中华人民共和国海关境内的货物，均应缴纳增值税。

确定一项货物是否属于进口货物，必须首先看其是否有报关进口手续。一般来说，境外产品要输入境内，都必须向我国海关申报进口，并办理有关报关手续。只要是报关进口的应税货物，不论其是国外生产制造还是我国已出口而转销国内的货物，是进口者自行采购还是国外捐赠的货物，是进口者自用还是作为贸易或其他用途等，均应按照规定缴纳进口环节的增值税。

我国在规定对进口货物征税的同时，对某些进口货物制定了减免税的特殊规定。比如，属于"来料加工、进料加工"贸易方式进口国外的原材料、零部件等在国内加工后复出口的，对进口的料、件按规定给予免税或减税，但这些进口免、减税的料件若不能加工复出口，而是销往国内的，就要予以补税。对进口货物是否减免税由国务院统一规定，任何地方、部门都无权规定减免税项目。

（二）进口货物的纳税人

进口货物的收货人或办理报关手续的单位和个人，为进口货物增值税的纳税义务人。也就是说，进口货物增值税纳税人的范围较宽，包括了国内一切从事进口业务的企事业单位、机关团体和个人。

对于企业、单位和个人委托代理进口应征增值税的货物，鉴于代理进口货物的海关完税凭证，有的开具给委托方，有的开具给受托方的特殊性，对代理进口货物以海关开具的完税凭证上的纳税人为增值税纳税人。在实际工作中一般由进口代理者代缴进口环节增值税。纳税后，由代理者将已纳税款和进口货物价款费用等与委托方结算，由委托者承担已纳税款。

二、进口货物的适用税率

进口货物适用增值税税率分别对应国内销售货物适用税率。

三、进口货物应纳税额的计算

纳税人进口货物，按照组成计税价格和《增值税暂行条例》规定的税率计算应纳税额。我们在计算增值税销项税额时直接用销售额作为计税依据或计税价格，但在计算进口产品增值税时不能直接得到类似销售额这样一个计税依据，需要通过计算而得，即要计算组成计税价格。组成计税价格是指在没有实际销售价格时，按照税法规定计算出作为计税依据的价格。进口货物增值税组成计税价格和应纳税额的计算公式为：

组成计税价格＝关税完税价格＋关税＋消费税

应纳税额＝组成计税价格×税率

纳税人在计算进口货物的增值税时应该注意以下问题：

（1）进口货物增值税的组成计税价格中包括已纳关税税额，如果进口货物属于消费税应税消费品，其组成计税价格中还要包括进口环节已纳消费税税额。

（2）在计算进口环节的应纳增值税额时不得抵扣任何税额，即在计算进口环节的应纳增值税额时，不得抵扣发生在我国境外的各种税金。

以上两点实际上是贯彻了出口货物的目的地原则或者消费地原则。即对出口货物原则上在实际消费地征收商品或货物税。对进口货物而言，出口时出口国一般并不征收出口关税和增值税、消费税，到我国口岸时货物的价格基本就是到岸价格，即关税完税价格。如果此时不征关税和其他税收，则与国内同等商品的税负差异就会很大。因此在进口时首先要对其征进口关税，如果是应征消费税的商品则还要征收消费税。在此基础上才形成了增值税的计税依据，即组成计税价格。这与国内同类商品的税基是相同的。

由于货物出口时出口国并没有征收过流转税，因此在进口时我们计算增值税时就不涉及进项税额抵扣问题。

（3）按照《中华人民共和国海关法》（以下简称《海关法》）和《中华人民共和国进出口关税条例》（以下简称《进出口关税条例》）的规定，一般贸易下进口货物的关税完税价格以海关审定的成交价格为基础的到岸价格作为完税价格。所称成交价格是一般贸易项下进口货物的买方为购买该项货物向卖方实际支付或应当支付的价格；到岸价格，包括货价，加上货物运抵我国关境内输入地点起卸前的包装费、运费、保险费和其他劳务费等费用构成的一种价格。特殊贸易下进口的货物，由于进口时没有"成交价格"可作依据，为此，《进出口关税条例》对这些进口货物制定了确定其完税价格的具体办法。

（4）纳税人进口货物取得的合法海关完税凭证，是计算增值税进项税额的唯一依据，其价格差额部分以及从境外供应商取得的退还或返还的资金，不做进项税额转出处理。

四、进口货物的税收管理

进口货物的增值税由海关代征。个人携带或者邮寄进境自用物品的增值税，连同关税一并计征。具体办法由国务院关税税则委员会会同有关部门制定。

进口货物，增值税纳税义务发生时间为报关进口的当天，其纳税地点应当由进口人或其代理人向报关地海关申报纳税，其纳税期限应当自海关填发海关进口增值税专用缴款书之日起 15 日内缴纳税款。

进口货物增值税的征收管理，依据《中华人民共和国税收征收管理法》（以下简称《税收征收管理法》）、《海关法》、《进出口关税条例》和《进出口税则》的有关规定执行。

【例 2-3】某商场 10 月进口货物一批。该批货物在国外的买价为 40 万元，另该批货物运抵我国海关前发生的包装费、运输费、保险费等共计 20 万元。货物报关后，商场按规定缴纳了进口环节的增值税并取得了海关开具的海关进口增值税专用缴款书。假定该批进口货物在国内全部销售，取得不含税销售额 80 万元。

假设货物进口关税税率 15%，增值税税率 17%。请计算有关数额：

(1) 关税的组成计税价格；

(2) 进口环节应纳的进口关税；

(3) 进口环节应纳增值税的组成计税价格；

(4) 进口环节应纳增值税额；

(5) 国内销售环节的销项税额；

(6) 国内销售环节应纳增值税额。

【答案】

(1) 关税的组成计税价格＝40＋20＝60（万元）

(2) 应缴纳进口关税＝60×15%＝9（万元）

(3) 进口环节应纳增值税的组成计税价格＝60＋9＝69（万元）

(4) 进口环节应纳增值税额＝69×17%＝11.73（万元）

(5) 国内销售环节的销项税额＝80×17%＝13.6（万元）

(6) 国内销售环节应纳增值税额＝13.6－11.73＝1.87（万元）

第八节　出口货物退（免）税

出口货物退（免）税是国际贸易中通常采用的、为世界各国普遍接受的、目的在于鼓励各国出口货物公平竞争的一种退还或免征间接税（目前我国主要包括增值税、消费税）的税收措施，即对出口货物已承担或应承担的增值税和消费税等间接税实行退还或者免征。由于这项制度比较公平合理，因此它已成为国际社会通行的惯例。

我国的出口货物退（免）税是指在国际贸易业务中，对我国报关出口的货物退还或免征其在国内各生产和流转环节按税法规定缴纳的增值税和消费税，即对应纳增值税的出口货物实行零税率，对应纳消费税的出口货物免税。

增值税出口货物的零税率，从税法上理解有两层含义：一是对本道环节生产或销售货物的增值部分免征增值税；二是对出口货物前道环节所含的进项税额进行退付。当然，由于各种货物出口前涉及征免税情况有所不同，且国家对少数货物有限制出口政策，因此，对货物出口的不同情况国家在遵循"征多少、退多少""未征不退和彻底退税"基本原则的基础上，制定了不同的税务处理办法。

1994 年，国家税务总局依据《增值税暂行条例》和《中华人民共和国消费税暂行条例》的规定，制定实施了《出口货物退（免）税管理办法》，具体规定了出口货物退（免）税的范围、出口货物退税率、出口退税的税额计算方法、出口退（免）税办理程序及对出口退（免）税的审核和管理。

2002 年 1 月 23 日，财政部、国家税务总局发布《关于进一步推进出口货物实行免抵退税办法的通知》（财税〔2002〕7 号，已废止），2002 年 2 月 6 日，国家税务总局又印发了《生产企业出口货物"免、抵、退"税管理操作规程（试行）》（国税发〔2002〕11 号）。至此，我国出口退（免）税政策得到了进一步完善。

2009 年 1 月 1 日起施行的《增值税暂行条例》及其实施细则，仍然贯彻"纳税人出口货物，税率为零；但是，国务院另有规定的除外"的政策。

2012 年 5 月，财政部、国家税务总局发布了《关于出口货物劳务增值税和消费税政策的通知》，对近年来陆续制定的一系列出口货物、对外提供加工修理修配劳务增值税和消费税政策进行了梳理归类，并对在实际操作中反映的个别问题做了明确规定。在营改增相关文件中，也对出口应税服务的出口退（免）税政策做出了规定。

一、出口货物退（免）税基本政策

世界各国为了鼓励本国货物出口，在遵循 WTO 基本规则的前提下，一般都采取优惠的税收政策。有的国家采取对该货物出口前所包含的税金在出口后予以退还的政策（即出口退税）、有的国家采取对出口的货物在出口前即予以免税的政策。我国根据对外贸易的实际情况，采取了出口退税与免税相结合的政策。鉴于我国的出口体制尚不成熟，拥有出口经营权的企业还限于少部分须经国家批准的企业，并且我国生产的某些货物（如稀有金属等）还不能满足国内的需要，因此，对某些非生产性企业和国家紧缺的货物则采取限制从事出口业务或限制该货物出口，不予出口退（免）税。目前，我国的出口货物税收政策分为以下三种形式：

1. 出口免税并退税

出口免税是指对货物在出口销售环节不征增值税、消费税，这是把货物出口环节与出口前的销售环节都同样视为一个征税环节；出口退税是指对货物在出口前实际承担的税收负担，按规定的退税率计算后予以退还。

2. 出口免税不退税

出口免税与上述第（一）项含义相同。出口不退税是指适用这个政策的出口货物因在前一道生产、销售环节或进口环节是免税的，出口时该货物的价格中本身就不含税，因此，也无须退税。

3. 出口不免税也不退税

出口不免税是指对国家限制或禁止出口的某些货物的出口环节视同内销环节，照常征税；出口不退税是指对这些货物出口不退还出口前其所负担的税款。

二、出口货物退（免）税的适用范围

（一）适用增值税退（免）税政策的范围

对于下列出口货物和劳务，除适用《关于出口货物劳务增值税和消费税政策的通知》（本节中以下统称《通知》）第六条（适用增值税免税政策的出口货物和劳务）和第七条（适用增值税征税政策的出口货物和劳务）规定的外，实行免征和退还增值税政策。

1. 出口企业出口货物

《通知》所称出口企业，是指依法办理工商登记、税务登记、对外贸易经营者备案登记，自营和委托出口货物的单位和个体工商户，以及依法办理工商登记、税务登记但未办理对外经营者备案登记，委托出口货物的生产企业。

《通知》所称出口货物，是指向海关报关后实际离境并销售给境外单位或个人的货物，分为自营出口货物和委托出口货物两类。

《通知》所称生产企业，是指具有生产能力（包括加工修理修配能力）的单位和个体工商户。

出口企业出口货物，具体是指：

（1）出口企业对外援助、对外承包、境外投资的出口货物。

（2）出口企业经海关报关进入国家批准的出口加工区、保税物流园区、保税港区、综合保税区、驻澳跨境工业区（珠海园区）、中哈霍尔果斯国际边境合作中心（中方配套区域）、保税物流中心（B型）并销售给特殊区域内单位或境外单位、个人的货物。

（3）免税纳税经营企业销售的货物（国家规定不允许经营和限制出口的货物、卷烟和超出免税品经营企业《企业法人营业执照》规定经营范围的货物除外），具体是指：

①中国免税品（集团）有限责任公司向海关报关运入海关监管仓库，专供其经国家批准设立的统一经营、统一组织进货、统一制定零售价格、统一管理的免税店销售的货物。

②国家批准的除中国免税品（集团）有限责任公司外的免税品经营企业，向海关报关运入海关监管仓库，专供其所属的首都机场口岸海关隔离区内的免税店销售的货物。

③国家批准的除中国免税品（集团）有限责任公司外免税品经营企业所属的上海虹桥、浦东机场海关隔离区内的免税店销售的货物。

（4）出口企业或其他单位销售给用于国际金融组织或外国政府贷款国际招标建设项目的中标机电产品（以下称中标机电产品）。上述中标机电产品，包括外国企业中标再分包给出口企业或其他单位的机电产品。

（5）出口企业向海上石油天然气开采企业销售的自产的海洋工程结构物。

（6）出口企业或其他单位销售给国际运输企业用于国际运输工具上的货物。上述规定暂仅适用于外轮供应公司、远洋运输供应公司销售给外轮、远洋国轮的货物、国内航空供应公司生产销售给国内和国外航空公司国际航班的航空食品。

（7）出口企业或其他单位销售给特殊区域内生产企业生产耗用且不向海关报关而输入特殊区域的水（包括蒸汽）、电力、燃气。

（8）根据《融资租赁船舶出口退税管理办法》的规定，融资租赁船舶出口企业享受出口退税的政策，其范围、条件和具体计算办法按照财税相关文件规定执行。

2. 视同自产出口货物的范围

（1）持续经营以来从未发生骗取出口退税、虚开增值税专用发票或农产品收购发票、接受虚开增值税专用发票（善意取得虚开增值税专用发票除外）行为且同时符合下列条件的生产企业出口的外购货物，可视同自产货物适用增值税退（免）税政策：

①已取得增值税一般纳税人资格。

②已持续经营2年及2年以上。

③纳税信用等级A级。

④上一年度销售额5亿元以上。

⑤外购出口货物和本企业出口货物同类型或具有相关性。

（2）持续经营以来从未发生骗取出口退税、虚开增值税专用发票或农产品收购发票、接受虚开增值税专用发票（善意取得虚开增值税专用发票除外）行为但不能同时符合下列条件的生产企业，出口的外购货物符合下列条件之一的，可视同自产货物申报适用增值税退（免）税政策：

①同时符合下列条件的外购货物：

A. 与本企业生产的货物名称、性能相同；

B. 使用本企业注册商标或境外单位或个人提供给本企业使用的商标；

C. 出口给进口本企业自产货物。

②与本企业所生产的货物属于配套出口，且出口给进口本企业自产货物的境外单位或个人的外购货物，符合下列条件之一的：

A. 用于维修本企业出口的自产货物的工具、零部件、配件；

B. 不经过本企业加工或组装，出口后能直接与本企业自产货物组合成成套的货物。

③经集团公司总部所在地的地级以上的国家税务局认定的集团公司，其控股（按公司法规定的口径执行）的生产企业之间收购的自产货物以及集团公司与其控股的生产企业之间收购的自产货物。

④同时符合下列条件的委托加工货物：

A. 与本企业生产的货物名称、性能相同，或者是用本企业生产的货物再委托深加工收回的货物；

B. 出口给进口本企业自产货物的境外单位和个人；

C. 委托方与受托方必须签订委托加工协议，且主要原材料必须由委托方提供，受托方不垫付资金，至收取加工费，开具加工费（含代垫的辅助材料）的增值税专用发票。

⑤用于本企业中标项目下的机电产品。

⑥用于对外承包工程项目下的货物。

⑦用于境外投资的货物。

⑧用于对外援助的货物。

⑨生产自产货物的外购设备和原材料（农产品除外）。

3. 出口企业对外提供加工修理修配劳务

对外提供加工修理修配劳务，是指进境复出口货物或从事国际运输的运输工具进行的加工修理修配。

除上述规定外，根据规定，对出口企业出口的白银及其初级制品，出口企业所在地税务机关要向货源地税务机关进行函调。函调及回函的内容在函件的"其他需要说明的情况"栏中填写。对回函确认出口上述产品或生产产品的主要原材料

（银）已足额纳税的予以退税。对回函确认出口上述产品或生产产品的主要原材料（银）享受增值税先征后返或其他增值税税收优惠政策以及其他纳税不足情形的不予退税，实际出口环节免税。

（二）增值税退（免）税办法

适用增值税退（免）税政策的出口货物劳务，按照下列规定实行增值税免、抵、退税或免（退）税办法。

（1）免、抵、退税办法。生产企业出口自产货物和视同自产货物及对外提供修理修配劳务，以及列名的 74 家生产企业出口非自产货物，免征增值税，相应的进项税额抵减应纳增值税额（不包括使用增值税即征即退、先征后退政策的应纳增值税额），未抵完部分予以退还。

（2）免（退）税办法。不具有生产能力的出口企业或其他单位出口货物劳务，免征增值税，相应的进项税额予以退还。

（三）增值税出口退税率

（1）除财政部和国家税务总局根据国务院决定而明确的增值税出口退税率外，出口货物的退税率为其适用税率。

（2）退税率的特殊规定：

①外贸企业购进按简易办法征税的出口货物、从小规模纳税人购进的出口货物，其退税率分别为简易办法实际执行的征收率、小规模纳税人征收率。上述出口货物取得增值税专用发票的，退税率按增值税专用发票上的税率和出口货物退税率执低的原则确定。

②出口企业委托加工修理修配货物，其加工修理修配的退税率，为出口货物的退税率。

③中标机电产品、出口企业向海关报关进入特殊区域销售给特殊区域生产企业生产耗用的列名原材料，输入特殊区域的水电气，其退税率为适用税率。如果国家调整列名原材料的退税率，列名原材料应当自调整之日起按调整后的退税率执行。

④海洋工程结构物退税率的适用，见表 2-1。

表 2-1　　　　　　　　　　　　海洋工程结构物的具体范围

序号	海洋工程结构物的具体范围 （海关税则中货物名称）	被包含在的 海关税则号	对应的常见名称	退税率
1	钢铁制桥梁及桥梁体段	7308100000	过渡段；生活模块；处理模块	15%
2	钢铁制门窗及其框架、门槛	7308300000		
3	其他钢铁结构体及部件（包括结构体用的已加工钢板、型材）	7308900000		

续表

序号	海洋工程结构物的具体范围 （海关税则中货物名称）	被包含在的 海关税则号	对应的常见名称	退税率
4	钻探深度≥6千米其他石油钻探机	8430411100	钻机模块	17%
5	钻探深度<6千米其他钻探机（自推进的）	8430412900		
6	载重不超过15万吨的原油船	8901202100	浮式生产储油轮；浮式储油轮；穿梭油轮	17%
7	载重不超过10万吨的原油船	8901201100		
8	10万吨＜载重量≤30万吨成品油船	8901201200		
9	机动多用途船	8901905000	三用工作船	17%
10	拖船及顶推船	8904000000		
11	15万吨＜载重量≤30万吨的原油船	8901202200	浮式生产储油轮；浮式储油轮；单点系泊系统；水下油汽罐；栈桥码头	17%
12	其他不以航行为主要功能的船舶	8905909000		
13	含植物性材料的浮动结构体	8907900010		
14	其他浮动结构体	8907900090		
15	浮动或潜水式钻探或生产平台	8905200000	自升式、半潜式钻井船；浮式钻井船；钻井平台；生产平台；处理平台；生活平台；烽火台	17%

（3）适用不同退税率的货物劳务，应分开报关、核算并申报退（免）税，未分开报关、核算或划不清的，从低适用退税率。

（四）增值税退（免）税的计税依据

出口货物劳务的增值税退（免）税的计税依据，按出口货物劳务的出口发票（外销发票）、其他普通发票或购进出口货物劳务的增值税专用发票、海关进口增值税专用缴款书确定。

（1）生产企业出口货物劳务（进料加工复出口货物除外）增值税退（免）税的计税依据，为出口货物劳务的实际离岸价（FOB）。实际离岸价应以出口发票上的离岸价为准，但如果出口发票不能反映实际离岸价，主管税务机关有权予以核定。

（2）生产企业进料加工复出口货物增值税退（免）税的计税依据，按出口货物离岸价扣除出口货物所含的海关保税进口料件的金额后确定。

《通知》所称海关保税进口料件，是指海关以进料加工贸易方式监管的出口企业从境外和特殊区域等进口的料件。包括出口企业从境外单位或个人购买并从海关保税仓库提取并办理海关进料加工手续的料件，以及保税区以外的出口企业从保税区内的企业购进并办理海关进料加工手续的进口料件。

（3）生产企业国内购进无进项税额且不计提进行税额的免税原材料加工后出口的货物的计税依据，按出口货物离岸价扣除国内购进免税原材料的金额后确定。

（4）外贸企业出口货物（委托加工修理修配货物除外）增值税退（免）税的计税依据，为购进出口货物的增值税专用发票注明的金额，或海关进口增值税专用缴款书注明的完税价格。

（5）外贸企业出口委托加工修理修配货物增值税退（免）税的计税依据，为加工修理修配费用增值税专用发票注明的金额，外贸企业应将加工修理修配使用的原材料（进料加工海关保税进口料件除外）作为销售给受托加工修理修配的生产企业，受托加工修理修配的生产企业应将原材料成本并入加工修理修配费用开具发票。

（6）出口进项税额未计算抵扣的已使用过的设备增值税退（免）税的计税依据，按下列公式确定：

$$退（免）税的计税依据 = \frac{增值税专用发票上的金额或海关进口增值税专用缴款书注明的完税价格}{已使用过的设备原值} \times 已使用过的设备固定资产净值$$

$$已使用过的设备固定资产净值 = 已使用过的设备原值 - 已使用过的设备已提累计折旧$$

《通知》所称已使用过的设备，是指出口企业根据财务会计制度已经计提折旧的固定资产。

（7）免税品经营企业销售的货物增值税退（免）税的计税依据，为购进出口货物的增值税专用发票注明的金额或海关进口增值税专用缴款书注明的完税价格。

（8）中标机电产品增值税退（免）税的计税依据，生产企业为销售机电产品的普通发票注明的金额，外贸企业为购进出口货物的增值税专用发票注明的金额或海关进口增值税专用缴款书注明的完税价格。

（9）生产企业向海上石油天然气开采企业销售的自产的海洋工程结构物增值税退（免）税的计税依据，为销售海洋工程结构物的普通发票注明的金额。

（10）输入特殊区域的水电气增值税退（免）税的计税依据，为作为购买方的特殊区域内的生产企业购进水（包括蒸汽）、电力、燃气的增值税专用发票注明的金额。

（五）增值税免抵退税和免退税的计算

（1）生产企业出口货物劳务增值税免抵退税，按下列公式计算：

①当期应纳税额的计算：

$$当期应纳税额 = 当期销项税额 - （当期进项税额 - 当期不得免征和抵扣税额）$$

$$当期不得免征和抵扣税额 = 当期出口货物离岸价 \times 外汇人民币牌价 \times \left(\frac{出口货物}{适用税率} - \frac{出口货物}{退税率}\right) - 当期不得免征和抵扣税额抵减额$$

$$当期不得免征和抵扣税额抵减额 = 当期免税购进原材料价格 \times \left(\frac{出口货物}{适用税率} - \frac{出口货物}{退税率}\right)$$

出口货物离岸价（FOB）以出口发票计算的离岸价为准。出口发票不能如实反映实际离岸价的，企业必须按照实际离岸价向主管国税机关申报，同时主管税务机关有权依照《税收征收管理法》《增值税暂行条例》等有关规定予以核定。

从上述计算公式看，出口退税在"销项税额"方面并非执行真正的零税率而是一种"超低税率"，即征税率（17%、11%）与退税率（各货物不同）之差，即税法规定的出口退税"不得免征和抵扣税额"的计算比率。

如果我们从会计制度看，上述"免抵返税"的计算原理更加清晰。根据企业会计制度的规定，对于实行免、抵、退方法的生产企业，在会计上应当增设如下增值税专栏：

A. "出口抵减内销产品应纳税额"借方专栏；

B. "出口退税"贷方专栏。

另外，通过"进项税额转出"贷方专栏核算"当期免抵返税不得免征和抵扣税额"，通过"其他应收款——应收补贴款"科目核算"当期应退税额"。

相关会计处理为：

A. 根据"当期免抵退税不得免征和抵扣税额"：

借：主营业务成本

　　贷：应交税费——应交增值税（进项税额转出）

B. 根据"当期免抵税额"：

借：应交税费——应交增值税（出口抵减内销产品应纳税额）

　　贷：应交税费——应交增值税（出口退税）

C. 根据"当期应返税额"：

借：其他应收款——应收补贴款

　　贷：应交税费——应交增值税（出口退税）

这笔分录，才是真正的退税。根据"当期应返税额"的计算过程可知，退的是期末未抵扣完的留抵进项税额。由此可见，"出口退税"贷方专栏核算的是"当期免抵税额"与"当期应退税额"之和，即税法中规定的"当期免抵退税额"（即出口销售额×退税率）。

而出口货物实际执行的"超低税率"计算的"销项税额"被计入了"进项税额转出"贷方专栏。如果将该部分数额与"出口退税"贷方专栏数额相加，其实也就是内销情况下应当缴纳的销项税额。所以，"出口退税"贷方专栏反映的并非真正的退税，而是出口货物较内销货物因执行税率的不同而少缴的增值税"销项税额"。

②当期免抵退税额的计算：

$$当期免抵退税额 = 当期出口货物离岸价 \times 外汇人民币折合率 \times 出口货物退税率 - 当期免抵退税额抵减额$$

$$当期免抵退税额抵减额 = 当期免税购进原材料价格 \times 出口货物退税率$$

③当期应退税额和免抵税额的计算：

A. 如当期期末留抵税额≤当期免抵退税额，则：

当期应退税额＝当期期末留抵税额

当期免抵税额＝当期免抵退税额－当期应退税额

B. 如当期期末留抵税额＞当期免抵退税额，则：

当期应退税额＝当期免抵退税额

当期免抵税额＝0

当期期末留抵税额为当期增值税纳税申报表中的"期末留抵税额"。

④当期免税购进原材料价格包括当期国内购进的无进项税额且不计提进项税额免税原材料的价格和当期进料加工保税进口料件的价格，其中当期进料加工保税进口料件的组成计税价格。

$$当期进料加工保税进口料件的组成计税价格＝当期进口料件到岸价格＋海关实征关税＋海关实征消费税$$

A. 采用"实耗法"的，当期进料加工保税进口料件的组成计税价格为当期进料加工出口货物耗用的进口料件组成计税价格。其计算公式为：

$$当期进料加工保税进口料件的组成计税价格＝当期进料加工出口货物离岸价×外币人民币折合率×计划分配率$$

计划分配率＝计划进口总值÷计划出口总值×100％

实行纸质手册和电子化手册的生产企业，应根据海关签发的加工贸易手册或加工贸易电子化纸质单证所列的计划进出口总值计算计划分配率。

实行电子账册的生产企业，计划分配率按前一期已核销的实际分配率确定；新启用电子账册的，计划分配率按前一期已核销的纸质手册或电子化手册的实际分配率确定。

B. 采用"购进法"的，当期进料加工保税进口料件的组成计税价格为当期实际购进进料加工进口料件组成计税价格。

若当期实际不得免征和抵扣税额抵减额大于当期出口货物离岸价×外汇人民币折合率×（出口货物适用税率－出口货物退税率），则：

$$当期不得免征和抵扣税额抵减额＝当期出口货物离岸价×外汇人民币折合率×（出口货物适用税率－出口货物退税率）$$

⑤生产企业免、抵、退税计算实例。

【例2-4】某自营出口的生产企业为增值税一般纳税人，出口货物的征税税率为17％，退税税率为13％。2011年4月的有关经营业务为：购进原材料一批，取得的增值税专用发票注明的价款为200万元，外购货物准予抵扣的进项税额34万元通过认证。上月末留抵税款3万元，本月内销货物不含税销售额为100万元，收款117

万元存入银行，本月出口货物的销售额折合人民币 200 万元。试计算该企业当期的"免、抵、退"税额。

【答案】

（1）当期免抵退税不得免征和抵扣税额＝200×（17％－13％）＝8（万元）

（2）当期应纳税额＝100×17％－（34－8）－3＝17－26－3＝－12（万元）

（3）出口货物"免、抵、退"税额＝200×13％＝26（万元）

（4）按规定，如当期期末留抵税额≤当期免抵退税额时：

当期应退税额＝当期期末留抵税额

即　　　该企业当期应退税额＝12 万元

（5）当期免抵税额＝当期免抵退税额－当期应退税额

当期免抵税额＝26－12＝14（万元）

【例 2-5】 某自营出口的生产企业为增值税一般纳税人，出口货物的征税税率为 17％，退税税率为 13％。2011 年 6 月有关经营业务为：购原材料一批，取得的增值税专用发票注明的价款为 400 万元，外购货物准予抵扣的进项税额 68 万元通过认证。上期末留抵税款 5 万元。本月内销货物不含税销售额为 100 万元，收款 117 万元存入银行。本月出口货物的销售额折合人民币 200 万元。试计算该企业当期的"免、抵、退"税额。

【答案】

（1）当期免抵退税不得免征和抵扣税额＝200×（17％－13％）＝8（万元）

（2）当期应纳税额＝100×17％－（68－8）－5＝17－60－5＝－48（万元）

（3）出口货物"免、抵、退"税额＝200×13％＝26（万元）

（4）按规定，如当期期末留抵税额＞当期免抵退税额时：

当期应退税额＝当期免抵退税额

即　　　该企业当期应退税额＝26 万元

（5）当期免抵税额＝当期免抵退税额－当期应退税额

该企业当期免抵税额＝26－26＝0（万元）

（6）6 月期末留抵结转下期继续抵扣税额为 22（48－26）万元。

【例 2-6】 某自营出口生产企业是增值税一般纳税人，出口货物的征税税率为 17％，退税税率为 13％。2011 年 8 月有关经营业务为：购原材料一批，取得的增值税专用发票注明的价款为 200 万元，外购货物准予抵扣的进项税额 34 万元通过认证。当月进料加工免税进口料件的组成计税价格为 100 万元。上期末留抵税款 6 万元。本月内销货物不含税销售额为 100 万元。收款 117 万元存入银行。本月出口货物销售额折合人民币 200 万元。试计算该企业当期的"免、抵、退"税额。

【答案】

(1) 免抵退税不得免征和抵扣税额抵减额＝免税进口料件的组成计税价格×（出口货物征税税率－出口货物退税税率）＝100×（17％－13％）＝4（万元）

(2) 免抵退税不得免征和抵扣税额＝当期出口货物离岸价×外汇人民币牌价×（出口货物征税税率－出口货物退税税率）－免抵退税不得免征和抵扣税额抵减额＝200×（17％－13％）－4＝8－4＝4（万元）

(3) 当期应纳税额＝100×17％－（34－4）－6＝17－30－6＝－19（万元）

(4) 免抵退税额抵减额＝免税购进原材料×材料出口货物退税税率

＝100×13％＝13（万元）

(5) 出口货物"免、抵、退"税额＝200×17％－13＝13（万元）

(6) 按规定，如当期期末留抵税额＞当期免抵退税额时：

当期应退税额＝当期免抵退税额

即　该企业应退税额＝13万元

(7) 当期免抵税额＝当期免抵退税额－当期应退税额

当期该企业免抵税额＝13－13＝0（万元）

(8) 8月期末留抵结转下期继续抵扣税额为6（19－13）万元。

(2) 外贸企业出口货物劳务增值税免抵退税，依下列公式计算：

①外贸企业出口委托加工修理修配货物以外的货物：

增值税应退税额＝增值税退（免）税计税依据×出口货物退税率

【例2-7】 某进出口公司2011年3月出口美国平纹布2 000米，进货增值税专用发票列明单价20元/平方米，计税金额40 000元，退税税率13％，其应退税额如下：

2 000×20×13％＝5 200（元）

②外贸企业出口委托加工修理修配货物：

出口委托加工修理修配货物的增值税应退税额＝委托加工修理修配的增值税退（免）税计税依据×出口货物退税率

【例2-8】 某进出口公司2012年6月购进牛仔布委托加工成服装出口，取得增值税发票一张，注明计税金额10 000元；取得服装加工费计税金额2 000元，受托方将原材料成本并入加工修理修配费用并开具了增值税专用发票。假设退税税率为17％，该企业应退税额＝（10 000＋2 000）×17％＝2 040（元）。

(3) 退税率低于适用税率的，相应计算出的差额部分的税款计入出口货物劳务成本。

(4) 出口企业既有使用增值税免、抵、退项目，也有增值税即征即退、先征后退项目的，增值税即征即退和先征后退项目不参与出口项目免抵退税计算。出口企业应分别核算增值税免抵退项目和即征即退、先征后退项目，并分别申请享受增值税即征即退、先征后退和免抵退税政策。

用于增值税即征即退或者先征后退项目的进项税额无法划分的，按照下列公式计算：

$$\text{无法划分进项税额中用于增值税即征即退或者先征后退项目的部分} = \frac{\text{当月无法划分的全部进项税额} \times \text{当月增值税即征即退或者先征后退项目销售额}}{\text{当月全部销售额、营业额合计}}$$

三、出口货物和劳务增值税免税政策

对符合下列条件的出口货物和劳务，除适用《通知》第七条（适用增值税征税政策的出口货物和劳务）规定外，按下列规定实行免征增值税政策：

（一）适用增值税免税政策的范围

适用增值税免政策的出口货物和劳务，是指：

（1）出口企业或其他单位规定的货物，具体是指：

①增值税小规模纳税人出口的货物。

②避孕药品和用具，古旧图书。

③软件产品。其具体范围是指海关税则号前四位为"9803"的货物。

④含黄金、铂成分的货物，钻石及其饰品。

⑤国家计划内出口的卷烟。其具体范围为：

A. 有出口经营权的卷烟生产企业（具体范围是指湖南中烟工业公司、浙江中烟工业公司、河南中烟工业公司、贵州中烟工业公司、湖北中烟工业公司、陕西中烟工业公司、安徽中烟工业公司）按国家批准的免税出口卷烟计划自营出口的自产卷烟。

B. 卷烟生产企业按出口卷烟计划委托卷烟出口企业（具体范围是指深圳烟草进出口有限公司、中国烟草辽宁进出口公司、中国烟草黑龙江进出口有限责任公司）出口的自产卷烟；北京卷烟厂按出口卷烟计划委托中国烟草上海进出口有限责任公司出口的自产"中南海"牌卷烟。

C. 口岸国际隔离区免税店销售的卷烟。

D. 卷烟出口企业（具体范围是指中国烟草上海进出口有限责任公司、中国烟草广东进出口公司、中国烟草山东进出口有限公司、云南烟草国际有限公司、川渝中烟工业公司、福建中烟工业公司）按出口卷烟计划出口的外购卷烟。

⑥已使用过的设备。其具体范围是指购进时未取得增值税专用发票、海关进口增值税专用缴款书但其他相关单证齐全的已使用过的设备。

⑦非出口企业委托出口的货物。

⑧非列名生产企业出口的非视同自产货物。

⑨农业生产者自产农产品〔农产品的具体范围按照《农业产品征税范围注释》（财税〔1995〕52号）的规定执行〕。

⑩油画、花生果仁、黑大豆等财政部和国家税务总局规定的出口免税的货物。

⑪外贸企业取得普通发票、废旧物资收购凭证、农产品收购发票、政府非税收入票据的货物。

⑫来料加工复出口的货物。

⑬特殊区域内的企业出口的特殊区域内的货物。

⑭以人民币现金作为结算方式的边境地区出口企业从所在省（自治区）的边境口岸出口到接壤国家的一般贸易和边境小额贸易出口货物。

⑮以旅游购物贸易方式报关出口的货物。

（2）出口企业或其他单位视同出口的下列货物和劳务：

①国家批准设立的免税店销售的免税货物〔包括进口免税货物和已实现退（免）税的货物〕

②特殊区域内的企业为境外的单位或个人提供加工修理修配劳务。

③同一特殊区域、不同特殊区域内的企业之间销售特殊区域内的货物。

（3）出口企业或其他单位未按规定申报或未补齐增值税退（免）税凭证的出口货物和劳务。具体是指：

①未在国家税务总局规定的期限内申报增值税退（免）税的出口货物和劳务。

②未在规定期限内申报开具《代理出口货物证明》的出口货物和劳务。

③已申报增值税退（免）税，却未在国家税务总局规定的期限内向税务机关补齐增值税退（免）税凭证的出口货物和劳务。

对于适用增值税免税政策的出口货物和劳务，出口企业或其他单位可以依照现行增值税有关规定放弃免税，并依照《通知》第七条（适用增值税免税政策的出口货物和劳务）的规定缴纳增值税。

除上述规定外，根据《国家税务总局关于出口纪念金币税收问题的批复》（国税函〔2009〕229号）的规定，对中国印钞造币总公司以商品代码为71189000报关出口的猪年生肖彩色金币和猪年生肖金币，纳入含金产品免税范围，实行出口免税办法。

（二）进项税额的处理与计算

（1）适用增值税免税政策的出口货物和劳务，其进项税额不得抵扣和退税，应当转入成本。

（2）出口卷烟不得抵扣的进项税额依下列公式计算：

$$\text{不得抵扣的进项税额} = \frac{\text{出口卷烟含消费税金额}}{\text{出口卷烟含消费税金额} + \text{内销卷烟销售额}} \times \text{当期全部进项税额}$$

①当生产企业销售的出口卷烟在国内有同类产品销售价格时：

$$出口卷烟含消费税金额＝出口销售数量×销售价格$$

"销售价格"为同类产品生产企业国内实际调拨价格。实际调拨价格低于税务机关公示的计税价格的，"销售价格"为税务机关公示的计税价格；高于公示计税价格的，"销售价格"为实际调拨价格。

②当生产企业销售的出口卷烟在国内没有同类产品销售价格时：

$$出口卷烟含税金额＝(出口销售额＋出口销售数量×消费税定额税率)÷(1－消费税比例税率)$$

"出口销售额"以出口发票上的离岸价为准。若出口发票不能如实反映离岸价，生产企业应按实际离岸价计算，否则，税务机关有权按照有关规定予以核定调整。

（3）除出口卷烟外，适用增值税免税政策的其他出口货物和劳务的计算，按照增值税免税政策的统一规定执行。其中，如果涉及销售额，除来料加工复出口货物为其加工费收入外，其他均为出口离岸价或销售额。

四、出口货物增值税征税政策

下列出口货物和劳务，不适用增值税退（免）税和免税政策，按下列规定及视同内销货物征税的其他规定征收增值税（以下称适用增值税征税政策）：

（一）适用增值税征税政策的范围

适用增值税征税政策的出口货物和劳务，是指：

（1）出口企业出口或视同出口财政部、国家税务总局根据国务院决定明确的取消出口退（免）税的货物（不包括来料加工复出口货物、中标机电产品、列名原材料、输入特殊区域的水电气、海洋工程结构物）。

（2）出口企业或其他单位销售给特殊区域内的生活消费用品和交通运输工具。

（3）出口企业或其他单位因骗取出口退税被税务机关停止办理增值税退（免）税期间出口的货物。

（4）出口企业或其他单位提供虚假备案单证的货物。

（5）出口企业或其他单位增值税退（免）税凭证有伪造或内容不实的货物。

（6）出口企业或其他单位未在国家税务总局规定期限内申报免税核销以及经主管税务机关审核不予免税核销的出口卷烟。

（7）出口企业或其他单位具有以下情形之一的出口货物和劳务：

①将空白的出口货物报关单、出口收汇核销单等退（免）税凭证交由除签有委托合同的货代公司、报关行，或由境外进口方指定的货代公司（提供合同约定或者

其他相关证明）以外的其他单位或个人使用的。

②以自营名义出口，其出口业务实质上是由本企业及其投资的企业以外的单位或个人借该出口企业名义操作完成的。

③以自营名义出口，其出口的同一批货物既签订购货合同，又签订代理出口合同（或协议）的。

④出口货物在海关验放后，自己或委托货代承运人对该笔货物的海运提单或其他运输单据等上的品名、规格等进行修改，造成出口货物报关单与海运提单或其他运输单据有关内容不符的。

⑤以自营名义出口，但不承担出口货物的质量、收款或退税风险之一的，即出口货物发生质量问题不承担购买方的索赔责任（合同中有约定质量责任承担者除外）；不承担未按期收款导致不能核销的责任（合同中有约定收款责任承担者除外）；不承担因申报出口退（免）税的资料、单证等出现问题造成不退税责任的。

⑥未实质参与出口经营活动、接受并从事由中间人介绍的其他出口业务，但仍以自营名义出口的。

（二）应纳增值税的计算

适用增值税征税政策的出口货物劳务，其应纳增值税按下列办法计算：

1. 一般纳税人出口货物

$$\text{销项税额}=\left(\text{出口货物离岸价}-\text{出口货物耗用的进料加工保税进口料件金额}\right)\div\left(1+\text{适用税率}\right)\times\text{适用税率}$$

出口货物若已按征退税率之差计算不得免征和抵扣税额并已经转入成本的，相应的税额应转回进项税额。

（1）出口货物耗用的进料加工保税进口料件金额＝主营业务成本×（投入的保税进口料件金额÷生产成本）。

主营业务成本、生产成本均为不予退（免）税的进料加工出口货物的主营业务成本、生产成本。当耗用的保税进口料件金额大于不予退（免）税的进料加工出口货物金额时，耗用的保税进口料件金额为不予退（免）税的进料加工出口货物金额。

（2）出口企业应分别核算内销货物和增值税征税的出口货物的生产成本、主营业务成本。未分别核算的，其相应的生产成本、主营业务成本由主管税务机关核定。

进料加工手册海关核销后，出口企业应对出口货物耗用的保税进口料件金额进行清算。清算公式为：

$$\text{清算耗用的保税进口料件总额}=\text{实际保税进口料件总额}-\text{退（免）税出口货物耗用的保税进口料件总额}-\text{进料加工副产品耗用的保税进口料件总额}$$

当耗用的保税进口料件总额与各纳税期扣减的保税进口料件金额之和存在差额时，应在清算的当期相应调整销项税额。当耗用的保税进口料件总额大于出口货物离岸金额时，其差额部分不得扣减其他出口货物金额。

2. 小规模纳税人出口货物

$$应纳税额＝出口货物离岸价÷（1＋征收率）×征收率$$

五、出口货物退（免）税管理

（一）认定和申报

（1）适用《通知》规定的增值税退（免）税或免税、消费税退（免）税或免税政策的出口企业或其他单位，应办理退（免）税认定。该方面的管理规定如下：

①对外贸易经营者按《中华人民共和国对外贸易法》和商务部颁布的《对外贸易经营者备案登记办法》的规定办理备案登记后，没有出口经营资格的生产企业委托出口自产货物（含视同自产产品，下同），应分别在备案登记、代理出口协议签订之日起30日内持有关资料，填写《出口货物退（免）税认定表》，到所在地税务机关办理出口货物退（免）税认定手续。

②特定退（免）税的企业和人员办理出口货物退（免）税认定手续按国家有关规定执行。

③已办理出口货物退（免）税认定的出口商，其认定内容发生变化的，须自有关管理机关批准变更之日起30日内，持相关证件向税务机关申请办理出口货物退（免）税认定变更手续。

出口商发生解散、破产、撤销以及其他依法应终止出口货物退（免）税事项的，应持相关证件、资料向税务机关办理出口货物退（免）税注销认定。

对申请注销认定的出口商，税务机关应先结清其出口货物退（免）税款，再按规定办理注销手续。

（2）经过认定的出口企业及其他单位，应在规定的增值税纳税申报期内向主管税务机关申报增值税退（免）税和免税、消费税退（免）税和免税。委托出口的货物，由委托方申报增值税退（免）税和免税、消费税退（免）税和免税。输入特殊区域的水电气，由作为购买方的特殊区域内生产企业申报退税。该方面的管理规定如下：

①出口商应在规定期限内，收齐出口货物退（免）税所需的有关单证，使用国家税务总局认可的出口货物退（免）税电子申报系统生成电子申报数据，如实填写出口货物退（免）税申报表，向税务机关申报办理出口货物退（免）税手续。逾期

申报的，除另有规定者外，税务机关不再受理该笔出口货物的退（免）税申报，该补税的应按有关规定补征税款。

②出口商申报出口货物退（免）税时，税务机关应及时予以接受并进行初审。经初步审核，出口商报送的申报资料、电子申报数据及纸质凭证齐全的，税务机关受理该笔出口货物退（免）税申报。出口商报送的申报资料或纸质凭证不齐全的，除另有规定者外，税务机关不予受理该笔出口货物的退（免）税申报，并要当即向出口商提出改正、补充资料、凭证的要求。税务机关受理出口商的出口货物退（免）税申报后，应为出口商出具回执，并对出口货物退（免）税申报情况进行登记。

③出口商报送的出口货物退（免）税申报资料及纸质凭证齐全的，除另有规定者外，在规定申报期限结束前，税务机关不得以无相关电子信息或电子信息核对不符等原因，拒不受理出口商的出口货物退（免）税申报。

（3）出口企业或其他单位骗取国家出口退税款的，经省级以上税务机关批准可以停止其退（免）税资格。

（二）若干征、退（免）税规定

（1）出口企业或其他单位退（免）税认定之前的出口货物劳务，在办理退（免）税认定后，可按规定适用增值税退（免）税或免税及消费税退（免）税政策。

（2）出口企业或其他单位出口货物劳务适用免税政策的，除特殊区域内企业出口的特殊区域内货物、出口企业或其他单位视同出口的免征增值税的货物劳务外，如果未按规定申报免税，应视同内销货物和加工修理修配劳务征收增值税、消费税。

（3）开展进料加工业务的出口企业若发生未经海关批准将海关保税进口料件作价销售给其他企业加工的，应按规定征收增值税、消费税。

（4）卷烟出口企业经主管税务机关批准按国家批准的免税出口卷烟计划购进的卷烟免征增值税、消费税。

（5）发生增值税、消费税不应退税或免税但已实际退税或免税的，出口企业和其他单位应当补缴已退或已免税款。

（6）出口企业和其他单位出口的货物（不包括《通知》附件7所列货物，即含黄金、铂金成分的货物和钻石及其饰品的具体范围），如果原材料成本80%以上为《通知》附件9所列原料的，即黄金、铂金、银、珍珠、天然钻石、工业用和人造钻石、宝石、翡翠，应执行该原料的增值税、消费税政策，上述出口货物的增值税退税率为《通知》附件9所列该原料海关税则号在出口货物劳务退税率文库中对应的退税率。

（7）国家批准的免税品经营企业销售给免税店的进口免税货物免征增值税。

（三）外贸企业核算要求

外贸企业应单独设账核算出口货物的购进金额和进项税额，若购进货物时不能确定是用于出口的，先记入出口库存账，用于其他用途时再从出口库存账转出。

（四）符合条件的生产企业

符合条件的生产企业已签订出口合同的交通运输工具和机器设备，在其退税凭证尚未收集齐全的情况下，可凭出口合同、销售明细账等，向主管税务机关申报免抵退税。在货物向海关报关出口后，应按规定申报退（免）税，并办理已退（免）税的核销手续。多退（免）的税款，应予追回。生产企业申请时应同时满足以下条件：

（1）已取得增值税一般纳税人资格。

（2）已持续经营2年及2年以上。

（3）生产的交通运输工具和机器设备生产周期在1年及1年以上。

（4）上一年度净资产大于同期出口货物增值税、消费税退税额之和的3倍。

（5）持续经营以来从未发生逃税、骗取出口退税、虚开增值税专用发票或农产品收购发票、接受虚开增值税专用发票（善意取得虚开增值税专用发票除外）行为。

（五）出口货物退（免）税日常管理

（1）税务机关对出口货物退（免）税有关政策、规定应及时予以公告，并加强对出口商的宣传辅导和培训工作。

（2）税务机关应做好出口货物退（免）税计划及其执行情况的分析、上报工作。税务机关必须在国家税务总局下达的出口退（免）税计划内办理退库和调库。

（3）税务机关遇到下述情况，应及时结清出口商出口货物的退（免）税款：

①出口商发生解散、破产、撤销以及其他依法应终止出口退（免）税事项的，或者注销出口货物退（免）税认定的。

②出口商违反国家有关政策法规，被停止一定期限出口退税权的。

（4）税务机关应建立出口货物退（免）税评估机制和监控机制，强化出口货物退（免）税管理，防止骗税案件的发生。

（5）税务机关应按照规定，做好出口货物退（免）税电子数据的接收、使用和管理工作，保证出口货物退（免）税电子化管理系统的安全，定期做好电子数据备份及设备维护工作。

（6）税务机关应建立出口货物退（免）税凭证、资料的档案管理制度。出口货物退（免）税凭证、资料应当保存10年。但是，法律、行政法规另有规定的除外。具体管理办法由各省级国家税务局制定。

（六）违章处理

（1）出口商有下列行为之一的，由税务机关责令限期改正，可以处以2 000元以下的罚款；情节严重的，处以 2 000 元以上 10 000 元以下的罚款：

①未按规定办理出口货物退（免）税认定、变更或注销认定手续的。

②未按规定设置、使用和保管有关出口货物退（免）税账簿、凭证、资料的。

（2）出口商拒绝税务机关检查或拒绝提供有关出口货物退（免）税账簿、凭证、资料的，由税务机关责令改正，可以处以 10 000 元以下的罚款；情节严重的，处以 10 000 元以上 50 000 元以下的罚款。

（3）出口商以假报出口或其他欺骗手段骗取国家出口退税款的，税务机关应当按照《税收征收管理法》第六十六条规定处理。

对骗取国家出口退税款的出口商，经省级以上（含本级）国家税务局批准.可以停止其 6 个月以上的出口退税权。在出口退税权停止期间自营、委托和代理出口的货物，一律不予办理退（免）税。

（4）出口商违反规定需采取税收保全措施和税收强制执行措施的，税务机关应按照《税收征收管理法》及其实施细则的有关规定执行。

（5）停止为骗取出口退税企业办理出口退税的有关问题规定。

①出口企业骗取国家出口退税款的，税务机关按以下规定处理：

A. 骗取国家出口退税款不满 5 万元的，可以停止为其办理出口退税半年以上一年以下。

B. 骗取国家出口退税款 5 万元以上不满 50 万元的，可以停止为其办理出口退税一年以上一年半以下。

C. 骗取国家出口退税款 50 万元以上不满 250 万元，或因骗取出口退税行为受过行政处罚、两年内又骗取国家出口退税款数额在 30 万元以上不满 150 万元的，停止为其办理出口退税一年半以上两年以下。

D. 骗取国家出口退税款 250 万元以上，或因骗取出口退税行为受过行政处罚、两年内又骗取国家出口退税款数额在 150 万元以上的，停止为其办理出口退税两年以上三年以下。

②对拟停止为其办理出口退税的骗税企业，由其主管税务机关或稽查局逐级上报省、自治区、直辖市和计划单列市国家税务局批准后按规定程序做出《税务行政处罚决定书》。停止办理出口退税的时间以做出《税务行政处罚决定书》的决定之日为起点。

③出口企业在税务机关停止为其办理出口退税期间发生的自营或委托出口货物以及代理出口货物等，一律不得申报办理出口退税。在税务机关停止为其办理出口退税期间，出口企业代理其他单位出口的货物，不得向税务机关申请开具《代理出口货物证明》。

④出口企业自税务机关停止为其办理出口退税期限届满之日起，可以按现行规定到税务机关办理出口退税业务。

⑤出口企业违反国家有关进出口经营的规定，以自营名义出口货物，但实质是

靠非法出售或购买权益牟利，情节严重的，税务机关可以比照上述规定在一定期限内停止为其办理出口退税。

第九节　税收优惠

一、《增值税暂行条例》规定的免税项目

（1）农业生产者销售的自产农产品。

农业，是指种植业、养殖业、林业、牧业、水产业。农业生产者，包括从事农业生产的单位和个人。农产品，是指直接从事植物的种植、收割和动物的饲养、捕捞的单位和个人销售的自产农产品，具体范围由财政部、国家税务总局确定；对上述单位和个人销售的外购农产品，以及单位和个人外购农产品生产、加工后销售的仍然属于规定范围的农业产品，不属于免税的范围，应当按照规定的税率征收增值税。

（2）避孕药品和用具。

（3）古旧图书。

古旧图书，是指向社会收购的古书和旧书。

（4）直接用于科学研究、科学试验和教学的进口仪器、设备。

（5）外国政府、国际组织无偿援助的进口物资和设备。

（6）由残疾人的组织直接进口供残疾人专用的物品。

（7）销售的自己使用过的物品。

自己使用过的物品，是指其他个人自己使用过的物品。

二、免征增值税的应税服务

（1）托儿所、幼儿园提供的保育和教育服务。

托儿所、幼儿园，是指经县级以上教育部门审批成立、取得办园许可证的实施0～6岁学前教育的机构，包括公办和民办的托儿所、幼儿园、学前班、幼儿班、保育院、幼儿园。

公办托儿所、幼儿园免征增值税的收入是指，在省级财政部门和价格主管部门审核报省级人民政府批准的收费标准以内收取的教育费、保育费。

民办托儿所、幼儿园免征增值税的收入是指，在报经当地有关部门备案并公示的收费标准范围内收取的教育费、保育费。

超过规定收费标准的收费，以开办实验班、特色班和兴趣班等为由另外收取的费用以及与幼儿入园挂钩的赞助费、支教费等超过规定范围的收入，不属于免征增值税的收入。

（2）养老机构提供的养老服务。

养老机构，是指依照民政部《养老机构设立许可办法》（民政部令第 48 号）设立并依法办理登记的为老年人提供集中居住和照料服务的各类养老机构；养老服务，是指上述养老机构按照民政部《养老机构管理办法》（民政部令第 49 号）的规定，为收住的老年人提供的生活照料、康复护理、精神慰藉、文化娱乐等服务。

（3）残疾人福利机构提供的育养服务。

（4）婚姻介绍服务。

（5）殡葬服务。

殡葬服务，是指收费标准由各地价格主管部门会同有关部门核定，或者实行政府指导价管理的遗体接运（含抬尸、消毒）、遗体整容、遗体防腐、存放（含冷藏）、火化、骨灰寄存、吊唁设施设备租赁、墓穴租赁及管理等服务。

（6）残疾人员本人为社会提供的服务。

（7）医疗机构提供的医疗服务。

医疗机构，是指依据《医疗机构管理条例》（国务院令第 149 号）及《医疗机构管理条例实施细则》（卫生部令第 35 号）的规定，经登记取得《医疗机构执业许可证》的机构，以及军队、武警部队各级各类医疗机构。具体包括：各级各类医院、门诊部（所）、社区卫生服务中心（站）、急救中心（站）、城乡卫生院、护理院（所）、疗养院、临床检验中心，各级政府及有关部门举办的卫生防疫站（疾病控制中心）、各种专科疾病防治站（所），各级政府举办的妇幼保健所（站）、母婴保健机构、儿童保健机构，各级政府举办的血站（血液中心）等医疗机构。

本项所称的医疗服务，是指医疗机构按照不高于地（市）级以上价格主管部门会同同级卫生主管部门及其他相关部门制定的医疗服务指导价格（包括政府指导价和按照规定由供需双方协商确定的价格等）为就医者提供《全国医疗服务价格项目规范》所列的各项服务，以及医疗机构向社会提供卫生防疫、卫生检疫的服务。

（8）从事学历教育的学校提供的教育服务。

①学历教育，是指受教育者经过国家教育考试或者国家规定的其他入学方式，进入国家有关部门批准的学校或者其他教育机构学习，获得国家承认的学历证书的教育形式。具体包括：

A. 初等教育：普通小学、成人小学。

B. 初级中等教育：普通初中、职业初中、成人初中。

C. 高级中等教育：普通高中、成人高中和中等职业学校（包括普通中专、成人中专、职业高中、技工学校）。

D. 高等教育：普通本专科、成人本专科、网络本专科、研究生（博士、硕士）、高等教育自学考试、高等教育学历文凭考试。

②从事学历教育的学校，是指：

A. 普通学校。

B. 经地（市）级以上人民政府或者同级政府的教育行政部门批准成立、国家承认其学员学历的各类学校。

C. 经省级及以上人力资源社会保障行政部门批准成立的技工学校、高级技工学校。

D. 经省级人民政府批准成立的技师学院。

上述学校均包括符合规定的从事学历教育的民办学校，但不包括职业培训机构等国家不承认学历的教育机构。

③提供教育服务免征增值税的收入，是指对列入规定招生计划的在籍学生提供学历教育服务取得的收入，具体包括：经有关部门审核批准并按规定标准收取的学费、住宿费、课本费、作业本费、考试报名费收入，以及学校食堂提供餐饮服务取得的伙食费收入。除此之外的收入，包括学校以各种名义收取的赞助费、择校费等，不属于免征增值税的范围。

学校食堂是指依照《学校食堂与学生集体用餐卫生管理规定》（教育部令第14号）管理的学校食堂。

（9）学生勤工俭学提供的服务。

（10）农业机耕、排灌、病虫害防治、植物保护、农牧保险以及相关技术培训业务，家禽、牲畜、水生动物的配种和疾病防治。

农业机耕，是指在农业、林业、牧业中使用农业机械进行耕作（包括耕耘、种植、收割、脱粒、植物保护等）的业务；排灌，是指对农田进行灌溉或者排涝的业务；病虫害防治，是指从事农业、林业、牧业、渔业的病虫害测报和防治的业务；农牧保险，是指为种植业、养殖业、牧业种植和饲养的动植物提供保险的业务；相关技术培训，是指与农业机耕、排灌、病虫害防治、植物保护业务相关以及为使农民获得农牧保险知识的技术培训业务；家禽、牲畜、水生动物的配种和疾病防治业务的免税范围，包括与该项服务有关的提供药品和医疗用具的业务。

（11）纪念馆、博物馆、文化馆、文物保护单位管理机构、美术馆、展览馆、书画院、图书馆在自己的场所提供文化体育服务取得的第一道门票收入。

（12）寺院、宫观、清真寺和教堂举办文化、宗教活动的门票收入。

（13）行政单位之外的其他单位收取的符合《试点实施办法》第十条规定条件的政府性基金和行政事业性收费。

（14）个人转让著作权。

（15）个人销售自建自用住房。

（16）2018年12月31日前，公共租赁住房经营管理单位出租公共租赁住房。

公共租赁住房，是指纳入省、自治区、直辖市、计划单列市人民政府及新疆生产建设兵团批准的公共租赁住房发展规划和年度计划，并按照《关于加快发展公共租赁住房的指导意见》（建保〔2010〕87号）和市、县人民政府制定的具体管理办法进行管理的公共租赁住房。

（17）台湾航运公司、航空公司从事海峡两岸海上直航、空中直航业务在大陆取得的运输收入。

台湾航运公司，是指取得交通运输部颁发的"台湾海峡两岸间水路运输许可证"且该许可证上注明的公司登记地址在台湾的航运公司。

台湾航空公司，是指取得中国民用航空局颁发的"经营许可"或者依据《海峡两岸空运协议》和《海峡两岸空运补充协议》规定，批准经营两岸旅客、货物和邮件不定期（包机）运输业务，且公司登记地址在台湾的航空公司。

（18）纳税人提供的直接或者间接国际货物运输代理服务。

①纳税人提供直接或者间接国际货物运输代理服务，向委托方收取的全部国际货物运输代理服务收入，以及向国际运输承运人支付的国际运输费用，必须通过金融机构进行结算。

②纳税人为大陆与香港、澳门、台湾地区之间的货物运输提供的货物运输代理服务参照国际货物运输代理服务有关规定执行。

③委托方索取发票的，纳税人应当就国际货物运输代理服务收入向委托方全额开具增值税普通发票。

（19）以下利息收入。

①2016年12月31日前，金融机构农户小额贷款。

小额贷款，是指单笔且该农户贷款余额总额在10万元（含本数）以下的贷款。

所称农户，是指长期（一年以上）居住在乡镇（不包括城关镇）行政管理区域内的住户，还包括长期居住在城关镇所辖行政村范围内的住户和户口不在本地而在本地居住一年以上的住户，国有农场的职工和农村个体工商户。位于乡镇（不包括城关镇）行政管理区域内和在城关镇所辖行政村范围内的国有经济的机关、团体、学校、企事业单位的集体户；有本地户口，但举家外出谋生一年以上的住户，无论是否保留承包耕地均不属于农户。农户以户为统计单位，既可以从事农业生产经营，也可以从事非农业生产经营。农户贷款的判定应以贷款发放时的承贷主体是否属于农户为准。

②国家助学贷款。

③国债、地方政府债。

④中国人民银行对金融机构的贷款。

⑤住房公积金管理中心用住房公积金在指定的委托银行发放的个人住房贷款。

⑥外汇管理部门在从事国家外汇储备经营过程中，委托金融机构发放的外汇贷款。

⑦统借统还业务中，企业集团或企业集团中的核心企业以及集团所属财务公司按不高于支付给金融机构的借款利率水平或者支付的债券票面利率水平，向企业集团或者集团内下属单位收取的利息。

统借方向资金使用单位收取的利息，高于支付给金融机构借款利率水平或者支付的债券票面利率水平的，应全额缴纳增值税。

统借统还业务，是指：

A．企业集团或者企业集团中的核心企业向金融机构借款或对外发行债券取得资金后，将所借资金分拨给下属单位（包括独立核算单位和非独立核算单位，下同），并向下属单位收取用于归还金融机构或债券购买方本息的业务。

B．企业集团向金融机构借款或对外发行债券取得资金后，由集团所属财务公司与企业集团或者集团内下属单位签订统借统还贷款合同并分拨资金，并向企业集团或者集团内下属单位收取本息，再转付企业集团，由企业集团统一归还金融机构或债券购买方的业务。

（20）被撤销金融机构以货物、不动产、无形资产、有价证券、票据等财产清偿债务。

被撤销金融机构，是指经中国人民银行、银监会依法决定撤销的金融机构及其分设于各地的分支机构，包括被依法撤销的商业银行、信托投资公司、财务公司、金融租赁公司、城市信用社和农村信用社。除另有规定外，被撤销金融机构所属、附属企业，不享受被撤销金融机构增值税免税政策。

（21）保险公司开办的一年期以上人身保险产品取得的保费收入。

一年期以上人身保险，是指保险期间为一年期及以上返还本利的人寿保险、养老年金保险，以及保险期间为一年期及以上的健康保险。

人寿保险，是指以人的寿命为保险标的的人身保险。

养老年金保险，是指以养老保障为目的，以被保险人生存为给付保险金条件，并按约定的时间间隔分期给付生存保险金的人身保险。养老年金保险应当同时符合下列条件：

①保险合同约定给付被保险人生存保险金的年龄不得小于国家规定的退休年龄。

②相邻两次给付的时间间隔不得超过一年。

健康保险，是指以因健康原因导致损失为给付保险金条件的人身保险。

上述免税政策实行备案管理，具体备案管理办法按照《国家税务总局关于一年期以上返还性人身保险产品免征营业税审批事项取消后有关管理问题的公告》（国家税务总局公告2015年第65号）规定执行。

（22）下列金融商品转让收入。

①合格境外投资者（QFII）委托境内公司在我国从事证券买卖业务。

②香港市场投资者（包括单位和个人）通过沪港通买卖上海证券交易所上市A股。

③对香港市场投资者（包括单位和个人）通过基金互认买卖内地基金份额。

④证券投资基金（封闭式证券投资基金，开放式证券投资基金）管理人运用基金买卖股票、债券。

⑤个人从事金融商品转让业务。

（23）金融同业往来利息收入。

①金融机构与中国人民银行所发生的资金往来业务。包括中国人民银行对一般金融机构贷款，以及中国人民银行对商业银行的再贴现等。

②银行联行往来业务。同一银行系统内部不同行、处之间所发生的资金账务往来业务。

③金融机构间的资金往来业务。是指经中国人民银行批准，进入全国银行间同业拆借市场的金融机构之间通过全国统一的同业拆借网络进行的短期（一年以下含一年）无担保资金融通行为。

金融机构是指：

A．银行，包括中国人民银行、商业银行、政策性银行。

B．信用合作社。

C．证券公司。

D．金融租赁公司、证券基金管理公司、财务公司、信托投资公司、证券投资基金。

E．保险公司。

F．其他经中国人民银行、银监会、证监会、保监会批准成立且经营金融保险业务的机构等。

（24）同时符合下列条件的担保机构从事中小企业信用担保或者再担保业务取得的收入（不含信用评级、咨询、培训等收入）3年内免征增值税：

①已取得监管部门颁发的融资性担保机构经营许可证，依法登记注册为企（事）业法人，实收资本超过2 000万元。

②平均年担保费率不超过银行同期贷款基准利率的50%。平均年担保费率＝本期担保费收入/（期初担保余额＋本期增加担保金额）×100%。

③连续合规经营2年以上，资金主要用于担保业务，具备健全的内部管理制度和为中小企业提供担保的能力，经营业绩突出，对受保项目具有完善的事前评估、事中监控、事后追偿与处置机制。

④为中小企业提供的累计担保贷款额占其两年累计担保业务总额的80%以上，单笔800万元以下的累计担保贷款额占其累计担保业务总额的50%以上。

⑤对单个受保企业提供的担保余额不超过担保机构实收资本总额的10%，且平均单笔担保责任金额最多不超过3 000万元人民币。

⑥担保责任余额不低于其净资产的3倍，且代偿率不超过2%。

担保机构免征增值税政策采取备案管理方式。符合条件的担保机构应到所在地县（市）主管税务机关和同级中小企业管理部门履行规定的备案手续，自完成备案手续之日起，享受 3 年免征增值税政策。3 年免税期满后，符合条件的担保机构可按规定程序办理备案手续后继续享受该项政策。

具体备案管理办法按照《国家税务总局关于中小企业信用担保机构免征营业税审批事项取消后有关管理问题的公告》（国家税务总局公告 2015 年第 69 号）规定执行，其中税务机关的备案管理部门统一调整为县（市）级国家税务局。

（25）国家商品储备管理单位及其直属企业承担商品储备任务，从中央或者地方财政取得的利息补贴收入和价差补贴收入。

国家商品储备管理单位及其直属企业，是指接受中央、省、市、县四级政府有关部门（或者政府指定管理单位）委托，承担粮（含大豆）、食用油、棉、糖、肉、盐（限于中央储备）等 6 种商品储备任务，并按有关政策收储、销售上述 6 种储备商品，取得财政储备经费或者补贴的商品储备企业。利息补贴收入，是指国家商品储备管理单位及其直属企业因承担上述商品储备任务从金融机构贷款，并从中央或者地方财政取得的用于偿还贷款利息的贴息收入。价差补贴收入包括销售价差补贴收入和轮换价差补贴收入。销售价差补贴收入，是指按照中央或者地方政府指令销售上述储备商品时，由于销售收入小于库存成本而从中央或者地方财政获得的全额价差补贴收入。轮换价差补贴收入，是指根据要求定期组织政策性储备商品轮换而从中央或者地方财政取得的商品新陈品质价差补贴收入。

（26）纳税人提供技术转让、技术开发和与之相关的技术咨询、技术服务。

①技术转让、技术开发，是指《销售服务、无形资产、不动产注释》中"转让技术""研发服务"范围内的业务活动。技术咨询，是指就特定技术项目提供可行性论证、技术预测、专题技术调查、分析评价报告等业务活动。

与技术转让、技术开发相关的技术咨询、技术服务，是指转让方（或者受托方）根据技术转让或者开发合同的规定，为帮助受让方（或者委托方）掌握所转让（或者委托开发）的技术，而提供的技术咨询、技术服务业务，且这部分技术咨询、技术服务的价款与技术转让或者技术开发的价款应当在同一张发票上开具。

②备案程序。试点纳税人申请免征增值税时，须持技术转让、开发的书面合同，到纳税人所在地省级科技主管部门进行认定，并持有关的书面合同和科技主管部门审核意见证明文件报主管税务机关备查。

（27）同时符合下列条件的合同能源管理服务：

①节能服务公司实施合同能源管理项目相关技术，应当符合国家质量监督检验检疫总局和国家标准化管理委员会发布的《合同能源管理技术通则》（GB/T24915—2010）规定的技术要求。

②节能服务公司与用能企业签订节能效益分享型合同，其合同格式和内容，符合《中华人民共和国合同法》和《合同能源管理技术通则》（GB/T24915—2010）等规定。

　　（28）2017年12月31日前，科普单位的门票收入，以及县级及以上党政部门和科协开展科普活动的门票收入。

　　科普单位，是指科技馆、自然博物馆，对公众开放的天文馆（站、台）、气象台（站）、地震台（站），以及高等院校、科研机构对公众开放的科普基地。

　　科普活动，是指利用各种传媒以浅显的、让公众易于理解、接受和参与的方式，向普通大众介绍自然科学和社会科学知识，推广科学技术的应用，倡导科学方法，传播科学思想，弘扬科学精神的活动。

　　（29）政府举办的从事学历教育的高等、中等和初等学校（不含下属单位），举办进修班、培训班取得的全部归该学校所有的收入。

　　全部归该学校所有，是指举办进修班、培训班取得的全部收入进入该学校统一账户，并纳入预算全额上缴财政专户管理，同时由该学校对有关票据进行统一管理和开具。

　　举办进修班、培训班取得的收入进入该学校下属部门自行开设账户的，不予免征增值税。

　　（30）政府举办的职业学校设立的主要为在校学生提供实习场所、并由学校出资自办、由学校负责经营管理、经营收入归学校所有的企业，从事《销售服务、无形资产或者不动产注释》中"现代服务"（不含融资租赁服务、广告服务和其他现代服务）、"生活服务"（不含文化体育服务、其他生活服务和桑拿、氧吧）业务活动取得的收入。

　　（31）家政服务企业由员工制家政服务员提供家政服务取得的收入。

　　家政服务企业，是指在企业营业执照的规定经营范围中包括家政服务内容的企业。

　　员工制家政服务员，是指同时符合下列3个条件的家政服务员：

　　①依法与家政服务企业签订半年及半年以上的劳动合同或者服务协议，且在该企业实际上岗工作。

　　②家政服务企业为其按月足额缴纳了企业所在地人民政府根据国家政策规定的基本养老保险、基本医疗保险、工伤保险、失业保险等社会保险。对已享受新型农村养老保险和新型农村合作医疗等社会保险或者下岗职工原单位继续为其缴纳社会保险的家政服务员，如果本人书面提出不再缴纳企业所在地人民政府根据国家政策规定的相应的社会保险，并出具其所在乡镇或者原单位开具的已缴纳相关保险的证明，可视同家政服务企业已为其按月足额缴纳了相应的社会保险。

　　③家政服务企业通过金融机构向其实际支付不低于企业所在地适用的经省级人民政府批准的最低工资标准的工资。

　　（32）福利彩票、体育彩票的发行收入。

　　（33）军队空余房产租赁收入。

　　（34）为了配合国家住房制度改革，企业、行政事业单位按房改成本价、标准价出售住房取得的收入。

（35）将土地使用权转让给农业生产者用于农业生产。

（36）涉及家庭财产分割的个人无偿转让不动产、土地使用权。

家庭财产分割，包括下列情形：离婚财产分割；无偿赠与配偶、父母、子女、祖父母、外祖父母、孙子女、外孙子女、兄弟姐妹；无偿赠与对其承担直接抚养或者赡养义务的抚养人或者赡养人；房屋产权所有人死亡，法定继承人、遗嘱继承人或者受遗赠人依法取得房屋产权。

（37）土地所有者出让土地使用权和土地使用者将土地使用权归还给土地所有者。

（38）县级以上地方人民政府或自然资源行政主管部门出让、转让或收回自然资源使用权（不含土地使用权）。

（39）随军家属就业。

①为安置随军家属就业而新开办的企业，自领取税务登记证之日起，其提供的应税服务3年内免征增值税。

享受税收优惠政策的企业，随军家属必须占企业总人数的60%（含）以上，并有军（含）以上政治和后勤机关出具的证明。

②从事个体经营的随军家属，自办理税务登记事项之日起，其提供的应税服务3年内免征增值税。

随军家属必须有师以上政治机关出具的可以表明其身份的证明。

按照上述规定，每一名随军家属可以享受一次免税政策。

（40）军队转业干部就业。

①从事个体经营的军队转业干部，自领取税务登记证之日起，其提供的应税服务3年内免征增值税。

②为安置自主择业的军队转业干部就业而新开办的企业，凡安置自主择业的军队转业干部占企业总人数60%（含）以上的，自领取税务登记证之日起，其提供的应税服务3年内免征增值税。

享受上述优惠政策的自主择业的军队转业干部必须持有师以上部队颁发的转业证件。

三、增值税即征即退

（1）一般纳税人提供管道运输服务，对其增值税实际税负超过3%的部分实行增值税即征即退政策。

（2）经中国人民银行、银监会或者商务部批准从事融资租赁业务的试点纳税人中的一般纳税人，提供有形动产融资租赁服务和有形动产融资性售后回租服务，对其增值税实际税负超过3%的部分实行增值税即征即退政策。商务部授权的省级商务主管部门和国家经济技术开发区批准的从事融资租赁业务和融资性售后回租业务的试点纳税人中的一般纳税人，2016 年 5 月 1 日后实收资本达到 1.7 亿元的，从达到标准的当月起按照上述规定执行；2016 年 5 月 1 日后实收资本未达到 1.7 亿元但注册资本达到 1.7 亿元的，在 2016 年 7 月 31 日前仍可按照上述规定执行，2016 年 8 月 1 日后开展的有形动产融资租赁业务和有形动产融资性售后回租业务不得按照上述规定执行。

所称增值税实际税负，是指纳税人当期提供应税服务实际缴纳的增值税额占纳税人当期提供应税服务取得的全部价款和价外费用的比例。

四、扣减增值税规定

（一）退役士兵创业就业

（1）对自主就业退役士兵从事个体经营的，在 3 年内按每户每年 8 000 元为限额依次扣减其当年实际应缴纳的增值税、城市维护建设税、教育费附加、地方教育附加和个人所得税。限额标准最高可上浮 20%，各省、自治区、直辖市人民政府可根据本地区实际情况在此幅度内确定具体限额标准，并报财政部和国家税务总局备案。

纳税人年度应缴纳税款小于上述扣减限额的，以其实际缴纳的税款为限；大于上述扣减限额的，应以上述扣减限额为限。纳税人的实际经营期不足一年的，应当以实际月份换算其减免税限额。换算公式为：减免税限额＝年度减免税限额÷12×实际经营月数。

纳税人在享受税收优惠政策的当月，持《中国人民解放军义务兵退出现役证》或《中国人民解放军士官退出现役证》以及税务机关要求的相关材料向主管税务机关备案。

（2）对商贸企业、服务型企业、劳动就业服务企业中的加工型企业和街道社区具有加工性质的小型企业实体，在新增加的岗位中，当年新招用自主就业退役士兵，与其签订 1 年以上期限劳动合同并依法缴纳社会保险费的，在 3 年内按实际招用人数予以定额依次扣减增值税、城市维护建设税、教育费附加、地方教育附加和企业所得税优惠。定额标准为每人每年 4 000 元，最高可上浮 50%，各省、自治区、直辖市人民政府可根据本地区实际情况在此幅度内确定具体定额标准，并报财政部和国家税务总局备案。

所称服务型企业是指从事《销售服务、无形资产、不动产注释》中"不动产租赁服务"、"商务辅助服务"（不含货物运输代理和代理报关服务）、"生活服务"（不含文化体育服务）范围内业务活动的企业以及按照《民办非企业单位登记管理暂行条例》（国务院令第 251 号）登记成立的民办非企业单位。

纳税人按企业招用人数和签订的劳动合同时间核定企业减免税总额，在核定减免税总额内每月依次扣减增值税、城市维护建设税、教育费附加和地方教育附加。纳税人实际应缴纳的增值税、城市维护建设税、教育费附加和地方教育附加小于核定减免税总额的，以实际应缴纳的增值税、城市维护建设税、教育费附加和地方教育附加为限；实际应缴纳的增值税、城市维护建设税、教育费附加和地方教育附加大于核定减免税总额的，以核定减免税总额为限。

纳税年度终了，如果企业实际减免的增值税、城市维护建设税、教育费附加和地方教育附加小于核定的减免税总额，企业在企业所得税汇算清缴时扣减企业所得税。当年扣减不足的，不再结转以后年度扣减。

计算公式为：企业减免税总额＝Σ每名自主就业退役士兵本年度在本企业工作月份÷12×定额标准。

· 企业自招用自主就业退役士兵的次月起享受税收优惠政策，并于享受税收优惠政策的当月，持下列材料向主管税务机关备案：

①新招用自主就业退役士兵的《中国人民解放军义务兵退出现役证》或《中国人民解放军士官退出现役证》。

②企业与新招用自主就业退役士兵签订的劳动合同（副本），企业为职工缴纳的社会保险费记录。

③自主就业退役士兵本年度在企业工作时间表。

④主管税务机关要求的其他相关材料。

（3）上述所称自主就业退役士兵是指依照《退役士兵安置条例》（国务院、中央军委令第608号）的规定退出现役并按自主就业方式安置的退役士兵。

（4）上述税收优惠政策的执行期限为2016年5月1日至2016年12月31日，纳税人在2016年12月31日未享受满3年的，可继续享受至3年期满为止。

按照《财政部 国家税务总局 民政部关于调整完善扶持自主就业退役士兵创业就业有关税收政策的通知》（财税〔2014〕42号）规定享受营业税优惠政策的纳税人，自2016年5月1日起按照上述规定享受增值税优惠政策，在2016年12月31日未享受满3年的，可继续享受至3年期满为止。

《财政部 国家税务总局关于将铁路运输和邮政业纳入营业税改征增值税试点的通知》（财税〔2013〕106号）附件3第一条第（十二）项城镇退役士兵就业免征增值税政策，自2014年7月1日起停止执行。在2014年6月30日未享受满3年的，可继续享受至3年期满为止。

（二）重点群体创业就业

（1）对持《就业创业证》（注明"自主创业税收政策"或"毕业年度内自主创业税收政策"）或2015年1月27日前取得的《就业失业登记证》（注明"自主创业税收政策"或附着《高校毕业生自主创业证》）的人员从事个体经营的，在3年内按每户每年8 000元为限额依次扣减其当年实际应缴纳的增值税、城市维护建设税、教育费附加、地方教育附加和个人所得税。限额标准最高可上浮 20%，各省、自治区、直辖市人民政府可根据本地区实际情况在此幅度内确定具体限额标准，并报财政部和国家税务总局备案。

纳税人年度应缴纳税款小于上述扣减限额的，以其实际缴纳的税款为限；大于上述扣减限额的，应以上述扣减限额为限。

上述人员是指：

①在人力资源社会保障部门公共就业服务机构登记失业半年以上的人员。

②零就业家庭、享受城市居民最低生活保障家庭劳动年龄内的登记失业人员。

③毕业年度内高校毕业生。高校毕业生是指实施高等学历教育的普通高等学校、成人高等学校毕业的学生；毕业年度是指毕业所在自然年，即 1 月 1 日至 12 月 31 日。

（2）对商贸企业、服务型企业、劳动就业服务企业中的加工型企业和街道社区具有加工性质的小型企业实体，在新增加的岗位中，当年新招用在人力资源社会保障部门公共就业服务机构登记失业半年以上且持《就业创业证》或 2015 年 1 月 27 日前取得的《就业失业登记证》（注明"企业吸纳税收政策"）人员，与其签订 1 年以上期限劳动合同并依法缴纳社会保险费的，在 3 年内按实际招用人数予以定额依次扣减增值税、城市维护建设税、教育费附加、地方教育附加和企业所得税优惠。定额标准为每人每年 4 000 元，最高可上浮 30%，各省、自治区、直辖市人民政府可根据本地区实际情况在此幅度内确定具体定额标准，并报财政部和国家税务总局备案。

按上述标准计算的税收扣减额应在企业当年实际应缴纳的增值税、城市维护建设税、教育费附加、地方教育附加和企业所得税税额中扣减，当年扣减不足的，不得结转下年使用。

本条所称服务型企业是指从事《销售服务、无形资产、不动产注释》中"不动产租赁服务"、"商务辅助服务"（不含货物运输代理和代理报关服务）、"生活服务"（不含文化体育服务）范围内业务活动的企业以及按照《民办非企业单位登记管理暂行条例》（国务院令第 251 号）登记成立的民办非企业单位。

（3）享受上述优惠政策的人员按以下规定申领《就业创业证》：

①按照《就业服务与就业管理规定》（劳动和社会保障部令第 28 号）第六十三条的规定，在法定劳动年龄内，有劳动能力，有就业要求，处于无业状态的城镇常住人员，在公共就业服务机构进行失业登记，申领《就业创业证》。其中，农村进城务工人员和其他非本地户籍人员在常住地稳定就业满 6 个月的，失业后可以在常住地登记。

②零就业家庭凭社区出具的证明，城镇低保家庭凭低保证明，在公共就业服务机构登记失业，申领《就业创业证》。

③毕业年度内高校毕业生在校期间凭学生证向公共就业服务机构按规定申领《就业创业证》，或委托所在高校就业指导中心向公共就业服务机构按规定代为其申领《就业创业证》；毕业年度内高校毕业生离校后直接向公共就业服务机构按规定申领《就业创业证》。

④上述人员申领相关凭证后，由就业和创业地人力资源社会保障部门对人员范围、就业失业状态、已享受政策情况进行核实，在《就业创业证》上注明"自主创业税收政策"、"毕业年度内自主创业税收政策"或"企业吸纳税收政策"字样，同时符合自主创业和企业吸纳税收政策条件的，可同时加注；主管税务机关在《就业创业证》上加盖戳记，注明减免税所属时间。

（4）上述税收优惠政策的执行期限为 2016 年 5 月 1 日至 2016 年 12 月 31 日，纳税人在 2016 年 12 月 31 日未享受满 3 年的，可继续享受至 3 年期满为止。

按照《财政部 国家税务总局 人力资源社会保障部关于继续实施支持和促进重点群体创业就业有关税收政策的通知》（财税〔2014〕39 号）规定享受营业税优惠政策的纳税人，自 2016 年 5 月 1 日起按照上述规定享受增值税优惠政策，在 2016 年 12 月 31 日未享受满 3 年的，可继续享受至 3 年期满为止。

《财政部 国家税务总局关于将铁路运输和邮政业纳入营业税改征增值税试点的通知》（财税〔2013〕106 号）附件 3 第一条第（十三）项失业人员就业增值税优惠政策，自 2014 年 1 月 1 日起停止执行。在 2013 年 12 月 31 日未享受满 3 年的，可继续享受至 3 年期满为止。

金融企业发放贷款后，自结息日起 90 天内发生的应收未收利息按现行规定缴纳增值税，自结息日起 90 天后发生的应收未收利息暂不缴纳增值税，待实际收到利息时按规定缴纳增值税。上述所称金融企业，是指银行（包括国有、集体、股份制、合资、外资银行以及其他所有制形式的银行）、城市信用社、农村信用社、信托投资公司、财务公司。

五、跨境零税率应税行为

中华人民共和国境内（以下称境内）的单位和个人销售的下列服务和无形资产，适用增值税零税率：

（1）国际运输服务。

国际运输服务，是指在境内载运旅客或者货物出境；在境外载运旅客或者货物入境；在境外载运旅客或者货物。

（2）航天运输服务。

（3）向境外单位提供的完全在境外消费的下列服务：

①研发服务。

②合同能源管理服务。

③设计服务。

④广播影视节目（作品）的制作和发行服务。

⑤软件服务。

⑥电路设计及测试服务。

⑦信息系统服务。

⑧业务流程管理服务。

⑨离岸服务外包业务。

离岸服务外包业务，包括信息技术外包服务（ITO）、技术性业务流程外包服务（BPO）、技术性知识流程外包服务（KPO），其所涉及的具体业务活动，按照《销售服务、无形资产、不动产注释》相对应的业务活动执行。

⑩转让技术。

（4）财政部和国家税务总局规定的其他服务。

六、跨境免税应税行为

境内的单位和个人销售的下列服务和无形资产免征增值税，但财政部和国家税务总局规定适用增值税零税率的除外：

（1）下列服务：

①工程项目在境外的建筑服务。

②工程项目在境外的工程监理服务。

③工程、矿产资源在境外的工程勘察勘探服务。

④会议展览地点在境外的会议展览服务。

⑤存储地点在境外的仓储服务。

⑥标的物在境外使用的有形动产租赁服务。

⑦在境外提供的广播影视节目（作品）的播映服务。

⑧在境外提供的文化体育服务、教育医疗服务、旅游服务。

（2）为出口货物提供的邮政服务、收派服务、保险服务。

为出口货物提供的保险服务，包括出口货物保险和出口信用保险。

（3）向境外单位提供的完全在境外消费的下列服务和无形资产：

①电信服务。

②知识产权服务。

③物流辅助服务（仓储服务、收派服务除外）。

④鉴证咨询服务。

⑤专业技术服务。

⑥商务辅助服务。

⑦广告投放地在境外的广告服务。

⑧无形资产。

（4）以无运输工具承运方式提供的国际运输服务。

（5）为境外单位之间的货币资金融通及其他金融业务提供的直接收费金融服务，且该服务与境内的货物、无形资产和不动产无关。

（6）财政部和国家税务总局规定的其他服务。

七、国际运输服务项目

按照国家有关规定应取得相关资质的国际运输服务项目，纳税人取得相关资质的，适用增值税零税率政策，未取得的，适用增值税免税政策。

境内的单位或个人提供程租服务，如果租赁的交通工具用于国际运输服务和港澳台运输服务，由出租方按规定申请适用增值税零税率。

境内的单位和个人向境内单位或个人提供期租、湿租服务，如果承租方利用租赁的交通工具向其他单位或个人提供国际运输服务和港澳台运输服务，由承租方适用增值税零税率。境内的单位或个人向境外单位或个人提供期租、湿租服务，由出租方适用增值税零税率。

境内单位和个人以无运输工具承运方式提供的国际运输服务，由境内实际承运人适用增值税零税率；无运输工具承运业务的经营者适用增值税免税政策。

八、采用简易计税方法的规定

境内的单位和个人提供适用增值税零税率的服务或者无形资产，如果属于适用简易计税方法的，实行免征增值税办法。如果属于适用增值税一般计税方法的，生产企业实行免抵退税办法，外贸企业外购服务或者无形资产出口实行免退税办法，外贸企业直接将服务或自行研发的无形资产出口，视同生产企业连同其出口货物统一实行免抵退税办法。

服务和无形资产的退税率为其按照《试点实施办法》第十五条第（一）至（三）项规定适用的增值税税率。实行退（免）税办法的服务和无形资产，如果主管税务机关认定出口价格偏高的，有权按照核定的出口价格计算退（免）税，核定的出口价格低于外贸企业购进价格的，低于部分对应的进项税额不予退税，转入成本。

境内的单位和个人销售适用增值税零税率的服务或无形资产的，可以放弃适用增值税零税率，选择免税或按规定缴纳增值税。放弃适用增值税零税率后，36个月内不得再申请适用增值税零税率。

境内的单位和个人销售适用增值税零税率的服务或无形资产，按月向主管退税的税务机关申报办理增值税退（免）税手续。具体管理办法由国家税务总局商财政部另行制定。

上述所称完全在境外消费，是指：（1）服务的实际接受方在境外，且与境内的货物和不动产无关；（2）无形资产完全在境外使用，且与境内的货物和不动产无关；（3）财政部和国家税务总局规定的其他情形。

境内单位和个人发生的与香港、澳门、台湾有关的应税行为，除本文另有规定外，参照上述规定执行。

2016 年 4 月 30 日前签订的合同，符合《财政部 国家税务总局关于将铁路运输和邮政业纳入营业税改征增值税试点的通知》（财税〔2013〕106 号）附件 4 和《财政部 国家税务总局关于影视等出口服务适用增值税零税率政策的通知》（财税〔2015〕118 号）规定的零税率或者免税政策条件的，在合同到期前可以继续享受零税率或者免税政策。

九、增值税起征点的规定

个人发生应税行为的销售额未达到增值税起征点的，免征增值税；达到起征点的，全额计算缴纳增值税。增值税起征点不适用于登记为一般纳税人的个体工商户。

（1）按期纳税的，为月销售额 5 000～20 000 元（含本数）。

（2）按次纳税的，为每次（日）销售额 300～500 元（含本数）。

起征点的调整由财政部和国家税务总局规定。省、自治区、直辖市财政厅（局）和国家税务局应当在规定的幅度内，根据实际情况确定本地区适用的起征点，并报财政部和国家税务总局备案。

对增值税小规模纳税人中月销售额未达到 2 万元的企业或非企业性单位，免征增值税。2017 年 12 月 31 日前，对月销售额 2 万元（含本数）至 3 万元的增值税小规模纳税人，免征增值税。

十、其他有关减免税规定

（1）纳税人兼营免税、减税项目的，应当分别核算免税、减税项目的销售额；未分别核算销售额的，不得免税、减税。

（2）纳税人发生应税行为适用免税规定的，可以放弃免税，依照《增值税暂行条例》及营改增相关文件的规定缴纳增值税，放弃免税后，36 个月内不得再申请免税。

①生产和销售免征增值税货物或劳务的纳税人要求放弃免税权，应当以书面形式提交放弃免税权声明，报主管税务机关备案。纳税人自提交备案资料的次月起，按照现行有关规定计算缴纳增值税。

②放弃免税权的纳税人符合一般纳税人认定条件尚未登记为增值税一般纳税人的，应当按现行规定登记为增值税一般纳税人，其销售的货物或劳务可开具增值税

专用发票。

③纳税人一经放弃免税权，其生产销售的全部增值税应税货物或劳务均应按照适用税率征税，不得选择某一免税项目放弃免税权，也不得根据不同的销售对象选择部分货物或劳务放弃免税权。

④纳税人在免税期内购进用于免税项目的货物或者应税劳务所取得的增值税扣税凭证，一律不得抵扣。

（3）安置残疾人单位既符合促进残疾人就业增值税优惠政策条件，又符合其他增值税优惠政策条件的，可同时享受多项增值税优惠政策，但年度申请退还增值税总额不得超过本年度内应纳增值税总额。

第十节　征收管理

一、纳税义务时间

《增值税暂行条例》和营改增相关文件明确规定了增值税纳税义务的发生时间。纳税义务发生时间，是纳税人发生应税行为应当承担纳税义务的起始时间。税法明确规定纳税义务发生时间的作用在于：（1）正式确认纳税人已经发生属于税法规定的应税行为，应承担纳税义务；（2）有利于税务机关实施税务管理，合理规定申报期限和纳税期限，监督纳税人切实履行纳税义务。

关于销售货物、提供应税劳务或者应税服务的纳税义务发生时间的规定可以分为一般规定和具体规定。

（一）原增值税纳税人的规定

纳税人销售货物、提供应税劳务，其纳税义务发生时间为收讫销售款项或者取得索取销售款项凭据的当天；先开具发票的，为开具发票的当天。纳税人进口货物，其纳税义务发生时间为报关进口的当天。增值税扣缴义务发生时间为纳税人增值税纳税义务发生的当天。

《增值税暂行条例》及相关文件规定的纳税人收讫销售款项或者取得索取销售款项凭据的当天，按销售结算方式的不同，具体为：

（1）采取直接收款方式销售货物，不论货物是否发出，均为收到销售款或者取得索取销售款凭据的当天；对于纳税人生产经营活动中采取直接收款方式销售货物，已将货物移送对方并暂估销售收入入账，但既未取得销售款或取得索取销售款凭据也未开具销售发票的，其增值税纳税义务发生时间为取得销售款或取得索取销售款凭据的当天；先开具发票的，为开具发票的当天。

（2）采取托收承付和委托银行收款方式销售货物，为发出货物并办妥托收手续的当天。

（3）采取赊销和分期收款方式销售货物，为书面合同约定的收款日期的当天，无书面合同的或者书面合同没有约定收款日期的，为货物发出的当天。

（4）采取预收货款方式销售货物，为货物发出的当天，但销售生产工期超过12个月的大型机械设备、船舶、飞机等货物，为收到预收款或者书面合同约定的收款日期的当天。

（5）委托其他纳税人代销货物，为收到代销单位的代销清单或者收到全部或者部分货款的当天。未收到代销清单及货款的，为发出代销货物满180天的当天。

（6）销售应税劳务，为提供劳务同时收讫销售款或者取得索取销售款的凭据的当天。

（7）纳税人发生《增值税暂行条例实施细则》第四条第（三）项至第（八）项所列视同销售货物行为，为货物移送的当天。

上述销售货物或应税劳务纳税义务发生时间的确定，明确了企业在计算应纳税额时，对"当期销项税额"时间的限定，是增值税计税和征收管理中重要的规定。目前，一些企业没有按照上述规定的纳税义务发生时间将实现的销售收入及时入账并计算纳税，而是采取延迟入账或不计销售收入等做法，以拖延纳税或逃避纳税，这些做法都是错误的。企业必须按上述规定的时限及时、准确地记录销售额和计算当期销项税额。

（二）营改增纳税人的规定

（1）纳税人发生应税行为并收讫销售款项或者取得索取销售款项凭据的当天为纳税义务发生时间；先开具发票的，为开具发票的当天。

收讫销售款项，是指纳税人销售服务、无形资产、不动产过程中或者完成后收到款项。

取得索取销售款项凭据的当天，是指书面合同确定的付款日期；未签订书面合同或者书面合同未确定付款日期的，为服务、无形资产转让完成的当天或者不动产权属变更的当天。

（2）纳税人提供租赁服务采取预收款方式的，其纳税义务发生时间为收到预收款的当天。

（3）纳税人从事金融商品转让的，为金融商品所有权转移的当天。

（4）纳税人发生《营业税改征增值税试点实施办法》第十四条规定情形的，其纳税义务发生时间为服务、无形资产转让完成的当天或者不动产权属变更的当天。

（5）增值税扣缴义务发生时间为纳税人增值税纳税义务发生的当天。

二、纳税期限

在明确了增值税纳税义务发生时间后，还需要掌握具体纳税期限，以保证按期缴纳税款。根据《增值税暂行条例》和营改增相关文件的规定，增值税的纳税期限分别为1日、3日、5日、10日、15日、1个月或者1个季度。

纳税人的具体纳税期限，由主管税务机关根据纳税人应纳税额的大小分别核定；以1个季度为纳税期限的规定适用于小规模纳税人、银行、财务公司、信托投资公司、信用社，以及财政部和国家税务总局规定的其他纳税人。不能按照固定期限纳税的，可以按次纳税。

纳税人以1个月或者1个季度为1个纳税期的，自期满之日起15日内申报纳税；以1日、3日、5日、10日或者15日为1个纳税期的，自期满之日起5日内预缴税款，于次月1日起15日内申报纳税并结清上月应纳税款。

扣缴义务人解缴税款的期限，依照前两款规定执行。

纳税人进口货物，应当自海关填发进口增值税专用缴纳书之日起15日内缴纳税款。

纳税人出口货物适用退（免）税规定的，应当向海关办理出口手续，凭出口报关单等有关凭证，在规定的出口退（免）税申报期内按月向主管税务机关申报办理该项出口货物的退（免）税。具体办法由国务院财政、税务主管部门制定。

出口货物办理退税后发生退货或者退关的，纳税人应当依法补缴已退的税款。

三、纳税地点

为了保证纳税人按期申报纳税，根据企业跨地区经营和搞活商品流通的特点及不同情况，《增值税暂行条例》和财税〔2016〕36号文件都规定了增值税的纳税地点：

（1）固定业户应当向其机构所在地或者居住地主管税务机关申报纳税。总机构和分支机构不在同一县（市）的，应当分别向各自所在地的主管税务机关申报纳税；经财政部和国家税务总局或者其授权的财政和税务机关批准，可以由总机构汇总向总机构所在地的主管税务机关申报纳税。

属于固定业户的试点纳税人，总分支机构不在同一县（市），但在同一省（自治区、直辖市、计划单列市）范围内的，经省（自治区、直辖市、计划单列市）财政厅（局）和国家税务局批准，可以由总机构汇总向总机构所在地的主管税务机关申报缴纳增值税。

（2）非固定业户应当向应税行为发生地主管税务机关申报纳税；未申报纳税的，由其机构所在地或者居住地主管税务机关补征税款。

（3）扣缴义务人应当向其机构所在地或者居住地主管税务机关申报缴纳扣缴的税款。

《增值税暂行条例》还规定，固定业户到外县（市）销售货物或者应税劳务，应当向其机构所在地的主管税务机关申请开具《外出经营活动税收管理证明》，并向其机构所在地的主管税务机关申报纳税；未开具证明的，应当向销售地或者劳务发生地的主管税务机关申报纳税；未向销售地或者劳务发生地的主管税务机关申报纳税的，由其机构所在地的主管税务机关补征税款。

进口货物，应当向报关地海关申报纳税。

另外，财税〔2016〕36 号文件也规定，其他个人提供建筑服务，销售或者租赁不动产，转让自然资源使用权，应向建筑服务发生地、不动产所在地、自然资源所在地主管税务机关申报纳税。

3 第三章
建筑施工企业税务规定与会计处理

第一节 建筑施工企业增值税的基本规定

一、建筑业增值税基本政策

（一）纳税人

在中华人民共和国境内提供建筑服务的单位和个人，为增值税纳税人。单位，是指企业、行政单位、事业单位、军事单位、社会团体及其他单位。个人，是指个体工商户和其他个人。在境内提供建筑服务是指建筑服务的销售方或者购买方在境内。

个人，包括个体工商户和其他个人（通常是指自然人）提供建筑服务均需要缴纳增值税。不同的是，在经济活动中，个体工商户会作为一般纳税人或小规模纳税人向客户提供增值税专用发票，而其他个人一般只能从税务机关代开增值税普通发票，而不能提供增值税专用发票。

根据《税务登记管理办法》的规定，企业、企业在外地设立的分支机构和从事生产、经营的场所，个体工商户和从事生产、经营的事业单位，均应当按照《税收征收管理法》及其实施细则和《税务登记管理办法》的规定办理税务登记。因此，依照上述办法办理了税务登记的子公司、分公司也是增值税纳税人，建筑施工企业总公司与子公司、分公司之间的交易，属于纳税人之间的交易，需要计算缴纳增值税、开具增值税发票。而同一纳税人内部的交易，比如项目部之间的交易、各生产车间的交易，不需要缴纳增值税。

单位以承包、承租、挂靠方式经营的，承包人、承租人、挂靠人（以下统称承包人）以发包人、出租人、被挂靠人（以下统称发包人）名义对外经营并由发包人承担相关法律责任的，以该发包人为纳税人。否则，以承包人为纳税人。对于建筑行业常见的挂靠行为，应该遵循以下原则：以谁的名义中标，就以谁的名义签订合同、收取资金和开具发票。实际施工过程挂靠方发生的收入与支出归中标主体集中核算、集中管理，或者以分包的方式实现价值的转移。

按照国家税务总局公告 2017 年第 11 号的规定，建筑企业与发包方签订建筑合同后，以内部授权或者三方协议等方式，授权集团内其他纳税人（以下称第三方）为发包方提供建筑服务，并由第三方直接与发包方结算工程款的，由第三方缴纳增值税并向发包方开具增值税发票，与发包方签订建筑合同的建筑企业不缴纳增值税。

（二）征税范围

建筑服务，是指各类建筑物、构筑物及其附属设施的建造、修缮、装饰，线路、管道、设备、设施等的安装以及其他工程作业的业务活动，包括工程服务、安装服务、修缮服务、装饰服务和其他建筑服务。

1. 工程服务

工程服务，是指新建、改建各种建筑物、构筑物的工程作业，包括与建筑物相连的各种设备或者支柱、操作平台的安装或者装设工程作业，以及各种窑炉和金属结构工程作业。

工程服务就是原来营业税时期的"建筑工程"。原营业税时期的"建筑工程"，是指新建、改建、扩建各种建筑物、构筑物的工程作业，包括与建筑物相连的各种设备或支柱，操作平台的安装或装设工程作业，以及各种窑炉和金属结构工程作业在内。

2. 安装服务

安装服务，是指生产设备、动力设备、起重设备、运输设备、传动设备、医疗实验设备以及其他各种设备、设施的装配、安置工程作业，包括与被安装设备相连的工作台、梯子、栏杆的装设工程作业，以及被安装设备的绝缘、防腐、保温、油漆等工程作业。

固定电话、有线电视、宽带、水、电、燃气、暖气等经营者向用户收取的安装费、初装费、开户费、扩容费以及类似收费，按照安装服务缴纳增值税。

此范围规定与营业税时期的"安装工程"规定基本一致，同时将"安装费、初装费、开户费、扩容费以及类似收费"等原来散见于各种文件中的税收规定，集中在此做了规定，明确属于安装服务。

3. 修缮服务

修缮服务，是指对建筑物、构筑物进行修补、加固、养护、改善，使之恢复原来的使用价值或者延长其使用期限的工程作业。

4. 装饰服务

装饰服务，是指对建筑物、构筑物进行修饰装修，使之美观或者具有特定用途的工程作业。

5. 其他建筑服务

其他建筑服务，是指上列工程作业之外的各种工程作业服务，如钻井（打井）、拆除建筑物或者构筑物、平整土地、园林绿化、疏浚（不包括航道疏浚）、建筑物平移、搭脚手架、爆破、矿山穿孔、表面附着物（包括岩层、土层、沙层等）剥离和清理等工程作业。

上述修缮服务和装饰服务的征税范围与营业税时期相比基本一致。其他建筑服务，相比原来营业税时期"其他工程作业，是指上列工程作业以外的各种工程作业，如代办电信工程，水利工程，道路修建，疏浚，钻井（打井），拆除建筑物或构筑物，平整土地，搭脚手架，爆破等工程作业"的规定，调整了部分内容。

纳税人将建筑施工设备出租给他人使用并配备操作人员的，按照"建筑服务"缴纳增值税。

（三）税率和征收率

纳税人分为一般纳税人和小规模纳税人。纳税人提供建筑服务的年应征增值税销售额超过 500 万元（含本数）的为一般纳税人，未超过规定标准的纳税人为小规模纳税人。年应征增值税销售额，是指纳税人在连续不超过 12 个月的经营期内累计应征增值税销售额，含减、免税销售额，发生境外应税行为销售额以及按规定已从销售额中差额扣除的部分。如果该销售额为含税的，应按照适用税率或征收率换算为不含税的销售额。

年应税销售额未超过规定标准的纳税人，会计核算健全，能够提供准确税务资料的，可以向主管税务机关办理一般纳税人资格登记，成为一般纳税人。会计核算健全，是指能够按照国家统一的会计制度规定设置账簿，根据合法、有效凭证核算。例如，有专业财务会计人员，能按照财务会计制度规定，设置总账和有关明细账进行会计核算；能准确核算增值税销售额、销项税额、进项税额和应纳税额等；能按规定编制会计报表，真实反映企业的生产、经营状况。能够准确提供税务资料，是指能够按照增值税规定如实填报增值税纳税申报表及其他税务资料，按期申报纳税。是否做到"会计核算健全"和"能够准确提供税务资料"，由小规模纳税人的主管税务机关来认定。

年应税销售额超过规定标准的其他个人不属于一般纳税人。年应税销售额超过规定标准但不经常发生应税行为的单位和个体工商户可选择按照小规模纳税人纳税。

一般纳税人适用税率为 11%；小规模纳税人提供建筑服务，以及一般纳税人提供的可选择简易计税方法的建筑服务，征收率为 3%。

境内的购买方为境外单位和个人扣缴增值税的，按照适用税率扣缴增值税。

（四）计税方法

增值税的计税方法，包括一般计税方法和简易计税方法。一般计税方法是按照销项税额减去进项税额的差额计算应纳税额。当期销项税额小于当期进项税额不足抵扣时，其不足部分可以结转下期继续抵扣。简易计税方法是按照销售额与征收率的乘积计算应纳税额，不得抵扣进项税额。

小规模纳税人发生应税行为适用简易计税方法计税。

一般纳税人发生应税行为适用一般计税方法计税。一般纳税人发生财政部和国家税务总局规定的特定应税行为，可以选择适用简易计税方法计税，但一经选择，36个月内不得变更。根据财税〔2016〕36号文件的规定，建筑施工企业老项目、甲供工程和以清包工方式提供建筑服务，可以选择简易计税方法计税。在选择是否采用简易计税方法时，要综合考虑业主对发票的要求、具体施工项目进项税额可取得情况，有些时候采用简易计税方法比采用一般计税方法税负要高。

（五）销售额的确定

纳税人的销售额为纳税人提供建筑服务收取的全部价款和价外费用。财政部和国家税务总局另有规定的除外。价外费用，是指价外收取的各种性质的收费，但不包括以下项目：

（1）代为收取并符合《营业税改征增值税试点实施办法》第十条规定的政府性基金或者行政事业性收费；

（2）以委托方名义开具发票代委托方收取的款项。

为了体现税收制度设计的完整性及堵塞征管漏洞，将无偿提供服务、转让无形资产或者不动产与有偿提供服务、转让无形资产或者不动产同等对待。下列情形视同销售服务、无形资产或者不动产：

（1）单位或者个体工商户向其他单位或者个人无偿提供服务，但用于公益事业或者以社会公众为对象的除外。

（2）单位或者个人向其他单位或者个人无偿转让无形资产或者不动产，但用于公益事业或者以社会公众为对象的除外。

（3）财政部和国家税务总局规定的其他情形。

值得注意的是，上述规定第（1）项的适用主体是单位和个体工商户，第（2）项的适用主体还包括其他个人。

纳税人发生应税行为价格明显偏低或者偏高且不具有合理商业目的的，或者发生单位或者个体工商户向其他单位或者个人无偿提供建筑服务而无销售额的（用于公益事业或者以社会公众为对象的除外），主管税务机关有权按照下列顺序确定销售额：

（1）按照纳税人最近时期销售同类服务、无形资产或者不动产的平均价格确定。

（2）按照其他纳税人最近时期销售同类服务、无形资产或者不动产的平均价格确定。

（3）按照组成计税价格确定。组成计税价格的公式为：

$$组成计税价格＝成本×（1＋成本利润率）$$

纳税人兼营免税、减税项目的，应当分别核算免税、减税项目的销售额；未分别核算的，不得免税、减税。建筑施工企业在提供建筑服务的同时销售货物，属于混合销售，应该依据全部销售额按照建筑服务业务缴纳增值税。2016年7月8日上午，国家税务总局网站开展了以"20条服务新举措全面助力营改增"为主题的在线访谈。有企业代表提问，"如纳税人对混合销售行为已分开核算销售额的，可分别适用不同税率吗？"国家税务总局货物和劳务税司副司长林枫的答复是，按照现行政策规定，混合销售是指既涉及服务又涉及货物的一项销售行为。从事货物的生产、批发或者零售的单位和个体工商户的混合销售行为，应按照销售货物缴纳增值税；其他单位和个体工商户的混合销售行为，按照销售服务缴纳增值税，对一项混合销售行为，无论是否分开核算销售额，均按上述规定执行。

不过，《国家税务总局关于进一步明确营改增有关征管问题的公告》（国家税务总局公告 2017 年第 11 号）又做了新的规定。根据该文件规定，纳税人销售活动板房、机器设备、钢结构件等自产货物的同时提供建筑、安装服务，不属于《营业税改征增值税试点实施办法》（财税〔2016〕36 号文件印发）第四十条规定的混合销售，应分别核算货物和建筑服务的销售额，分别适用不同的税率或者征收率。

国家税务总局公告 2017 年第 11 号还规定，一般纳税人销售电梯的同时提供安装服务，其安装服务可以按照甲供工程选择适用简易计税方法计税。纳税人对安装运行后的电梯提供的维护保养服务，按照"其他现代服务"缴纳增值税。

试点纳税人提供建筑服务适用简易计税方法的，以取得的全部价款和价外费用扣除支付的分包款后的余额为销售额。试点纳税人按照上述规定从全部价款和价外费用中扣除的价款，应当取得符合法律、行政法规和国家税务总局规定的有效凭证。否则，不得扣除。

风险提示

1. 视同销售行为未按规定视同销售申报纳税；

2. 销售自己使用过的固定资产，未按规定申报缴纳增值税；

3. 非现金资产抵付工程款不确认销售额；

4. 将向采购方收取的各种价外费用，采取不入账、冲减费用、人为分解代垫运费或长期挂往来账等手段，不计算缴纳增值税；

5. 关联企业销售货物或应税劳务的价格明显低于同行业其他企业同期的销售价格，或某一笔交易的货物或应税劳务销售价格明显低于同期该货物的平均销售价格；

6. 销售剩余材料、边角废料等隐匿账外或直接冲减原材料、成本、费用等账户，不计提销项税额。

防范措施

1. 核对"固定资产""原材料"等资产类科目贷方发生额，查有无应视同销售的货物而未计销售额；审查相关会计科目、合同、协议、物流单据等财务资料，实地核查货物的流向，实地盘存；

2. 检查"固定资产""固定资产清理""营业外收入""应交税费——应交增值税"账户，核实销售自己使用过的应缴纳的增值税的固定资产是否已申报缴纳增值税。

3. 检查"验工计价单"是否有冲抵工程结算款内容，如材料超耗扣款、抵扣水电费等情况。

4. 检查有无业主方以物冲销工程款情况；

5. 往来账排查，有无长期挂账未处理事项；

6. 价外费用是否存在红字冲账或适用税率有误情况；

7. 关联企业转移计税价格应为市场公允价格。

（六）纳税地点

1. 基本规定

属于固定业户的纳税人提供建筑服务应当向其机构所在地或者居住地的主管税务机关申报纳税。总机构和分支机构不在同一县（市）的，应当分别向各自所在地的主管税务机关申报纳税；经财政部和国家税务总局或者其授权的财政和税务机关批准，可以由总机构汇总向总机构所在地的主管税务机关申报纳税。

属于固定业户的试点纳税人，总分支机构不在同一县（市），但在同一省（自治区、直辖市、计划单列市）范围内的，经省（自治区、直辖市、计划单列市）财政厅（局）和国家税务局批准，可以由总机构汇总向总机构所在地的主管税务机关申报缴纳增值税。

其他个人提供建筑服务，应向建筑服务发生地所在地税务机关申报纳税。

扣缴义务人应当向其机构所在地或者居住地主管税务机关申报缴纳扣缴的税款。

小规模纳税人跨地级行政区域提供建筑服务，不能自行开具增值税发票的，可向建筑服务发生地主管国税机关按照其取得的全部价款和价外费用申请代开增值税发票。

2. 异地预缴规定

一般纳税人跨地级行政区域提供建筑服务，适用一般计税方法计税的，应以取得的全部价款和价外费用为销售额计算应纳税额。纳税人应以取得的全部价款和价外费用扣除支付的分包款后的余额，按照2%的预征率在建筑服务发生地预缴税款后，向机构所在地主管税务机关进行纳税申报。适用一般计税方法计税的，应预缴税款＝（全部价款和价外费用－支付的分包款)÷(1＋11%)×2%。

一般纳税人跨地级行政区域提供建筑服务，选择适用简易计税方法计税的，应以取得的全部价款和价外费用扣除支付的分包款后的余额为销售额，按照3%的征收率计算应纳税额。纳税人应按照3%的征收率在建筑服务发生地预缴税款后，向机构所在地主管税务机关进行纳税申报。适用简易计税方法计税的，应预缴税款＝（全部价款和价外费用－支付的分包款)÷(1＋3%)×3%。

小规模纳税人跨地级行政区域提供建筑服务，应以取得的全部价款和价外费用扣除支付的分包款后的余额为销售额，按照3%的征收率计算应纳税额。纳税人应按照 3％的征收率在建筑服务发生地预缴税款后，向机构所在地主管税务机关进行纳税申报。

纳税人应按照工程项目分别计算应预缴税款，分别预缴。纳税人取得的全部价款和价外费用扣除支付的分包款后的余额为负数的，可结转下次预缴税款时继续扣除。

纳税人按照上述规定从取得的全部价款和价外费用中扣除支付的分包款，应当取得符合法律、行政法规和国家税务总局规定的合法有效凭证，否则不得扣除。上述凭证是指：

（1）从分包方取得的 2016 年 4 月 30 日前开具的建筑业营业税发票。

上述建筑业营业税发票在 2016 年 6 月 30 日前可作为预缴税款的扣除凭证。

（2）从分包方取得的 2016 年 5 月 1 日后开具的，备注栏注明建筑服务发生地所在县（市、区）、项目名称的增值税发票。

（3）国家税务总局规定的其他凭证。

纳税人跨地级行政区域提供建筑服务，在向建筑服务发生地主管国税机关预缴税款时需填报《增值税预缴税款表》，并出示以下资料：

（1）与发包方签订的建筑合同复印件（加盖纳税人公章）；

（2）与分包方签订的分包合同复印件（加盖纳税人公章）；

（3）从分包方取得的发票复印件（加盖纳税人公章）。

纳税人跨地级行政区域提供建筑服务，向建筑服务发生地主管国税机关预缴的增值税税款，可以在当期增值税应纳税额中抵减，抵减不完的，结转下期继续抵减。

纳税人以预缴税款抵减应纳税额，应以完税凭证作为合法有效凭证。

小规模纳税人跨地级行政区域提供建筑服务，不能自行开具增值税发票的，可向建筑服务发生地主管国税机关按照其取得的全部价款和价外费用申请代开增值税发票。

对跨地级行政区域提供的建筑服务，纳税人应自行建立预缴税款台账，区分不同县（市、区）和项目逐笔登记全部收入、支付的分包款、已扣除的分包款、扣除分包款的发票号码、已预缴税款以及预缴税款的完税凭证号码等相关内容，留存备查。

纳税人跨地级行政区域提供建筑服务预缴税款时间，按照财税〔2016〕36 号文件规定的纳税义务发生时间和纳税期限执行。

纳税人跨地级行政区域提供建筑服务，按照规定应向建筑服务发生地主管国税机关预缴税款而自应当预缴之月起超过 6 个月没有预缴税款的，由机构所在地主管国税机关按照《税收征收管理法》及相关规定进行处理。

纳税人跨地级行政区域提供建筑服务，未按照上述办法缴纳税款的，由机构所在地主管国税机关按照《税收征收管理法》及相关规定进行处理。

一般纳税人跨省（自治区、直辖市或者计划单列市）提供建筑服务，在机构所在地申报纳税时，计算的应纳税额小于已预缴税额，且差额较大的，由国家税务总局通知建筑服务发生地省级税务机关，在一定时期内暂停预缴增值税。

3. 预收账款预缴规定

根据《财政部 税务总局关于建筑服务等营改增试点政策的通知》（财税〔2017〕58号）的规定，纳税人提供建筑服务取得预收款，应在收到预收款时，以取得的预收款扣除支付的分包款后的余额，按照2%或3%的预征率预缴增值税。

按照现行规定应在建筑服务发生地预缴增值税的项目，纳税人收到预收款时在建筑服务发生地预缴增值税。按照现行规定无须在建筑服务发生地预缴增值税的项目，纳税人收到预收款时在机构所在地预缴增值税。

适用一般计税方法计税的项目预征率为2%，适用简易计税方法计税的项目预征率为3%。

（七）纳税义务发生时间

纳税人提供建筑服务并收讫销售款项或者取得索取销售款项凭据的当天；先开具发票的，为开具发票的当天。

收讫销售款项，是指纳税人提供建筑服务过程中或者完成后收到款项。取得索取销售款项凭据的当天，是指书面合同确定的付款日期；未签订书面合同或者书面合同未确定付款日期的，为建筑服务完成的当天。在实际工作中，施工企业和业主或总包方办理了工程价款结算手续，也是取得索取销售款项的重要凭据。

按照《国家税务总局关于在境外提供建筑服务等有关问题的公告》（国家税务总局公告2016年第69号）的规定，纳税人提供建筑服务，被工程发包方从应支付的工程款中扣押的质押金、保证金，未开具发票的，以纳税人实际收到质押金、保证金的当天为纳税义务发生时间。

风险提示

1. 预收工程款未按照规定预缴增值税；
2. 合同约定收款日期已到、未收款，不确认增值税销项税额；
3. 质保金发票开具、未收款，不确认增值税销项税额。

防范措施

建立工程项目增值税纳税义务时点台账，确定税会差异，审核合同条款中的付款日期条款，与业主确定验收计价金额与实际付款金额之差是否开具增值税发票。

（八）增值税进项税额抵扣

纳税人取得的增值税扣税凭证不符合法律、行政法规或者国家税务总局有关规定的，其进项税额不得从销项税额中抵扣。

增值税扣税凭证，是指增值税专用发票、海关进口增值税专用缴款书、农产品收购发票、农产品销售发票和完税凭证。纳税人凭完税凭证抵扣进项税额的，应当具备书面合同、付款证明和境外单位的对账单或者发票。资料不全的，其进项税额不得从销项税额中抵扣。

准予从销项税额中抵扣的进项税额包括：

（1）从销售方取得的增值税专用发票（含税控机动车销售统一发票，下同）上注明的增值税额。

（2）从海关取得的海关进口增值税专用缴款书上注明的增值税额。

（3）购进农产品，除取得增值税专用发票或者海关进口增值税专用缴款书外，按照农产品收购发票或者销售发票上注明的农产品买价和11％的扣除率计算的进项税额。计算公式为：

$$进项税额＝买价 \times 扣除率 11\%$$

买价，是指纳税人购进农产品在农产品收购发票或者销售发票上注明的价款和按照规定缴纳的烟叶税。

购进农产品按照《农产品增值税进项税额核定扣除试点实施办法》抵扣进项税额的除外。

（4）从境外单位或者个人购进服务、无形资产或者不动产，自税务机关或者扣缴义务人取得的解缴税款的完税凭证上注明的增值税额。

不得从销项税额中抵扣的进项税额包括：

（1）用于简易计税方法计税项目、免征增值税项目、集体福利或者个人消费的购进货物、加工修理修配劳务、服务、无形资产和不动产。其中涉及的固定资产、无形资产、不动产，仅指专用于上述项目的固定资产、无形资产（不包括其他权益性无形资产）、不动产。

纳税人的交际应酬消费属于个人消费。

（2）非正常损失的购进货物，以及相关的加工修理修配劳务和交通运输服务。

（3）非正常损失的在产品、产成品所耗用的购进货物（不包括固定资产）、加工修理修配劳务和交通运输服务。

（4）非正常损失的不动产，以及该不动产所耗用的购进货物、设计服务和建筑服务。

（5）非正常损失的不动产在建工程所耗用的购进货物、设计服务和建筑服务。

纳税人新建、改建、扩建、修缮、装饰不动产，均属于不动产在建工程。

（6）购进的旅客运输服务、贷款服务、餐饮服务、居民日常服务和娱乐服务。

（7）财政部和国家税务总局规定的其他情形。

上述非正常损失，是指因管理不善造成货物被盗、丢失、霉烂变质，以及因违反法律法规造成货物或者不动产被依法没收、销毁、拆除的情形。上述第（4）项、第（5）项所称货物，是指构成不动产实体的材料和设备，包括建筑装饰材料和给排水、采暖、卫生、通风、照明、通讯、煤气、消防、中央空调、电梯、电气、智能化楼宇设备及配套设施。

作为增值税一般纳税人的建筑施工企业，采用简易计税方法的施工项目不涉及增值税进项税额抵扣；作为增值税小规模纳税人的建筑施工企业也不涉及增值税进项税额抵扣。

风险提示

1. 是否扩大进项税额的抵扣范围；
2. 交易是否真实，抵扣凭证是否真实；
3. 是否应做进项税额转出而未做进项税额转出，如发生退货或取得折让未按规定做进项税额转出；用于简易计税项目、非正常损失的货物未按规定做进项税额转出；用于免税项目，进项税额未做转出等。

防范措施

1. 对抵扣范围的审核：为确保进项税额的足额抵扣，应将取得的增值税专用发票先进行认证抵扣，然后做备查账判断是否用于不得抵扣事项。通过审阅法、核对法、分析法、盘存法等多种方法，核实是否发生非正常损失；
2. 对共用于简易计税与一般计税项目的进项税额应进行明确划分。

（九）税收优惠

（1）一般纳税人以清包工方式提供的建筑服务，可以选择适用简易计税方法计税。

以清包工方式提供建筑服务，是指施工方不采购建筑工程所需的材料或只采购辅助材料，并收取人工费、管理费或者其他费用的建筑服务。

（2）一般纳税人为甲供工程提供的建筑服务，可以选择适用简易计税方法计税。

甲供工程，是指全部或部分设备、材料、动力由工程发包方自行采购的建筑工程。

根据《财政部 税务总局关于建筑服务等营改增试点政策的通知》（财税〔2017〕58 号）的规定，建筑工程总承包单位为房屋建筑的地基与基础、主体结构提供工程服务，建设单位自行采购全部或部分钢材、混凝土、砌体材料、预制构件的，适用简易计税方法计税。其中，地基与基础、主体结构的范围，按照《建筑工程施工质量验收统一标准》（GB50300—2013）附录 B《建筑工程的分部工程、分项工程划分》中的"地基与基础""主体结构"分部工程的范围执行。

（3）一般纳税人为建筑工程老项目提供的建筑服务，可以选择适用简易计税方法计税。

建筑工程老项目，是指：

①《建筑工程施工许可证》注明的合同开工日期在 2016 年 4 月 30 日前的建筑工程项目；

②未取得《建筑工程施工许可证》的，建筑工程承包合同注明的开工日期在
2016 年 4 月 30 日前的建筑工程项目。

（4）境内的单位和个人销售的下列服务和无形资产免征增值税，但财政部和国
家税务总局规定适用增值税零税率的除外：

①工程项目在境外的建筑服务。

②工程项目在境外的工程监理服务。

③工程、矿产资源在境外的工程勘察勘探服务。

（5）劳务派遣服务政策。

《财政部 国家税务总局关于进一步明确全面推开营改增试点有关劳务派遣服务、
收费公路通行费抵扣等政策的通知》（财税〔2016〕47 号）规定：

一般纳税人提供劳务派遣服务，可以按照财税〔2016〕36 号文件的有关规定，
以取得的全部价款和价外费用为销售额，按照一般计税方法计算缴纳增值税；也可
以选择差额纳税，以取得的全部价款和价外费用，扣除代用工单位支付给劳务派遣
员工的工资、福利和为其办理社会保险及住房公积金后的余额为销售额，按照简易
计税方法依 5% 的征收率计算缴纳增值税。

小规模纳税人提供劳务派遣服务，可以按照财税〔2016〕36 号文件的有关规定，
以取得的全部价款和价外费用为销售额，按照简易计税方法依 3% 的征收率计算缴纳
增值税；也可以选择差额纳税，以取得的全部价款和价外费用，扣除代用工单位支
付给劳务派遣员工的工资、福利和为其办理社会保险及住房公积金后的余额为销售
额，按照简易计税方法依 5% 的征收率计算缴纳增值税。

选择差额纳税的纳税人，向用工单位收取用于支付给劳务派遣员工工资、福利
和为其办理社会保险及住房公积金的费用，不得开具增值税专用发票，可以开具普
通发票。

劳务派遣服务，是指劳务派遣公司为了满足用工单位对于各类灵活用工的需求，
将员工派遣至用工单位，接受用工单位管理并为其工作的服务。

（十）容易混淆的几项应税服务

工程设计、勘察勘探服务、航道疏浚、工程监理等服务不属于建筑业应税服务。

设计服务，是指把计划、规划、设想通过文字、语言、图画、声音、视觉等形
式传递出来的业务活动。包括工业设计、内部管理设计、业务运作设计、供应链设
计、造型设计、服装设计、环境设计、平面设计、包装设计、动漫设计、网游设计、
展示设计、网站设计、机械设计、工程设计、广告设计、创意策划、文印晒图等。
因此，工程设计服务属于设计服务，属于现代服务中的"文化创意服务"项目。

工程勘察勘探服务，是指在采矿、工程施工前后，对地形、地质构造、地下资
源蕴藏情况进行实地调查的业务活动。工程勘察勘探服务属于现代服务中的"研发
和技术服务"项目。

港口码头服务,是指港务船舶调度服务、船舶通讯服务、航道管理服务、航道疏浚服务、灯塔管理服务、航标管理服务、船舶引航服务、理货服务、系解缆服务、停泊和移泊服务、海上船舶溢油清除服务、水上交通管理服务、船只专业清洗消毒检测服务和防止船只漏油服务等为船只提供服务的业务活动。因此,航道疏浚服务属于现代服务中的"物流辅助服务"项目。

鉴证服务,是指具有专业资质的单位受托对相关事项进行鉴证,发表具有证明力的意见的业务活动。包括会计鉴证、税务鉴证、法律鉴证、职业技能鉴定、工程造价鉴证、工程监理、资产评估、环境评估、房地产土地评估、建筑图纸审核、医疗事故鉴定等。因此,鉴证服务属于现代服务中的"鉴证咨询服务"项目。

二、增值税会计核算科目的设置

(一)"应交税费"明细科目的设置

为了满足对增值税业务的核算要求,通常情况下一般纳税人应在"应交税费"科目下设置"应交增值税""未交增值税""预交增值税""待抵扣进项税额""待认证进项税额""待转销项税额""增值税留抵税额""简易计税""转让金融商品应交增值税""代扣代交增值税"等二级明细科目。在此基础上,企业还应按项目设置辅助账,反映各项目的销项税额、进项税额及已交税金等累计发生额,以便核对往来,清算税款。

应交税费会计科目级次如表3-1所示:

表3-1　　　　　　　　　　　应交税费会计科目级次表

2221	应交税费
222101	应交增值税
222102	未交增值税
222103	预交增值税
222104	待抵扣进项税额
222105	待认证进项税额
222106	待转销项税额
222107	增值税留抵税额
222108	简易计税
222109	转让金融商品应交增值税
222110	代扣代交增值税

"应交增值税"明细科目的借方发生额,反映企业购进货物、服务、不动产、无形资产支付的进项税额、当期实际已交纳的增值税额、按规定享受直接减免的增值税款或按规定抵减的增值税应纳税额、按规定的退税率计算的零税率应税服务的当

期免抵税额、营改增后按规定扣减销售额而减少的销项税额和月终转出的当月应交未交的增值税额；贷方发生额，反映企业销售货物、服务、不动产、无形资产收取的销项税额、出口企业收到的出口退税以及进项税额转出数和转出多交增值税；本科目期末不存在贷方余额，期末借方余额反映企业尚未抵扣的增值税。

"未交增值税"明细科目，核算一般纳税人月度终了从"应交增值税"或"预交增值税"明细科目转入当月应交未交、多交或预缴的增值税额，以及当月交纳以前期间未交的增值税额。

"预交增值税"明细科目，核算一般纳税人转让不动产、提供不动产经营租赁服务、提供建筑服务、采用预收款方式销售自行开发的房地产项目等，以及其他按现行增值税制度规定应预缴的增值税额。

"待抵扣进项税额"明细科目，核算一般纳税人已取得增值税扣税凭证并经税务机关认证，按照现行增值税制度规定准予以后期间从销项税额中抵扣的进项税额。包括：一般纳税人自2016年5月1日后取得并按固定资产核算的不动产或者2016年5月1日后取得的不动产在建工程，按现行增值税制度规定准予以后期间从销项税额中抵扣的进项税额；实行纳税辅导期管理的一般纳税人取得的尚未交叉稽核比对的增值税扣税凭证上注明或计算的进项税额。

"待认证进项税额"明细科目，核算一般纳税人由于未经税务机关认证而不得从当期销项税额中抵扣的进项税额。包括：一般纳税人已取得增值税扣税凭证、按照现行增值税制度规定准予从销项税额中抵扣，但尚未经税务机关认证的进项税额；一般纳税人已申请稽核但尚未取得稽核相符结果的海关缴款书进项税额。

"待转销项税额"明细科目，核算一般纳税人销售货物、加工修理修配劳务、服务、无形资产或不动产，已确认相关收入（或利得）但尚未发生增值税纳税义务而需于以后期间确认为销项税额的增值税额。

"增值税留抵税额"明细科目，核算兼有销售服务、无形资产或者不动产的原增值税一般纳税人，截止到纳入营改增试点之日前的增值税期末留抵税额按照现行增值税制度规定不得从销售服务、无形资产或不动产的销项税额中抵扣的增值税留抵税额。

"简易计税"明细科目，核算一般纳税人采用简易计税方法发生的增值税计提、扣减、预缴、缴纳等业务。

"转让金融商品应交增值税"明细科目，核算增值税纳税人转让金融商品发生的增值税额。

"代扣代交增值税"明细科目，核算纳税人购进在境内未设经营机构的境外单位或个人在境内的应税行为代扣代缴的增值税。

（二）"应交税费——应交增值税"明细科目的设置

为了详细核算增值税的计算和解缴、抵扣等情况，企业应在"应交增值税"明细科目下设置"进项税额""销项税额抵减""已交税金""转出未交增值税""减免税款""出口抵减内销产品应纳税额""销项税额""出口退税""进项税额转出""转出多交增值税"等专栏。其中"销项税额""进项税额""进项税额转出""销项税额抵减"等专栏可以按税率或征收率（17％、11％、6％、3％）分类进行辅助核算。

1. 在借方反映的明细科目核算内容

（1）"进项税额"专栏，记录一般纳税人购进货物、加工修理修配劳务、服务、无形资产或不动产而支付或负担的、准予从当期销项税额中抵扣的增值税额。

（2）"销项税额抵减"专栏，记录一般纳税人按照现行增值税制度规定因扣减销售额而减少的销项税额。建筑服务业务一般不涉及该栏目。

（3）"已交税金"专栏，记录一般纳税人当月已交的应交增值税额。大部分建筑施工企业都是以月为纳税期限，因此，一般不用此栏目。

（4）"转出未交增值税"专栏，分别记录一般纳税人月度终了转出当月应交未交的增值税额。

（5）"减免税款"专栏，记录一般纳税人按现行增值税制度规定准予减免的增值税额。

（6）"出口抵减内销产品应纳税额"专栏，记录实行"免、抵、退"办法的一般纳税人按规定计算的出口货物的进项税抵减内销产品的应纳税额。

2. 在贷方反映的明细科目核算内容

（1）"销项税额"专栏，记录一般纳税人销售货物、加工修理修配劳务、服务、无形资产或不动产应收取的增值税额。

（2）"出口退税"专栏，记录一般纳税人出口货物、加工修理修配劳务、服务、无形资产按规定退回的增值税额。

（3）"进项税额转出"专栏，记录一般纳税人购进货物、加工修理修配劳务、服务、无形资产或不动产等发生非正常损失以及其他原因而不应从销项税额中抵扣、按规定转出的进项税额。

（4）"转出多交增值税"专栏，分别记录一般纳税人月度终了转出当月多交的增值税额。"进项税额"大于"销项税额"的差额，不属于多交增值税的情况，应该保留为"应交税费——应交增值税"科目的借方余额。

（三）小规模纳税人增值税会计科目的设置

小规模纳税人可以根据企业实际情况在"应交税费"科目下设置"应交增值税""转让金融商品应交增值税""代扣代交增值税"等明细科目。"应交增值税"明细科目下不需要设置专栏。

第二节 一般计税方法的会计处理

一、销项税额的会计处理

销项税额是纳税人销售货物、服务、不动产和无形资产，按照销售额和规定的税率计算并向购买方收取的增值税额。

（一）提供建筑业应税服务的会计处理

企业提供建筑服务，在向业主办理工程价款结算时，借记"应收账款"等科目，贷记"工程结算"科目，贷记"应交税费——应交增值税（销项税额）"等科目。尚未实行《企业会计准则》的企业，在根据工程结算金额确认收入时，确认销项税额，借记"应收账款"等科目，贷记"主营业务收入"科目，贷记"应交税费——应交增值税（销项税额）"等科目。实际收到合同价款时，借记"银行存款"科目，贷记"应收账款"科目。

【例3-1】华阳建筑公司签订了一项总金额为 2 997 000 元的固定造价合同，其中不含税合同造价 2 700 000 元，增值税 297 000 元。合同完工进度按照累计实际发生的合同成本占合同预计总成本的比例确定。工程已于 20×7 年 2 月开工，预计 20×9 年 9 月完工。最初预计的工程总成本为 2 500 000 元，到 20×8 年底，由于材料价格上涨等因素调整了预计总成本，预计工程总成本已为 3 000 000 元。该建筑企业于 20×9 年 7 月提前两个月完成了建造合同，工程质量优良，客户同意支付奖励款 333 000 元，其中不含税奖励款 300 000 元，增值税 33 000 元。建造该工程的其他有关资料如表 3-2 所示。

表 3-2   建造合同核算表   单位：元

项目	20×7 年	20×8 年	20×9 年
累计实际发生成本	800 000	2 100 000	2 950 000
预计完成合同尚需发生成本	1 700 000	900 000	—
结算合同价款	1110 000	1221 000	999 000
实际收到价款	888 000	999 000	1443 000

该公司对本项建造合同的有关账务处理如下（为简化起见，会计分录以汇总数反映）：

（1）20×7 年账务处理如下：

登记实际发生的合同成本：

借：工程施工——合同成本   800 000

  贷：原材料、应付职工薪酬、机械作业、银行存款等   800 000

登记已结算的合同价款：

借：应收账款　　　　　　　　　　　　　　　　　　　　　1 110 000

　　贷：工程结算　　　　　　　　　　　　　　　　　　　1 000 000

　　　　应交税费——应交增值税（销项税额）　　　　　　110 000

登记实际收到的合同价款：

借：银行存款　　　　　　　　　　　　　　　　　　　　　888 000

　　贷：应收账款　　　　　　　　　　　　　　　　　　　888 000

确认计量当年的合同收入和费用，并登记入账：

20×7 年的完工进度＝800 000÷(800 000＋1 700 000)×100％＝32％

20×7 年确认的合同收入＝2 700 000×32％＝864 000(元)

20×7 年确认的合同费用＝(800 000＋1 700 000)×32％＝800 000(元)

20×7 年确认的合同毛利＝864 000－800 000＝64 000(元)

借：主营业务成本　　　　　　　　　　　　　　　　　　　800 000

　　工程施工——合同毛利　　　　　　　　　　　　　　　64 000

　　贷：主营业务收入　　　　　　　　　　　　　　　　　864 000

(2) 20×8 年的账务处理如下：

登记实际发生的合同成本：

借：工程施工——合同成本　　　　　　　　　　　　　　　1 300 000

　　贷：原材料、应付职工薪酬、机械作业、银行存款等　　1 300 000

登记结算的合同价款：

借：应收账款　　　　　　　　　　　　　　　　　　　　　1221 000

　　贷：工程结算　　　　　　　　　　　　　　　　　　　1 100 000

　　　　应交税费——应交增值税（销项税额）　　　　　　121 000

登记实际收到的合同价款：

借：银行存款　　　　　　　　　　　　　　　　　　　　　999 000

　　贷：应收账款　　　　　　　　　　　　　　　　　　　999 000

确认计量当年的合同收入和费用，并登记入账：

20×8 年的完工进度＝2 100 000÷(2 100 000＋900 000)×100％＝70％

20×8 年确认的合同收入＝2 700 000×70％－864 000＝1 026 000(元)

20×8 年确认的合同费用＝(2 100 000＋900 000)×70％－800 000＝1 300 000(元)

20×8 年确认的合同毛利＝1 026 000－1 300 000＝－274 000(元)

20×8 年确认的合同预计损失＝(2 100 000＋900 000－2 700 000)×(1－70％)

＝90 000(元)

注：在 20×8 年底，因该合同预计总成本（3 000 000 元）大于合同总收入（2 700 000 元），预计发生损失总额为 300 000 元，由于已在"工程施工——合同毛利"

中反映了－210 000 元（64 000－274 000）的亏损，因此应将剩余的、未完成工程将发生的预计损失 90 000 元确认为当期费用。

借：主营业务成本   1 300 000
　贷：主营业务收入   1 026 000
　　　工程施工——合同毛利   274 000
借：资产减值损失   90 000
　贷：存货跌价准备   90 000

（3）20×9 年的账务处理如下：

登记实际发生的合同成本：

借：工程施工——合同成本   850 000
　贷：原材料、应付职工薪酬、机械作业、银行存款等   850 000

登记结算的合同价款：

借：应收账款   999 000
　贷：工程结算   900 000
　　　应交税费——应交增值税（销项税额）   99 000

登记实际收到的合同价款：

借：银行存款   1443 000
　贷：应收账款   1443 000

确认计量当年的合同收入和费用，并登记入账：

20×9 年确认的合同收入＝（2 700 000＋300 000）－（864 000＋1 026 000）
＝1 110 000（元）

20×9 年确认的合同费用＝2 950 000－800 000－1 300 000＝850 000（元）

20×9 年确认的合同毛利＝1 110 000－850 000＝260 000（元）

借：主营业务成本   850 000
　　工程施工——合同毛利   260 000
　贷：主营业务收入   1 110 000

20×9 年工程全部完工，应将"存货跌价准备"科目相关余额冲减"主营业务成本"，同时将"工程施工"科目的余额与"工程结算"科目的余额相对冲：

借：存货跌价准备   90 000
　贷：主营业务成本   90 000
借：工程结算   3 000 000
　贷：工程施工——合同成本   2 950 000
　　　　　　——合同毛利   50 000

按照国家统一的会计制度确认收入或利得的时点早于按照增值税制度确认增值税纳税义务发生时点的，应将相关销项税额记入"应交税费——待转销项税额"科目，待实际发生纳税义务时再转入"应交税费——应交增值税（销项税额）"或"应交税费——简易计税"科目。《财政部关于〈增值税会计处理规定〉有关问题的解读》中进一步规定，企业向业主办理工程价款结算的时点早于增值税纳税义务发生的时点的，应贷记"应交税费——待转销项税额"等科目，待增值税纳税义务发生时再转入"应交税费——应交增值税（销项税额）"等科目。

【例3-2】某公司天山熙湖项目部承建小区景观项目，20×6年8月开工，11月30日工程项目完工后与业主一次性办理工程价款结算，税前工程价款为1 000万元，增值税110万元。业主同时支付了90%的工程价款，其余部分作为质保金于第二年11月30日支付。按照增值税政策规定，该笔质保金应该于收到时产生纳税义务。根据上述业务，该公司应该做如下账务处理（单位：万元）：

(1) 办理工程价款结算，收到部分工程款时：

借：银行存款　　　　　　　　　　　　　　　　　　　　999
　　应收账款　　　　　　　　　　　　　　　　　　　　111
　贷：工程结算　　　　　　　　　　　　　　　　　　1 000
　　　应交税费——应交增值税（销项税额）　　　　　　99
　　　应交税费——待转销项税额　　　　　　　　　　　11

(2) 第二年收到质保金时，结转待转销项税额：

借：银行存款　　　　　　　　　　　　　　　　　　　　111
　贷：应收账款　　　　　　　　　　　　　　　　　　　111
借：应交税费——待转销项税额　　　　　　　　　　　　11
　贷：应交税费——应交增值税（销项税额）　　　　　　11

《财政部关于印发〈增值税会计处理规定〉的通知》（财会〔2016〕22号）规定，按照增值税制度确认增值税纳税义务发生时点早于按照国家统一的会计制度确认收入或利得的时点的，应将应纳增值税额，借记"应收账款"科目，贷记"应交税费——应交增值税（销项税额）"或"应交税费——简易计税"科目，按照国家统一的会计制度确认收入或利得时，应按扣除增值税销项税额后的金额确认收入。施工企业未结算先开发票时，会出现增值税纳税义务时间早于按照国家统一的会计制度确认收入或利得的时点的情况。

（二）不动产经营租赁与转让的会计处理

发生不动产经营租赁业务时，按照确认的收入和按规定收取的增值税额，借记"应收账款""其他应收款""银行存款"等科目，按照按规定收取的增值税额，贷记"应交税费——应交增值税（销项税额）"科目，按确认的收入，贷记"主营业务收入""其他业务收入"等科目。

【例3-3】中大恒建设集团将其自建的一栋办公楼租赁给A公司，20×7年12月收取租金11.1万元（含税），采用银行转账结算方式，已经收妥款项。按照一般计税方法时，据有关凭证做如下账务处理：

```
借：银行存款                                                    111 000
    贷：其他业务收入                                              100 000
        应交税费——应交增值税（销项税额）                         11 000
```

　　发生不动产销售业务时，按照确认的收入和按规定收取的增值税额，借记"应收账款""其他应收款""银行存款"等科目，按照按规定收取的增值税额，贷记"应交税费——应交增值税（销项税额）"科目，按确认的收入，贷记"固定资产清理"等科目。

　　【例 3-4】 永华建筑公司 20×8 年 8 月将不需用的一栋办公楼（系 2016 年 5 月 1 日后取得的不动产）对外销售，该楼房账面原值为 8 000 000 元，已提折旧 1 000 000 元，取得含税销售收入 8 880 000 元，款项以银行存款收讫。按照一般计税方法时，相关业务的账务处理如下：

　　（1）将设备转入清理时：

```
借：固定资产清理                                              7 000 000
    累计折旧                                                 1 000 000
    贷：固定资产——设备                                        8 000 000
```

　　（2）取得销售收入，需要计算增值税：

$$应纳增值税额 = 8\,880\,000 \div (1 + 11\%) \times 11\% = 880\,000(元)$$

```
借：银行存款                                                 8 880 000
    贷：固定资产清理                                           8 000 000
        应交税费——应交增值税（销项税额）                        880 000
```

　　（3）结转固定资产清理损益：

```
借：固定资产清理                                              1 000 000
    贷：营业外收入                                             1 000 000
```

（三）销售货物、其他服务的会计处理

　　销售货物、其他服务时，按照确认的收入和按规定收取的增值税额，借记"应收账款""其他应收款""银行存款"等科目，按照按规定收取的增值税额，贷记"应交税费——应交增值税（销项税额）"科目，按确认的收入，贷记"主营业务收入""其他业务收入"等科目。

　　【例 3-5】 某建筑集团下属子公司东阳建材公司销售库存材料一批，价款 80 000 元，随同产品出售并单独计价的包装物价款 8 000 元，增值税专用发票列明销售额 88 000 元，销项税额为 14 960 元，采用银行转账结算方式，已收妥货款，据有关凭证做如下账务处理：

```
借：银行存款                                                   102 960
    贷：主营业务收入                                             80 000
        其他业务收入                                             8 000
```

应交税费——应交增值税（销项税额）　　　　　　　　　　14 960

　　此案例中，东阳建材公司主营业务为材料销售，相应材料销售收入作为"主营业务收入"核算。如果是建筑施工企业在提供建筑劳务之外销售剩余材料，通常不作为主营业务，其收入一般通过"其他业务收入"科目来核算，但也应该按照17%的税率计算增值税销项税额。

　　企业采取托收承付和委托收款方式销售货物，纳税义务发生时间为发出货物并办妥托收手续的当天。按照实现的销售收入和按规定收取的增值税额，借记"应收账款"科目，按照实现的销售收入，贷记"主营业务收入"科目，按照规定收取的增值税额，贷记"应交税费——应交增值税（销项税额）"科目。

　　【例3-6】 永明建材公司20×6年5月用托收承付结算方式向异地某公司销售货物一批，货款30 000元，增值税额5 100元，另支付运费2 000元，增值税额220元，取得货物运输业增值税专用发票。托收手续已办理完毕。账务处理如下：

　　（1）销售货物确认收入时：

　　借：应收账款　　　　　　　　　　　　　　　　　　　　　35 100
　　　　贷：主营业务收入　　　　　　　　　　　　　　　　　30 000
　　　　　　应交税费——应交增值税（销项税额）　　　　　　5 100

　　（2）支付运费时：

　　借：销售费用　　　　　　　　　　　　　　　　　　　　　2 000
　　　　应交税费——应交增值税（进项税额）　　　　　　　　220
　　　　贷：银行存款　　　　　　　　　　　　　　　　　　　2 220

　　企业采取赊销和分期收款方式销售货物，纳税义务发生时间为合同约定的收款日期的当天。企业在发出货物时按照应收合同或协议价，借记"应收账款"科目，按照实现的销售收入和按规定应收取的增值税额，贷记"主营业务收入""应交税费——待转销项税额"等科目。

　　【例3-7】 中铁装备集团公司为增值税一般纳税人，20×7年6月30日按销售合同向N公司销售大型设备一台，不含增值税售价300 000元，该售价为产品当时公允的市场售价，该台设备成本为240 000元，增值税税率为17%，按合同规定付款期限为6个月，货款分三次平均支付。中铁装备集团公司按合同规定的收款日，于8月31日、10月31日、12月31日分别开出增值税专用发票收款，款项存入银行。

　　因为该业务不具有融资性质，按《企业会计准则》的规定，公司签订合同、发出商品的时刻即符合收入的确认条件，应按合同的不含增值税总额确认销售收入。按税法规定，应分三期在纳税义务发生时分别确认增值税销项税额17 000元。中铁装备集团公司相关账务处理如下：

　　（1）20×7年6月30日发出商品时：

　　借：应收账款　　　　　　　　　　　　　　　　　　　　　351 000
　　　　贷：主营业务收入　　　　　　　　　　　　　　　　　300 000

　　　　应交税费——待转销项税额　　　　　　　　　　　　　51 000

（2）月末结转设备销售成本：

　　借：主营业务成本　　　　　　　　　　　　　　　　　　240 000

　　　　贷：库存商品　　　　　　　　　　　　　　　　　　240 000

（3）20×7 年 8 月 31 日、10 月 31 日、12 月 31 日开票收款并确认销项税额：

　　借：银行存款　　　　　　　　　　　　　　　　　　　117 000

　　　　贷：应收账款　　　　　　　　　　　　　　　　　117 000

　　借：应交税费——待转销项税额　　　　　　　　　　　17 000

　　　　贷：应交税费——应交增值税（销项税额）　　　　17 000

　　按照《企业会计准则》的规定，合同或协议价款的收取采用递延方式，如果实质上具有融资性质，应在发出货物时按照应收合同或协议价，通过"长期应收款"科目核算应收债权，同时要通过"未实现融资收益"科目核算因分期收款而产生的融资收益。

　　企业存在折扣销售的情况下，按照税法规定，如果销售额和折扣额在同一张发票上分别注明的，可按折扣后的余额作为销售额计算增值税；企业按应收金额，借记"应收账款"科目，按扣除折扣额后的销售额，贷记"主营业务收入"或"其他业务收入"科目，按应收取的增值税额，贷记"应交税费——应交增值税（销项税额）"科目。如果将折扣额另开发票，不论其在财务上如何处理，均不得从销售额中扣减折扣额。

　　现金折扣一般是在销售后结算阶段才能确定的事项，因此在销售业务发生时，应以未扣减现金折扣的销售价格和增值税额，确认销售收入、销项税额和应收账款。企业在发生销售折扣时，应借记"财务费用"等科目，贷记"应收账款"科目。

（四）兼营不同税率业务的会计处理

　　企业如果兼有不同税率或者征收率的销售货物、提供加工修理修配劳务或者应税服务的，应当分别核算适用不同税率或征收率的销售额。

　　【例 3-8】易盛装饰设计公司为客户提供装修设计服务，收取设计服务费 106 万元（含税），另外销售工艺品 11.7 万元（含税），含税款项已收讫。账务处理如下：

　　　　服务费收入＝106/（1＋6%）＝100（万元）

　　　　服务费销项税额＝100×6%＝6（万元）

　　　　工艺品销售收入＝11.7/（1＋17%）＝10（万元）

　　　　工艺品销售销项税额＝10×17%＝1.7（万元）

　　　　服务费和工艺品销售增值税销项税额＝60 000＋17 000＝77 000（元）

　　借：银行存款　　　　　　　　　　　　　　　　　　1 177 000

　　　　贷：主营业务收入——设计费收入　　　　　　　1 000 000

　　　　　　　　　　　　——工艺品销售收入　　　　　　100 000

　　　　应交税费——应交增值税（销项税额）　　　　　　77 000

　　在分别核算时，企业既可以在"主营业务收入"总账科目下按照销售货物、提供应税服务的种类设置明细账，也可以通过另设"其他业务收入"及其明细科目来实施分类核算。

　　实行增值税后，企业应该加强增值税筹划工作，以降低企业税负，增加企业利润。比如将一些免费服务改造为兼营多税率业务处理。

　　【例 3-9】 冀华水泥厂为增值税一般纳税人，该企业自备运输车队，在销售水泥的同时，为房地产及建筑业大客户免费提供送货上门服务，当期销售水泥取得销售收入 11 700 万元（含税），自备运输车队送货上门服务发生运输和装卸搬运费用均为500 万元。

　　如果按照该案例的方案，提供的免费运输服务，应视同混合销售，按照水泥销售计算缴纳增值税，运输服务不再单独计算缴纳增值税。但有可能会有税务人员将该行为理解为无偿赠送运输服务，要求视同销售按照市场公允价值另外计算缴纳增值税。如果将合同修改为运输及装卸搬运费向客户单独收费，比如销售水泥价款为9 360 万元（含税），运输费价款为 1 110 万元（含税），装卸搬运价款为 1 230 万元（含税），合计 11 700 万元（含税）。这样，该企业当期销售货物销项税额为：$9\,360 \div (1 + 17\%) \times 17\% = 1\,360$（万元），运输业务销项税额为：$1\,110 \div (1 + 11\%) \times 11\% = 110$（万元），装卸搬运业务销项税额为：$1\,230 \div (1 + 6\%) \times 6\% = 69.62$（万元）。上述三项业务销项税额合计为：$1\,360 + 110 + 69.62 = 1\,539.62$（万元）。这样避免了额外按照市场价格计算运输、搬运装卸业务增值税销项税额的风险。

　　该业务的账务处理如下（单位：万元）：

　　（1）在取得销售收入时：

　　　借：应收账款　　　　　　　　　　　　　　　　　　　11 700

　　　　贷：主营业务收入——销售商品　　　　　　　　　　　8 000

　　　　　　　　　　——运输劳务　　　　　　　　　　　　1 000

　　　　　　　　　　——装卸搬运劳务　　　　　　　　　1 160.38

　　　　应交税费——应交增值税（销项税额）　　　　　　1 539.62

　　（2）发生运输及装卸搬运费用时：

　　　借：劳务成本——运输劳务　　　　　　　　　　　　　　500

　　　　　　　　——装卸搬运劳务　　　　　　　　　　　　500

　　　　贷：应付职工薪酬等　　　　　　　　　　　　　　　1 000

　　（3）结转运输及装卸搬运成本时：

　　　借：主营业务成本——运输劳务　　　　　　　　　　　　500

　　　　　　　　　——装卸搬运劳务　　　　　　　　　　　500

　　　　贷：劳务成本——运输劳务　　　　　　　　　　　　500

　　　　　　　　——装卸搬运劳务　　　　　　　　　　　　500

　　上述账务处理中，也有劳务企业不设置"劳务成本"科目而将有关劳务成本直接计入主营业务成本。

(五) 旧固定资产销售业务的核算

企业销售自己使用过的属于营改增之前购入的固定资产，应该缴纳增值税。无论是一般纳税人还是小规模纳税人，一律按简易计税方法按照3%的征收率减按2%计算缴纳增值税。在销售时，按取得的销售收入借记"银行存款""应收账款"等科目，按应确认的清理收入和增值税额，贷记"固定资产清理"和"应交税费——未交增值税"科目。

【例3-10】永利建筑公司20×6年5月份将营改增之前购入的一台设备对外销售，该设备账面原值为100 000元，已提折旧5 000元，取得含税销售收入82 400元，款项以银行存款收讫。则增值税业务的账务处理如下：

(1) 将设备转入清理时：

借：固定资产清理 95 000
　　累计折旧 5 000
　　贷：固定资产——设备 100 000

(2) 取得销售收入，需要计算增值税：

应纳增值税额＝82 400÷(1＋3%)×2%＝1 600(元)

借：银行存款 82 400
　　贷：固定资产清理 80 800
　　　　应交税费——简易计税 1 600

(3) 结转固定资产清理损益：

借：营业外支出 14 200
　　贷：固定资产清理 14 200

建筑业增值税一般纳税人企业销售自己使用过的营改增试点实施之日以后购进或者自制的固定资产，按照一般计税方法征收增值税。在销售时，按取得的销售收入借记"银行存款""应收账款"等科目，按应确认的清理收入和增值税额，贷记"固定资产清理"和"应交税费——应交增值税（销项税额）"科目。

【例3-11】中交长沙公路公司20×8年8月出售一辆使用过的运输车辆，该车辆于营改增之后购入，假设原价为100 000元，已提折旧40 000元，出售车辆价税合计58 500元。该公司车辆销售的相关账务处理为：

(1) 将设备转入清理时：

借：固定资产清理 60 000
　　累计折旧 40 000
　　贷：固定资产——车辆 100 000

(2) 取得销售收入，需要计算增值税：

应纳增值税额＝58 500÷(1＋17%)×17%＝8 500(元)

借：银行存款	58 500
贷：固定资产清理	50 000
应交税费——应交增值税（销项税额）	8 500

（3）结转固定资产清理损益：

| 借：营业外支出 | 10 000 |
| 贷：固定资产清理 | 10 000 |

（六）常见视同销售业务的核算

增值税视同销售行为在会计核算上有些是要作为会计收入确认的，但有些是不作为会计收入确认的。建筑施工企业视同销售业务应按照《企业会计准则》要求进行会计处理。

1. 将自产、委托加工或购买的货物作为投资提供给其他单位或个体经营者

企业将自产、委托加工或购买的货物作为投资，提供给其他单位或个体经营者，应视同销售货物计算应交增值税；在进行会计处理时，应作为非货币性资产交换行为，判断是否具有商业实质，对具有商业实质的交换行为以投出货物的公允价值加上应支付的相关税费作为初始投资成本，借记"交易性金融资产"、"可供出售金融资产"和"长期股权投资"等科目，同时确认货物的销售收入和销项税额；对不具有商业实质的资产交换行为，以投出货物的账面价值加上应支付的相关税费作为初始投资成本，同时按照货物的账面价值结转库存商品，按照货物的公允价值确认销项税额。

【例3-12】某建筑集团下属子公司华圣公司是增值税一般纳税人企业，现将一批自产产品对外投资，该产品成本为 150 000 元，产品的公允价值和计税价均为 200 000 元，增值税税率为17%，其账务处理如下：

借：长期股权投资	234 000
贷：主营业务收入	200 000
应交税费——应交增值税（销项税额）	34 000

同时，将 150 000 元结转"主营业务成本"，其账务处理如下：

| 借：主营业务成本 | 150 000 |
| 贷：库存商品 | 150 000 |

2. 将自产、委托加工或购买的货物分配给股东或投资者

将自产、委托加工或购买的货物分配给股东或投资者的经济行为，是两项经济业务的合并：一项是将货物出售后取得现金，另一项是将取得的现金分配给股东。在账务处理中借记"应付股利"等科目；按应税货物的市场价格或组成计税价格，贷记"主营业务收入""其他业务收入"科目；按应纳增值税额，贷记"应交税

费——应交增值税（销项税额）"科目。

【例3-13】华阳建筑公司将自产的建筑材料90 000元（不含税售价）分配利润，该产品成本为80 000元，增值税税率为17%。账务处理如下：

```
借：应付股利                                      105 300
    贷：其他业务收入                                  90 000
        应交税费——应交增值税（销项税额）               15 300
```

同时，将80 000元材料成本结转"其他业务成本"，其账务处理如下：

```
借：其他业务成本                                    80 000
    贷：库存商品                                     80 000
```

3. 将自产或委托加工货物用于非增值税应税项目

企业将自产、委托加工的货物用于非应税项目，在增值税中视同销售是为了将产生的销项税额和已抵扣的进项税额匹配，而货物的所有权并没有转移，因此，在会计处理中由于不满足收入确认的条件，在移送货物时，按自产或委托加工货物的成本及其所用货物的计税价格，乘以适用税率计算的应纳增值税之和，借记"在建工程"等科目；按资产或委托加工货物的成本，贷记"库存商品"等科目，按应纳增值税额，贷记"应交税费——应交增值税（销项税额）"科目。

【例3-14】振华公司将一批自产材料用于本企业集体福利设施修建，该产品成本为80 000元，同类产品售价为100 000元，在会计核算上此项业务不属于销售或视同销售，其账务处理如下：

```
借：在建工程                                       97 000
    贷：库存商品                                     80 000
        应交税费——应交增值税（销项税额）               17 000
```

4. 将自产、委托加工或购买的货物无偿赠送他人

企业将自产、委托加工或购买的货物无偿赠送他人，按税法规定应视同销售货物计算应交增值税。账务处理时按所赠货物同类货物的成本价和销项税额之和，借记"营业外支出"科目；按所赠货物的成本，贷记"库存商品""原材料"等科目；按应纳增值税额，贷记"应交税费——应交增值税（销项税额）"科目。

【例3-15】振华公司将一批生产成本为60 000元的自产材料赠送给某福利机构，同类产品售价为72 000元，增值税税率为17%，其账务处理如下：

$$增值税销项税额 = 72\ 000 \times 17\% = 12\ 240（元）$$

```
借：营业外支出                                     72 240
    贷：库存商品                                     60 000
        应交税费——应交增值税（销项税额）               12 240
```

【例3-16】华阳建筑公司向灾区捐赠库存材料一批，账面实际成本为60 000元，

计税价为 65 000 元，增值税税率 17%。其账务处理如下：

增值税销项税额＝65 000×17%＝11 050（元）

借：营业外支出	71 050	
贷：原材料		60 000
应交税费——应交增值税（销项税额）		11 050

建筑企业主营业务的税率为 11%，但其材料销售或视同销售业务适用 17% 的税率。

5. 以自产的产品作为集体福利或个人消费

企业将自产、委托加工的货物用于集体福利或个人消费时，资产的实用价值得以体现，相关的报酬和风险得以转移，在会计核算中应当确认相关资产的销售收入，在账务处理中按照货物的公允价值和相关税费借记"生产成本""工程施工""管理费用"等科目，同时贷记"应付职工薪酬"科目，在实际发放时借记"应付职工薪酬"科目，同时贷记"主营业务收入"或"其他业务收入"和"应交税费——应交增值税（销项税额）"科目。

【例 3-17】振华公司将自产产品一批发放给职工作为职工薪酬，该产品成本为 50 000元，同类产品售价 60 000 元，增值税税率 17%。

增值税销项税额＝60 000×17%＝10 200（元）

借：应付职工薪酬	70 200	
贷：主营业务收入		60 000
应交税费——应交增值税（销项税额）		10 200

结转相应产品的成本，账务处理为：

借：主营业务成本	60 000	
贷：库存商品		60 000

列支这笔福利费用的账务处理为：

借：管理费用、工程施工等	702 000	
贷：应付职工薪酬		702 000

6. 委托代销业务

企业将货物交付他人代销，其纳税义务发生时间为收到代销清单的当天。代销分为视同买断和收取手续费两种方式，在不同的方式下，其账务处理各不相同。在视同买断方式下，委托方在交付商品时应当确认销售商品收入，受托方做购进商品处理。受托方将商品销售后，应按实际售价确认为销售收入，并向委托方开具代销清单。在收取手续费方式下，委托方应在收到受托方交付的商品代销清单时确认销售收入，受托方则按应收取的手续费确认收入。

【例3-18】中大建材公司委托乙公司销售零配件100件，协议价为100元/件，该商品成本为60元/件，增值税税率为17%。中大建材公司在收到乙公司开来的代销清单时开具增值税发票，发票上注明：售价10 000元，增值税1 700元。乙公司实际销售时开具的增值税发票上注明：售价12 000元，增值税2 040元。

中大建材公司的账务处理如下：

（1）中大建材公司将零配件交付乙公司时：

借：委托代销商品 6 000
    贷：库存商品 6 000

（2）收到代销清单，开具增值税专用发票时：

借：应收账款——乙公司 11 700
    贷：应交税费——应交增值税（销项税额） 1 700
        主营业务收入 10 000
借：主营业务成本 6 000
    贷：委托代销商品 6 000

（3）收到乙公司汇来的货款11 700元时：

借：银行存款 11 700
    贷：应收账款——乙公司 11 700

乙公司的账务处理如下：

（1）收到中大建材公司商品时：

借：受托代销商品 10 000
    贷：受托代销商品款 10 000

（2）实际销售时：

借：银行存款 14 040
    贷：主营业务收入 12 000
        应交税费——应交增值税（销项税额） 2 040
借：主营业务成本 10 000
    贷：受托代销商品 10 000

（3）送交代销清单，取得增值税专用发票时：

借：受托代销商品款 10 000
    应交税费——应交增值税（进项税额） 1 700
    贷：应付账款——中大建材公司 11 700

（4）按协议价将款项付给中大建材公司时：

借：应付账款——中大建材公司 11 700
    贷：银行存款 11 700

沿用上述例题资料，假定代销合同规定，乙公司应按每件100元售给顾客，中大建材公司按售价的10%支付乙公司手续费并取得了增值税普通发票。乙公司在实际销售时，即向买方开具一张增值税专用发票，发票上注明零配件售价为 10 000 元，增值税额为 1 700 元。中大建材公司在收到乙公司交来的代销清单时，向乙公司开具一张相同金额的增值税发票。

中大建材公司的账务处理如下：

（1）中大建材公司将零配件交付乙公司时：

借：委托代销商品	6 000
贷：库存商品	6 000

（2）收到代销清单时：

借：应收账款——乙公司	11 700
贷：主营业务收入	10 000
应交税费——应交增值税（销项税额）	1 700
借：销售费用——代销手续费	1 000
贷：应收账款——乙公司	1 000

乙公司的账务处理如下：

（1）收到零配件时：

借：受托代销商品	10 000
贷：代销商品款	10 000

（2）实际销售时：

借：银行存款	11 700
贷：应付账款——中大建材公司	10 000
应交税费——应交增值税（销项税额）	1 700
借：代销商品款	10 000
贷：受托代销商品	10 000
借：应交税费——应交增值税（进项税额）	1 700
贷：应付账款——中大建材公司	1 700

（3）归还中大建材公司货款并计算代销手续费时：

借：应付账款——中大建材公司	11 700
贷：银行存款	10 700
其他业务收入	943.40
应交税费——应交增值税（销项税额）	56.60

其中，手续费收入销项税额 $= 1\ 000 \div (1 + 6\%) \times 6\% \approx 56.60$（元）。

7. 货物在不同（县）市分支机构移送的业务

（1）总分机构统一核算。

不在同一县（市）并实行统一核算的总分机构之间、分支机构之间货物移送用于销售，应视同销售计算缴纳增值税。"用于销售"是指受货机构发生向购货方开具发票，或向购货方收取货款情形之一的经营行为。

如果受货机构的货物移送行为有上述两项情形之一的，应当向所在地税务机关缴纳增值税。移送货物的一方应视同销售，在货物移送当天开具增值税专用发票，计算销项税额，异地接受方符合条件可做进项税额抵扣。

【例3-19】大华建材公司将一批材料从郑州销售部移送至洛阳销售部，该批产品成本价8 000元，售价12 000元。

借：库存商品——洛阳销售部　　　　　　　　　　　　　8 000
　　应交税费——应交增值税（进项税额）　　　　　　　2 040
　贷：库存商品——郑州销售部　　　　　　　　　　　　8 000
　　　应交税费——应交增值税（销项税额）　　　　　　2 040

如未发生上述两项情形的，移送产品不属于"用于销售"，移货方不用视同销售计算缴纳增值税。双方只做货物进、销、存仓库保管账。具体账务处理为：

借：库存商品——洛阳销售部　　　　　　　　　　　　　8 000
　贷：库存商品——郑州销售部　　　　　　　　　　　　8 000

（2）总分机构独立核算。

总分机构独立核算，此时受货方无论是否用于销售，无论是否在同一县（市），都属于正常销售，按照一般的购销业务进行处理。

8. 向其他单位或者个人无偿提供应税服务

企业向其他单位或者个人无偿提供应税服务，为视同销售业务。按所提供应税服务的市场价或组成计税价格与应缴纳增值税，借记"营业外支出"科目；按所提供应税服务成本，贷记"应付职工薪酬""原材料"等科目；按应纳增值税额，贷记"应交税费——应交增值税（销项税额）"科目。

【例3-20】20×3年3月4日，盛翔律师事务所安排两名律师参加某企业内部会议，免费提供资产重组相关业务法律咨询服务4小时。3月5日，该律师事务所安排三名律师参加"学雷锋"日活动，在市民广场进行免费法律咨询服务3小时（该律师事务所民事业务咨询服务价格为每人800元/小时）。

3月4日免费提供资产重组业务法律咨询，属于视同销售行为。事务所应该按最近时期提供同类应税服务的平均价格计算销项税额：

$$(2×4×800)÷(1+6\%)×6\% = 362.26(元)$$

增值税相关业务的账务处理如下：

借：营业外支出　　　　　　　　　　　　　　　　　　362.26
　贷：应交税费——应交增值税（销项税额）　　　　　362.26

9. 将自产、委托加工或购买的货物用于非货币性资产交换或抵偿债务

非货币性产交换、用非货币性资产抵偿债务从增值税的角度看属于销售业务，

发出货物应按照销售额计算销项税额，换入的资产可以根据所取得增值税专用发票做进项税额抵扣。企业将自产、委托加工或购买的货物用于非货币性资产交换、抵偿债务的，按《企业会计准则第7号——非货币性资产交换》和《企业会计准则第12号——债务重组》的有关规定进行会计处理。采取以旧换新方式销售货物的，应按新货物的同期销售价格确定销售额，不得冲减旧货物的收购价格，同时按照上述准则规定进行账务处理。

【例3-21】20×8年9月，A建筑公司以生产经营过程中使用的一台设备交换B打印机公司生产的一批打印机，换入的打印机作为固定资产管理。

A、B公司均为增值税一般纳税人，设备和打印机业务适用的增值税税率为17%。设备的账面原价为150万元，在交换日的累计折旧为45万元，公允价值为90万元。打印机的账面价值为110万元，在交换日的市场价格为90万元，计税价格等于市场价格。B公司换入A公司的设备是生产打印机过程中需要使用的设备。

假设A公司此前没有为该项设备计提资产减值准备，整个交易过程中，除支付运杂费（换出资产）15 000元外，没有发生其他相关税费。假设B公司此前也没有为库存打印机计提存货跌价准备，其在整个交易过程中没有发生除增值税以外的其他税费。

本例是以存货换入固定资产，对A公司来讲，换入的打印机是经营过程中必需的资产，对B公司来讲，换入的设备是生产打印机过程中必须使用的机器，两项资产交换后对换入企业的特定价值显著不同，两项资产的交换具有商业实质；同时，两项资产的公允价值都能够可靠地计量，符合以公允价值计量的两个条件，因此，A公司和B公司均应当以换出资产的公允价值为基础，确定换入资产的成本，并确认产生的损益。

A公司的账务处理如下：

A公司换出设备的增值税销项税额＝900 000×17%＝153 000（元）

借：固定资产清理	1050 000
累计折旧	450 000
贷：固定资产——设备	1 500 000
借：固定资产清理	15 000
贷：银行存款	15 000
借：固定资产——打印机	900 000
应交税费——应交增值税（进项税额）	153 000
营业外支出	165 000
贷：固定资产清理	1 065 000
应交税费——应交增值税（销项税额）	153 000

B公司的账务处理如下：

根据增值税法规的有关规定，企业以库存商品换入其他资产，视同销售行为发生，应计算增值税销项税额，缴纳增值税。

B公司换出打印机的增值税销项税额=900 000×17%=153 000(元)

借：固定资产——设备　　　　　　　　　　　　　900 000
　　应交税费——应交增值税（进项税额）　　　　153 000
贷：主营业务收入　　　　　　　　　　　　　　　900 000
　　应交税费——应交增值税（销项税额）　　　　153 000
借：主营业务成本　　　　　　　　　　　　　　1 100 000
贷：库存商品——打印机　　　　　　　　　　　1 100 000

上述案例中，换出资产应该按照规定开具增值税专用发票。如果A建筑公司换出的设备是营改增之前购买的，进项税额没有抵扣，则应该按3%的征收率减按2%计算缴纳增值税，但不能提供增值税专用发票。

【例3-22】甲公司于20×3年1月1日销售给乙建筑公司一批材料，价值400 000元（包括应收取的增值税额），按购销合同约定，乙建筑公司应于20×3年10月31日前支付货款，但至20×4年1月31日乙公司尚未支付货款。由于乙建筑公司财务发生困难，短期内不能支付货款。20×4年2月3日，与甲公司协商，甲公司同意乙建筑公司以一台设备偿还债务。该项设备的账面原价为350 000元，已提折旧50 000元，设备的公允价值为310 000元（含应交增值税6 019.42元）。

甲公司对该项应收账款已提取坏账准备40 000元。抵债设备已于20×4年3月10日运抵甲公司。

乙建筑公司的账务处理如下：
将固定资产净值转入固定资产清理：

借：固定资产清理　　　　　　　　　　　　　　300 000
　　累计折旧　　　　　　　　　　　　　　　　 50 000
贷：固定资产　　　　　　　　　　　　　　　　350 000

确认债务重组利得：

借：应付账款　　　　　　　　　　　　　　　　400 000
贷：固定资产清理　　　　　　　　　　　　　303 980.58
　　应交税费——简易计税　　　　　　　　　　6 019.42
　　营业外收入——债务重组利得　　　　　　　 90 000

案例中是假定建筑公司用于偿债的设备属于营改增之前购入设备，进项税额没有抵扣，固定资产清理时应按照3%的征收率减按2%缴纳增值税。按照规定，乙公司只能给甲公司开具增值税普通发票。

用于偿债的设备应纳增值税=310 000÷(1+3%)×2%=6 019.42(元)

确认固定资产处置利得：

借：固定资产清理　　　　　　　　　　　　　　3 980.58
贷：营业外收入——处置固定资产利得　　　　　3 980.58

甲公司的账务处理如下：

借：固定资产	310 000
坏账准备	40 000
营业外支出	50 000
贷：应收账款	400 000

《国家税务总局关于营业税改征增值税试点期间有关增值税问题的公告》（国家税务总局公告 2015 年第 90 号）第二条规定："纳税人销售自己使用过的固定资产，适用简易办法依照 3% 征收率减按 2% 征收增值税政策的，可以放弃减税，按照简易办法依照 3% 征收率缴纳增值税，并可以开具增值税专用发票。"

以非现金资产清偿债务的，债权人应当对受让的非现金资产按其公允价值入账，债权人已对债权计提减值准备的，应当先将该差额冲减减值准备，减值准备不足以冲减的部分，计入"营业外支出"；坏账准备的多提额抵减当期资产减值损失。

二、进项税额的会计处理

进项税额，是指纳税人购进货物或者接受加工修理修配劳务和应税服务，支付或者负担的增值税额。

（一）一般采购业务的进项税额会计处理

企业从国内采购的货物、服务，按照增值税专用发票上注明的增值税额，借记"应交税费——应交增值税（进项税额）"科目，按照专用发票上记载的应计入采购成本的金额，借记"原材料""周转材料""管理费用""固定资产""工程施工——合同成本（明细科目）""其他业务成本"等科目，按照应付或实际支付的金额，贷记"应付账款""应付票据""银行存款"等科目。购入货物发生的退货，做红字冲销的账务处理。

【例 3-23】20×2 年 2 月，合肥市政工程公司购入施工用原材料（钢材）一批，货款 351 000 元（含税价格），发票账单已收到，并已验收入库，全部款项以银行存款支付。账务处理如下：

借：原材料	300 000
应交税费——应交增值税（进项税额）	51 000
贷：银行存款	351 000

一般纳税人购进货物发生退货时，如果购货方未付货款也未做账务处理，只需将发票联和抵扣联退还给销货方即可，既然购货方进货后还未做账务处理，退货时也无须进行账务处理。如果是部分退货，将发票联和抵扣联退还给销货方后，由销货方按实际数量重新开具增值税专用发票，购货方也不用对退货进行账务处理，只要按实购数量、金额进行正常的购货账务处理即可。

如果购货方已付货款，或者货款未付但已做账务处理，发票联及抵扣联无法退还，购货方必须取得当地主管税务机关开具的"进货退出及索取折让证明单"送交销货方，作为销货方开具红字增值税专用发票的合法依据。购货方根据销货方转来的红字发票联、抵扣联，借记"应收账款"或"银行存款"科目，"应交税费——应交增值税（进项税额）"科目（红字），贷记"在途物资""原材料""材料采购"等科目。

【例 3-24】永明建筑公司 20×6 年 5 月购进甲材料一批，20×6 年 6 月因上述材料存在质量问题退回部分材料，取得当地主管税务机关开具的"进货退出及索取折让证明单"送交销货方，退回价款 20 000 元，增值税款 3 400 元，已收到对方开具的红字增值税专用发票。

　　借：银行存款　　　　　　　　　　　　　　　　　　　　　23 400
　　　　应交税费——应交增值税（进项税额）　　　　　　　　－3 400
　　　　贷：原材料——乙材料　　　　　　　　　　　　　　　　　20 000

【例 3-25】大华建筑公司中阳项目部委托 A 公司加工材料。原材料成本为 100 000元，支付的加工费为 93 600 元（含税销售额），材料加工完成验收入库，加工费用等已支付。A 公司适用的增值税税率为 17％。

（1）发出委托加工材料，账务处理如下：

　　借：委托加工物资　　　　　　　　　　　　　　　　　　　100 000
　　　　贷：原材料　　　　　　　　　　　　　　　　　　　　　100 000

（2）支付加工费用：

增值税进项税额＝936 000÷(1＋17％)×17％＝13 600(元)

　　借：委托加工物资　　　　　　　　　　　　　　　　　　　　80 000
　　　　应交税费——应交增值税（进项税额）　　　　　　　　　13 600
　　　　贷：银行存款　　　　　　　　　　　　　　　　　　　　93 600

（3）加工完成收回委托加工材料：

　　借：原材料　　　　　　　　　　　　　　　　　　　　　　180 000
　　　　贷：委托加工物资　　　　　　　　　　　　　　　　　　180 000

【例 3-26】汾阳工程公司承包建设某公路，由于路况较为复杂，机器平整难度较大，必须依靠人力，且工作量较大，公司将有关劳务作业分包给有资质的建筑劳务公司，支付劳务费用 30.9 万元。该建筑劳务公司是小规模纳税人，提供的劳务发票为税务局代开的 3％的增值税专用发票。账务处理如下：

　　借：工程施工——合同成本（人工费）　　　　　　　　　　300 000
　　　　应交税费——应交增值税（进项税额）　　　　　　　　　 9 000
　　　　贷：银行存款　　　　　　　　　　　　　　　　　　　309 000

有的企业设置了"工程施工——合同成本（分包成本）"专门核算工程分包成本，30 万元分包成本也可以计入该明细项目。

【例 3-27】 20×3 年 8 月，济乡城建工程公司委托上海海运公司运输一批材料到工地，取得上海海运公司开具的增值税专用发票，价款 20 万元，注明的增值税额为 2.2 万元。

济乡城建工程公司取得上海海运公司增值税专用发票后的会计处理如下：

借：原材料 200 000

应交税费——应交增值税（进项税额） 22 000

贷：应付账款——上海海运公司 222 000

一般纳税人购进农产品，取得销售普通发票或开具农产品收购发票的，按农产品买价和 11% 的扣除率计算进项税额进行会计核算。

【例 3-28】 20×3 年 2 月，济乡城建工程公司进行园林工程施工，本月从附近农民处收购 15 000 元苗木，按规定已开具收购凭证，价款已支付。账务处理如下：

借：原材料 13 350

应交税费——应交增值税（进项税额） 1 650

贷：库存现金 15 000

企业进口货物或接受境外单位或者个人提供的应税服务，按照海关提供的海关进口增值税专用缴款书上注明的增值税额或中华人民共和国税收通用缴款书上注明的增值税额，借记"应交税费——应交增值税（进项税额）"科目，按照进口货物或接受境外单位或者个人提供的应税服务应计入采购成本的金额，借记"原材料""周转材料""工程施工——合同成本""管理费用""固定资产"等科目，按照应付或实际支付的金额，贷记"应付账款""银行存款"等科目。

【例 3-29】 20×3 年 8 月，烟庆港口建筑公司从澳大利亚某公司进口装卸设备一台，价款 1 500 万元通过银行存款支付，缴纳进口环节的增值税 255 万元，取得海关进口增值税专用缴款书。相关账务处理为：

借：固定资产 15 000 000

应交税费——应交增值税（进项税额） 2 550 000

贷：银行存款 17 550 000

根据财税〔2016〕36 号文件，适用一般计税方法的试点纳税人在施工现场修建的临时建筑物、构筑物，其进项税额不适用分两年抵扣的规定。

【例 3-30】 中铁建筑公司太原项目部自行搭建仓库，购入为工程准备的各种专用物资 200 000 元，支付增值税 34 000 元，实际领用工程物资 200 000 元；支付工程人员工资 50 000 元，辅助生产部门提供有关劳务 10 000 元。工程达到预定可使用状态并交付使用。

（1）购入为工程准备的物资，账务处理如下：

借：工程物资——专用材料 200 000

应交税费——应交增值税（进项税额） 34 000

贷：银行存款 234 000

（2）工程领用物资，账务处理如下：

借：在建工程——建筑工程（仓库） 200 000

　　贷：工程物资——专用材料 200 000

（3）支付工程人员工资，账务处理如下：

借：在建工程——建筑工程（仓库） 50 000

　　贷：应付职工薪酬 50 000

（4）辅助生产部门提供的劳务，账务处理如下：

借：在建工程——建筑工程（仓库） 10 000

　　贷：辅助生产 10 000

（5）工程达到预定可使用状态，账务处理如下：

借：固定资产——临时设施（仓库） 260 000

　　贷：在建工程——建筑工程（仓库） 260 000

（二）待认证进项税额的会计处理

待认证进项税额是指一般纳税人由于未经税务机关认证而不得从当期销项税额中抵扣的进项税额。一般纳税人企业购进货物、加工修理修配劳务、服务、无形资产或不动产，按应计入相关成本费用或资产的金额，借记"在途物资"或"原材料""库存商品""工程施工""生产成本""无形资产""固定资产""管理费用"等科目，按当月未认证的可抵扣增值税额，借记"应交税费——待认证进项税额"科目，按应付或实际支付的金额，贷记"应付账款""应付票据""银行存款"等科目。

【例 3-31】汇华建筑公司 20×6 年 10 月采购材料，买价 100 000 元、增值税17 000 元，取得增值税专用发票一份，因系统问题在当月没有认证。相关账务处理如下：

（1）11 月购进材料时：

借：原材料 100 000

　　应交税费——待认证进项税额 17 000

　　贷：应付账款 117 000

（2）以后月份认证时：

借：应交税费——应交增值税（进项税额） 17 000

　　贷：应交税费——待认证进项税额 17 000

（三）暂估入账的采购业务的会计处理

一般纳税人企业购进的货物等已到达并验收入库，但尚未收到增值税扣税凭证并未付款的，应在月末按货物清单或相关合同协议上的价格暂估入账，不需要将增值税的进项税额暂估入账。下月初，用红字冲销原暂估入账金额，待取得相关增值税扣税凭证并经认证后，按应计入相关成本费用或资产的金额，借记"原材料""库存商品""固定资产""无形资产"等科目，按可抵扣的增值税额，借记"应交税费——应交增值税（进项税额）"科目，按应付金额，贷记"应付账款"等科目。

【例 3-32】英德建筑公司采用托收承付结算方式购入施工用原材料（混凝土）一批，材料已验收并用于工程施工，发票账单未到，月末按暂估价 50 000 元估计入账。当月月末，账务处理如下：

　　借：原材料　　　　　　　　　　　　　　　　　　　　　　　50 000
　　　　贷：应付账款　　　　　　　　　　　　　　　　　　　　　50 000

下月月初，用红字（或负数）做同样的记账凭证予以冲回，账务处理如下：

　　借：原材料　　　　　　　　　　　　　　　　　　　　　　　−50 000
　　　　贷：应付账款　　　　　　　　　　　　　　　　　　　　　−50 000

收到有关结算凭证（含税价 58 500 元），并支付货款，账务处理如下：

　　借：原材料　　　　　　　　　　　　　　　　　　　　　　　50 000
　　　　应交税费——应交增值税（进项税额）　　　　　　　　　　8 500
　　　　贷：银行存款　　　　　　　　　　　　　　　　　　　　　58 500

（四）代扣代缴增值税业务的会计处理

按照现行增值税制度规定，境外单位或个人在境内发生应税行为，在境内未设有经营机构的，以购买方为增值税扣缴义务人。境内一般纳税人购进服务、无形资产或不动产，按应计入相关成本费用或资产的金额，借记"工程施工""生产成本""无形资产""固定资产""管理费用"等科目，按可抵扣的增值税额，借记"应交税费——进项税额"科目，按应付或实际支付的金额，贷记"应付账款"等科目，按应代扣代缴的增值税额，贷记"应交税费——代扣代交增值税"科目。实际缴纳代扣代缴增值税时，按代扣代缴的增值税额，借记"应交税费——代扣代交增值税"科目，贷记"银行存款"科目。

【例 3-33】20×3 年 9 月，大照港建公司进行某项工程技术改造过程中，接受澳大利亚 FID 公司技术指导，合同总价为 18 万元。当月改造完成，澳大利亚 FID 公司境内无代理机构，大照港建公司办理扣缴增值税手续，取得扣缴通用缴款书，并将扣税后的价款支付给 FID 公司。书面合同、付款证明和 FID 公司的对账单齐全。

扣缴增值税税款时的账务处理如下：

$$代扣代缴的增值税 = 180\ 000 \div (1+6\%) \times 6\% \approx 10\ 188.68(元)$$

　　借：工程施工——合同成本　　　　　　　　　　　　　　169 811.32
　　　　应交税费——应交增值税（进项税额）　　　　　　　　10 188.68
　　　　贷：银行存款　　　　　　　　　　　　　　　　　　　169 811.32
　　　　　应交税费——代扣代交增值税　　　　　　　　　　　10 188.68

缴纳代扣代缴的增值税时：

借：应交税费——代扣代交增值税　　　　　　　　　　　　10 188.68

　　贷：银行存款　　　　　　　　　　　　　　　　　　　10 188.68

需要注意，一般纳税人接受境外单位或者个人提供的应税服务，凭中华人民共和国税收通用缴款书抵扣进项税额的，还应当具备书面合同、付款证明和境外单位的对账单或发票，否则进项税额不得抵扣。

对于一般纳税人接受投资或接受捐赠货物、固定资产，会计处理方法同上。

（五）待抵扣进项税额的会计处理

按照营改增文件的规定，试点纳税人取得增值税一般纳税人资格后，发生增值税偷税、骗取出口退税和虚开增值税扣税凭证等行为的，主管税务机关可以对其实行不少于 6 个月的纳税辅导期管理。

辅导期一般纳税人从国内采购的货物或接受的应税服务，已经取得的增值税扣税凭证，按税法规定不符合抵扣条件，暂不予在本期申报抵扣的进项税额，借记"应交税费——待抵扣进项税额"科目，应计入采购成本的金额，借记"材料采购""商品采购""原材料""管理费用""固定资产""主营业务成本""其他业务成本"等科目，按照应付或实际支付的金额，贷记"应付账款""应付票据""银行存款"等科目。

收到税务机关告知的稽核比对结果通知书及其明细清单后，按稽核比对结果通知书及其明细清单注明的稽核相符、允许抵扣的进项税额，借记"应交税费——应交增值税（进项税额）"科目，贷记"应交税费——待抵扣进项税额"科目。

增值税一般纳税人 2016 年 5 月 1 日后取得并在会计制度上按固定资产核算的不动产，以及 2016 年 5 月 1 日后发生的不动产在建工程，其进项税额应按照有关规定分 2 年从销项税额中抵扣，第一年抵扣比例为 60%，第二年抵扣比例为 40%。上述进项税额中，60% 的部分于取得扣税凭证的当期从销项税额中抵扣；40% 的部分为待抵扣进项税额，于取得扣税凭证的当月起第 13 个月从销项税额中抵扣。

待抵扣进项税额记入"应交税费——待抵扣进项税额"科目核算，并于可抵扣当期转入"应交税费——应交增值税（进项税额）"科目。对不同的不动产和不动产在建工程，纳税人应分别核算其待抵扣进项税额。

【例 3-34】中交金石公司系一般纳税人，公司 20×6 年 7 月购买办公楼，取得增值税专用发票，不含税成本 10 000 万元，增值税进项税额 1 100 万元。该办公楼业务账务处理如下（单位：万元）：

（1）购入办公楼时：

借：固定资产　　　　　　　　　　　　　　　　　　　　　10 000

　　应交税费——应交增值税（进项税额）　　　　　　　　　660

　　　　　　——待抵扣进项税额　　　　　　　　　　　　　440

　　贷：银行存款　　　　　　　　　　　　　　　　　　　11 100

（2）第二年 7 月，即购入不动产第 13 个月：

借：应交税费——应交增值税（进项税额）　　　　　　　　440

　　贷：应交税费——待抵扣进项税额　　　　　　　　　　440

纳税人 2016 年 5 月 1 日后购进货物和设计服务、建筑服务，用于新建不动产，或者用于改建、扩建、修缮、装饰不动产并增加不动产原值超过 50% 的，其进项税额依照有关规定分 2 年从销项税额中抵扣。分 2 年从销项税额中抵扣的购进货物"是指构成不动产实体的材料和设备，包括建筑装饰材料和给排水、采暖、卫生、通风、照明、通讯、煤气、消防、中央空调、电梯、电气、智能化楼宇设备及配套设施。

购进时已全额抵扣进项税额的货物和服务，转用于不动产在建工程的，其已抵扣进项税额的 40% 部分，应于转用的当期从进项税额中扣减，计入待抵扣进项税额，并于转用的当月起第 13 个月从销项税额中抵扣。

纳税人销售其取得的不动产或者不动产在建工程时，尚未抵扣完毕的待抵扣进项税额，允许于销售的当期从销项税额中抵扣。

在施工现场修建的临时建筑物、构筑物，其进项税额不适用上述分 2 年抵扣的规定。

（六）进项税额转出的会计处理

当企业购进的货物发生非正常损失、用于简易计税方法计税项目、免征增值税项目、集体福利或个人消费时，其进项税额不得从销项税额中扣除。但这些货物的增值税额在其购进时如果已作为进项税额从当期的销项税额中做了扣除，企业应将其从进项税额中转出，从本期的进项税额中抵减。

若购买时确定用于简易计税方法计税项目、免征增值税项目、集体福利、个人消费时，应该根据取得的增值税普通发票将采购价款和进项税额计入采购成本或其他成本费用科目，即借记"原材料""周转材料""工程施工——合同成本（明细科目）""管理费用""固定资产""其他业务成本"等科目。

【**例 3-35**】振新建筑公司购入机器设备一台，该设备用于免税产品项目，销货方开具的普通发票上列明价款 50 000 元，增值税额 8 500 元，款已付，设备已交付使用；购入一批材料用于免税产品的生产，销货方开具的普通发票上列明价款为 70 000 元，增值税额为 11 900 元，款已付，料已入库。其账务处理为：

购入的设备入账时：

借：固定资产　　　　　　　　　　　　　　　　　　　58 500

　　贷：银行存款　　　　　　　　　　　　　　　　　　58 500

购入的材料入账时：

借：原材料　　　　　　　　　　　　　　　　　　　　81 900

　　贷：银行存款　　　　　　　　　　　　　　　　　　81 900

若购进的货物在采购时全部确认了进项税额，但之后被用于简易计税方法计税项目、免征增值税项目、集体福利、个人消费，应将相应的增值税额做进项税额转出，计入有关科目。借记"应付职工薪酬——应付福利费""工程施工——合同成本（明细科目）""管理费用""固定资产""其他业务成本"等科目，贷记"应交税费——应交增值税（进项税额转出）""应交税费——待抵扣进项税额"等科目。若购买时确定用于简易计税方法计税项目、免征增值税项目、集体福利、个人消费，但取得的是增值税专用发票，也要先进行认证并计入"应交税费——应交增值税（进项税额）"，然后做进项税额转出的账务处理。

【例 3-36】 大华建筑公司 20×6 年 5 月购进笔记本电脑一批，取得防伪税控系统开具的增值税专用发票上注明电脑价款为 180 000 元，增值税额为 30 600 元。增值税专用发票已通过认证，6 月将其作为福利品发给职工。

5 月购入电脑时，其账务处理如下：

借：周转材料 180 000
　　应交税费——应交增值税（进项税额） 30 600
　　贷：银行存款 210 600

6 月作为福利品发给职工时，其账务处理如下：

借：应付职工薪酬 210 600
　　贷：周转材料 180 000
　　　　应交税费——应交增值税（进项税额转出） 30 600

购进货物如果发生了非正常损失，应根据其损失情况，借记"待处理财产损溢——待处理流动资产损溢"科目，贷记"原材料""工程施工——合同成本"等科目，按不得抵扣的进项税额，贷记"应交税费——应交增值税（进项税额转出）"科目。

【例 3-37】 振兴建筑公司仓库中的材料因管理不善被盗，经盘点，损失的原材料实际成本为 100 000 元，增值税税率为 17%。盘点确认损失时，账务处理如下：

借：待处理财产损溢 117 000
　　贷：原材料 100 000
　　　　应交税费——应交增值税（进项税额转出） 17 000

经批准损失转作营业外支出时，账务处理如下：

借：营业外支出 117 000
　　贷：待处理财产损溢 117 000

【例 3-38】 华新建材公司购入材料 100 吨，每吨 1 000 元，增值税专用发票上注明增值税 17 000 元。款已支付，材料验收入库时，发现短少 1 吨，原因待查。账务处理如下：

（1）企业采购付款时：

借：在途物资 100 000
　　应交税费——应交增值税（进项税额） 17 000
　　贷：银行存款 117 000

（2）材料实际验收入库时：

借：原材料 99 000

　　贷：在途物资 99 000

借：待处理财产损溢 1 170

　　贷：应交税费——应交增值税（进项税额转出） 170

　　　　在途物资 1 000

（3）假设现已查明原因，分析以下几种情况：

第一，对方少发货，同意补发，货已收到。

借：原材料 1 000

　　应交税费——应交增值税（进项税额） 170

　　贷：待处理财产损溢 1 170

第二，由供货方负责退赔短缺材料款及增值税，收到退款。

借：银行存款 1 170

　　贷：待处理财产损溢 1 170

第三，属运输部门原因，向运输部门索赔。

借：其他应收款 1 170

　　贷：待处理财产损溢 1 170

第四，由保险公司负责理赔，根据有关批文办理。

借：其他应收款——保险公司 1 170

　　贷：待处理财产损溢 1 170

值得注意的是，从增值税的角度来看，非正常损失是指因管理不善造成被盗、丢失、霉烂变质的损失。其他情况不属于非正常损失的范围，比如发生自然灾害等造成的损失，不必做进项税额转出。

如购买货物、加工修理修配劳务、服务等不能全部用于简易计税方法计税项目、免征增值税项目、集体福利、个人消费，将按照比例计算不得抵扣的部分通过"应交税费——应交增值税（进项税额转出）"转入采购成本或者其他成本费用科目。若不属于专用于上述项目的固定资产、无形资产（不包括其他权益性无形资产）、不动产，不需要做进项税额转出。

原不得抵扣且未抵扣进项税额的固定资产、无形资产等，因改变用途等用于允许抵扣进项税额的应税项目的，应按允许抵扣的进项税额，借记"应交税费——应交增值税（进项税额）"科目，贷记"固定资产""无形资产"等科目。固定资产、无形资产等经上述调整后，应按调整后的账面价值在剩余尚可使用寿命内计提折旧或摊销。

（七）月末转出多交增值税和未交增值税的会计处理

月度终了，企业应当将当月应交未交或多交的增值税自"应交增值税"明细科目转入"应交税费——未交增值税"明细科目。对于当月应交未交的增值税,借记"应交税费——应交增值税(转出未交增值税)"科目,贷记"应交税费——未交增值税"科目;对于当月多交的增值税,借记"应交税费——未交增值税"科目,贷记"应交税费——应交增值税(转出多交增值税)"科目。值得注意的是,企业应该根据"应交增值税"明细科目各专栏进行分析,计算出当月应交未交或多交的增值税。比如,本月进项税额专栏大于销项税额专栏发生额,同时"已交税金"的发生额小于前述差额,不代表企业多交了增值税。

【例 3-39】假设华建公司本月发生的增值税销项税额为 100 万元,进项税额为 80 万元,则月末应编制如下会计分录(单位:万元,下同):

借:应交税费——应交增值税(转出未交增值税)　　　　　　　　　20

　贷:应交税费——未交增值税　　　　　　　　　　　　　　　　　20

若本月发生的增值税销项税额为 100 万元,进项税额为 101 万元,则月末不需编制会计分录,此时"应交税费——应交增值税"账户有借方余额 1 万元,属于尚未抵扣的增值税。

若本月发生的增值税销项税额为 100 万元,进项税额为 80 万元,已交税金 30 万元(当月交纳当月增值税在"已交税金"明细科目核算),则月末应编制如下会计分录:

借:应交税费——未交增值税　　　　　　　　　　　　　　　　　10

　贷:应交税费——应交增值税(转出多交增值税)　　　　　　　　10

三、税款缴纳与减免税款的会计处理

(一)税款缴纳的会计处理

建筑业一般纳税人按月或季度缴纳税款,由于采用施工项目按销售额、预收工程款一定比例预缴增值税,期末总部汇总申报纳税的征管方式,建筑施工企业存在预缴增值税、申报纳税两个阶段的业务。企业跨地级行政区域提供建筑服务预缴增值税时,借记"应交税费——预交增值税"科目,贷记"银行存款"科目。月末,企业应将"预交增值税"明细科目余额转入"未交增值税"明细科目,借记"应交税费——未交增值税"科目,贷记"应交税费——预交增值税"科目。

期末,纳税人应根据"应交税费——应交增值税"明细科目各专栏本期发生额,计算企业当期应缴纳的增值税额,并在规定期限内申报缴纳。

$$\begin{aligned}\text{当期} \atop \text{应纳税额} = &\left(\begin{matrix}\text{当期销项} \atop \text{税额}\end{matrix} + \begin{matrix}\text{当期进项} \atop \text{税额转出}\end{matrix} + \begin{matrix}\text{当期出口} \atop \text{退税发生额}\end{matrix}\right) - \left(\begin{matrix}\text{上期} \atop \text{留抵}\end{matrix} + \begin{matrix}\text{当期发生的允许} \atop \text{抵扣的进项税额}\end{matrix} + \right.\\ &\left.\begin{matrix}\text{已交} \atop \text{税金}\end{matrix} + \begin{matrix}\text{减免} \atop \text{税款}\end{matrix} + \begin{matrix}\text{出口抵减内销} \atop \text{产品应纳税额}\end{matrix} + \begin{matrix}\text{营改增抵减的} \atop \text{销项税额}\end{matrix}\right)\end{aligned}$$

企业交纳当月应交的增值税，借记"应交税费——应交增值税（已交税金）"科目（小规模纳税人应借记"应交税费——应交增值税"科目），贷记"银行存款"科目。纳税期限分别为1日、3日、5日、10日或15日的企业，会涉及当月缴纳当月应交增值税的情况。

企业交纳以前期间未交的增值税，借记"应交税费——未交增值税"科目，贷记"银行存款"科目。纳税期限分别为1个月或1个季度的企业，主要是当月缴纳上月应交增值税的情况。

【例3-40】大华建筑公司20×6年4月外购货物，取得允许抵扣的进项税额合计200 000元，本月初"应交税费——应交增值税"明细账借方余额为30 000元，本月对外提供劳务，取得销项税额合计为310 000元。则会计处理如下：

大华建筑公司本月应纳增值税＝310 000－（200 000＋30 000）＝80 000（元）

借：应交税费——应交增值税（转出未交增值税）　　　　　80 000

　　贷：应交税费——未交增值税　　　　　　　　　　　　　　80 000

20×6年5月，大华建筑公司依法申报缴纳上月应缴未缴的增值税80 000元。

借：应交税费——未交增值税　　　　　　　　　　　　　80 000

　　贷：银行存款　　　　　　　　　　　　　　　　　　　　　80 000

【例3-41】华明建筑公司20×6年5月月初"应交税费——应交增值税"明细账无余额，本月发生允许抵扣的进项税额合计100 000元，取得销项税额合计为70 000元，本月已预缴增值税9 000元。则会计处理如下：

大华公司本月应纳增值税＝70 000－100 000＝－30 000（元）

"应交税费——应交增值税"科目借方余额30 000元作为留抵的进项税，抵减以后月份的销项税。同时，结转本月预缴的增值税：

借：应交税费——未交增值税　　　　　　　　　　　　　9 000

　　贷：应交税费——预交增值税　　　　　　　　　　　　　　9 000

（二）一般纳税人汇总纳税的会计处理

经财政部和国家税务总局批准可以视为一个纳税人合并纳税的，分公司、子公司按照现行规定在所在地缴纳增值税，借记"其他应收款""内部往来"等科目，贷记"应交税费——未交增值税"科目；上缴时，借记"应交税费——未交增值税"科目，贷记"银行存款"科目。月初，分、子公司要将上月各自销售额、进项税额及应纳税额通过传递单传至公司总部。

公司总部收到各分公司、子公司的传递单后，按照传递单上注明的应纳税额，借记"应交税费——应交增值税（已交税金）"科目，贷记"其他应付款""内部往来"等科目；将全部收入汇总后计算销项税额，减除汇总的全部进项税额后形成总的增值税应纳税额，再将各分公司、子公司汇总的应纳税额作为已交税金予以扣减后，形成总部的增值税应纳税额。

（三）总部和项目部两级核算时的会计处理

增值税是以公司或分公司作为独立纳税人申报缴纳的，存在总部和项目部两级核算的情况下，需要将项目部相关增值税数额结转到公司总部，由公司总部作为纳税主体计算缴纳增值税。

项目部的"应交税费——应交增值税"科目余额可以通过设置"应交税费——应交增值税（结转增值税）"转入公司总部。同时，各单位根据实际情况，可以通过"内部往来——增值税"或"其他应收款——增值税""其他应付款——增值税"等进行税金资金的汇总结转。

（1）项目部结转"应交税费——应交增值税"余额时：

借：应交税费——应交增值税（结转增值税）
　　贷：银行存款
　　　　其他应付款——增值税
　　　　或内部往来——增值税

项目部应按照增值税相关管理规定，同时将增值税汇总缴纳相关信息报送至纳税主体。

（2）纳税主体结转"应交税费——应交增值税"余额时：

借：银行存款
　　　其他应收款——增值税
　　　或内部往来——增值税
　　贷：应交税费——应交增值税（结转增值税）

纳税主体应对"应交税费——应交增值税"余额进行分析，转出未交增值税或多交的增值税。

项目部"预交增值税""待认证进项税额""待转销项税额""简易计税""代扣代交增值税"等科目的余额也参照上述办法结转到总部。

（四）减免税款的会计处理

根据有关规定，企业收到返还的增值税，或者直接减免的增值税，都应作为企业利润总额的组成部分，通过"营业外收入"科目和"应交税费——应交增值税（减免税款）"科目核算。企业按规定享受直接减免的增值税，应借记"应交税费——应交增值税（减免税款）"科目，贷记"营业外收入"科目。实际收到即征即退、先征后退的增值税，应借记"银行存款"等科目，贷记"营业外收入"科目。

【例3-42】华达建筑公司（增值税一般纳税人）当月工程价款结算金额（含税）288.6万元，当月成本费用支出180万元（其中：进项税额10万元），当年新招用失业人员 10 人，经税务机关依法确认定额扣减增值税 4 万元。该公司相关业务账务处理如下：

办理工程价款结算时：

借：银行存款 2 886 000

贷：工程结算 2 600 000

应交税费——应交增值税（销项税额） 286 000

发生各种成本费用时：

借：工程施工——合同成本 1 700 000

应交税费——应交增值税（进项税额） 100 000

贷：银行存款 1 800 000

减免增值税款时：

借：应交税费——应交增值税（减免税款） 40 000

贷：营业外收入——补贴收入 40 000

按现行增值税制度规定，企业初次购买增值税税控系统专用设备支付的费用以及缴纳的技术维护费允许在增值税应纳税额中全额抵减的，按规定抵减的增值税应纳税额，借记"应交税费——应交增值税（减免税款）"科目，贷记"管理费用"等科目。

【例 3-43】20×6 年 5 月，某股份有限公司首次购入增值税税控系统设备，支付价款 1 416 元，同时支付当年增值税税控系统专用设备技术维护费 370 元。当月两项合 计抵减当月增值税应纳税额 1 786 元。相关账务处理如下：

（1）首次购入增值税税控系统专用设备：

借：管理费用 1 416

贷：银行存款 1 416

（2）发生防伪税控系统专用设备技术维护费：

借：管理费用 370

贷：银行存款 370

（3）抵减当月增值税应纳税额：

借：应交税费——应交增值税（减免税款） 1 786

贷：管理费用 1 786

四、纳税检查的会计处理

根据《国家税务总局关于印发〈增值税日常稽查办法〉的通知》（国税发〔1998〕044 号）的规定，增值税一般纳税人在税务机关对其增值税涉税账务调整的，应设立"应交税费——增值税检查调整"专门账户。凡稽查后应调减账面进项税额或调增销项税额和进项税额转出的数额，借记有关科目，贷记本科目；凡稽查后应调增账面进项税额或调减销项税额和进项税额转出的数额，借记本科目，并分别情况对该余额进行如下账务处理：

若本账户余额在借方，全部视同留抵进项税额，借记"应交税费——应交增值税"科目，贷记"应交税费——增值税检查调整"科目。若本账户余额在贷方，且"应交税费——应交增值税"账户无余额，则借记"应交税费——增值税检查调整"科目，贷记"应交税费——未交增值税"科目；若本账户余额在贷方，"应交税费——应交增值税"账户有借方余额且等于或大于这个贷方余额，则借记"应交税费——增值税检查调整"科目，贷记"应交税费——应交增值税"科目；若本账户余额在贷方，"应交税费——应交增值税"账户有借方余额但小于这个贷方余额，则借记"应交税费——增值税检查调整"科目，贷记"应交税费——应交增值税""应交税费——未交增值税"科目。上述"应交税费——应交增值税"科目涉及的专栏，根据检查调整的具体情况确定。

【例 3-44】宏图公司系增值税一般纳税人，增值税税率为 17%。20×8 年 7 月 10 日，税务机关对其检查时发现以下业务会计处理有误：6 月 4 日，以自产的甲产品一批用于对外投资，成本价 98 万元，无同类产品售价，成本利润率为 10%，企业做如下账务处理：

借：长期股权投资　　　　　　　　　　　　　　　　　　980 000
　　贷：库存商品　　　　　　　　　　　　　　　　　　　980 000

6 月 22 日，购进用于发放非货币性薪酬的商品 52 万元，企业做如下账务处理：

借：应付职工薪酬　　　　　　　　　　　　　　　　　444 444.44
　　应交税费——应交增值税（进项税额）　　　　　　75 555.56
　　贷：银行存款　　　　　　　　　　　　　　　　　　520 000

针对上述问题，应做如下查补税的分录：企业将自产的甲产品用于对外投资，应视同销售业务，在无同类产品售价的情况下，按组成的计税价格计算出增值税销项税额 183 260 元 [980 000×(1+10%)×17%]，调账分录如下：

借：长期股权投资　　　　　　　　　　　　　　　　　183 260
　　贷：应交税费——增值税检查调整　　　　　　　　　183 260

企业用于非应税项目的货物，其进项税额不得抵扣。调账分录如下：

借：应付职工薪酬　　　　　　　　　　　　　　　　　75 555.56
　　贷：应交税费——增值税检查调整　　　　　　　　　75 555.56

假定该月"应交税费——增值税检查调整"账户余额在贷方，且"应交税费——应交增值税"账户无余额，则结转"增值税检查调整"科目余额，账务处理如下：

借：应交税费——增值税检查调整　　　　　　　　　258 815.56
　　贷：应交税费——未交增值税　　　　　　　　　　258 815.56

对以前年度增值税进行检查补税，如果涉及损益科目，应将查增、查减相抵后应补的增值税，借记"利润分配——未分配利润"科目，贷记"应交税费——增值税检查调整"科目；如果涉及非损益科目，按结账前的有关账务处理方法进行调整。

【例 3-45】孟达公司系增值税一般纳税人，适用 17％的增值税税率、25％的所得税税率。20×9 年 7 月 3 日税务机关对该公司上年交纳增值税情况进行稽查，发现该企业 20×8 年 5 月业务会计处理有误：将边角料出售，取得收入价款 123 000 元，账务处理为：

借：银行存款　　　　　　　　　　　　　　　123 000
　　贷：其他业务收入　　　　　　　　　　　　　　123 000

购进用于非应税项目的设备（折旧期 5 年，无残值），支付价款 340 000 元，取得增值税专用发票。企业账务处理为：

借：固定资产　　　　　　　　　　　　　　　290 598.29
　　应交税费——应交增值税（进项税额）　　　49 401.71
　　贷：银行存款　　　　　　　　　　　　　　　340 000

经税务机关计算，查补的增值税额为：出售边角料应补交增值税 17 871.79 元 [123 000÷（1+17％）×17％]，购进固定资产不得抵扣进项税额 49 401.71 元，两项合计 67 273.50 元。企业应按照会计差错准则的要求进行账务调整。

如果属于非重大会计差错，账务处理如下：

借：固定资产　　　　　　　　　　　　　　　49 401.71
　　其他业务收入　　　　　　　　　　　　　17 871.79
　　贷：应交税费——增值税检查调整　　　　　67 273.50

20×8 年 6 月至 20×9 年 6 月，应补提固定资产折旧 10 703.70 元（49 401.70÷5÷12×13）。

借：管理费用　　　　　　　　　　　　　　　10 703.70
　　贷：累计折旧　　　　　　　　　　　　　　　10 703.70

如果属于重大会计差错，应做如下账务处理：

借：以前年度损益调整　　　　　　　　　　　17 871.79
　　固定资产　　　　　　　　　　　　　　　49 401.71
　　贷：应交税费——增值税检查调整　　　　　67 273.50

补提折旧：20×8 年度 5 763.53 元（49 401.70÷5÷12×7），20×9 年度 4 940.17元（49 401.70÷5÷12×6）。

借：以前年度损益调整　　　　　　　　　　　5 763.53
　　管理费用　　　　　　　　　　　　　　　4 940.17
　　贷：累计折旧　　　　　　　　　　　　　　　10 703.70

20×8 年度多交企业所得税 5 908.83 元 [（17 871.79+5 763.53）×25％]。

　　借：应交税费——应交所得税　　　　　　　　　　　　5 908.83
　　　　贷：以前年度损益调整　　　　　　　　　　　　　　　5 908.83
　　借：利润分配——未分配利润　　　　　　　　　　　17 726.49
　　　　贷：以前年度损益调整　　　　　　　　　　　　　　17 726.49

　　同时，企业还应相应调减盈余公积等项目的计提数并调整有关报表的年初余额。

　　在《财政部关于印发〈增值税会计处理规定〉的通知》（财会〔2016〕22 号）中，没有规定设置"应交税费——增值税检查调整"科目，因此，企业因税务检查需要调整的增值税事项，也可以直接调整"应交税费——应交增值税"或"应交税费——未交增值税"科目，而不通过"应交税费——增值税检查调整"科目归集。

五、出口退（免）税业务的处理

　　为核算纳税人出口货物应收取的出口退税款，设置"其他应收款——应收出口退税款"科目，该科目借方反映销售出口货物按规定向税务机关申报应退回的增值税、消费税等，贷方反映实际收到的出口货物应退回的增值税、消费税等。期末借方余额，反映尚未收到的应退税额。

　　（1）未实行"免、抵、退"办法的一般纳税人出口货物按规定退税的，按规定计算的应收出口退税额，借记"其他应收款——应收出口退税款"科目，贷记"应交税费——应交增值税（出口退税）"科目；收到出口退税时，借记"银行存款"科目，贷记"其他应收款——应收出口退税款"科目；退税额低于购进时取得的增值税专用发票上的增值税额的差额，借记"主营业务成本"科目，贷记"应交税费——应交增值税（进项税额转出）"科目。

　　（2）实行"免、抵、退"办法的一般纳税人出口货物，在货物出口销售后结转产品销售成本时，按规定计算的退税额低于购进时取得的增值税专用发票上的增值税额的差额，借记"主营业务成本"科目，贷记"应交税费——应交增值税（进项税额转出）"科目；按规定计算的当期出口货物的进项税抵减内销产品的应纳税额，借记"应交税费——应交增值税（出口抵减内销产品应纳税额）"科目，贷记"应交税费——应交增值税（出口退税）"科目。在规定期限内，内销产品的应纳税额不足以抵减出口货物的进项税额，不足部分按有关税法规定给予退税的，应在实际收到退税款时，借记"银行存款"科目，贷记"应交税费——应交增值税（出口退税）"科目。

第三节　简易计税方法的会计处理

一、会计科目设置

采用简易计税方法计算缴纳增值税，不存在进项税额抵扣的问题，会计科目设置相对简单，小规模纳税人企业通常在"应交税费"下设置"应交增值税""转让金融商品应交增值税""代扣代交增值税"明细科目，同时不需要在"应交增值税"科目下设置专栏。其中，"应交税费——应交增值税"科目的借方发生额，反映已缴纳的增值税额，贷方发生额反映应缴纳的增值税额；期末借方余额，反映多缴纳的增值税额；期末贷方余额，反映尚未缴纳的增值税额。

一般纳税人应纳增值税业务主要通过"应交税费——简易计税"科目进行会计核算。

二、小规模纳税人常见业务会计处理

（一）购进货物、加工修理修配劳务及其他应税服务的会计处理

小规模纳税人购进货物、加工修理修配劳务及其他应税服务所支付的进项税额，无论是否取得增值税专用发票，均不得抵扣，都应计入有关货物及劳务的成本。根据取得增值税发票等凭证，借记"原材料""周转材料""管理费用""固定资产""工程施工——合同成本""其他业务成本"等科目，贷记"应付账款""银行存款"等科目。

（二）销售货物、提供修理修配劳务及其他应税服务的会计处理

小规模纳税人销售货物、提供修理修配劳务及其他应税服务时，按确认的收入和按规定收取的增值税额，借记"应收账款""应收票据""银行存款"等科目，按规定收取的增值税额，贷记"应交税费——应交增值税"科目，按确认的收入，贷记"主营业务收入""其他业务收入"等科目。小规模纳税人提供建筑服务，根据《企业会计准则》计算确认合同收入与合同费用时，在工程结算时确认增值税纳税义务，借记"应收账款"等科目，贷记"工程结算""应交税费——应交增值税"科目。

（三）税款缴纳及退税的会计处理

小规模纳税人月份终了上交增值税时，借记"应交税费——应交增值税"科目，贷记"银行存款"科目。收到退回多交的增值税时，进行红字冲销的账务处理。

（四）初次购买税控设备及缴纳技术维护费的会计处理

按现行增值税制度规定，小规模纳税人企业初次购买增值税税控系统专用设备支付的费用以及缴纳的技术维护费允许在增值税应纳税额中全额抵减的，按规定抵减的增值税应纳税额，借记"应交税费——应交增值税"科目，贷记"管理费用"等科目。

三、一般纳税人简易计税项目的会计处理

按照规定，建筑服务清包工、甲供工程、营改增过程中的"老项目"以及销售废旧设备车辆，可以选择采用简易计税方法计税。增值税一般纳税人企业可以在"应交税费"科目下设置"简易计税"明细科目，核算一般纳税人采用简易计税方法发生的增值税计提、扣减、预缴、缴纳等业务。

（一）购进货物、加工修理修配劳务及其他应税服务的会计处理

一般纳税人购进货物、加工修理修配劳务及其他应税服务用于简易计税项目，所支付的进项税额，无论是否取得增值税专用发票，均不得抵扣，都应计入有关货物及劳务的成本。企业发生采购业务之后，根据所取得的增值税普通发票，借记"原材料""周转材料""管理费用""固定资产""工程施工——合同成本""其他业务成本"等科目，贷记"应付账款""银行存款"等科目。如果取得的是增值税专用发票，还要先进行认证，确认进项税额后，再做进项税额转出。

（二）销售货物、提供修理修配劳务及其他应税服务的会计处理

企业销售货物及应税服务选择按照简易计税方法计税时，按确认的收入和按规定收取的增值税额，借记"应收账款""应收票据""银行存款"等科目，按规定收取的增值税额，贷记"应交税费——简易计税"科目，按确认的收入，贷记"主营业务收入""其他业务收入"等科目。

纳税人提供建筑服务，按照《企业会计准则》计算确认合同收入与合同费用时，在工程结算时确认增值税纳税义务，借记"应收账款"等科目，贷记"工程结算""应交税费——简易计税"科目。

（三）总分包差额纳税的会计处理

按照规定，试点纳税人提供建筑服务适用简易计税方法的，以取得的全部价款和价外费用扣除支付的分包款后的余额为销售额。按照《国家税务总局关于发布

〈纳税人跨县（市、区）提供建筑服务增值税征收管理暂行办法〉的公告》（国家税务总局公告 2016 年第 17 号）的要求，扣除支付的分包款，应当取得符合法律、行政法规和国家税务总局规定的合法有效凭证，否则不得扣除。对于简易计税的施工项目来说，主要是指从分包方取得的备注栏注明建筑服务发生地所在县（市、区）、项目名称的增值税发票。

【例 3-46】华联建筑公司为一般纳税人，对京雄项目采用简易计税方法计税。该项目全部含税工程款 100 万元，分包给 C 公司一部分工程，含税价款 80 万元，其余部分华联公司承建，自行完成的部分含税造价为 20 万元，发生成本 16 万元。假定华联建筑公司和业主办理了一次性价款结算，并向业主开具了增值税专用发票。

华联建筑公司按差额计算缴纳的增值税额：

$$(1\ 000\ 000-800\ 000)\div(1+3\%)\times3\%=5\ 825.24(元)$$

建筑业差额纳税属于可以全额开具增值税专用发票的情况。华联建筑公司开具发票金额（不含税）、税额：

$$税额=1\ 000\ 000\div(1+3\%)\times3\%=29\ 126.21(元)$$
$$金额=1\ 000\ 000-29\ 126.21=970\ 873.79(元)$$

华联建筑公司按照上述金额和税额开具增值税专用发票。

华联建筑公司相关账务处理如下：

（1）工地发生成本费用：

借：工程施工——合同成本	160 000
贷：原材料等	160 000

（2）支付 C 公司分包款：

借：工程施工——合同成本	800 000
贷：银行存款	800 000

（3）取得分包发票且纳税义务发生时：

$$允许抵扣的税额=800\ 000\div(1+3\%)\times3\%=23\ 300.97(元)$$

借：应交税费——简易计税	23 300.97
贷：工程施工——合同成本	23 300.97

（4）确认收入和费用：

$$合同总收入=1\ 000\ 000\div(1+3\%)=970\ 873.79(元)$$
$$合同总成本=160\ 000+(800\ 000-23\ 300.97)=936\ 699.03(元)$$

借：主营业务成本	936 699.03
工程施工——合同毛利	34 174.76
贷：主营业务收入	970 873.79

（5）收取业主工程款：

```
    借：银行存款                                    1 000 000
      贷：工程结算                                    970 873.79
        应交税费——简易计税                           29 126.21
```
（6）工程项目结束：
```
    借：工程结算                                    970 873.79
      贷：工程施工——合同成本                          936 699.03
              ——合同毛利                            34 174.76
```

（四）税款缴纳及退税的会计处理

月份终了企业上交增值税时，借记"应交税费——简易计税"科目，贷记"银行存款"科目。收到退回多交的增值税时，进行红字冲销的账务处理。

【例 3-47】承例 3-46，假设该公司只有一个施工项目，在下月计算缴纳该项目增值税时的账务处理为：
```
    借：应交税费——简易计税                          5 825.24
      贷：银行存款                                    5 825.24
```

在简易计税方法下，企业可以通过多栏式账页或者通过辅助核算来反映增值税的计提、扣减、预缴、缴纳等业务。

第四节 营改增试点有关特殊事项的会计处理

《财政部关于营业税改征增值税试点有关企业会计处理规定的通知》（财会〔2012〕13 号）对营改增试点期间有关特殊事项的会计处理做出了规定。本节主要介绍期末留抵税额、财政性扶持资金以及增值税税控系统专用设备相关业务的会计处理。

一、期末留抵税额的会计处理

期末留抵税额的会计处理指兼有应税服务的原增值税一般纳税人，截止到开始试点当月月初的增值税留抵税额按照营业税改征增值税有关规定不得从应税服务的销项税额中抵扣的税额的会计处理。因小规模纳税人不存在进项税抵扣的问题，因此期末留抵税额的会计处理仅适用于一般纳税人。

期末留抵税额在"应交税费——增值税留抵税额"科目进行会计核算。开始试点当月月初，企业应按不得从应税服务的销项税额中抵扣的增值税留抵税额，借记"应交税费——增值税留抵税额"科目，贷记"应交税费——应交增值税（进项税额转出）"科目。待以后期间允许抵扣时，按允许抵扣的金额，借记"应交税费——应交增值税（进项税额）"科目，贷记"应交税费——增值税留抵税额"科目。

【例 3-48】 山东龙翔结构件公司为增值税一般纳税人，经营业务以销售自产结构件为主。另外，为客户提供结构件安装劳务。从 2016 年 5 月 1 日起，该企业安装业务实施营改增，其结构件安装劳务收入自试点之日起改征增值税。假定相关业务如下：

（1）该公司 2016 年 4 月 30 日，"应交税费——应交增值税"账户借方"进项税额"专栏有留抵税额 5.69 万元；

（2）2016 年 5 月，销售结构件取得产品收入 28 万元，销项税额 4.76 万元，安装业务收入 8 万元，销项税额 0.88 万元；

（3）2016 年 5 月，购进材料取得增值税专用发票记载的进项税额 1.28 万元，安装业务取得采购业务增值税专用发票记载的进项税额 0.16 万元。

根据上述资料，计算该公司 5 月允许抵扣的留抵税额及应纳税额：

（1）5 月销售结构件的销项税额占销售结构件和安装业务销项税额之和的比例为：$4.76 \div (4.76 + 0.88) = 84.4\%$。

（2）5 月全部业务的应纳税额为：$(4.76 + 0.88) - (1.28 + 0.16) = 4.2$（万元）。

（3）5 月结构件和安装业务的应纳税额为：$4.2 \times 84.4\% = 3.54$（万元）。

$3.54 < 5.69$，所以，5 月允许抵扣的留抵税额是 3.54 万元。

本期扣除允许抵扣的留抵税额后，5 月增值税应纳税额为：$4.2 - 3.54 = 0.66$（万元）。

相关账务处理如下：

（1）4 月 30 日，营改增之前结转销售业务留抵税额：

　　借：应交税费——增值税留抵税额　　　　　　　　　　　　　5.69
　　　　贷：应交税费——应交增值税（进项税额转出）　　　　　5.69

（2）申报 5 月增值税时，按照经计算允许抵扣的 3.54 万元，做如下账务处理：

　　借：应交税费——应交增值税（进项税额）　　　　　　　　　3.54
　　　　贷：应交税费——增值税留抵税额　　　　　　　　　　　3.54

剩余的 2.15 万元（$5.69 - 3.54$），为"应交税费——增值税留抵税额"的期末借方余额，结转以后期间按规定抵扣。

"应交税费——增值税留抵税额"科目期末余额应根据其流动性在资产负债表中的"其他流动资产"项目或"其他非流动资产"项目列示。

二、取得财政性扶持资金的会计处理

试点纳税人在营改增期间因实际税负增加而向财税部门申请取得财政扶持资金的，期末有确凿证据表明企业能够符合财政扶持政策规定的相关条件且预计能够收到财政扶持资金时，按应收的金额，借记"其他应收款"等科目，贷记"营业外收入"科目。待实际收到财政扶持资金时，按实际收到的金额，借记"银行存款"等科目，贷记"其他应收款"等科目。

4

第四章
增值税申报

《税收征收管理法》规定，纳税人必须依照法律、行政法规规定或者税务机关依照法律、行政法规规定的申报期限、申报内容如实办理纳税申报。在纳税期内没有应纳税款的，也应当按照规定办理纳税申报。凡增值税一般纳税人均需要按照《增值税一般纳税人纳税申报办法》进行纳税申报。纳税人进行纳税申报必须实行电子信息采集。使用防伪税控系统开具增值税专用发票的纳税人必须在抄报税成功后，方可进行纳税申报。

本章主要介绍增值税申报与缴纳管理、增值税一般纳税人申报办法、纳税申报表的填报等内容。

第一节 增值税申报与缴纳管理

一、增值税纳税义务发生时间

（一）基本规定

增值税纳税义务发生时间，是指增值税纳税义务人、扣缴义务人发生应税、扣缴税款行为应承担纳税义务、扣缴义务的时间。纳税义务发生时间一经确定，必须按此时间计算应缴税款。目前实行的增值税纳税义务发生时间主要依据权责发生制或现金收付制原则确定，这主要考虑与现行企业财务制度的衔接，同时加强企业财务管理，确保及时取得财政收入。

（二）现行增值税法规的规定

《增值税暂行条例》明确规定了增值税纳税义务发生时间有以下两个方面：销售货物或者应税劳务，为收讫销售款或者取得索取销售款凭据的当天；先开具发票的，为开具发票的当天。进口货物，为报关进口的当天。

按照销售结算方式的不同，具体规定如下：

（1）采取直接收款方式销售货物，不论货物是否发出，均为收到销售款或者取得索取销售款凭据的当天。

纳税人生产经营活动中采取直接收款方式销售货物，已将货物移送对方并暂估销售收入入账，但既未取得销售款或取得索取销售款凭据也未开具销售发票的，其增值税纳税义务发生时间为取得销售款或取得索取销售款凭据的当天；先开具发票的，为开具发票的当天。

（2）采取托收承付和委托银行收款方式销售货物，为发出货物并办妥托收手续的当天。

（3）采取赊销和分期收款方式销售货物，为书面合同约定的收款日期的当天，无书面合同的或者书面合同没有约定收款日期的，为货物发出的当天。

（4）采取预收货款方式销售货物，为货物发出的当天，但生产销售、生产工期超过 12 个月的大型机械设备、船舶、飞机等货物，为收到预收款或者书面合同约定的收款日期的当天。

（5）委托其他纳税人代销货物，为收到代销单位的代销清单或者收到全部或者部分货款的当天。未收到代销清单及货款的，为发出代销货物满 180 天的当天。

（6）销售应税劳务，为提供劳务同时收讫销售款或者取得索取销售款的凭据的当天。

（7）纳税人发生视同销售货物行为，为货物移送的当天。

（8）纳税人提供应税服务并收讫销售款项或者取得索取销售款项凭据的当天；先开具发票的，为开具发票的当天。

收讫销售款项，是指纳税人提供应税服务过程中或者完成后收到款项。取得索取销售款项凭据的当天，是指书面合同确定的付款日期；未签订书面合同或者书面合同未确定付款日期的，为应税服务完成的当天。

（9）增值税扣缴义务发生时间为纳税人增值税纳税义务发生的当天。

（三）营改增文件的主要规定

增值税纳税义务、扣缴义务发生时间为：

纳税人发生应税行为并收讫销售款项或者取得索取销售款项凭据的当天；先开具发票的，为开具发票的当天。

收讫销售款项，是指纳税人销售服务、无形资产、不动产过程中或者完成后收到款项。

取得索取销售款项凭据的当天，是指书面合同确定的付款日期；未签订书面合同或者书面合同未确定付款日期的，为服务、无形资产转让完成的当天或者不动产权属变更的当天。

纳税人提供租赁服务采取预收款方式的，其纳税义务发生时间为收到预收款的当天。

二、纳税期限

纳税期限，是指纳税人按照税法规定缴纳税款的期限，是负有纳税义务的纳税人向国家缴纳税款的最后时间限制。它是税收强制性、固定性在时间上的体现。任何纳税人都必须如期纳税，否则就是违反税法，会受到法律制裁。

（一）增值税纳税期限的规定

增值税的纳税期限分别为 1 日、3 日、5 日、10 日、15 日、1 个月或者 1 个季度。纳税人的具体纳税期限，由主管税务机关根据纳税人应纳税额的大小分别核定；不能按照固定期限纳税的，可以按次纳税。

以 1 个季度为纳税期限的规定适于小规模纳税人以及财政部和国家税务总局规定的其他纳税人。

（二）增值税报缴税款期限的规定

（1）纳税人以 1 个月或者 1 个季度为 1 个纳税期的，自期满之日起 15 日内申报纳税；以 1 日、3 日、5 日、10 日或者 15 日为 1 个纳税期的，自期满之日起 5 日内预缴税款，于次月 1 日起 15 日内申报纳税并结清上月应纳税款。

扣缴义务人解缴税款的期限，按照上述规定执行。

（2）纳税人进口货物，应当自海关填发海关进口增值税专用缴款书之日起 15 日内缴纳税款。

三、纳税地点

（1）固定业户应当向其机构所在地或者居住地主管税务机关申报纳税。总机构和分支机构不在同一县（市）的，应当分别向各自所在地的主管税务机关申报纳税；经财政部和国家税务总局或者其授权的财政和税务机关批准，可以由总机构汇总向总机构所在地的主管税务机关申报纳税。

（2）非固定业户应当向应税行为发生地主管税务机关申报纳税；未申报纳税的，由其机构所在地或者居住地主管税务机关补征税款。

（3）其他个人提供建筑服务，销售或者租赁不动产，转让自然资源使用权，应向建筑服务发生地、不动产所在地、自然资源所在地主管税务机关申报纳税。

（4）扣缴义务人应当向其机构所在地或者居住地主管税务机关申报缴纳扣缴的税款。

第二节　一般纳税人纳税申报

一、纳税申报资料

（一）必报资料

（1）增值税一般纳税人纳税申报表及其附列资料，包括：

①《增值税纳税申报表（一般纳税人适用）》；

②《增值税纳税申报表附列资料（一）》（本期销售情况明细）（以下简称《附列资料（一）》）；

③《增值税纳税申报表附列资料（二）》（本期进项税额明细）（以下简称《附列资料（二）》）；

④《增值税纳税申报表附列资料（三）》（服务、不动产和无形资产扣除项目明细）（以下简称《附列资料（三）》）；

一般纳税人销售服务、不动产和无形资产，在确定服务、不动产和无形资产销售额时，按照有关规定可以从取得的全部价款和价外费用中扣除价款的，需填报《附列资料（三）》。其他情况不填写该附列资料。

⑤《增值税纳税申报表附列资料（四）》（税额抵减情况表）（以下简称《附列资料（四）》）；

⑥《增值税纳税申报表附列资料（五）》（不动产分期抵扣计算表）（以下简称《附列资料（五）》）；

⑦《固定资产（不含不动产）进项税额抵扣情况表》；

⑧《本期抵扣进项税额结构明细表》；

⑨《增值税减免税申报明细表》。

（2）使用防伪税控系统的纳税人，必须报送记录当期纳税信息的IC卡（明细数据备份在软盘上的纳税人，还须报送备份数据软盘）、《增值税专用发票存根联明细表》及《增值税专用发票抵扣联明细表》。

（3）《资产负债表》和《利润表》。

（4）《成品油购销存情况明细表》（发生成品油零售业务的纳税人填报）。

（5）纳税人跨县（市）提供建筑服务、房地产开发企业预售自行开发的房地产项目、纳税人出租与机构所在地不在同一县（市）的不动产，按规定需要在项目所在地或不动产所在地主管国税机关预缴税款的，需填写《增值税预缴税款表》。

（6）主管税务机关规定的其他必报资料。

纳税申报实行电子信息采集的纳税人，除向主管税务机关报送上述必报资料的电子数据外，还需报送纸质的《增值税纳税申报表（一般纳税人适用）》（主表及附表）。

（二）备查资料

（1）已开具的税控机动车销售统一发票和普通发票的存根联。

（2）符合抵扣条件且在本期申报抵扣的增值税专用发票（含税控机动车销售统一发票）的抵扣联。

（3）符合抵扣条件且在本期申报抵扣的海关进口增值税专用缴款书、购进农产品取得的普通发票的复印件。

（4）符合抵扣条件且在本期申报抵扣的税收完税凭证及其清单，书面合同、付款证明和境外单位的对账单或者发票。

（5）已开具的农产品收购凭证的存根联或报查联。

（6）纳税人销售服务、不动产和无形资产，在确定服务、不动产和无形资产销售额时，按照有关规定从取得的全部价款和价外费用中扣除价款的合法凭证及其清单。

（7）主管税务机关规定的其他资料。

纳税申报其他资料的报备要求由各省、自治区、直辖市和计划单列市国家税务局确定。

二、增值税纳税申报资料的管理

（一）增值税纳税申报必报资料

纳税人在纳税申报期内，应及时将全部必报资料的电子数据报送主管税务机关，并在主管税务机关按照税法规定确定的期限内（具体时间由各省级国家税务局确定），将要求报送的纸质的必报资料（具体份数由各省级国家税务局确定）报送主管税务机关，税务机关签收后，一份退还纳税人，其余留存。

（二）增值税纳税申报备查资料

纳税人在月度终了后，应将备查资料认真整理并装订成册。

（1）属于整本开具的手工版增值税专用发票及普通发票的存根联，按原顺序装订；开具的电脑版增值税专用发票，包括防伪税控系统开具的增值税专用发票的存根联，应按开票顺序号码每25份装订一册，不足25份的按实际开具份数装订。

（2）对属于扣税凭证的单证，根据取得的时间顺序，按单证种类每25份装订一册，不足25份的按实际份数装订。

（3）装订时，必须使用税务机关统一规定的《征税/扣税单证汇总簿封面》（以下简称《封面》），并按规定填写封面内容，由办税人员和财务人员审核签章。启用《封面》后，纳税人可不再填写原增值税专用发票的封面内容。

（4）纳税人当月未使用完的手工版增值税专用发票，暂不加装《封面》，两个月仍未使用完的，应在主管税务机关对其剩余部分剪角作废的当月加装《封面》。

纳税人开具的普通发票及收购凭证在其整本使用完毕的当月，加装《封面》。

（5）《封面》的内容包括纳税人单位名称、本册单证份数、金额、税额、本月此种单证总册数及本册单证编号、税款所属时间等，具体格式由各省级国家税务局制定。

（三）《增值税纳税申报表（一般纳税人适用）》（主表及附表）购领

《增值税纳税申报表（一般纳税人适用）》（主表及附表）由纳税人向主管税务机

关购领。

第三节　一般纳税人申报表填写说明

本纳税申报表及其附列资料填写说明（以下简称本表及填写说明）适用于增值税一般纳税人（以下简称纳税人）。

一、名词解释

（1）本表及填写说明所称"货物"，是指增值税的应税货物。

（2）本表及填写说明所称"劳务"，是指增值税的应税加工、修理、修配劳务。

（3）本表及填写说明所称"服务、不动产和无形资产"，是指销售服务、不动产和无形资产。

（4）本表及填写说明所称"按适用税率计税"、"按适用税率计算"和"一般计税方法"，均指按"应纳税额＝当期销项税额－当期进项税额"公式计算增值税应纳税额的计税方法。

（5）本表及填写说明所称"按简易办法计税"、"按简易征收办法计算"和"简易计税方法"，均指按"应纳税额＝销售额×征收率"公式计算增值税应纳税额的计税方法。

（6）本表及填写说明所称"扣除项目"，是指纳税人销售服务、不动产和无形资产，在确定销售额时，按照有关规定允许其从取得的全部价款和价外费用中扣除价款的项目。

二、《增值税纳税申报表（一般纳税人适用）》填写说明

（1）"税款所属时间"：指纳税人申报的增值税应纳税额的所属时间，应填写具体的起止年、月、日。

（2）"填表日期"：指纳税人填写本表的具体日期。

（3）"纳税人识别号"：填写纳税人的税务登记证件号码。

（4）"所属行业"：按照国民经济行业分类与代码中的小类行业填写。

（5）"纳税人名称"：填写纳税人单位名称全称。

（6）"法定代表人姓名"：填写纳税人法定代表人的姓名。

（7）"注册地址"：填写纳税人税务登记证件所注明的详细地址。

（8）"生产经营地址"：填写纳税人实际生产经营地的详细地址。

（9）"开户银行及账号"：填写纳税人开户银行的名称和纳税人在该银行的结算账户号码。

（10）"登记注册类型"：按纳税人税务登记证件的栏目内容填写。

（11）"电话号码"：填写可联系到纳税人的常用电话号码。

（12）"即征即退项目"列：填写纳税人按规定享受增值税即征即退政策的货物、劳务和服务、不动产、无形资产的征（退）税数据。

（13）"一般项目"列：填写除享受增值税即征即退政策以外的货物、劳务和服务、不动产、无形资产的征（免）税数据。

（14）"本年累计"列：一般填写本年度内各月"本月数"之和。其中，第13、20、25、32、36、38栏及第18栏"一般项目"列的"本年累计"分别按本填写说明第（27）、（34）、（39）、（46）、（50）、（52）、（32）项要求填写。

（15）第1栏"（一）按适用税率计税销售额"：填写纳税人本期按一般计税方法计算缴纳增值税的销售额，包含：在财务上不做销售但按税法规定应缴纳增值税的视同销售和价外费用的销售额；外贸企业作价销售进料加工复出口货物的销售额；税务、财政、审计部门检查后按一般计税方法计算调整的销售额。

营业税改征增值税的纳税人，服务、不动产和无形资产有扣除项目的，本栏应填写扣除之前的不含税销售额。

本栏"一般项目"列"本月数"＝《附列资料（一）》第9列第1至5行之和－第9列第6、7行之和；本栏"即征即退项目"列"本月数"＝《附列资料（一）》第9列第6、7行之和。

（16）第2栏"其中：应税货物销售额"：填写纳税人本期按适用税率计算增值税的应税货物的销售额。包含在财务上不做销售但按税法规定应缴纳增值税的视同销售货物和价外费用销售额，以及外贸企业作价销售进料加工复出口货物的销售额。

（17）第3栏"应税劳务销售额"：填写纳税人本期按适用税率计算增值税的应税劳务的销售额。

（18）第4栏"纳税检查调整的销售额"：填写纳税人因税务、财政、审计部门检查，并按一般计税方法在本期计算调整的销售额。但享受增值税即征即退政策的货物、劳务和服务、不动产、无形资产，经纳税检查属于偷税的，不填入"即征即退项目"列，而应填入"一般项目"列。

营业税改征增值税的纳税人，服务、不动产和无形资产有扣除项目的，本栏应填写扣除之前的不含税销售额。

本栏"一般项目"列"本月数"＝《附列资料（一）》第7列第1至5行之和。

（19）第5栏"按简易办法计税销售额"：填写纳税人本期按简易计税方法计算增值税的销售额。包含纳税检查调整按简易计税方法计算增值税的销售额。

营业税改征增值税的纳税人，服务、不动产和无形资产有扣除项目的，本栏应填写扣除之前的不含税销售额；服务、不动产和无形资产按规定汇总计算缴纳增值税的分支机构，其当期按预征率计算缴纳增值税的销售额也填入本栏。

本栏"一般项目"列"本月数"≥《附列资料（一）》第 9 列第 8 至 13b 行之和－第 9 列第 14、15 行之和；本栏"即征即退项目"列"本月数"≥《附列资料（一）》第 9 列第 14、15 行之和。

（20）第 6 栏"其中：纳税检查调整的销售额"：填写纳税人因税务、财政、审计部门检查，并按简易计税方法在本期计算调整的销售额。但享受增值税即征即退政策的货物、劳务和服务、不动产、无形资产，经纳税检查属于偷税的，不填入"即征即退项目"列，而应填入"一般项目"列。

营业税改征增值税的纳税人，服务、不动产和无形资产有扣除项目的，本栏应填写扣除之前的不含税销售额。

（21）第 7 栏"免、抵、退办法出口销售额"：填写纳税人本期适用免、抵、退税办法的出口货物、劳务和服务、无形资产的销售额。

营业税改征增值税的纳税人，服务、无形资产有扣除项目的，本栏应填写扣除之前的销售额。

本栏"一般项目"列"本月数"＝《附列资料（一）》第 9 列第 16、17 行之和。

（22）第 8 栏"免税销售额"：填写纳税人本期按照税法规定免征增值税的销售额和适用零税率的销售额，但零税率的销售额中不包括适用免、抵、退税办法的销售额。

营业税改征增值税的纳税人，服务、不动产和无形资产有扣除项目的，本栏应填写扣除之前的免税销售额。

本栏"一般项目"列"本月数"＝《附列资料（一）》第 9 列第 18、19 行之和。

（23）第 9 栏"其中：免税货物销售额"：填写纳税人本期按照税法规定免征增值税的货物销售额及适用零税率的货物销售额，但零税率的销售额中不包括适用免、抵、退税办法出口货物的销售额。

（24）第 10 栏"免税劳务销售额"：填写纳税人本期按照税法规定免征增值税的劳务销售额及适用零税率的劳务销售额，但零税率的销售额中不包括适用免、抵、退税办法的劳务的销售额。

（25）第 11 栏"销项税额"：填写纳税人本期按一般计税方法计税的货物、劳务和服务、不动产、无形资产的销项税额。

营业税改征增值税的纳税人，服务、不动产和无形资产有扣除项目的，本栏应填写扣除之后的销项税额。

本栏"一般项目"列"本月数"＝《附列资料（一）》（第 10 列第 1、3、4a 行之和－第 10 列第 6 行）＋（第 14 列第 2、4、5 行之和－第 14 列第 7 行）；

本栏"即征即退项目"列"本月数"＝《附列资料（一）》第 10 列第 6 行＋第

14 列第 7 行。

（26）第 12 栏"进项税额"：填写纳税人本期申报抵扣的进项税额。

本栏"一般项目"列"本月数"＋"即征即退项目"列"本月数"＝《附列资料（二）》第 12 栏"税额"。

（27）第 13 栏"上期留抵税额"：

①上期留抵税额按规定须挂账的纳税人，按以下要求填写本栏的"本月数"和"本年累计"。

上期留抵税额按规定须挂账的纳税人是指试点实施之日前一个税款所属期的申报表第 20 栏"期末留抵税额"的"一般货物、劳务和应税服务"列"本月数"大于零，且兼有营业税改征增值税服务、不动产和无形资产的纳税人（下同）。其试点实施之日前一个税款所属期的申报表第 20 栏"期末留抵税额"的"一般货物、劳务和应税服务"列"本月数"，以下称为货物和劳务挂账留抵税额。

A．本栏"一般项目"列"本月数"：试点实施之日的税款所属期填写"0"；以后各期按上期申报表第 20 栏"期末留抵税额"的"一般项目"列"本月数"填写。

B．本栏"一般项目"列"本年累计"：反映货物和劳务挂账留抵税额本期期初余额。试点实施之日的税款所属期按试点实施之日前一个税款所属期的申报表第 20 栏"期末留抵税额"的"一般货物、劳务和应税服务"列"本月数"填写；以后各期按上期申报表第 20 栏"期末留抵税额"的"一般项目"列"本年累计"填写。

C．本栏"即征即退项目"列"本月数"：按上期申报表第 20 栏"期末留抵税额"的"即征即退项目"列"本月数"填写。

②其他纳税人，按以下要求填写本栏"本月数"和"本年累计"。

其他纳税人是指除上期留抵税额按规定须挂账的纳税人之外的纳税人（下同）。

A．本栏"一般项目"列"本月数"：按上期申报表第 20 栏"期末留抵税额"的"一般项目"列"本月数"填写。

B．本栏"一般项目"列"本年累计"：填写"0"。

C．本栏"即征即退项目"列"本月数"：按上期申报表第 20 栏"期末留抵税额"的"即征即退项目"列"本月数"填写。

（28）第 14 栏"进项税额转出"：填写纳税人已经抵扣，但按税法规定本期应转出的进项税额。

本栏"一般项目"列"本月数"＋"即征即退项目"列"本月数"＝《附列资料（二）》第 13 栏"税额"。

（29）第 15 栏"免、抵、退应退税额"：反映税务机关退税部门按照出口货物、劳务和服务、无形资产免、抵、退办法审批的增值税应退税额。

（30）第 16 栏"按适用税率计算的纳税检查应补缴税额"：填写税务、财政、审计部门检查，按一般计税方法计算的纳税检查应补缴的增值税税额。

本栏"一般项目"列"本月数"≤《附列资料（一）》第 8 列第 1 至 5 行之和＋

《附列资料（二）》第 19 栏。

（31）第 17 栏"应抵扣税额合计"：填写纳税人本期应抵扣进项税额的合计数。按表中所列公式计算填写。

（32）第 18 栏"实际抵扣税额"：

①上期留抵税额按规定须挂账的纳税人，按以下要求填写本栏的"本月数"和"本年累计"。

A. 本栏"一般项目"列"本月数"：按表中所列公式计算填写。

B. 本栏"一般项目"列"本年累计"：填写货物和劳务挂账留抵税额本期实际抵减一般货物和劳务应纳税额的数额。将"货物和劳务挂账留抵税额本期期初余额"与"一般计税方法的一般货物及劳务应纳税额"两个数据相比较，取二者中小的数据。

其中：货物和劳务挂账留抵税额本期期初余额＝第 13 栏"上期留抵税额""一般项目"列"本年累计"；

一般计税方法的一般货物及劳务应纳税额＝（第 11 栏"销项税额"的"一般项目"列"本月数"－第 18 栏"实际抵扣税额"的"一般项目"列"本月数"）×一般货物及劳务销项税额比例；

一般货物及劳务销项税额比例＝（《附列资料（一）》第 10 列第 1、3、4a 行之和－第 10 列第 6 行）÷第 11 栏"销项税额"的"一般项目"列"本月数"×100％。

C. 本栏"即征即退项目"列"本月数"：按表中所列公式计算填写。

②其他纳税人，按以下要求填写本栏的"本月数"和"本年累计"：

A. 本栏"一般项目"列"本月数"：按表中所列公式计算填写。

B. 本栏"一般项目"列"本年累计"：填写"0"。

C. 本栏"即征即退项目"列"本月数"：按表中所列公式计算填写。

（33）第 19 栏"应纳税额"：反映纳税人本期按一般计税方法计算并应缴纳的增值税额。按以下公式计算填写：

①本栏"一般项目"列"本月数"＝第 11 栏"销项税额"的"一般项目"列"本月数"－第 18 栏"实际抵扣税额"的"一般项目"列"本月数"－第 18 栏"实际抵扣税额"的"一般项目"列"本年累计"。

②本栏"即征即退项目"列"本月数"＝第 11 栏"销项税额"的"即征即退项目"列"本月数"－第 18 栏"实际抵扣税额"的"即征即退项目"列"本月数"。

（34）第 20 栏"期末留抵税额"：

①上期留抵税额按规定须挂账的纳税人，按以下要求填写本栏的"本月数"和"本年累计"：

A. 本栏"一般项目"列"本月数"：反映试点实施以后，货物、劳务和服务、不动产、无形资产共同形成的留抵税额。按表中所列公式计算填写。

B. 本栏"一般项目"列"本年累计"：反映货物和劳务挂账留抵税额，在试点实施以后抵减一般货物和劳务应纳税额后的余额。按以下公式计算填写：

本栏"一般项目"列"本年累计"＝第13栏"上期留抵税额"的"一般项目"列"本年累计"－第18栏"实际抵扣税额"的"一般项目"列"本年累计"。

C. 本栏"即征即退项目"列"本月数"：按表中所列公式计算填写。

②其他纳税人，按以下要求填写本栏"本月数"和"本年累计"：

A. 本栏"一般项目"列"本月数"：按表中所列公式计算填写。

B. 本栏"一般项目"列"本年累计"：填写"0"。

C. 本栏"即征即退项目"列"本月数"：按表中所列公式计算填写。

（35）第21栏"简易计税办法计算的应纳税额"：反映纳税人本期按简易计税方法计算并应缴纳的增值税额，但不包括按简易计税方法计算的纳税检查应补缴税额。按以下公式计算填写：

本栏"一般项目"列"本月数"＝《附列资料（一）》（第10列第8、9a、10、11行之和－第10列第14行）＋（第14列第9b、12、13a、13b行之和－第14列第15行）；

本栏"即征即退项目"列"本月数"＝《附列资料（一）》第10列第14行＋第14列第15行。

营业税改征增值税的纳税人，服务、不动产和无形资产按规定汇总计算缴纳增值税的分支机构，应将预征增值税额填入本栏。预征增值税额＝应预征增值税的销售额×预征率。

（36）第22栏"按简易计税办法计算的纳税检查应补缴税额"：填写纳税人本期因税务、财政、审计部门检查并按简易计税方法计算的纳税检查应补缴税额。

（37）第23栏"应纳税额减征额"：填写纳税人本期按照税法规定减征的增值税应纳税额。包含按照规定可在增值税应纳税额中全额抵减的增值税税控系统专用设备费用以及技术维护费。

当本期减征额小于或等于第19栏"应纳税额"与第21栏"简易计税办法计算的应纳税额"之和时，按本期减征额实际填写；当本期减征额大于第19栏"应纳税额"与第21栏"简易计税办法计算的应纳税额"之和时，按本期第19栏与第21栏之和填写。本期减征额不足抵减部分结转下期继续抵减。

（38）第24栏"应纳税额合计"：反映纳税人本期应缴增值税的合计数。按表中所列公式计算填写。

（39）第25栏"期初未缴税额（多缴为负数）"："本月数"按上一税款所属期申报表第32栏"期末未缴税额（多缴为负数）"的"本月数"填写。"本年累计"按上年度最后一个税款所属期申报表第32栏"期末未缴税额（多缴为负数）"的"本年累计"填写。

（40）第26栏"实收出口开具专用缴款书退税额"：本栏不填写。

（41）第27栏"本期已缴税额"：反映纳税人本期实际缴纳的增值税额，但不包括本期入库的查补税款。按表中所列公式计算填写。

（42）第 28 栏"①分次预缴税额"：填写纳税人本期已缴纳的准予在本期增值税应纳税额中抵减的税额。

营业税改征增值税的纳税人，分以下几种情况填写：

①服务、不动产和无形资产按规定汇总计算缴纳增值税的总机构，其可以从本期增值税应纳税额中抵减的分支机构已缴纳的税款，按当期实际可抵减数填入本栏，不足抵减部分结转下期继续抵减。

②销售建筑服务并按规定预缴增值税的纳税人，其可以从本期增值税应纳税额中抵减的已缴纳的税款，按当期实际可抵减数填入本栏，不足抵减部分结转下期继续抵减。

③销售不动产并按规定预缴增值税的纳税人，其可以从本期增值税应纳税额中抵减的已缴纳的税款，按当期实际可抵减数填入本栏，不足抵减部分结转下期继续抵减。

④出租不动产并按规定预缴增值税的纳税人，其可以从本期增值税应纳税额中抵减的已缴纳的税款，按当期实际可抵减数填入本栏，不足抵减部分结转下期继续抵减。

（43）第 29 栏"②出口开具专用缴款书预缴税额"：本栏不填写。

（44）第 30 栏"③本期缴纳上期应纳税额"：填写纳税人本期缴纳上一税款所属期应缴未缴的增值税额。

（45）第 31 栏"④本期缴纳欠缴税额"：反映纳税人本期实际缴纳和留抵税额抵减的增值税欠税额，但不包括缴纳入库的查补增值税额。

（46）第 32 栏"期末未缴税额（多缴为负数）"："本月数"反映纳税人本期期末应缴未缴的增值税额，但不包括纳税检查应缴未缴的税额。按表中所列公式计算填写。"本年累计"与"本月数"相同。

（47）第 33 栏"其中：欠缴税额（≥0）"：反映纳税人按照税法规定已形成欠税的增值税额。按表中所列公式计算填写。

（48）第 34 栏"本期应补（退）税额"：反映纳税人本期应纳税额中应补缴或应退回的数额。按表中所列公式计算填写。

（49）第 35 栏"即征即退实际退税额"：反映纳税人本期因符合增值税即征即退政策规定，而实际收到的税务机关退回的增值税额。

（50）第 36 栏"期初未缴查补税额"："本月数"按上一税款所属期申报表第 38 栏"期末未缴查补税额"的"本月数"填写。"本年累计"按上年度最后一个税款所属期申报表第 38 栏"期末未缴查补税额"的"本年累计"填写。

（51）第 37 栏"本期入库查补税额"：反映纳税人本期因税务、财政、审计部门检查而实际入库的增值税额，包括按一般计税方法计算并实际缴纳的查补增值税额和按简易计税方法计算并实际缴纳的查补增值税额。

（52）第38栏"期末未缴查补税额"："本月数"反映纳税人接受纳税检查后应在本期期末缴纳而未缴纳的查补增值税额。按表中所列公式计算填写，"本年累计"与"本月数"相同。

三、《增值税纳税申报表附列资料（一）》（本期销售情况明细）填写说明

（一）"税款所属时间""纳税人名称"的填写

"税款所属时间""纳税人名称"的填写同主表。

（二）各列填写说明

（1）第1至2列"开具增值税专用发票"：反映本期开具增值税专用发票（含税控机动车销售统一发票，下同）的情况。

（2）第3至4列"开具其他发票"：反映除增值税专用发票以外本期开具的其他发票的情况。

（3）第5至6列"未开具发票"：反映本期未开具发票的销售情况。

（4）第7至8列"纳税检查调整"：反映经税务、财政、审计部门检查并在本期调整的销售情况。

（5）第9至11列"合计"：按照表中所列公式填写。

营业税改征增值税的纳税人，服务、不动产和无形资产有扣除项目的，第1至11列应填写扣除之前的征（免）税销售额、销项（应纳）税额和价税合计额。

（6）第12列"服务、不动产和无形资产扣除项目本期实际扣除金额"：营业税改征增值税的纳税人，服务、不动产和无形资产有扣除项目的，按《附列资料（三）》第5列对应各行次数据填写，其中本列第5栏等于《附列资料（三）》第5列第3行与第4行之和；服务、不动产和无形资产无扣除项目的，本列填写"0"。其他纳税人不填写。

营业税改征增值税的纳税人，服务、不动产和无形资产按规定汇总计算缴纳增值税的分支机构，当期服务、不动产和无形资产有扣除项目的，填入本列第13行。

（7）第13列"扣除后"之"含税（免税）销售额"：营业税改征增值税的纳税人，服务、不动产和无形资产有扣除项目的，本列各行次＝第11列对应各行次－第12列对应各行次。其他纳税人不填写。

（8）第14列"扣除后"之"销项（应纳）税额"：营业税改征增值税的纳税人，服务、不动产和无形资产有扣除项目的，按以下要求填写本列，其他纳税人不填写。

①服务、不动产和无形资产按照一般计税方法计税：

本列各行次＝第13列÷（100%＋对应行次税率）×对应行次税率

本列第7行"按一般计税方法计税的即征即退服务、不动产和无形资产"不按本列的说明填写。具体填写要求见"各行填写说明"第（2）项第②目第C点的说明。

②服务、不动产和无形资产按照简易计税方法计税：

$$本列各行次 = 第13列 \div (100\% + 对应行次征收率) \times 对应行次征收率$$

本列第13行"预征率%"不按本列的说明填写。具体填写要求见"各行填写说明"第（4）项第②目。

③服务、不动产和无形资产实行免抵退税或免税的，本列不填写。

（三）各行填写说明

（1）第1至5行"一、一般计税方法计税"之"全部征税项目"各行：按不同税率和项目分别填写按一般计税方法计算增值税的全部征税项目。有即征即退征税项目的纳税人，本部分数据中既包括即征即退征税项目，又包括不享受即征即退政策的一般征税项目。

（2）第6至7行"一、一般计税方法计税"之"其中：即征即退项目"各行：只反映按一般计税方法计算增值税的即征即退项目。按照税法规定不享受即征即退政策的纳税人，不填写本行。即征即退项目是全部征税项目的其中数。

①第6行"即征即退货物及加工修理修配劳务"：反映按一般计税方法计算增值税且享受即征即退政策的货物和加工修理修配劳务。本行不包括服务、不动产和无形资产的内容。

A. 本行第9列"合计"之"销售额"栏：反映按一般计税方法计算增值税且享受即征即退政策的货物及加工修理修配劳务的不含税销售额。该栏不按第9列所列公式计算，应按照税法规定据实填写。

B. 本行第10列"合计"之"销项（应纳）税额"栏：反映按一般计税方法计算增值税且享受即征即退政策的货物及加工修理修配劳务的销项税额。该栏不按第10列所列公式计算，应按照税法规定据实填写。

②第7行"即征即退服务、不动产和无形资产"：反映按一般计税方法计算增值税且享受即征即退政策的服务、不动产和无形资产。本行不包括货物及加工修理修配劳务的内容。

A. 本行第9列"合计"之"销售额"栏：反映按一般计税方法计算增值税且享受即征即退政策的服务、不动产和无形资产的不含税销售额。服务、不动产和无形资产有扣除项目的，按扣除之前的不含税销售额填写。该栏不按第9列所列公式计算，应按照税法规定据实填写。

B. 本行第10列"合计"之"销项（应纳）税额"栏：反映按一般计税方法计算增值税且享受即征即退政策的服务、不动产和无形资产的销项税额。服务、不动产和无形资产有扣除项目的，按扣除之前的销项税额填写。该栏不按第10列所列公式计算，应按照税法规定据实填写。

C. 本行第 14 列"扣除后"之"销项（应纳）税额"栏：反映按一般计税方法征收增值税且享受即征即退政策的服务、不动产和无形资产实际应计提的销项税额。服务、不动产和无形资产有扣除项目的，按扣除之后的销项税额填写；服务、不动产和无形资产无扣除项目的，按本行第 10 列填写。该栏不按第 14 列所列公式计算，应按照税法规定据实填写。

（3）第 8 至 12 行"二、简易计税方法计税"之"全部征税项目"各行：按不同征收率和项目分别填写按简易计税方法计算增值税的全部征税项目。有即征即退征税项目的纳税人，本部分数据中既包括即征即退项目，也包括不享受即征即退政策的一般征税项目。

（4）第 13a 至 13c 行"二、简易计税方法计税"之"预征率　％"：反映营业税改征增值税的纳税人，服务、不动产和无形资产按规定汇总计算缴纳增值税的分支机构，预征增值税销售额、预征增值税应纳税额。其中，第 13a 行"预征率　％"适用于所有实行汇总计算缴纳增值税的分支机构试点纳税人；第 13b、13c 行"预征率　％"适用于部分实行汇总计算缴纳增值税的铁路运输试点纳税人。

①第 13a 至 13c 行第 1 至 6 列按照销售额和销项税额的实际发生数填写。

②第 13a 至 13c 行第 14 列，纳税人按"应预征缴纳的增值税＝应预征增值税销售额×预征率"公式计算后据实填写。

（5）第 14 至 15 行"二、简易计税方法计税"之"其中：即征即退项目"各行：只反映按简易计税方法计算增值税的即征即退项目。按照税法规定不享受即征即退政策的纳税人，不填写本行。即征即退项目是全部征税项目的其中数。

①第 14 行"即征即退货物及加工修理修配劳务"：反映按简易计税方法计算增值税且享受即征即退政策的货物及加工修理修配劳务。本行不包括服务、不动产和无形资产的内容。

A. 本行第 9 列"合计"之"销售额"栏：反映按简易计税方法计算增值税且享受即征即退政策的货物及加工修理修配劳务的不含税销售额。该栏不按第 9 列所列公式计算，应按照税法规定据实填写。

B. 本行第 10 列"合计"之"销项（应纳）税额"栏：反映按简易计税方法计算增值税且享受即征即退政策的货物及加工修理修配劳务的应纳税额。该栏不按第 10 列所列公式计算，应按照税法规定据实填写。

②第 15 行"即征即退服务、不动产和无形资产"：反映按简易计税方法计算增值税且享受即征即退政策的服务、不动产和无形资产。本行不包括货物及加工修理修配劳务的内容。

A. 本行第 9 列"合计"之"销售额"栏：反映按简易计税方法计算增值税且享受即征即退政策的服务、不动产和无形资产的不含税销售额。服务、不动产和无形资产有扣除项目的，按扣除之前的不含税销售额填写。该栏不按第 9 列所列公式计算，应按照税法规定据实填写。

B. 本行第 10 列"合计"之"销项（应纳）税额"栏：反映按简易计税方法计算增值税且享受即征即退政策的服务、不动产和无形资产的应纳税额。服务、不动产和无形资产有扣除项目的，按扣除之前的应纳税额填写。该栏不按第 10 列所列公式计算，应按照税法规定据实填写。

C. 本行第 14 列"扣除后"之"销项（应纳）税额"栏：反映按简易计税方法计算增值税且享受即征即退政策的服务、不动产和无形资产实际应计提的应纳税额。服务、不动产和无形资产有扣除项目的，按扣除之后的应纳税额填写；服务、不动产和无形资产无扣除项目的，按本行第 10 列填写。

（6）第 16 行"三、免抵退税"之"货物及加工修理修配劳务"：反映适用免、抵、退税政策的出口货物、加工修理修配劳务。

（7）第 17 行"三、免抵退税"之"服务、不动产和无形资产"：反映适用免、抵、退税政策的服务、不动产和无形资产。

（8）第 18 行"四、免税""货物及加工修理修配劳务"：反映按照税法规定免征增值税的货物及劳务和适用零税率的出口货物及劳务，但零税率的销售额中不包括适用免、抵、退税办法的出口货物及劳务。

（9）第 19 行"四、免税""服务、不动产和无形资产"：反映按照税法规定免征增值税的服务、不动产、无形资产和适用零税率的服务、不动产、无形资产，但零税率的销售额中不包括适用免、抵、退税办法的服务、不动产和无形资产。

四、《增值税纳税申报表附列资料（二）》（本期进项税额明细）填写说明

（一）"税款所属时间""纳税人名称"的填写

"税款所属时间""纳税人名称"的填写同主表。

（二）第 1 至 12 栏"一、申报抵扣的进项税额"各栏

第 1 至 12 栏"一、申报抵扣的进项税额"：分别反映纳税人按税法规定符合抵扣条件，在本期申报抵扣的进项税额。

（1）第 1 栏"（一）认证相符的增值税专用发票"：反映纳税人取得的认证相符本期申报抵扣的增值税专用发票情况。该栏应等于第 2 栏"本期认证相符且本期申报抵扣"与第 3 栏"前期认证相符且本期申报抵扣"数据之和。

（2）第 2 栏"其中：本期认证相符且本期申报抵扣"：反映本期认证相符且本期申报抵扣的增值税专用发票的情况。本栏是第 1 栏的其中数，本栏只填写本期认证相符且本期申报抵扣的部分。

适用于取消增值税发票认证规定的纳税人，当期申报抵扣的增值税发票数据，也填报在本栏中。

（3）第 3 栏"前期认证相符且本期申报抵扣"：反映前期认证相符且本期申报抵扣的增值税专用发票的情况。

辅导期纳税人依据税务机关告知的稽核比对结果通知书及明细清单注明的稽核相符的增值税专用发票填写本栏。本栏是第 1 栏的其中数，只填写前期认证相符且本期申报抵扣的部分。

（4）第 4 栏"（二）其他扣税凭证"：反映本期申报抵扣的除增值税专用发票之外的其他扣税凭证的情况。具体包括：海关进口增值税专用缴款书、农产品收购发票或者销售发票（含农产品核定扣除的进项税额）、代扣代缴税收完税凭证和其他符合政策规定的抵扣凭证。该栏应等于第 5 至 8 栏之和。

（5）第 5 栏"海关进口增值税专用缴款书"：反映本期申报抵扣的海关进口增值税专用缴款书的情况。按规定执行海关进口增值税专用缴款书先比对后抵扣的，纳税人需依据税务机关告知的稽核比对结果通知书及明细清单注明的稽核相符的海关进口增值税专用缴款书填写本栏。

（6）第 6 栏"农产品收购发票或者销售发票"：反映本期申报抵扣的农产品收购发票和农产品销售普通发票的情况。执行农产品增值税进项税额核定扣除办法的，填写当期允许抵扣的农产品增值税进项税额，不填写"份数""金额"。

未纳入农产品增值税进项税额核定扣除试点范围的纳税人，在购进农业生产者自产农产品或者从小规模纳税人处购进农产品的当期，凭取得（开具）的农产品销售发票、收购发票和增值税专用发票按照 11％扣除率计算当期可抵扣的进项税额，填入《附列资料（二）》第 6 栏"农产品收购发票或者销售发票"栏。

如纳税人购买的农产品（包括购买时取得增值税专用发票、海关进口增值税专用缴款书、农产品收购发票或者销售发票等情形）用于生产销售或委托受托加工 17％税率货物，于生产领用当期按简并税率前的扣除率与 11％之间的差额计算当期可加计扣除的农产品进项税额，填入《附列资料（二）》第 8a 栏"加计扣除农产品进项税额""税额"栏。

$$\frac{\text{加计扣除农产品}}{\text{进项税额}} = \frac{\text{当期生产领用农产品已按 11％税率}}{\text{（扣除率）抵扣税额}} \div$$

$$11\% \times (\text{简并税率前的扣除率} - 11\%)$$

（7）第 7 栏"代扣代缴税收缴款凭证"：填写本期按规定准予抵扣的完税凭证上注明的增值税额。

（8）第 8 栏"加计扣除农产品进项税额"和"其他"：反映按规定本期可以申报抵扣的其他扣税凭证情况。

纳税人按照规定不得抵扣且未抵扣进项税额的固定资产、无形资产、不动产，发生用途改变，用于允许抵扣进项税额的应税项目，可在用途改变的次月将按公式计算出的可以抵扣的进项税额，填入"税额"栏。增值税一般纳税人支付道路、桥、闸通行费，按照政策规定，以取得的通行费发票（不含财政票据）上注明的收费金额计算的可抵扣进项税额，填入此栏。

"加计扣除农产品进项税额"栏用来单独体现未纳入农产品增值税进项税额核定扣除试点范围的纳税人，将购进的农产品用于生产销售或委托受托加工 17％税率货物时，为维持原农产品扣除力度不变加计扣除的农产品进项税额。

（9）第 9 栏"（三）本期用于购建不动产的扣税凭证"：反映按规定本期用于购建不动产并适用分两年抵扣规定的扣税凭证上注明的金额和税额。购建不动产是指纳税人 2016 年 5 月 1 日后取得并在会计制度上按固定资产核算的不动产或者 2016 年 5 月 1 日后取得的不动产在建工程。

取得不动产，包括以直接购买、接受捐赠、接受投资入股、自建以及抵债等各种形式取得不动产，不包括房地产开发企业自行开发的房地产项目。

本栏次包括第 1 栏中本期用于购建不动产的增值税专用发票和第 4 栏中本期用于购建不动产的其他扣税凭证。

本栏"金额""税额"＜第 1 栏＋第 4 栏且本栏"金额""税额"≥0。

纳税人按照规定不得抵扣且未抵扣进项税额的不动产，发生用途改变，用于允许抵扣进项税额的应税项目，可在用途改变的次月将按公式计算出的可以抵扣的进项税额，填入"税额"栏。

本栏"税额"列＝《附列资料（五）》第 2 列"本期不动产进项税额增加额"。

（10）第 10 栏"（四）本期不动产允许抵扣进项税额"：反映按规定本期实际申报抵扣的不动产进项税额。

本栏"税额"列＝《附列资料（五）》第 3 列"本期可抵扣不动产进项税额"。

（11）第 11 栏"（五）外贸企业进项税额抵扣证明"：填写本期申报抵扣的税务机关出口退税部门开具的《出口货物转内销证明》列明允许抵扣的进项税额。

（12）第 12 栏"当期申报抵扣进项税额合计"：反映本期申报抵扣进项税额的合计数。按表中所列公式计算填写。

（三）第 13 至 23 栏"二、进项税额转出额"各栏

第 13 至 23 栏"二、进项税额转出额"各栏分别反映纳税人已经抵扣但按规定应在本期转出的进项税额明细情况。

（1）第 13 栏"本期进项税额转出额"：反映已经抵扣但按规定应在本期转出的进项税额合计数。按表中所列公式计算填写。

（2）第 14 栏"免税项目用"：反映用于免征增值税项目，按规定应在本期转出的进项税额。

（3）第 15 栏"集体福利、个人消费"：反映用于集体福利或者个人消费，按规定应在本期转出的进项税额。

（4）第 16 栏"非正常损失"：反映纳税人发生非正常损失，按规定应在本期转出的进项税额。

（5）第 17 栏"简易计税方法征税项目用"：反映用于按简易计税方法征税项目，按规定应在本期转出的进项税额。

营业税改征增值税的纳税人，服务、不动产和无形资产按规定汇总计算缴纳增值税的分支机构，当期应由总机构汇总的进项税额也填入本栏。

（6）第 18 栏"免抵退税办法不得抵扣的进项税额"：反映按照免、抵、退税办法的规定，由于征税税率与退税税率存在税率差，在本期应转出的进项税额。

（7）第 19 栏"纳税检查调减进项税额"：反映税务、财政、审计部门检查后而调减的进项税额。

（8）第 20 栏"红字专用发票信息表注明的进项税额"：填写主管税务机关开具的《开具红字增值税专用发票信息表》注明的在本期应转出的进项税额。

（9）第 21 栏"上期留抵税额抵减欠税"：填写本期经税务机关同意，使用上期留抵税额抵减欠税的数额。

（10）第 22 栏"上期留抵税额退税"：填写本期经税务机关批准的上期留抵税额退税额。

（11）第 23 栏"其他应作进项税额转出的情形"：反映除上述进项税额转出情形外，其他应在本期转出的进项税额。

（四）第 24 至 34 栏"三、待抵扣进项税额"各栏

第 24 至 34 栏"三、待抵扣进项税额"各栏：分别反映纳税人已经取得，但按税法规定不符合抵扣条件，暂不予在本期申报抵扣的进项税额情况及按税法规定不允许抵扣的进项税额情况。

（1）第 24 至 28 栏均为增值税专用发票的情况。

（2）第 25 栏"期初已认证相符但未申报抵扣"：反映前期认证相符，但按照税法规定暂不予抵扣及不允许抵扣，结存至本期的增值税专用发票情况。辅导期纳税人填写认证相符但未收到稽核比对结果的增值税专用发票期初情况。

（3）第 26 栏"本期认证相符且本期未申报抵扣"：反映本期认证相符，但按税法规定暂不予抵扣及不允许抵扣，而未申报抵扣的增值税专用发票情况。辅导期纳税人填写本期认证相符但未收到稽核比对结果的增值税专用发票情况。

（4）第 27 栏"期末已认证相符但未申报抵扣"：反映截至本期期末，按照税法规定仍暂不予抵扣及不允许抵扣且已认证相符的增值税专用发票情况。辅导期纳税人填写截至本期期末已认证相符但未收到稽核比对结果的增值税专用发票期末情况。

（5）第 28 栏"其中：按照税法规定不允许抵扣"：反映截至本期期末已认证相符但未申报抵扣的增值税专用发票中，按照税法规定不允许抵扣的增值税专用发票情况。

（6）第 29 栏"（二）其他扣税凭证"：反映截至本期期末仍未申报抵扣的除增值

税专用发票之外的其他扣税凭证情况。具体包括：海关进口增值税专用缴款书、农产品收购发票或者销售发票、代扣代缴税收完税凭证和其他符合政策规定的抵扣凭证。该栏应等于第 30 至 33 栏之和。

（7）第 30 栏"海关进口增值税专用缴款书"：反映已取得但截至本期期末仍未申报抵扣的海关进口增值税专用缴款书情况，包括纳税人未收到稽核比对结果的海关进口增值税专用缴款书情况。

（8）第 31 栏"农产品收购发票或者销售发票"：反映已取得但截至本期期末仍未申报抵扣的农产品收购发票和农产品销售普通发票情况。

（9）第 32 栏"代扣代缴税收缴款凭证"：反映已取得但截至本期期末仍未申报抵扣的代扣代缴税收完税凭证情况。

（10）第 33 栏"其他"：反映已取得但截至本期期末仍未申报抵扣的其他扣税凭证的情况。

（五）第 35 至 36 栏"四、其他"各栏

（1）第 35 栏"本期认证相符的增值税专用发票"：反映本期认证相符的增值税专用发票的情况。

（2）第 36 栏"代扣代缴税额"：填写纳税人根据《增值税暂行条例》第十八条扣缴的应税劳务增值税税额与根据营业税改征增值税有关政策规定扣缴的服务、不动产和无形资产增值税税额之和。

五、《增值税纳税申报表附列资料（三）》（服务、不动产和无形资产扣除项目明细）填写说明

（1）本表由服务、不动产和无形资产有扣除项目的营业税改征增值税纳税人填写。其他纳税人不填写。

（2）"税款所属时间""纳税人名称"的填写同主表。

（3）第 1 列"本期服务、不动产和无形资产价税合计额（免税销售额）"：营业税改征增值税的服务、不动产和无形资产属于征税项目的，填写扣除之前的本期服务、不动产和无形资产价税合计额；营业税改征增值税的服务、不动产和无形资产属于免抵退税或免税项目的，填写扣除之前的本期服务、不动产和无形资产免税销售额。本列各行次等于《附列资料（一）》第 11 列对应行次，其中本列第 3 行和第 4 行之和等于《附列资料（一）》第 11 列第 5 栏。

营业税改征增值税的纳税人，服务、不动产和无形资产按规定汇总计算缴纳增值税的分支机构，本列各行次之和等于《附列资料（一）》第 11 列第 13a、13b 行之和。

（4）第2列"服务、不动产和无形资产扣除项目"之"期初余额"：填写服务、不动产和无形资产扣除项目上期期末结存的金额，试点实施之日的税款所属期填写"0"。本列各行次等于上期《附列资料（三）》第6列对应行次。

本列第4行"6％税率的金融商品转让项目"年初首期填报时应填"0"。

（5）第3列"服务、不动产和无形资产扣除项目"之"本期发生额"：填写本期取得的按税法规定准予扣除的服务、不动产和无形资产扣除项目金额。

（6）第4列"服务、不动产和无形资产扣除项目"之"本期应扣除金额"：填写服务、不动产和无形资产扣除项目本期应扣除的金额。

本列各行次＝第2列对应各行次＋第3列对应各行次

（7）第5列"服务、不动产和无形资产扣除项目"之"本期实际扣除金额"：填写服务、不动产和无形资产扣除项目本期实际扣除的金额。

本列各行次≤第4列对应各行次且本列各行次≤第1列对应各行次。

（8）第6列"服务、不动产和无形资产扣除项目"之"期末余额"：填写服务、不动产和无形资产扣除项目本期期末结存的金额。

本列各行次＝第4列对应各行次－第5列对应各行次

六、《增值税纳税申报表附列资料（四）》（税额抵减情况表）填写说明

第1行由发生增值税税控系统专用设备费用和技术维护费的纳税人填写，反映纳税人增值税税控系统专用设备费用和技术维护费按规定抵减增值税应纳税额的情况。

第2行由营业税改征增值税纳税人，服务、不动产和无形资产按规定汇总计算缴纳增值税的总机构填写，反映其分支机构预征缴纳税款抵减总机构应纳增值税额的情况。

第3行由销售建筑服务并按规定预缴增值税的纳税人填写，反映其销售建筑服务预征缴纳税款抵减应纳增值税额的情况。

第4行由销售不动产并按规定预缴增值税的纳税人填写，反映其销售不动产预征缴纳税款抵减应纳增值税额的情况。

第5行由出租不动产并按规定预缴增值税的纳税人填写，反映其出租不动产预征缴纳税款抵减应纳增值税额的情况。

未发生上述业务的纳税人不填写本表。

七、《增值税纳税申报表附列资料（五）》（不动产分期抵扣计算表）填写说明

（1）本表由分期抵扣不动产进项税额的纳税人填写。

（2）"税款所属时间""纳税人名称"的填写同主表。

（3）第1列"期初待抵扣不动产进项税额"：填写纳税人上期期末待抵扣不动产进项税额。

（4）第2列"本期不动产进项税额增加额"：填写本期取得的符合税法规定的不动产进项税额。

（5）第3列"本期可抵扣不动产进项税额"：填写符合税法规定可以在本期抵扣的不动产进项税额。

（6）第4列"本期转入的待抵扣不动产进项税额"：填写按照税法规定本期应转入的待抵扣不动产进项税额。

本列数≤《附列资料（二）》第23栏"税额"。

（7）第5列"本期转出的待抵扣不动产进项税额"：填写按照税法规定本期应转出的待抵扣不动产进项税额。

（8）第6列"期末待抵扣不动产进项税额"：填写本期期末尚未抵扣的不动产进项税额，按表中公式填写。

八、《固定资产（不含不动产）进项税额抵扣情况表》填写说明

本表反映纳税人在《附列资料（二）》"一、申报抵扣的进项税额"中固定资产的进项税额。本表按增值税专用发票、海关进口增值税专用缴款书分别填写。

九、《本期抵扣进项税额结构明细表》填写说明

（1）"税款所属时间""纳税人名称"的填写同主表。

（2）第1栏"合计"按表中所列公式计算填写。

本栏与《附列资料（二）》相关栏次的钩稽关系如下：

本栏"税额"列＝《附列资料（二）》第12栏"税额"列－《附列资料（二）》第10栏"税额"列－《附列资料（二）》第11栏"税额"列。

（3）第 2 至 27 栏"一、按税率或征收率归集（不包括购建不动产、通行费）的进项"各栏：反映纳税人按税法规定符合抵扣条件，在本期申报抵扣的不同税率（或征收率）的进项税额，不包括用于购建不动产的允许一次性抵扣和分期抵扣的进项税额，以及纳税人支付的道路、桥、闸通行费，取得的增值税扣税凭证上注明或计算的进项税额。

其中，第 27 栏反映纳税人租入个人住房，本期申报抵扣的减按 1.5％征收率的进项税额。

纳税人执行农产品增值税进项税额核定扣除办法的，按照农产品增值税进项税额扣除率所对应的税率，将计算抵扣的进项税额填入相应栏次。

纳税人取得通过增值税发票管理新系统中差额征税开票功能开具的增值税专用发票，按照实际购买的服务、不动产或无形资产对应的税率或征收率，将扣税凭证上注明的税额填入对应栏次。

（4）第 29 至 30 栏"二、按抵扣项目归集的进项"各栏：反映纳税人按税法规定符合抵扣条件，在本期申报抵扣的不同抵扣项目的进项税额。

①第 29 栏反映纳税人用于购建不动产允许一次性抵扣的进项税额。

购建不动产允许一次性抵扣的进项税额，是指纳税人用于购建不动产时，发生的允许抵扣且不适用分期抵扣政策的进项税额。

②第 30 栏反映纳税人支付道路、桥、闸通行费，取得的增值税扣税凭证上注明或计算的进项税额。

（5）本表内各栏间逻辑关系如下：

第 1 栏表内公式为 1＝2＋4＋5＋11＋16＋18＋27＋29＋30；

第 2 栏≥第 3 栏；

第 5 栏≥第 6 栏＋第 7 栏＋第 8 栏＋第 9 栏＋第 10 栏；

第 11 栏≥第 12 栏＋第 13 栏＋第 14 栏＋第 15 栏；

第 16 栏≥第 17 栏；

第 18 栏≥第 19 栏＋第 20 栏＋第 21 栏＋第 22 栏＋第 23 栏＋第 24 栏＋第 25 栏＋第 26 栏。

十、《增值税减免税申报明细表》填写说明

（1）本表由享受增值税减免税优惠政策的增值税一般纳税人和小规模纳税人填写。仅享受月销售额不超过 3 万元（按季纳税 9 万元）免征增值税政策或未达起征点的增值税小规模纳税人不需填报本表，即小规模纳税人当期增值税纳税申报表主表第 12 栏"其他免税销售额"的"本期数"和第 16 栏"本期应纳税额减征额"的"本期数"均无数据时，不需要填报本表。

(2)"税款所属时间""纳税人名称"的填写同主表。

(3)"一、减税项目"由本期按照税收法律、法规及国家有关税收规定享受减征（包含税额式减征、税率式减征）增值税优惠的纳税人填写。

①"减税性质代码及名称"：根据国家税务总局最新发布的《减免性质及分类表》所列减免性质代码、项目名称填写。同时有多个减征项目的，应分别填写。

②第1列"期初余额"：填写应纳税额减征项目上期"期末余额"，为对应项目上期应抵减而不足抵减的余额。

③第2列"本期发生额"：填写本期发生的按照规定准予抵减增值税应纳税额的金额。

④第3列"本期应抵减税额"：填写本期应抵减增值税应纳税额的金额。本列按表中所列公式填写。

⑤第4列"本期实际抵减税额"：填写本期实际抵减增值税应纳税额的金额。本列各行≤第3列对应各行。

一般纳税人填写时，第1行"合计"本列数＝主表第23行"一般项目"列"本月数"。

小规模纳税人填写时，第1行"合计"本列数＝主表第16行"本期应纳税额减征额""本期数"。

⑥第5列"期末余额"：按表中所列公式填写。

(4)"二、免税项目"由本期按照税收法律、法规及国家有关税收规定免征增值税的纳税人填写。仅享受小微企业免征增值税政策或未达起征点的小规模纳税人不需要填写，即小规模纳税人申报表主表第12栏"其他免税销售额"的"本期数"无数据时，不需要填写本栏。

①"免税性质代码及名称"：根据国家税务总局最新发布的《减免性质及分类表》所列减免性质代码、项目名称填写。同时有多个免税项目的，应分别填写。

②"出口免税"填写纳税人本期按照税法规定出口免征增值税的销售额，但不包括适用免、抵、退税办法出口的销售额。小规模纳税人不填写本栏。

③第1列"免征增值税项目销售额"：填写纳税人免税项目的销售额。免税销售额按照有关规定允许从取得的全部价款和价外费用中扣除价款的，应填写扣除之前的销售额。

一般纳税人填写时，本列"合计"等于主表第8行"一般项目"列"本月数"。

小规模纳税人填写时，本列"合计"等于主表第12行"其他免税销售额"的"本期数"。

④第2列"免税销售额扣除项目本期实际扣除金额"：免税销售额按照有关规定允许从取得的全部价款和价外费用中扣除价款的，据实填写扣除金额；无扣除项目的，本列填写"0"。

⑤第3列"扣除后免税销售额"：按表中所列公式填写。

⑥第 4 列"免税销售额对应的进项税额"：本期用于增值税免税项目的进项税额。小规模纳税人不填写本列，一般纳税人按下列情况填写：

A. 纳税人兼营应税和免税项目的，按当期免税销售额对应的进项税额填写；

B. 纳税人本期销售收入全部为免税项目，且当期取得合法扣税凭证的，按当期取得的合法扣税凭证注明或计算的进项税额填写；

C. 当期未取得合法扣税凭证的，纳税人可根据实际情况自行计算免税项目对应的进项税额；无法计算的，本栏次填"0"。

⑦第 5 列"免税额"：一般纳税人和小规模纳税人分别按下列公式计算填写，且本列各行数应大于或等于 0。

一般纳税人公式：第 5 列"免税额"≤第 3 列"扣除后免税销售额"×适用税率－第 4 列"免税销售额对应的进项税额"。

小规模纳税人公式：第 5 列"免税额"＝第 3 列"扣除后免税销售额"×征收率。

第四节　《增值税预缴税款表》填写说明

一、《增值税预缴税款表》填写对象

本表适用于纳税人发生以下情形按规定在国税机关预缴增值税时填写。

（1）纳税人（不含其他个人）跨县（市）提供建筑服务。

（2）房地产开发企业预售自行开发的房地产项目。

（3）纳税人（不含其他个人）出租与机构所在地不在同一县（市）的不动产。

二、基础信息填写说明

（1）"税款所属时间"：指纳税人申报的增值税预缴税额的所属时间，应填写具体的起止年、月、日。

（2）"纳税人识别号"：填写纳税人的税务登记证件号码；纳税人为未办理过税务登记证的非企业性单位的，填写其组织机构代码证号码。

（3）"纳税人名称"：填写纳税人名称全称。

（4）"是否适用一般计税方法"：该项目适用一般计税方法的纳税人在该项目后的"□"中打"√"，适用简易计税方法的纳税人在该项目后的"□"中打"×"。

（5）"项目编号"：由异地提供建筑服务的纳税人和房地产开发企业填写《建筑

工程施工许可证》上的编号，根据相关规定不需要申请《建筑工程施工许可证》的建筑服务项目或不动产开发项目，不需要填写。出租不动产业务无须填写。

(6)"项目名称"：填写建筑服务或者房地产项目的名称。出租不动产业务不需要填写。

(7)"项目地址"：填写建筑服务项目、房地产项目或出租不动产的具体地址。

三、具体栏次填写说明

(一)纳税人异地提供建筑服务

纳税人在"预征项目和栏次"部分的第1栏"建筑服务"行次填写相关信息：

(1)第1列"销售额"：填写纳税人跨县（市）提供建筑服务取得的全部价款和价外费用（含税）。

(2)第2列"扣除金额"：填写跨县（市）提供建筑服务项目按照规定准予从全部价款和价外费用中扣除的金额（含税）。

(3)第3列"预征率"：填写跨县（市）提供建筑服务项目对应的预征率或者征收率。

(4)第4列"预征税额"：填写按照规定计算的应预缴税额。

(二)房地产开发企业预售自行开发的房地产项目

纳税人在"预征项目和栏次"部分的第2栏"销售不动产"行次填写相关信息：

(1)第1列"销售额"：填写本期收取的预收款（含税），包括在取得预收款当月或主管国税机关确定的预缴期取得的全部预收价款和价外费用。

(2)第2列"扣除金额"：房地产开发企业不需要填写。

(3)第3列"预征率"：房地产开发企业预征率为3％。

(4)第4列"预征税额"：填写按照规定计算的应预缴税额。

(三)纳税人出租不动产

纳税人在"预征项目和栏次"部分的第3栏"出租不动产"行次填写相关信息：

(1)第1列"销售额"：填写纳税人出租不动产取得全部价款和价外费用（含税）；

(2)第2列"扣除金额"无须填写；

(3)第3列"预征率"：填写纳税人预缴增值税适用的预征率或者征收率；

(4)第4列"预征税额"：填写按照规定计算的应预缴税额。

增值税一般纳税人和小规模纳税人纳税申报表及其附列资料等见表4-1至表4-14。

表 4-1

增值税纳税申报表

（一般纳税人适用）

根据国家税收法律法规及增值税相关规定制定本表。纳税人不论有无销售额，均应按税务机关核定的纳税期限填写本表，并向当地税务机关申报。

填表日期：　年　月　日

税款所属时间：自　年　月　日至　年　月　日　　　　　金额单位：元至角分

纳税人识别号				
纳税人名称		（公章）	法定代表人姓名	
开户银行及账号				

登记注册类型		所属行业：	
注册地址		生产经营地址	
		电话号码	

项目		栏次	一般项目		即征即退项目	
			本月数	本年累计	本月数	本年累计
销售额	（一）按适用税率计税销售额	1				
	其中：应税货物销售额	2				
	应税劳务销售额	3				
	纳税检查调整的销售额	4				
	（二）按简易办法计税销售额	5				
	其中：纳税检查调整的销售额	6				
	（三）免、抵、退办法出口销售额	7		—		—
	（四）免税销售额	8		—		—
	其中：免税货物销售额	9		—		—
	免税劳务销售额	10		—		—
税款计算	销项税额	11				
	进项税额	12				
	上期留抵税额	13		—		
	进项税额转出	14				
	免、抵、退应退税额	15		—		—
	按适用税率计算的纳税检查应补缴税额	16		—		—
	应抵扣税额合计	17=12+13-14-15+16		—		
	实际抵扣税额	18（如17＜11，则为17，否则为11）				

续表

	项目	栏次				
税款计算	应纳税额	19＝11−18			—	—
	期末留抵税额	20＝17−18			—	—
	简易计税办法计算的应纳税额	21			—	—
	按简易计税办法计算的纳税检查应补缴税额	22				—
	应纳税额减征额	23			—	—
	应纳税额合计	24＝19+21−23			—	—
税款缴纳	期初未缴税额（多缴为负数）	25			—	—
	实收出口开具专用缴款书退税额	26				—
	本期已缴税额	27＝28+29+30+31			—	—
	①分次预缴税额	28				
	②出口开具专用缴款书预缴税额	29			—	—
	③本期缴纳上期应纳税额	30			—	—
	④本期缴纳欠缴税额	31			—	—
	期末未缴税额（多缴为负数）	32＝24+25+26−27			—	—
	其中：欠缴税额（≥0）	33＝25+26−27			—	—
	本期应补（退）税额	34＝24−28−29			—	—
	即征即退实际退税额	35			—	—
	期初未缴查补税额	36			—	—
	本期入库查补税额	37			—	—
	期末未缴查补税额	38＝16+22+36−37			—	—

授权声明	如果你已委托代理人申报，请填写下列资料： 现授权 （地址） 为本纳税人的代理申报人，任何与本申报表有关的往来文件，都可寄予此人。 授权人签字：	申报人声明	本纳税申报表是根据国家税收法律法规及相关规定填报的，我确定它是真实的、可靠的、完整的。 声明人签字：

主管税务机关：

接收人：

接收日期：

表 4-2

增值税纳税申报表附列资料（一）
（本期销售情况明细）

纳税人名称：（公章）

税款所属时间： 年 月 日至 年 月 日

金额单位：元至角分

项目及栏次		开具增值税专用发票		开具其他发票		未开具发票		纳税检查调整		合计		价税合计	服务、不动产和无形资产扣除项目本期实际扣除金额	扣除后	
		销售额	销项（应纳）税额	销售额	销项（应纳）税额	销售额	销项（应纳）税额	销售额	销项（应纳）税额	销售额	销项（应纳）税额			含税（免税）销售额	销项（应纳）税额
		1	2	3	4	5	6	7	8	$9=1+3+5+7$	$10=2+4+6+8$	$11=9+10$	12	$13=11-12$	$14=13\div(100\%+税率或征收率)\times税率或征收率$
一般计税方法计税　全部征税项目	17%税率的货物及加工修理修配劳务　1														
	17%税率的服务、不动产和无形资产　2														
	13%税率　3														
	11%税率的货物及加工修理修配劳务　4a														
	11%税率的服务、不动产和无形资产　4b														
	6%税率　5														
其中即征即退项目	即征即退货物及加工修理修配劳务　6	—		—		—		—		—		—	—	—	—
	即征即退服务、不动产和无形资产　7	—		—		—		—		—		—	—	—	—

续表

项目及栏次	栏次	开具增值税专用发票 销售额	开具增值税专用发票 销项(应纳)税额	开具其他发票 销售额	开具其他发票 销项(应纳)税额	未开具发票 销售额	未开具发票 销项(应纳)税额	纳税检查调整 销售额	纳税检查调整 销项(应纳)税额	合计 销售额	合计 销项(应纳)税额	合计 价税合计	服务、不动产和无形资产扣除项目本期实际扣除金额	扣除后 含税(免税)销售额	扣除后 销项(应纳)税额
		1	2	3	4	5	6	7	8	9=1+3+5+7	10=2+4+6+8	11=9+10	12	13=11-12	14=13÷(100%+税率或征收率)×税率或征收率
一、简易计税方法计税 全部征税项目 6%征收率	8														
5%征收率的货物及加工修理修配劳务	9a													—	—
5%征收率的服务、不动产和无形资产	9b														
4%征收率	10	9a												—	—
3%征收率的货物及加工修理修配劳务	11	9a													
3%征收率的服务、不动产和无形资产	12														
预征率 %	13a													—	—
预征率 %	13b														
预征率 %	13c														
其中：即征即退项目 即征即退：加工修理修配劳务	14	—				—				—		—		—	—
即征即退：服务、不动产和无形资产	15	—				—				—		—		—	—

续表

项目及栏次		开具增值税专用发票		开具其他发票		未开具发票		纳税检查调整		合计			服务、不动产和无形资产项目本期实际扣除金额	扣除后	
		销售额	销项(应纳)税额	销售额	销项(应纳)税额	销售额	销项(应纳)税额	销售额	销项(应纳)税额	销售额	销项(应纳)税额	价税合计		含税(免税)销售额	销项(应纳)税额
		1	2	3	4	5	6	7	8	$9=1+3+5+7$	$10=2+4+6+8$	$11=9+10$	12	$13=11-12$	$14=13\div(100\%+税率或征收率)\times税率或征收率$
三、免抵退税	货物及加工修理修配劳务	16	—	—	—	—	—	—	—	—	—	—	12	—	—
	服务、不动产和无形资产	17	—	—	—	—	—	—	—	—	—	—	—	—	—
四、免税	货物及加工修理修配劳务	18	—	—	—	—	—	—	—	—	—	—	—	—	—
	服务、不动产和无形资产	19	—	—	—	—	—	—	—	—	—	—	—	—	—

表 4-3

增值税纳税申报表附列资料（二）

（本期进项税额明细）

税款所属时间：　　年　月　日至　　年　月　日

纳税人名称：（公章）　　　　　　　　　　　　　　　　　　金额单位：元至角分

一、申报抵扣的进项税额				
项目	栏次	份数	金额	税额
（一）认证相符的增值税专用发票	1＝2＋3			
其中：本期认证相符且本期申报抵扣	2			
前期认证相符且本期申报抵扣	3			
（二）其他扣税凭证	4＝5＋6＋7＋8a＋8b			
其中：海关进口增值税专用缴款书	5			
农产品收购发票或者销售发票	6			
代扣代缴税收缴款凭证	7		—	
加计扣除农产品进项税额	8a	—	—	
其他	8b			
（三）本期用于购建不动产的扣税凭证	9			
（四）本期不动产允许抵扣进项税额	10	—	—	
（五）外贸企业进项税额抵扣证明	11	—	—	
当期申报抵扣进项税额合计	12＝1＋4－9＋10＋11			
二、进项税额转出额				
项目	栏次	税额		
本期进项税额转出额	13＝14 至 23 之和			
其中：免税项目用	14			
集体福利、个人消费	15			
非正常损失	16			
简易计税方法征税项目用	17			
免抵退税办法不得抵扣的进项税额	18			
纳税检查调减进项税额	19			
红字专用发票信息表注明的进项税额	20			
上期留抵税额抵减欠税	21			
上期留抵税额退税	22			
其他应作进项税额转出的情形	23			
三、待抵扣进项税额				
项目	栏次	份数	金额	税额
（一）认证相符的增值税专用发票	24	—	—	—
期初已认证相符但未申报抵扣	25			
本期认证相符且本期未申报抵扣	26			
期末已认证相符但未申报抵扣	27			
其中：按照税法规定不允许抵扣	28			
（二）其他扣税凭证	29＝30 至 33 之和			
其中：海关进口增值税专用缴款书	30			
农产品收购发票或者销售发票	31			

续表

项目	栏次	份数	金额	税额
代扣代缴税收缴款凭证	32		—	
其他	33			
	34			
四、其他				
项目	栏次	份数	金额	税额
本期认证相符的增值税专用发票	35			
代扣代缴税额	36		—	—

表 4-4

增值税纳税申报表附列资料（三）
（服务、不动产和无形资产扣除项目明细）

税款所属时间： 年 月 日至 年 月 日

纳税人名称：（公章） 金额单位：元至角分

项目及栏次		本期服务、不动产和无形资产价税合计额（免税销售额）	服务、不动产和无形资产扣除项目				
			期初余额	本期发生额	本期应扣除金额	本期实际扣除金额	期末余额
		1	2	3	4＝2＋3	5（5≤1且5≤4）	6＝4－5
17%税率的项目	1						
11%税率的项目	2						
6%税率的项目（不含金融商品转让）	3						
6%税率的金融商品转让项目	4						
5%征收率的项目	5						
3%征收率的项目	6						
免抵退税的项目	7						
免税的项目	8						

表 4-5

增值税纳税申报表附列资料（四）
（税额抵减情况表）

税款所属时间： 年 月 日至 年 月 日

纳税人名称：（公章） 金额单位：元至角分

序号	抵减项目	期初余额	本期发生额	本期应抵减税额	本期实际抵减税额	期末余额
		1	2	3＝1＋2	4≤3	5＝3－4
1	增值税税控系统专用设备费及技术维护费					
2	分支机构预征缴纳税款					
3	建筑服务预征缴纳税款					
4	销售不动产预征缴纳税款					
5	出租不动产预征缴纳税款					

表 4-6 增值税纳税申报表附列资料（五）
（不动产分期抵扣计算表）

税款所属时间： 年 月 日至 年 月 日

纳税人名称：（公章） 金额单位：元至角分

期初待抵扣不动产进项税额	本期不动产进项税额增加额	本期可抵扣不动产进项税额	本期转入的待抵扣不动产进项税额	本期转出的待抵扣不动产进项税额	期末待抵扣不动产进项税额
1	2	3≤1+2+4	4	5≤1+4	6=1+2－3+4－5

表 4-7 固定资产（不含不动产）进项税额抵扣情况表

纳税人名称：（公章） 填表日期： 年 月 日 金额单位：元至角分

项目	当期申报抵扣的固定资产进项税额	申报抵扣的固定资产进项税额累计
增值税专用发票		
海关进口增值税专用缴款书		
合计		

表 4-8 本期抵扣进项税额结构明细表

税款所属时间： 年 月 日至 年 月 日

纳税人名称：（公章） 金额单位：元至角分

项目	栏次	金额	税额
合计	1=2+4+5+11+16+18+27+29+30		
一、按税率或征收率归集（不包括购建不动产、通行费）的进项			
17%税率的进项	2		
其中：有形动产租赁的进项	3		
13%税率的进项	4		
11%税率的进项	5		
其中：运输服务的进项	6		
电信服务的进项	7		
建筑安装服务的进项	8		
不动产租赁服务的进项	9		
受让土地使用权的进项	10		
6%税率的进项	11		
其中：电信服务的进项	12		
金融保险服务的进项	13		
生活服务的进项	14		
取得无形资产的进项	15		
5%征收率的进项	16		
其中：不动产租赁服务的进项	17		
3%征收率的进项	18		
其中：货物及加工、修理修配劳务的进项	19		
运输服务的进项	20		

续表

项目	栏次	金额	税额
电信服务的进项	21		
建筑安装服务的进项	22		
金融保险服务的进项	23		
有形动产租赁服务的进项	24		
生活服务的进项	25		
取得无形资产的进项	26		
减按1.5%征收率的进项	27		
	28		
二、按抵扣项目归集的进项			
用于购建不动产并一次性抵扣的进项	29		
通行费的进项	30		
	31		
	32		

表 4-9   增值税减免税申报明细表

税款所属时间：   年 月 日至   年 月 日

纳税人名称：（公章）   金额单位：元至角分

一、减税项目						
减税性质代码及名称	栏次	期初余额	本期发生额	本期应抵减税额	本期实际抵减税额	期末余额
		1	2	3=1+2	4≤3	5=3-4
合计	1					
	2					
	3					
	4					
	5					
	6					

二、免税项目						
免税性质代码及名称	栏次	免征增值税项目销售额	免税销售额扣除项目本期实际扣除金额	扣除后免税销售额	免税销售额对应的进项税额	免税额
		1	2	3=1-2	4	5
合计	7					
出口免税	8	—	—	—	—	
其中：跨境服务	9	—	—	—	—	
	10					
	11					
	12					
	13					
	14					
	15					
	16					

表 4-10

营改增税负分析测算明细表

纳税人名称：（公章）

税款所属时间：　年　月　日至　年　月　日

金额单位：元至角分

项目及栏次	增值税								营业税						
	增值税税率或征收率 / 营业税税率	不含税销售额	销项（应纳）税额	价税合计	服务、不动产和无形资产项目本期实际扣除金额	扣除后		增值税应纳税额（测算）	原营业税税制下服务、不动产和无形资产差额扣除项目					应税营业额	营业税应纳税额
						含税销售额	销项（应纳）税额		期初余额	本期发生额	本期应扣除金额	本期实际扣除金额	期末余额		
应税项目代码及名称	营业税税率 —；增值税税率或征收率 —	1	$2=1\times$ 增值税税率或征收率	$3=1+2$	4	$5=3-4$	$6=5\div(100\%+$ 增值税税率或征收率$)\times$ 增值税税率或征收率	7	8	9	$10=8+9$	11（$11\leq3$ 且 $11\leq10$）	$12=10-11$	$13=3-11$	$14=13\times$ 营业税税率
合计	—														

表 4-11　　　　　　　　　　　　增值税纳税申报表

（小规模纳税人适用）

纳税人识别号：□□□□□□□□□□□□□□□□□□□□

纳税人名称：（公章）　　　　　　　　　　　　　　　　　金额单位：元至角分

税款所属期：　年　月　日至　年　月　日　　　　　　填表日期：　年　月　日

项目	栏次	本期数		本年累计	
		货物及劳务	服务、不动产和无形资产	货物及劳务	服务、不动产和无形资产
一、计税依据	（一）应征增值税不含税销售额（3%征收率）	1				
	税务机关代开的增值税专用发票不含税销售额	2				
	税控器具开具的普通发票不含税销售额	3				
	（二）应征增值税不含税销售额（5%征收率）	4	—		—	
	税务机关代开的增值税专用发票不含税销售额	5				
	税控器具开具的普通发票不含税销售额	6	—		—	
	（三）销售使用过的固定资产不含税销售额	7（7≥8）		—		—
	其中：税控器具开具的普通发票不含税销售额	8		—		—
	（四）免税销售额	9＝10＋11＋12				
	其中：小微企业免税销售额	10				
	未达起征点销售额	11				
	其他免税销售额	12				
	（五）出口免税销售额	13（13≥14）				
	其中：税控器具开具的普通发票销售额	14				
二、税款计算	本期应纳税额	15				
	本期应纳税额减征额	16				
	本期免税额	17				
	其中：小微企业免税额	18				
	未达起征点免税额	19				
	应纳税额合计	20＝15－16				
	本期预缴税额	21	—	—		
	本期应补（退）税额	22＝20－21	—	—		

续表

纳税人或代理人声明：	如纳税人填报，由纳税人填写以下各栏：	
本纳税申报表是根据国家税收法律法规及相关规定填报的，我确定它是真实的、可靠的、完整的。	办税人员：　　　　　　　财务负责人： 法定代表人：　　　　　　联系电话： 如委托代理人填报，由代理人填写以下各栏： 代理人名称（公章）：　　经办人： 　　　　　　　　　　　　联系电话：	

主管税务机关：　　　　　　　接收人：　　　　　　　接收日期：

表 4-12　　　　　增值税纳税申报表（小规模纳税人适用）附列资料

税款所属期：　年　月　日至　年　月　日　　　　　　　填表日期：　年　月　日
纳税人名称：（公章）　　　　　　　　　　　　　　　　　金额单位：元至角分

应税行为（3%征收率）扣除额计算			
期初余额	本期发生额	本期扣除额	期末余额
1	2	3（3≤1+2之和，且3≤5）	4＝1+2−3

应税行为（3%征收率）计税销售额计算			
全部含税收入（适用3%征收率）	本期扣除额	含税销售额	不含税销售额
5	6＝3	7＝5−6	8＝7÷1.03

应税行为（5%征收率）扣除额计算			
期初余额	本期发生额	本期扣除额	期末余额
9	10	11（11≤9+10之和，且11≤13）	12＝9+10−11

应税行为（5%征收率）计税销售额计算			
全部含税收入（适用5%征收率）	本期扣除额	含税销售额	不含税销售额
13	14＝11	15＝13−14	16＝15÷1.05

表 4-13　　　　　　　　　增值税减免税申报明细表

税款所属期：　年　月　日至　年　月　日
纳税人名称：（公章）　　　　　　　　　　　　　　　　　金额单位：元至角分

一、减税项目						
减税性质代码及名称	栏次	期初余额	本期发生额	本期应抵减税额	本期实际抵减税额	期末余额
		1	2	3＝1+2	4≤3	5＝3−4
合计	1					
	2					
	3					
	4					
	5					
	6					

续表

免税性质代码及名称	栏次	免征增值税项目销售额	免税销售额扣除项目本期实际扣除金额	扣除后免税销售额	免税销售额对应的进项税额	免税额
二、免税项目						
		1	2	3＝1－2	4	5
合计	7					
出口免税	8	—	—	—		—
其中：跨境服务	9	—	—	—		—
	10					
	11					
	12					
	13					
	14					
	15					
	16					

表 4-14　　　　　　　　增值税预缴税款表

税款所属时间：　　年　月　日至　　年　月　日

纳税人识别号：□□□□□□□□□□□□□□□□□□□□

是否适用一般计税方法　　是□　　否□

纳税人名称：（公章）　　　　　　　　　　　金额单位：元（列至角分）

项目编号		项目名称			
项目地址					
预征项目和栏次		销售额	扣除金额	预征率	预征税额
		1	2	3	4
建筑服务	1				
销售不动产	2				
出租不动产	3				
	4				
	5				
合计	6				

授权声明	如果你已委托代理人填报，请填写下列资料： 　　为代理一切税务事宜，现授权（地址）　　　为本次纳税人的代理填报人，任何与本表有关的往来文件，都可寄予此人。 授权人签字：	填表人申明	以上内容是真实的、可靠的、完整的。 纳税人签字：

5

第五章
增值税发票管理

增值税管理的最大特点是国家通过"金税工程"系统利用覆盖全国税务机关的计算机网络对增值税专用发票和企业增值税纳税状况进行严密监控，增值税是"以票控税"最为典型的税种。目前，在刑事立法上，针对虚开增值税专用发票的定罪量刑都较为严厉。有统计显示，企业负责人涉税犯罪，70%以上都涉及虚开增值税专用发票。由于增值税专用发票是增值税抵扣的基础，增值税专用发票上所注明的增值税额可以直接抵减企业的应纳增值税额，因此增值税专用发票既是企业纳税管理的重点，也是税务机关监管的重点。所以，如何取得更多的增值税专用发票以实现进项税额抵扣、如何避免因为虚开增值税发票导致承担法律责任，是增值税发票管理过程中，无法回避的两个问题。

本章介绍金税工程的相关知识和我国现行法规制度中对增值税发票的相关规定，从发票的领购、开具、认证、缴销等使用环节对政策进行梳理和分析，并对增值税发票的法律责任进行讲述。

第一节 金税工程

金税工程，是吸收国际先进经验，运用高科技手段结合我国增值税管理实际设计的高科技管理系统。该系统由一个网络、四个子系统构成。一个网络是指国家税务总局与省、地、县国家税务局四级计算机网络；四个子系统是指增值税防伪税控开票子系统、防伪税控认证子系统、增值税稽核子系统和发票协查子系统。金税工程实际上就是利用覆盖全国税务机关的计算机网络对增值税专用发票和企业增值税纳税状况进行严密监控的一个体系。

一、工程背景

1994 年，我国的工商税收制度进行了重大改革，这次税制改革的核心内容是建立以增值税为主体的流转税制度。增值税从税制本身来看，它易于公平税负，便于征收管理。但新税制出台以后，由于税务机关当时比较缺乏对纳税人使用增值税专用发票进行监控的有效手段，一些不法分子就趁此机会利用伪造、倒卖、盗窃、虚开增值税专用发票等手段进行偷、逃、骗国家税款的违法犯罪活动，有的还相当猖獗，严重干扰了国家的税收秩序和经济秩序。对此，国家除了进一步集中社会各方面力量，加强管理，开展打击伪造、倒卖、盗窃发票违法犯罪专项斗争，坚决维护新税制的正常运行外，还决定引入现代化技术手段加强对增值税的监控管理。

1994 年 2 月 1 日，时任国务院副总理朱镕基同志在听取了电子部、航天工业总公司、财政部、国家税务总局等单位的汇报后，指示要尽快实施以加强增值税管理为主要目标的金税工程。为了组织实施这项工程，成立了跨部门的国家税控系统建设协调领导小组，下设金税工程办公室，具体负责组织、协调系统建设工作。1994年3月底，金税工程试点工作正式启动。

二、工程组成

金税工程由一个网络、四个软件系统组成。即覆盖全国国税系统的，区县局、地市局、省局到总局的四级广域网络；四个软件系统分别为：防伪税控开票系统、防伪税控认证系统、计算机稽核系统、发票协查系统。

（一）金税工程网络

国家税务局系统整体管理呈四级分层结构，即：国家税务总局，省、自治区、计划单列市国税局，地市级国税局，区县级国税局。总的来看，国税系统具有机构分布广、层次多的特点。网络设计遵循层次化设计的总体原则，将整个金税网络进行垂直分层（按照管理模式）和水平分割（按照地域），从而将大型网络面临的复杂问题分解到多个层次相对简单的网络中去解决。这样既有利于简化网络的管理，其结构又符合整体业务流程。金税网络在垂直方向上按照功能划分成骨干层、分布层、接入层三个层次，在水平方向上按照地域划分成各个省、自治区、计划单列市内部的网络（简称省内网络）。各个省内网络在地位上都是平等的，它们向上连接国家税务总局，内部包括省级国税局、地市级国税局、区县级国税局共四级机构。

（二）金税工程软件系统构成

1. 增值税防伪税控开票子系统

增值税防伪税控开票子系统是运用数字密码和电子信息存储技术，通过强化增值税专用发票的防伪功能，监控企业的销售收入，解决销项发票信息真实性问题的计算机管理系统。这一系统将推行到所有增值税一般纳税人，也就是说，将来所有的增值税一般纳税人必须通过这一系统开具增值税发票。

2. 防伪税控认证子系统

税务机关利用防伪税控认证子系统，对增值税一般纳税人申请抵扣的增值税发票抵扣联进行解密还原认证。经认证无误的，才能作为纳税人合法的抵扣凭证。凡是不能通过认证子系统的发票一律不能抵扣。

3. 增值税稽核子系统

为了保证发票信息的准确性，销项发票信息由防伪税控开票子系统自动生成，并由企业向税务机关进行电子申报；进项发票数据通过税务机关认证子系统自动生成。进项销项发票信息采集完毕后，通过计算机网络将抵扣联和存根联进行比对.
目前稽核的方法采取三级交叉稽核，即本地市发票就地交叉稽核，跨地市发票上传
省级税务机关交叉稽核，跨省发票上传国家税务总局进行交叉稽核，今后将在税收
规模较大、发票流量较多的区县增设稽核系统，实现四级稽核的管理模式。

4. 发票协查信息管理子系统

发票协查子系统是对有疑问的和已证实虚开的增值税发票案件协查信息，认证
子系统和稽核子系统发现有问题的发票，以及协查结果信息，通过税务系统计算机
网络逐级传递，国家税务总局通过这一系统对协查工作实现组织、监控和管理。

（1）2001 年将增值税防伪税控系统推行到所有开具万元以上销售额增值税专用
发票企业。自 2002 年 1 月 1 日起，所有增值税一般纳税人必须通过增值税防伪税控
系统开具销售额在万元以上的专用发票，同时全国统一废止手写万元版专用发票。
自 2002 年 4 月 1 日起，手写万元版专用发票一律不得作为增值税扣税凭证。

（2）2002 年完成增值税税控系统的全面推行工作。自 2003 年 1 月 1 日起，所有
增值税一般纳税人必须通过增值税防伪税控系统开具专用发票，同时全国将统一废
止手写版专用发票。自 2003 年 4 月 1 日起，手写版专用发票一律不得作为增值税的
扣税凭证。

三、金税三期

金税三期系统是国家税务总局借鉴国际先进理念和经验，结合我国税收管理实
际，自 2005 年开始历时十余年打造的旨在统一国、地税核心征管应用系统，构建覆
盖所有税种、覆盖税收工作的主要工作环节、覆盖各级国地税机关，并与有关部门
联网的全国税收管理信息化系统。相比现有税收征管系统，金税三期系统具备功能
更强大、运行更稳定、办税更顺畅等诸多优势和特点。

根据"金三"建设的战略目标，金税三期工程进行了业务和管理服务创新，主
要有 9 大特点：

1. 运用先进税收管理理念和信息技术做好总体规划

从管理角度来看，建立基于信息管税的税收管理模式，以纳税人关系管理为核
心，把纳税人价值获取作为建设和发展方向。

从技术角度来看，遵循顶层设计、业务导向、架构驱动的建设模式，紧紧围绕
税务业务发展方向，从全局角度审视、设计工程体系框架。

2. 统一全国征管数据标准和口径

通过对税收元数据和代码集的属性定义和标准规范，实现税收征管数据的"法

言法语"，保证数据项标准、口径的唯一性。

3. 实现全国征管数据大集中

采用"应用省级集中，生产数据在省局落地，然后集中至总局"的模式，并建立第三方信息共享机制，实时、完整、准确地掌握纳税人涉税信息和税务机构、人员情况。

4. 统一国地税征管应用系统版本

按照标准化操作界面、标准化流程管理、统一权限管理、统一服务管理、统一数据模型、统一外部渠道等要求，面向税收业务、行政管理、外部交换和决策支持四类应用，设计并搭建一体化技术和应用环境，实现全国国税局、地税局征管应用系统的版本统一，为消除国地税业务办理间的障碍奠定了基础。

5. 统一规范外部信息交换和纳税服务系统

构建全国统一的外部信息管理系统和交换通道，形成以涉税信息的采集、整理和应用为主线的管理体系，为风险管理提供外部信息保障。

规范国家税务总局、省局的纳税服务渠道、功能，形成涵盖办税服务厅、税务网站、纳税服务热线、自助终端、短信系统和企业端的一体化纳税服务平台，为纳税人和社会公众提供统一、规范的信息服务、办税服务、征纳互动服务。

6. 实行遵从风险管理

引入先进管理理念，将提高纳税遵从度作为税收管理的战略目标。一是构建分类分级管理和技术框架，对纳税人实行分类、分级管理。二是建立可持续改进的遵从风险管理平台。按风险分析、排序、应对、评价的流程建立国、地税一体化遵从风险管理平台。

7. 加强管理决策

根据业务特点和实际需要，实现税收数据的查询、监控以及深层次、多方位的分析和挖掘，督促、检查、监控税务人员服务、管理和执法全过程，为各级税务机关税收决策提供依据。

8. 支持个人税收管理

建立承担纳税（费）义务的自然人信息库，覆盖个人所得税及社保费的核心业务，涵盖基础信息、收入信息等，实现全员建档、数据全国集中和信息共享。

9. 强化数据质量管理

全面贯彻数据治理理念，通过事前审核监控、事后纠错调整和补偿业务等方式，及时更正数据差错，确保数据质量。

第二节 增值税发票简介

一、发 票

发票是指一切单位和个人在购销商品、提供或接受服务以及从事其他经营活动中，所开具和收取的业务凭证，是会计核算的原始依据，也是审计机关、税务机关执法检查的重要依据。收据才是收付款凭证，发票只能证明业务发生了，不能证明款项是否收付。

由于我国已经在所有行业实行了增值税，因此发票一般指增值税发票。

二、增值税发票的种类

增值税发票分为增值税专用发票和增值税普通发票。机动车销售统一发票也属于增值税专用发票，增值税普通发票包括折叠票、卷票和电子发票。

增值税专用发票由基本联次或者基本联次附加其他联次构成，分为三联版和六联版两种。基本联次为三联：第一联为记账联，是销售方记账凭证；第二联为抵扣联，是购买方扣税凭证；第三联为发票联，是购买方记账凭证。其他联次用途，由纳税人自行确定。纳税人办理产权过户手续需要使用发票的，可以使用增值税专用发票第六联。

从事机动车零售业务的单位和个人，在销售机动车（不包括销售旧机动车）收取款项时，开具机动车销售统一发票。机动车销售统一发票为电脑六联式发票：第一联为发票联，是购货单位付款凭证；第二联为抵扣联，是购货单位扣税凭证；第三联为报税联，车购税征收单位留存；第四联为注册登记联，车辆登记单位留存；第五联为记账联，销货单位记账凭证；第六联为存根联，销货单位留存。

增值税普通发票（折叠票）由基本联次或者基本联次附加其他联次构成，分为两联版和五联版两种。基本联次为两联：第一联为记账联，是销售方记账凭证；第二联为发票联，是购买方记账凭证。其他联次用途，由纳税人自行确定。纳税人办理产权过户手续需要使用发票的，可以使用增值税普通发票第三联。

增值税普通发票（卷票）分为两种规格：57mm×177.8mm、76mm×177.8mm，均为单联。自 2017 年 7 月 1 日起，纳税人可按照《中华人民共和国发票管理办法》及其实施细则要求，书面向国税机关要求使用印有本单位名称的增值税普通发票（卷票），国税机关按规定确认印有该单位名称发票的种类和数量。纳税人通过新系统开具印有本单位名称的增值税普通发票（卷票）。印有本单位名称的增值税普通发票（卷票），由国家税务总局统一招标采购的增值税普通发票（卷票）中标厂商印制，其式样、规格、联次和防伪措施等与原有增值税普通发票（卷票）一致，并加印企业发票专用章。使用印有本单位名称的增值税普通发票（卷票）的企业，按照《国家税务总局 财政部关于冠名发票印制费结算问题的通知》（税总发〔2013〕53 号）的规定，与发票印制企业直接结算印制费用。

增值税电子普通发票的开票方和受票方需要纸质发票的，可以自行打印增值税电子普通发票的版式文件，其法律效力、基本用途、基本使用规定等与税务机关监制的增值税普通发票相同。

三、增值税专用发票的特殊性

增值税专用发票只有一般纳税人才能使用，因为购货方取得这种发票后可以按发票上的税额进行抵扣（也必须是一般纳税人），也就是说购货方可以少缴这部分税，而普通发票是不能进行抵扣的。由于可以抵税，因此国家对增值税发票的管理是很严格的，现在已建立使用税控系统，抵扣前发票必须经过税控系统验证，购货方获得抵扣，销货方就必须缴纳相应的税金，严禁开虚假发票，法律对这方面的处罚也是很严厉的。

专用发票除具有普通发票的功能与作用外，还是纳税人计算应纳税额的重要凭证，与普通发票相比，有以下区别：

1. 使用范围不同

专用发票只限于一般纳税人之间从事生产经营增值税应税项目使用，普通发票则可以用于所有纳税人的所有经营活动，当然也包括一般纳税人生产经营增值税应税项目。

2. 作用不同

普通发票只是一种商事凭证，而专用发票不仅是一种商事凭证，还是一种扣税凭证。

3. 联次不同

专用发票不仅要有普通发票的联次，而且还要有扣税联。

4. 反映的价格不同

普通发票有时反映的价格是含税价，税款与价格不分离；专用发票反映的是不含税价，税款与价格分开填列。

四、增值税专用发票的构成要素

（一）票样

增值税专用发票票样如图 5-1 所示。

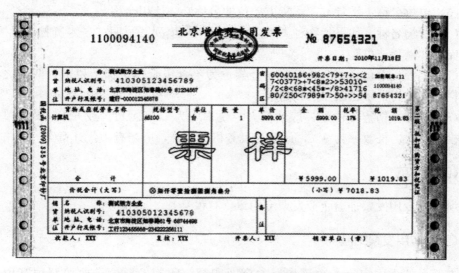

图 5-1　84 位字符密文增值税专用发票票样

（二）规格与纸张

中文电脑票为 140×240mm，中英文电脑票为 153×240mm。纸张为无碳复写纸。

（三）专用发票七要素

发票代码、发票号码、开票时间、购货方纳税人识别号、销货方纳税人识别号、金额、税额。

（1）发票代码：位于票面左上角，由 10 位阿拉伯数字组成。

第 1~4 位代表省别（如 3700 代表山东各地市，3702 代表青岛，计划单列市地区代码不变）；

第 5、6 两位代表制版年代（如 03 代表 2003 年）；

第 7 位代表批次（用 1、2、3 表示）；

第 8 位代表语种（1 为中文、2 为中英文、3 为藏汉文、4 为维汉文）；

第 9 位代表发票联数；

第 10 位代表发票的版式和版位（0 为电脑版）。

例如：3700031140 表示山东省某某市 2003 年版第一批中文四联电脑票。

（2）发票号码：由 8 位阿拉伯数字组成。

（3）密文区：由七要素形成的 84 位电子密文。密文区的右面有打印的发票代码和号码，必须与原发票上的印刷体的代码和号码一致。

（4）纳税人识别号：包括销货单位的纳税人识别号、购货单位的纳税人识别号，均由 15 位数字（或字母）组成。

（5）单位名称：销货方、购货方单位的名称必须使用全称。

（6）货物名称：如果货物种类繁多，可以汇总填列，写明"××货物一批"。发票后面附"销货清单"。

（7）金额：单价为不含税单价，金额也为不含税金额，加上税额，两者之和为大写栏的价税合计，也就是总销售额。

（8）税率：销货单位是一般纳税人，税率应为 17％、11％或 6％。销货单位为小规模纳税人，征收率为 3％，此票为税务机关代开，应当有"代开章"。

（四）印章

增值税专用发票加盖企业发票专用章（有税号）。

（五）专用发票印制

专用发票由国家税务总局指定的企业印制，印制发票的企业按照国家税务总局批准的种类、数量等印制发票。发票票面的左侧竖排的一排文字为国家税务总局批准印制发票的文号。

第三节　增值税扣税凭证

一、增值税扣税凭证

企业采购货物、接受应税劳务或应税服务，取得以下税收凭证并用于可抵扣进项税的业务范围，则可以抵扣相应的增值税额，如表 5-1 所示：

表 5-1　　　　　　　　　　　　　　增值税扣税凭证

涉税业务	增值税扣税凭证	抵扣额	备注
境内增值税业务	增值税专用发票	增值税额	包括：货物运输业专用发票（2016年7月1日停止使用）、机动车销售统一发票以及小规模纳税人向税务局要求代开的增值税专用发票
进口增值税业务	海关进口增值税专用缴款书	增值税额	
购进农产品业务	农产品收购发票或销售发票	进项税额＝买价×扣除率（11%）	含烟叶税
接受境外单位或个人提供的应税服务	税收缴款凭证	增值税额	应具备书面合同、付款证明和境外单位的对账单或发票，资料不全的不得抵扣

二、常见成本扣税凭证及其适用税率

为便于业务人员在进行成本管理时能够准确掌握各项成本费用的抵扣情况以及适用税率，做到增值税进项税额"应抵尽抵、充分抵扣"，下面以建筑施工企业常见的成本费用为例，对各项成本费用的可抵扣情况及适用税率进行统一整理，以备参考和使用。详见表 5-2：

表 5-2　　　　　　　　　　　　可抵扣项目及适用税率明细表

成本费用项目	核算内容	相关业务形式	是否可抵扣	增值税扣税凭证	税率	备注
工程成本——人工费	主要核算从事建筑安装工程施工人员的工资、补贴、奖金、社会保险、其他职工薪酬以及劳务协作队伍的劳务费	1. 员工工资及"五险一金"	否	*	*	
		2. 劳务派遣费用	是	增值税专用发票	3%5%6%	
		3. 外部劳务费	是	增值税专用发票	3%6%11%	
工程成本——材料费	建筑安装工程直接耗用的构成工程实体和有助于工程形成的各种主要材料、辅助材料、结构件、零件、半成品的成本以及工程使用周转材料应计的摊销价值	1. 钢材、水泥、混凝土	是	增值税专用发票	17%3%	如为商品混凝土（仅限于以水泥为原料生产的水泥混凝土）可选择增值税简易征收办法
		2. 油品、火工品	是	增值税专用发票	17%	

续表

成本费用项目	核算内容	相关业务形式	是否可抵扣	增值税扣税凭证	税率	备注
工程成本——材料费	建筑安装工程直接耗用的构成工程实体和有助于工程形成的各种主要材料、辅助材料、结构件、零件、半成品的成本以及工程使用周转材料应计的摊销价值	3. 桥梁、支座、锚杆、锚具	是	增值税专用发票	17%	
		4. 地材（沙、土、石料等）	是	增值税专用发票	3%或17%	以自己采掘的砂、土、石料或其他矿物连续生产的砖、瓦、石灰（不含黏土实心砖、瓦）可选择增值税简易征收办法
		5. 小型机具、电料、五金材料	是	增值税专用发票	17%	
		6. 方木、木板、竹胶板、木胶板	是	增值税专用发票	17%	
		7. 压浆剂、灌浆料、粉煤灰、减水剂、速凝剂、石粉	是	增值税专用发票	17%	
		8. 机制砖、井盖、污水管、螺旋管、铸铁管、彩砖、栏杆、洞渣、路缘石	是	增值税专用发票	17%	
		9. 伸缩缝、钢板、钢绞线、波纹管、钢纤维、挤压套	是	增值税专用发票	17%	
		10. 电气开关、电线电缆、照明设备	是	增值税专用发票	17%	
		11. 空调、电梯、电气设备	是	增值税专用发票	17%	
		12. pvc管材、塑料管材、塑料板材	是	增值税专用发票	17%	
		13. 铸铁管道、钢管、阀门	是	增值税专用发票	17%	
		14. 木门、防盗门、防火门、防盗网、塑钢窗等	是	增值税专用发票	17%	
		15. 卫生间洁具、食堂用具	是	增值税专用发票	17%	
		16. 瓷砖、大理石、火烧石、水泥预制件	是	增值税专用发票	17%	

续表

成本费用项目	核算内容	相关业务形式	是否可抵扣	增值税扣税凭证	税率	备注
工程成本——材料费	建筑安装工程直接耗用的构成工程实体和有助于工程形成的各种主要材料、辅助材料、结构件、零件、半成品的成本以及工程使用周转材料应计的摊销价值	17. 玻璃幕墙、铝塑板、外墙装饰材料	是	增值税专用发票	17%	
		18. 给排水设备、消防设施	是	增值税专用发票	17%	
		19. 材料运费	是	增值税专用发票	11%	
		20. 材料加工费	是	增值税专用发票	17%	
		21. 自有周转材料使用费	否			
		22. 周转材料租赁费（钢管、扣件、模版、钢模等）	是	增值税专用发票	17%	
		……	*	*	*	
工程成本——机械使用费	工程施工过程中使用自有施工机械发生的机械使用费和租用外单位施工机械发生的租赁费以及施工机械的安装、拆卸和进出场费等	1. 工程用设备租赁（包括吊车、挖掘机、装载机、塔吊、扶墙电梯、运输车辆）	是	增值税专用发票	17%	
		2. 电费	是	增值税专用发票	17%	
					3%	县级及县级以下小型水力发电单位生产的电力适用增值税简易征收办法。小型水力发电单位，是指各类投资主体建设的装机容量为5万千瓦以下（含5万千瓦）的小型水力发电单位
		3. 燃料（汽油、柴油）	是	增值税专用发票	17%	
		4. 设备折旧费	否	*	*	
		5. 机械操作人员工资及工资附加费	否	*	*	
		6. 外租机械设备进出场费	是	增值税专用发票	17%	

续表

成本费用项目	核算内容	相关业务形式	是否可抵扣	增值税扣税凭证	税率	备注
工程成本——机械使用费	工程施工过程中使用自有施工机械发生的机械使用费和租用外单位施工机械发生的租赁费以及施工机械的安装、拆卸和进出场费等	7. 自有机械设备修理费	是	增值税专用发票	17%	
		……	*	*	*	
工程成本——其他直接费用	施工过程中发生的二次材料搬运费、生产工具用具使用费、临时设施摊销费、检验试验费、安全生产费、场地清理费、工程复测费、夜间冬季雨季施工增加费、施工补偿费、环境保护费等	1. 征地拆迁费	否	*	*	
		2. 房屋、道路、青苗补偿费	否	*	*	
		3. 施工水电费	是	增值税专用发票	17%	适用一般计税方法的电力
					11%	适用一般计税方法的自来水
					3%	适用简易计税方法的自来水；适用简易计税方法的电力
		4. 生产安全用品	是	增值税专用发票	17%	
		5. 检验试验费	是	增值税专用发票	6%	
		6. 二次搬运费	是	增值税专用发票	11%	
		7. 场地租赁费	是	增值税专用发票	11%	
		8. 场地清理费	是	增值税专用发票	11%	
		9. 采购活动板房	是	增值税专用发票	17%	
		10. 租赁活动板房	是	增值税专用发票	17%	
		11. 采购拌合站	是	增值税专用发票	17%	主要指机器设备
		12. 电力架施	是	增值税专用发票	11%	
		13. 临时房屋、道路工程	是	增值税专用发票	11%	
		……	*	*	*	

续表

成本费用项目	核算内容	相关业务形式	是否可抵扣	增值税扣税凭证	税率	备注
工程成本——间接费用	施工单位为组织和管理施工生产活动所发生的费用	1. 管理人员工资及工资附加费	否	＊	＊	
		2. 外聘人员工资	否	＊	＊	
		3. 工程、设备、保险	是	增值税专用发票	6％	、
		4. 房屋租赁	是	增值税专用发票	6％	
		5. 会议费	是	增值税专用发票等	6％	
		6. 交通费	否	＊	＊	
		7. 电话费、网络费	是	增值税专用发票	11％	基础电信业务适用
					6％	增值税电信业务适用
		8. 临时设施费	是	增值税专用发票	17％	材料设备及增值税应税劳务
					6％	增值税应税服务
		9. 办公用品、物料消耗	是	增值税专用发票	17％	
		10. 物业管理费	是	增值税专用发票	6％	传统服务营改增后，可抵扣
		11. 污水及垃圾处理费	否	＊	＊	政府非税收入票据
		12. 培训费	是	增值税专用发票	6％	技术培训适用
		13. 工地宣传费用（条幅、展示牌…）	是	增值税专用发票	17％	
		14. 水电费	是	增值税专用发票等	17％或11％	
		15. 食堂采购费用	否	＊	＊	
		……	＊	＊	＊	

成本费用项目	核算内容	相关业务形式	是否可抵扣	增值税扣税凭证	税率	备注
管理费用	施工单位管理部门在企业的经营管理中发生的或者应由企业统一负担的公司经费（包括行政管理部门职工薪酬、物料消耗、低值易耗品摊销、办公费和差旅费、经营租赁费、折旧费等）、工会经费、董事会费（包括董事会成员津贴、会议费和差旅费等）、聘请中介机构费、咨询费（含顾问费）、诉讼费、业务招待费等	1. 职工工资及五险一金	否	*	*	
		2. 培训费	是	增值税专用发票	6%	技术培训适用
		3. 财产保险	是	增值税专用发票	6%	
		4. 折旧费	否	*	*	
		5. 无形资产摊销	否	*	*	
		6. 审计、咨询、中介费	是	增值税专用发票	6%	
		7. 材料费（研发费用）	是	增值税专用发票	17%	
		8. 房屋租赁	是	增值税专用发票	11%	
		9. 会议费	是	增值税专用发票	6%	
		10. 交通费	否	*	*	
		11. 电话费、网络费	是	增值税专用发票等或通用机打发票	11%	基础电信业务适用
					6%	增值电信业务适用
		12. 业务招待费	否	*	*	
		13. 办公用品、物料消耗	是	增值税专用发票	17%	
		14. 物业管理费	是	增值税专用发票	6%	
		15. 污水及垃圾处理费	否	*	*	主要为政府非税收入票据
		16. 各类组织会费、年费	是	增值税专用发票	6%	适用部分现代服务业
			否	*	*	
		17. 广告宣传费	是	增值税专用发票	6%	
		……	*	*	*	
购置不动产	购置不动产	购置房屋、土地使用权等不动产	是	增值税专用发票	11%	

第四节 增值税发票的领购

一、增值税专用发票的真伪鉴别

(一)光角变色圆环纤维

1. 防伪效果

防伪纤维的物理形态呈圆环状随机分布在发票的发票联、抵扣联和记账联专用纸张中,在自然光下观察与普通纸张基本相同,在365nm紫外光照射下,圆环靠近光源的半圆环为红色,远离光源的半圆环为黄绿色。

2. 鉴别方法

使用标准365nm紫外光源以小于45度的角度照射环形纤维,靠近光源的半圆环为红色,远离光源的半圆环为黄绿色。

(二)造纸防伪线

1. 防伪效果

在发票的发票联、抵扣联和记账联专用纸张中含有造纸防伪线,防伪线在自然光下有黑水印的特点,在365nm紫外光照射下,为红蓝荧光点形成的条状荧光带,防伪线距票面右边缘20mm~80mm。

2. 鉴别方法

在日光下对光观察防伪线呈现黑色线状水印,使用标准365nm紫外光源垂直照射防伪线呈现红蓝荧光点形成的条状荧光带。

(三)防伪油墨颜色擦可变

1. 防伪效果

发票各联次左上方的发票代码使用防伪油墨印制,油墨印记在外力摩擦作用下可以发生颜色变化,产生红色擦痕。

2. 鉴别方法

使用白纸摩擦票面的发票代码区域，在白纸表面以及地区代码的摩擦区域均会产生红色擦痕。

（四）专用异型号码

1. 防伪效果

发票各联次右上方的发票号码为专用异型号码，字体为专用异型变化字体。

2. 鉴别方法

直观目视识别。

（五）复合信息防伪

1. 防伪效果

发票的发票联、抵扣联和记账联票面具有复合信息防伪特征。

2. 鉴别方法

使用复合防伪特征检验仪检测，对通过检测的发票，检验仪自动发出符合信息防伪特征验证通过的语音提示。

二、增值税发票的领购方法

（一）一般纳税人首次领购增值税专用发票

一般纳税人（以下简称纳税人）首次领购增值税专用发票须经过以下办理程序：

（1）纳税人须持盖有"增值税一般纳税人"认定章的税务登记证副本和《票管员合格证》到主管分局办税大厅发票购领窗口领取"申请表"、《责任书》，并填写"申请表"，签订《责任书》。

（2）纳税人向发票购领窗口提交以下资料：

①填写好的"申请表"（一式两份）；

②签订好的《责任书》（一式三份）；

③《票管员合格证》；

④加盖"增值税一般纳税人"认定章的税务登记证副本；

⑤财务印章或发票专用章印模；

⑥企业月销售额和月需专用发票面额、用量的报告。

（3）发票购领窗口工作人员经审核资料齐全后，退回税务登记证副本、《票管员合格证》、《责任书》一份给纳税人。

（4）纳税人凭"申请表"、加盖有"增值税一般纳税人"认定章的税务登记证副本、《责任书》到发票购领窗口领购增值税专用发票并登记《发票领购簿》。

税务机关在发售专用发票时（电脑专用发票除外），必须监督纳税人在窗口完成专用发票所有联次的有关栏目中加盖戳记后，才交付纳税人领购回使用。戳记（蓝色印油）内容有：销售单位名称、税务登记号、地址、电话号码、开户银行及账号等。

（二）一般纳税人再次领购增值税专用发票

一般纳税人再次领购增值税专用发票，凭《发票领购簿》、税务登记证副本、《票管员合格证》、《责任书》，并报送上次领购已使用的增值税专用发票存根联，经主管征收分局审核后，方可领购增值税专用发票。

三、不得领购开具专用发票的情形

一般纳税人有下列情形之一的，不得领购开具专用发票，如已领购专用发票，主管税务机关应暂扣其结存的专用发票和 IC 卡。

（1）会计核算不健全，不能向税务机关准确提供增值税销项税额、进项税额、应纳税额数据及其他有关增值税税务资料的。

其中：其他有关增值税税务资料的内容，由省、自治区、直辖市和计划单列市国家税务局确定。

（2）有《税收征收管理法》规定的税收违法行为，拒不接受税务机关处理的。

（3）有下列行为之一，经税务机关责令限期改正而仍未改正的：

①虚开增值税专用发票；

②私自印制专用发票；

③向税务机关以外的单位和个人买取专用发票；

④借用他人专用发票；

⑤未按《增值税专用发票使用规定》第十一条开具专用发票；

⑥未按规定保管专用发票和专用设备；

⑦未按规定申请办理防伪税控系统变更发行；

⑧未按规定接受税务机关检查。

（4）销售的货物全部属于免税项目的。

第五节　增值税发票的保管

一、增值税发票的保管要求

（一）落实安全保管

购票户对领购的发票要落实专人保管，做到发票进入保险柜存放，落实防盗措施。纳入防伪税控机管理的一般纳税人，在购买发票前，必须与税务机关签订《增值税专用发票使用管理责任书》《防伪税控机使用管理责任书》，要将专用发票及 IC 卡分开存放于专门的保险柜内，确保发票（IC 卡）保管万无一失。

（二）落实登记管理

纳税人对领购的发票必须建立《购、用、存登记簿》，如实填写有关情况。按领购批次的发票实行逐批汇总装订成册，在每册存根联前页附订上该批次的《存根联明细表》的开票明细情况；对已填开发票存根联和发票登记簿，应保存五年，保存期满，报经税务机关查验后销毁。

（三）禁止带票外出

任何单位和个人不准跨地区携带使用发票，不准带票外出经营。

纳税人应妥善保管发票及金税卡、IC 卡，不得丢失。如果发生被盗、丢失，应立即上报主管分局（被盗应向公安机关报案）；经分局会同区局发票等部门派员调查核实后，填写《发票挂失声明申请审批表》逐级上报审批，并在《中国税务报》上声明作废。遗失的发票及两卡如发生偷税案件，纳税人应承担连带的法律责任。

二、未按规定保管专用发票和专用设备的情形

有下列情形之一的，为未按规定保管专用发票和专用设备：

（1）未设专人保管专用发票和专用设备；

（2）未按税务机关要求存放专用发票和专用设备；

（3）未将认证相符的专用发票抵扣联、《认证结果通知书》和《认证结果清单》装订成册；

（4）未经税务机关查验，擅自销毁专用发票基本联次。

第六节　增值税发票的开具

一、增值税专用发票开具范围

（一）政策规定

1. 原增值税政策

一般纳税人销售货物或者提供应税劳务，应向购买方开具专用发票。商业企业一般纳税人零售的烟、酒、食品、服装、鞋帽（不包括劳保专用部分）、化妆品等消费品不得开具专用发票。小规模纳税人需要开具专用发票的，可向主管税务机关申请代开。销售免税货物不得开具专用发票，法律、法规及国家税务总局另有规定的除外。

2. 营改增政策

纳税人提供应税服务，应当向索取增值税专用发票的接受方开具增值税专用发票，并在增值税专用发票上分别注明销售额和销项税额属于下列情形之一的，不得开具增值税专用发票：

（1）向消费者个人提供销售货物、提供应税服务或应税劳务。

（2）适用免征增值税规定的销售货物、提供应税服务或应税劳务。

小规模纳税人提供应税服务，接受方索取增值税专用发票的，可以向主管税务机关申请代开。纳入增值税小规模纳税人自开增值税专用发票试点的小规模纳税人需要开具增值税专用发票的，可以通过新系统自行开具，主管国税机关不再为其代开。纳入增值税小规模纳税人自开增值税专用发票试点的小规模纳税人销售其取得的不动产，需要开具增值税专用发票的，仍须向地税机关申请代开。

（二）操作要点

（1）增值税一般纳税人应主动向可以开具增值税专用发票的纳税人索取增值税专用发票；

（2）如供应商为小规模纳税人，营改增一般纳税人应要求其向主管税务机关代开增值税专用发票；

（3）如果供应商选择免征增值税，营改增一般纳税人无法取得增值税专用发票，无法抵扣进项税额。

二、增值税专用发票开具要求

（一）政策规定

1. 基本要求

（1）项目齐全，与实际交易相符；

（2）字迹清楚，不得压线、错格；

（3）发票联和抵扣联加盖发票专用章；

（4）按照增值税纳税义务的发生时间开具。

对不符合上列要求的专用发票，购买方有权拒收。

2. 特殊要求

一般纳税人销售货物或者提供应税劳务或应税服务可汇总开具专用发票。汇总开具专用发票的，同时使用防伪税控系统开具《销售货物或者提供应税劳务清单》，并加盖发票专用章。

（二）操作要点

营改增一般纳税人应严格按照专用发票开具要求开具专用发票；在收取专用发票时，应按照专用发票开具要求对专用发票进行审核，对不符合开具要求的专用发票有权拒收，要求发票开具方重新开具。

三、不得开具增值税专用发票的情形

属于下列情形之一的，不得开具增值税专用发票：

（1）向消费者个人销售货物、提供应税劳务或者发生应税行为的；

（2）销售货物、提供应税劳务或者发生应税行为适用增值税免税规定的，法律、法规及国家税务总局另有规定的除外；

（3）部分适用增值税简易征收政策规定的：

①增值税一般纳税人的单采血浆站销售非临床用人体血液选择简易计税的。

②纳税人销售旧货，按简易办法依 3% 征收率减按 2% 征收增值税的。

③纳税人销售自己使用过的固定资产，适用按简易办法依 3% 征收率减按 2% 征收增值税政策的。

纳税人销售自己使用过的固定资产，适用简易办法依照 3% 征收率减按 2% 征收增值税政策的，可以放弃减税，按照简易办法依照 3%征收率缴纳增值税，并可以开具增值税专用发票。

（4）法律、法规及国家税务总局规定的其他情形。

第七节 增值税扣税凭证管理

一、扣税凭证类型

增值税扣税凭证，是增值税一般纳税人用于抵扣进项税额的凭证，既包含增值税专用发票也包含部分增值税普通发票，主要包括：增值税专用发票、海关进口增值税专用缴款书、农产品收购发票、农产品销售发票和税收缴款凭证。纳税人取得的增值税扣税凭证不符合法律、行政法规或者国家税务总局有关规定的，其进项税额不得从销项税额中抵扣。

二、扣税凭证的抵扣方式

（一）认证抵扣

用于抵扣增值税进项税额的专用发票应经税务机关认证相符（国家税务总局另有规定的除外）。认证相符的专用发票应作为购买方的记账凭证，不得退还销售方。认证，是税务机关通过防伪税控系统对专用发票所列数据的识别、确认。认证相符，是指纳税人识别号无误，专用发票所列密文解译后与明文一致。

（二）比对抵扣

自 2013 年 7 月 1 日起，增值税一般纳税人进口货物取得的属于增值税扣税范围的海关缴款书，需经税务机关稽核比对相符后，其增值税额方能作为进项税额在销项税额中抵扣。

税务机关通过稽核系统将纳税人申请稽核的海关缴款书数据，按日与进口增值税入库数据进行稽核比对，每个月为一个稽核期。海关缴款书开具当月申请稽核的，稽核期为申请稽核的当月、次月及第三个月。海关缴款书开具次月申请稽核的，稽核期为申请稽核的当月及次月。海关缴款书开具次月以后申请稽核的，稽核期为申请稽核的当月。

税务机关于每月纳税申报期内，向纳税人提供上月稽核比对结果，纳税人应向主管税务机关查询稽核比对结果信息。对稽核比对结果为相符的海关缴款书，纳税人应在税务机关提供稽核比对结果的当月纳税申报期内申报抵扣,逾期的其进项税额不予抵扣。

(三)计算抵扣

(1)购进农产品,除取得增值税专用发票或者海关进口增值税专用缴款书外,按照农产品收购发票或者销售发票上注明的农产品买价和 11％的扣除率计算的进项税额进行抵扣。

购进农产品,按照《农产品增值税进项税额核定扣除试点实施办法》抵扣进项税额的除外。

(2)接受境外单位或者个人提供的应税服务,按照从税务机关或者境内代理人取得的税收缴款凭证上注明的增值税额进行抵扣。

三、增值税扣税凭证认证(比对)期限

(一)政策规定

根据原税收法规相关规定,增值税一般纳税人取得增值税专用发票(包括货物运输业增值税专用发票和税控机动车销售统一发票),应在开具之日起 180 天内到税务机关办理认证,并在认证通过的次月申报期内,向主管税务机关申报抵扣进项税额,如超过认证期限仍未办理认证的,则该凭证不得作为合法的增值税扣税凭证,不得抵扣相应进项税额。

实行海关进口增值税专用缴款书(以下简称海关缴款书)"先比对后抵扣"管理办法的增值税一般纳税人取得 2010 年 1 月 1 日以后开具的海关缴款书,应在开具之日起 180 日内向主管税务机关报送《海关完税凭证抵扣清单》(包括纸质资料和电子数据)申请稽核比对。

根据《国家税务总局关于进一步明确营改增有关征管问题的公告》(国家税务总局公告 2017 年第 11 号)第十条的规定,自 2017 年 7 月 1 日起,增值税一般纳税人取得的 2017 年 7 月 1 日及以后开具的增值税专用发票和机动车销售统一发票,应自开具之日起 360 日内认证或登录增值税发票选择确认平台进行确认,并在规定的纳税申报期内,向主管国税机关申报抵扣进项税额。

增值税一般纳税人取得的 2017 年 7 月 1 日及以后开具的海关进口增值税专用缴款书,应自开具之日起 360 日内向主管国税机关报送《海关完税凭证抵扣清单》,申请稽核比对。

纳税人取得的 2017 年 6 月 30 日前开具的增值税扣税凭证,仍按《国家税务总局关于调整增值税扣税凭证抵扣期限有关问题的通知》(国税函〔2009〕617 号)

执行。

（二）操作要点

鉴于上述规定，企业负责采购的部门和人员在取得可认证抵扣的增值税专用发票（包括代开的增值税专用发票）或需比对抵扣的海关缴款书后，应当及时传递至财务人员进行认证抵扣和比对抵扣，避免因逾期未认证造成进项税额无法抵扣，进而造成公司税款的流失。相关业务人员应正确看待增值税专用发票的管理，严格按照企业对增值税扣税凭证管理的相关规定取得发票、审核发票和及时传递发票。在业务操作过程中，相关业务人员应注意做好以下几个方面的工作：

1. 正确认识增值税专用发票

增值税专用发票对于企业的实际税负、成本及效益有直接影响，相关业务人员应当深刻认识增值税专用发票的重要性，避免在实际业务过程中发生应取得而未取得增值税专用发票等失误而给企业带来不必要的损失。

2. 认真学习增值税专用发票管理的相关基础知识

掌握增值税专用发票的审核要点以及作废、认证、抵扣的时间要求，按照本单位发票管理制度规范地取得发票并及时进行传递。

3. 加强与财务部门的联系

相关业务人员如遇到发票问题无法判断或存在疑问时，应及时与财务部门进行沟通，在获取专业意见之后再进行下一步操作，有助于及早解决问题，同时也可以避免因采取补救措施而产生的人力、物力消耗。

4. 认证期限

自 2017 年 7 月 1 日起，增值税专用发票和海关缴款书的认证期限是自开票日起360 天。以下增值扣税凭证没有具体的认证期限：

（1）购进农产品，取得的农产品收购发票或者销售发票。

（2）接受境外单位或者个人提供的应税服务，从税务机关或者境内代理人取得的税收缴款凭证。

四、逾期未认证的补救措施

（一）政策规定

根据《国家税务总局关于逾期增值税扣税凭证抵扣问题的公告》（国家税务总局

公告 2011 年第 50 号）的规定，如果增值税一般纳税人发生真实交易但由于客观原因造成增值税扣税凭证逾期的，经主管税务机关审核、逐级上报，由国家税务总局认证、稽核比对后，对比对相符的增值税扣税凭证，允许纳税人继续抵扣其进项税额。上述规定中的客观条件是指：

（1）因自然灾害、社会突发事件等不可抗力因素造成增值税扣税凭证逾期；

（2）增值税扣税凭证被盗、抢，或者因邮寄丢失、误递导致逾期；

（3）有关司法、行政机关在办理业务或者检查中，扣押增值税扣税凭证，纳税人不能正常履行申报义务，或者税务机关信息系统、网络故障，未能及时处理纳税人网上认证数据等导致增值税扣税凭证逾期；

（4）买卖双方因经济纠纷，未能及时传递增值税扣税凭证，或者纳税人变更纳税地点，注销旧户和重新办理税务登记的时间过长，导致增值税扣税凭证逾期；

（5）由于企业办税人员伤亡、突发危重疾病或者擅自离职，未能办理交接手续，导致增值税扣税凭证逾期；

（6）国家税务总局规定的其他情形。

（二）操作要点

具体办理规定可参照国家税务总局公告 2011 年第 50 号附件《逾期增值税扣税凭证抵扣管理办法》执行。鉴于办理逾期增值税扣税凭证的认证，手续复杂且要求条件较为严苛，因此各级单位应当尽量避免增值税扣税凭证逾期未认证的情形发生，如果出现逾期情形的，企业可以根据上述要求向主管税务机关申请办理抵扣。

为避免出现逾期情况发生，保证增值税扣税凭证及时传递，企业可规范传递流程，建议内容如下：

（1）明确每月向财务部门传递专用发票的次数，月（季）末最后一次传递的截止日期；

（2）各传递环节应建立专用发票传递台账和交接手续；

（3）建立相关的惩罚制度，以保证进项税及时认证、抵扣。

五、不得抵扣的扣税凭证

（一）认证后不得作为增值税进项税额抵扣凭证的情形

经认证，有下列情形之一的，不得作为增值税进项税额的抵扣凭证，税务机关退还原件，购买方可要求销售方重新开具专用发票。

（1）无法认证。无法认证，是指专用发票所列密文或者明文不能辨认，无法产生认证结。

（2）纳税人识别号认证不符。纳税人识别号认证不符，是指专用发票所列购买方纳税人识别号有误。

（3）专用发票代码、号码认证不符。专用发票代码、号码认证不符，是指专用发票所列密文解译后与明文的代码或者号码不一致。

（二）认证后暂不得作为增值税进项税额抵扣凭证的情形

经认证，有下列情形之一的，暂不得作为增值税进项税额的抵扣凭证，税务机关扣留原件，查明原因，分别情况进行处理。

（1）重复认证。重复认证，是指已经认证相符的同一张专用发票再次认证。

（2）密文有误。密文有误，是指专用发票所列密文无法解译。

（3）认证不符。认证不符，是指纳税人识别号有误，或者专用发票所列密文解译后与明文不一致。所称认证不符不含纳税人识别号认证不符合专用发票代码、号码认证不符的情形。

（4）列为失控专用发票。列为失控专用发票，是指认证时的专用发票已被登记为失控专用发票。

（三）海关缴款书稽核比对异常的处理

海关缴款书稽核比对的结果分为相符、不符、滞留、缺联、重号五种。稽核比对结果异常，是指稽核比对结果为不符、缺联、重号、滞留。

（1）对于稽核比对结果为不符、缺联的海关缴款书，纳税人应于产生稽核结果的360日内，持海关缴款书原件向主管税务机关申请数据修改或者核对，逾期的其进项税额不予抵扣。属于纳税人数据采集错误的，数据修改后再次进行稽核比对；不属于数据采集错误的，纳税人可向主管税务机关申请数据核对，主管税务机关会同海关进行核查。经核查，海关缴款书票面信息与纳税人实际进口货物业务一致的，纳税人应在收到主管税务机关书面通知的次月申报期内申报抵扣，逾期的其进项税额不予抵扣。

（2）对于稽核比对结果为重号的海关缴款书，由主管税务机关进行核查。经核查，海关缴款书票面信息与纳税人实际进口货物业务一致的，纳税人应在收到税务机关书面通知的次月申报期内申报抵扣，逾期的其进项税额不予抵扣。

（3）对于稽核比对结果为滞留的海关缴款书，可继续参与稽核比对，纳税人不需申请数据核对。纳税人应在"应交税费"科目下设"待抵扣进项税额"明细科目，用于核算已申请稽核但尚未取得稽核相符结果的海关缴款书进项税额。纳税人取得海关缴款书后，应借记"应交税费——待抵扣进项税额"明细科目，贷记相关科目；稽核比对相符以及核查后允许抵扣的，应借记"应交税费——应交增值税（进项税额）"科目，贷记"应交税费——待抵扣进项税额"科目。经核查不得抵扣的进项税额，红字借记"应交税费——待抵扣进项税额"科目，红字贷记相关科目。

第八节　增值税专用发票管理的特殊事项

一、增值税专用发票被盗、丢失

（一）办理程序

根据《中华人民共和国发票管理办法实施细则》第三十一条的规定，发生发票被盗、丢失情形时，使用发票的单位和个人应当于发现被盗、丢失当日书面报告税务机关，并登报声明作废。

（二）处罚措施

按照《发票管理办法》第三十六条的规定，违反发票管理法规的行为包括：（1）未按照规定印制发票或者生产发票防伪专用品的；（2）未按照规定领购发票的；（3）未按照规定开具发票的；（4）未按照规定取得发票的；（5）未按照规定保管发票的；（6）未按照规定接受税务机关检查的。对有上述所列行为之一的单位和个人，由税务机关责令限期改正，没收非法所得，可以并处1万元以下的罚款。有前款所列两种以上行为的，可以分别处罚。因此，对于被盗、丢失发票，因"未按照规定保管发票"的罚则规定，税务机关可以处以1万元以下的税务行政罚款。

二、增值税专用发票发票联、抵扣联丢失

《国家税务总局关于简化增值税发票领用和使用程序有关问题的公告》（国家税务总局公告2014年第19号）第三条规定，一般纳税人丢失已开具专用发票的发票联和抵扣联，如果丢失前已认证相符的，购买方可凭销售方提供的相应专用发票记账联复印件及销售方主管税务机关出具的《丢失增值税专用发票已报税证明单》或《丢失货物运输业增值税专用发票已报税证明单》（以下简称《证明单》），作为增值税进项税额的抵扣凭证；如果丢失前未认证的，购买方凭销售方提供的相应专用发票记账联复印件进行认证，认证相符的可凭专用发票记账联复印件及销售方主管税务机关出具的《证明单》，作为增值税进项税额的抵扣凭证。专用发票记账联复印件和《证明单》留存备查。

（1）一般纳税人丢失已开具专用发票的发票联和抵扣联，如果丢失前已认证相符的，购买方凭销售方提供的相应专用发票记账联复印件及销售方所在地主管税务机关出具的《丢失增值税专用发票已报税证明单》，经购买方主管税务机关审核同意后，可作为增值税进项税额的抵扣凭证；

（2）一般纳税人丢失已开具专用发票的发票联和抵扣联，如果丢失前未认证的，购买方凭销售方提供的相应专用发票记账联复印件到主管税务机关认证，认证相符的凭该专用发票记账联复印件及销售方所在地主管税务机关出具的《丢失增值税专用发票已报税证明单》，经购买方主管税务机关同意后，可作为增值进项税额的抵扣凭证。

（3）一般纳税人丢失已开具专用发票的抵扣联，如果丢失前已认证相符的，可使用专用发票联复印件留存备查。

（4）一般纳税人丢失已开具专用发票的抵扣联，如果丢失前未认证的，可使用专用发票的发票联到主管机关认证，专用发票的发票联复印件留存备查。

（5）一般纳税人丢失已开具专用发票的发票联，可以将专用发票抵扣联作为记账凭证，专用发票抵扣联复印件留存备查。

三、增值税专用发票作废

（一）政策规定

一般纳税人在开具专用发票当月，发生销货退回、开票有误等情形，收到退回的发票联、抵扣联符合作废条件的，按作废处理；开具时发现有误的，可即时作废。同时具有下列情形的，为上述所称"作废条件"：

（1）收到退回的发票联、抵扣联时间未超过销售方开票当月；

（2）销售方未抄税并且未记账；

（3）购买方未认证或者认证结果为"纳税人识别号认证不符""专用发票代码、号码认证不符"。

作废专用发票须在防伪税控系统中将相应的数据电文按"作废"处理，在纸质专用发票（含未打印的专用发票）各联次上注明"作废"字样，全联次留存。

（二）操作要点

在实际操作中，应注意区分"作废"和"开具红字增值税专用发票"的适用条件。专用发票的作废条件十分严格，符合上述规定的可以直接做作废处理，不符合上述规定的不能做作废处理，应当通过开具红字增值税专用发票处理。

四、红字增值税专用发票

因市场价格下降等原因，纳税人销售货物并向购买方开具增值税专用发票后，由于购货方在一定时期内累计购买货物达到一定数量，或者由于市场价格下降等原因，销货方给予购货方相应的价格优惠或补偿等折扣、折让行为，销货方可按现行有关规定开具红字增值税专用发票。

按照《国家税务总局关于红字增值税发票开具有关问题的公告》（国家税务总局公告 2016 年第 47 号）的规定，增值税一般纳税人开具增值税专用发票（以下简称专用发票）后，发生销货退回、开票有误、应税服务中止等情形但不符合发票作废条件，或者因销货部分退回及发生销售折让，需要开具红字专用发票的，按以下方法处理：

（1）购买方取得专用发票已用于申报抵扣的，购买方可在增值税发票管理新系统（以下简称新系统）中填开并上传《开具红字增值税专用发票信息表》（以下简称《信息表》），在填开《信息表》时不填写相对应的蓝字专用发票信息，应暂依《信息表》所列增值税税额从当期进项税额中转出，待取得销售方开具的红字专用发票后，与《信息表》一并作为记账凭证。

购买方取得专用发票未用于申报抵扣、但发票联或抵扣联无法退回的，购买方填开《信息表》时应填写相对应的蓝字专用发票信息。

销售方开具专用发票尚未交付购买方，以及购买方未用于申报抵扣并将发票联及抵扣联退回的，销售方可在新系统中填开并上传《信息表》。销售方填开《信息表》时应填写相对应的蓝字专用发票信息。

（2）主管税务机关通过网络接收纳税人上传的《信息表》，系统自动校验通过后，生成带有"红字发票信息表编号"的《信息表》，并将信息同步至纳税人端系统中。

（3）销售方凭税务机关系统校验通过的《信息表》开具红字专用发票，在新系统中以销项负数开具。红字专用发票应与《信息表》一一对应。

（4）纳税人也可凭《信息表》电子信息或纸质资料到税务机关对《信息表》内容进行系统校验。

税务机关为小规模纳税人代开专用发票，需要开具红字专用发票的，按照一般纳税人开具红字专用发票的方法处理。

纳税人需要开具红字增值税普通发票的，可以在所对应的蓝字发票金额范围内开具多份红字发票。红字机动车销售统一发票需与原蓝字机动车销售统一发票一一对应。

按照《国家税务总局关于纳税人认定或登记为一般纳税人前进项税额抵扣问题

的公告》（国家税务总局公告 2015 年第 59 号）的规定，需要开具红字专用发票的，按照国家税务总局公告 2016 年第 47 号规定执行。

五、税务机关代开增值税专用发票

（1）代开发票范围。

已办理税务登记的小规模纳税人（包括个体工商户）以及国家税务总局确定的其他可予代开增值税专用发票的纳税人，发生增值税应税行为，可以申请代开增值税专用发票。

有下列情形之一的，可以向税务机关申请代开增值税普通发票：

①被税务机关依法收缴发票或者停止发售发票的纳税人，取得经营收入需要开具增值税普通发票的；

②正在申请办理税务登记的单位和个人，对其自领取营业执照之日起至取得税务登记证件期间发生的业务收入需要开具增值税普通发票的；

③应办理税务登记而未办理的单位和个人，主管税务机关应当依法予以处理，并在补办税务登记手续后，对其自领取营业执照之日起至取得税务登记证件期间发生的业务收入需要开具增值税普通发票的；

④依法不需要办理税务登记的单位和个人，临时取得收入，需要开具增值税普通发票的。

（2）代开发票种类。

国税机关和地税机关使用新系统代开增值税专用发票和增值税普通发票。代开增值税专用发票使用六联票，代开增值税普通发票使用五联票。

国税机关为增值税纳税人代开的增值税专用发票，第五联代开发票岗位留存，以备发票的扫描补录；第六联交税款征收岗位，用于代开发票税额与征收税款的定期核对；其他联次交增值税纳税人。地税机关为纳税人代开的增值税专用发票，第四联由代开发票岗位留存，以备发票扫描补录；第五联交征收岗位留存，用于代开发票与征收税款的定期核对；其他联次交纳税人。

税务机关代开发票部门通过新系统代开增值税发票，系统自动在发票上打印"代开"字样。

（3）月销售额不超过 3 万元（按季纳税 9 万元）的增值税小规模纳税人代开增值税专用发票税款有关问题。

增值税小规模纳税人月销售额不超过 3 万元（按季纳税 9 万元）的，当期因代开增值税专用发票（含货物运输业增值税专用发票）已经缴纳的税款，在增值税专用发票全部联次追回或者按规定开具红字增值税专用发票后，可以向主管税务机关申请退还。

（4）增值税纳税人应在代开增值税专用发票的备注栏上，加盖本单位的发票专用章（为其他个人代开的特殊情况除外）。税务机关在代开增值税普通发票以及为其他个人代开增值税专用发票的备注栏上，加盖税务机关代开发票专用章。

第九节　对虚开增值税专用发票的处罚

一、虚开增值税专用发票

任何单位和个人不得有下列虚开发票行为：（1）为他人、为自己开具与实际经营业务情况不符的发票；（2）让他人为自己开具与实际经营业务情况不符的发票；（3）介绍他人开具与实际经营业务情况不符的发票。

纳税人虚开增值税专用发票，未就其虚开金额申报并缴纳增值税的，应按照其虚开金额补缴增值税；已就其虚开金额申报并缴纳增值税的，不再按照其虚开金额补缴增值税。税务机关对纳税人虚开增值税专用发票的行为，按《税收征收管理法》及发票管理办法的规定给予处罚。

纳税人通过虚增增值税进项税额偷逃税款，但对外开具增值税专用发票同时符合以下情形的，不属于对外虚开增值税专用发票：

（1）纳税人向受票方纳税人销售了货物，或者提供了增值税应税劳务、应税服务；

（2）纳税人向受票方纳税人收取了所销售货物、所提供应税劳务或者应税服务的款项，或者取得了索取销售款项的凭据；

（3）纳税人按规定向受票方纳税人开具的增值税专用发票相关内容，与所销售货物、所提供应税劳务或者应税服务相符，且该增值税专用发票是纳税人合法取得、并以自己名义开具的。

二、善意取得虚开的增值税专用发票

（一）政策规定

1. 善意取得增值税专用发票的定义

善意取得增值税专用发票，是指购货方与销售方存在真实的交易，销售方使用的是其所在省（自治区、直辖市和计划单列市）的专用发票，专用发票注明的销售方名称、印章、货物数量、金额及税额等全部内容与实际相符，且没有证据表明购货方知道销售方提供的专用发票是以非法手段获得的。

2. 购货方需按偷税或骗税处理的情形

有下列情形之一的，无论购货方（受票方）与销售方是否进行了实际的交易，增值税专用发票所注明的数量、金额与实际交易是否相符，购货方向税务机关申请抵扣进项税款或者出口退税的，对购货方均应按偷税或者骗取出口退税处理。

（1）购货方取得的增值税专用发票所注明的销售方名称、印章与其进行实际交易的销售方不符的；

（2）购货方取得的增值税专用发票为销售方所在省（自治区、直辖市和计划单列市）以外地区的；

（3）其他有证据表明购货方明知取得的增值税专用发票系销售方以非法手段获得的。

3. 善意取得虚开的增值税专用发票处理

（1）购货方与销售方存在真实的交易，销售方使用的是其所在省（自治区、直辖市和计划单列市）的专用发票，专用发票注明的销售方名称、印章、货物数量、金额及税额等全部内容与实际相符，且没有证据表明购货方知道销售方提供的专用发票是以非法手段获得的，对购货方不以偷税或者骗取出口退税论处。但应按有关法规不予抵扣进项税款或者不予出口退税；购货方已经抵扣的进项税款或者取得的出口退税，应依法追缴。

（2）购货方能够重新从销售方取得防伪税控系统开出的合法、有效专用发票的，或者取得手工开出的合法、有效专用发票且取得了销售方所在地税务机关或者正在依法对销售方虚开专用发票行为进行查处证明的，购货方所在地税务机关应依法准予抵扣进项税款或者出口退税。

4. 非善意取得虚开增值税专用发票处理

如有证据表明购货方在进项税款得到抵扣、或者获得出口退税前知道该专用发票是销售方以非法手段获得的，对购货方应按以下规定处理：

（1）受票方利用他人虚开的专用发票，向税务机关申报抵扣税款进行偷税的，应当依照《税收征收管理法》及有关法规追缴税款，处以偷税数额五倍以下的罚款；进项税金大于销项税金的，还应当调减其留抵的进项税额。利用虚开的专用发票进行骗取出口退税的，应当依法追缴税款，处以骗税数额五倍以下的罚款。

（2）在货物交易中，购货方从销售方取得第三方开具的专用发票，或者从销货地以外的地区取得专用发票，向税务机关申报抵扣税款或者申请出口退税的，应当按偷税、骗取出口退税处理，依照《税收征收管理法》及有关法规追缴税款，处以偷税、骗税数额五倍以下的罚款。

（3）纳税人以上述第（1）项、第（2）项所列的方式取得专用发票未申报抵扣税款，或者未申请出口退税的，应当依照《中华人民共和国发票管理办法》及有关法规，按所取得专用发票的份数，分别处以一万元以下的罚款；但知道或者应当知道取得的是虚开的专用发票，或者让他人为自己提供虚开的专用发票的，应当从重处罚。

（4）利用虚开的专用发票进行偷税、骗税，构成犯罪的，税务机关依法进行追缴税款等行政处理，并移送司法机关追究刑事责任。

5. 已抵扣税款不加收滞纳金

纳税人善意取得虚开的增值税专用发票被依法追缴已抵扣税款的，不属于《税收征收管理法》第三十二条"纳税人未按照规定期限缴纳税款"的情形，不适用该条"税务机关除责令限期缴纳外，从滞纳税款之日起，按日加收滞纳税款万分之五的滞纳金"的规定。

（二）操作要点

（1）企业善意取得虚开的增值税专用发票，已抵扣进项税额的需做进项税转出，如能重新取得合法有效的抵扣凭证，可以抵扣进项税。

（2）因善意取得虚开发票被追缴税款时，不应加收滞纳金。

三、虚开增值税专用发票罪

虚开增值税专用发票或者虚开用于骗取出口退税、抵扣税款的其他发票，是指有为他人虚开、为自己虚开、让他人为自己虚开、介绍他人虚开行为之一的，违反有关规范，使国家造成损失的行为。

按照《中华人民共和国刑法》（2015年8月29日修订）第二百零五条的规定，虚开增值税专用发票或者虚开用于骗取出口退税、抵扣税款的其他发票的，处三年以下有期徒刑或者拘役，并处二万元以上二十万元以下罚金；虚开的税款数额较大或者有其他严重情节的，处三年以上十年以下有期徒刑，并处五万元以上五十万元以下罚金；虚开的税款数额巨大或者有其他特别严重情节的，处十年以上有期徒刑或者无期徒刑，并处五万元以上五十万元以下罚金或者没收财产。

单位犯本条规定之罪的，对单位判处罚金，并对其直接负责的主管人员和其他直接责任人员，处三年以下有期徒刑或者拘役；虚开的税款数额较大或者有其他严重情节的，处三年以上十年以下有期徒刑；虚开的税款数额巨大或者有其他特别严重情节的，处十年以上有期徒刑或者无期徒刑。

虚开上述规定以外的其他发票，情节严重的，处二年以下有期徒刑、拘役或者管制，并处罚金；情节特别严重的，处二年以上七年以下有期徒刑，并处罚金。

单位犯前款罪的，对单位判处罚金，并对其直接负责的主管人员和其他直接责任人员，依照前款的规定处罚。

四、犯罪形式

（一）虚开增值税专用发票罪的主体

第一类是有权出售增值税专用发票的税务机关及其工作人员。在整个虚开增值税专用发票罪总数上，这种主体实施此种犯罪所占比例较少，但仍时有发生。

第二类是具有增值税一般纳税人资格的单位和个人。此种主体实施本罪有两种情况，一是为了销售货物，为他人开具"大头小尾"的发票，或者为了多抵扣税款，在购进货物时请他人为自己虚开增值税专用发票。二是用本单位领取的增值税专用发票，以收取"开票费"为条件，到处为他人虚开增值税专用发票，牟取暴利。

第三类是不具有增值税一般纳税人资格的单位和个人。这些单位和个人，有的通过非法手段，如盗窃、骗取、抢劫、抢夺等获取增值税专用发票；有的则通过拾取、他人赠与、他人转让等方式获得增值税专用发票，然后虚开，借以牟利。他们虚开使用的目的也各不相同，有的是为了自己虚开以骗税、偷税等；有的是为他人虚开以牟取"开票费"等。

（二）虚开增值税专用发票的五种主要犯罪形式

一是开具"大头小尾"的增值税专用发票。这种手段是在开票方存根联、记账联上填写较小数额，在收票方发票联、抵扣联上填写较大数额，利用二者之差，少记销项税额。开票方在纳税时出示记账联，数额较小，因而应纳税额也较少；收票方在抵扣税款时，出示抵扣联，数额较大，因而抵扣的税额也较多。这样开票方和收票方都侵蚀国家税款。

二是"拆本使用，单联填开"发票。开票方把整本发票拆开使用，在自己使用时，存根联和记账联按照商品的实际交易额填写，开给对方的发票联和抵扣联填写较大数额，从而使收票方达到多抵扣税款，不缴或少缴税款的目的，满足了收票方的犯罪需要，促进了自己的销售。

三是"撕联填开"发票，即"鸳鸯票"。蓄意抬高出口货物的进项金额和进项税额。

四是"对开"，即开票方与受票方互相为对方虚开增值税专用发票，互为开票方和受票方。

五是"环开"，即几家单位或个人串开，形同环状。值得注意的是，在虚开增值税专用发票罪中，无论是在真的增值税专用发票上虚开，还是在伪造的增值税专用发票上虚开，只要达到法律规定的定罪标准，都应以虚开增值税专用发票罪定罪处罚。

五、判罚界定

(一) 与有关的变造增值税专用发票行为区分

变造增值税专用发票是指在真增值税专用发票的基础上或者以真增值税专用发票为基本材料，通过挖补、剪贴、涂改、揭层等加工处理，使原增值税专用发票改变数量、形态和面值的行为。有的通过变造以改变数字从而达到偷、漏税的目的，取得和虚开增值税专用发票一样的效果。现行刑法对变造增值税专用发票的行为如何认定处理没有明确规定，因而对变造行为的归属便产生了分歧。第一种意见认为，变造程度不是很大，牟取非法利益较小的不以犯罪论处；第二种意见认为，变造程度不大，以偷、逃税赋或出售为目的，获取非法利益较大的以虚开增值税专用发票罪论处；变动程度较大，获取非法利益较大的以伪造增值税专用发票罪论处；变动程度小，情节轻微的可不以犯罪论处；第三种意见认为，所有的变造行为都应视为伪造行为。

(二) 增值税发票的轻微变造

以增加抵扣税款为目的，轻微变造增值税发票数字，这种客观行为与虚开行为大同小异，二者的危害结果是一样的，都使国家税款流失。但在司法实践中，应按第三种意见执行。理由是：最高人民法院 1996 年 10 月 17 日发布的《关于适用〈全国人民代表大会常务委员会关于惩治虚开、伪造或者非法出售增值税专用发票犯罪的决定〉的若干问题的解释》规定，对于变造行为按照伪造增值税专用发票行为认定处理。因此，在没有新司法解释出台的情况下，我们仍要参照这一解释贯彻执行。

(三) 虚开增值税发票犯罪未遂问题

有人认为，虚开增值税专用发票犯罪的目的是非法抵扣税款，如果行为人仅虚开了增值税专用发票而没有非法抵扣税款，则应认定为犯罪未遂。我们认为这种观点是不正确的。因为《刑法》第二百零五条第四款已明确规定，虚开增值税专用发票是指有为他人虚开、为自己虚开、让他人为自己虚开、介绍他人虚开行为之一的。行为人只要实施上述四种行为中的一种，且达到定罪标准的，即可构成虚开增值税专用发票罪。所以从立法的角度可以看出，虚开增值税专用发票犯罪是行为犯，而非其他犯罪类型。因此，只要行为人虚开了增值税专用发票，即使没有能够抵扣税款，仍属犯罪既遂，而不能认定为未遂。那么虚开增值税专用发票犯罪有无未遂形态？我们认为虚开增值税专用发票犯罪一般不存在未遂，但如果行为人在虚开过程中，还没来得及将虚开发票行为完成即被查获，这种情况是可以认定为未遂的。

6

第六章
全国税务机关营改增典型问题解答

1. 个人提供应税服务是否需要缴纳增值税？

问：某个人在境内提供增值税应税服务，是否需要缴纳增值税？

答：根据《营业税改征增值税试点实施办法》第一条的规定，在中华人民共和国境内销售服务、无形资产或者不动产的单位和个人，为增值税纳税人，应当按照该办法缴纳增值税。个人，是指个体工商户和其他个人。因此，个人在境内提供增值税应税服务，是需要缴纳增值税的。

（国家税务总局）

2. 其他个人提供建筑服务在哪里申报纳税？

问：营改增试点纳税人中其他个人提供建筑服务的增值税纳税地点如何确定？

答：按照财税〔2016〕36号文件的规定，其他个人提供建筑服务，应向建筑服务发生地主管税务机关申报纳税。

（国家税务总局）

3. 营改增前发生的应税行为如何补缴税款？

问：试点纳税人纳入营改增试点之日前发生的应税行为，因税收检查等原因需要补缴税款的，应如何补缴？

答：根据财税〔2016〕36号文件的规定，试点纳税人纳入营改增试点之日前发生的应税行为，因税收检查等原因需要补缴税款的，应按照营业税政策规定补缴营业税。

（国家税务总局）

4. 简易计税方法下如何差额纳税和开发票？

问：一般纳税人以清包工方式或者甲供工程提供建筑服务，适用简易计税方法，文件规定以收到的总包款减去分包款为销售额，开票是总金额还是减去分包之后的金额？例如总包收到100万元，分包款50万元，购货方要求开具100万元发票，纳税人实际缴纳50万元的税款，如何开票？

答：可以全额开票，总包开具100万元发票，发票上注明的金额为$100/(1+3\%)$，税额为$100/(1+3\%)\times3\%$，下游企业全额抵扣。纳税人申报时，填写附表3，进行差额扣除，实际缴纳的税额为$(100-50)/(1+3\%)\times3\%$。

（国家税务总局）

5. 取得的不动产进项税额如何分期抵扣？

问：纳税人于2016年5月1日以后取得的不动产，适用进项税额分期抵扣政策的？其中的"第二年"怎么理解？是否指自然年度？

答：不是自然年度。根据《国家税务总局关于发布〈不动产进项税额分期抵扣暂行办法〉的公告》（国家税务总局公告 2016 年第 15 号）的规定，进项税额中，60％的部分于取得扣税凭证的当期从销项税额中抵扣；40％的部分为待抵扣进项税额，于取得扣税凭证的当月起第 13 个月从销项税额中抵扣。

（国家税务总局）

6. 营改增前发生的应税行为如何申请退税？

问： 企业发生应税行为，在营改增试点之日前已缴纳营业税，营改增试点后因发生退款减除营业额的，应当怎样处理？

答： 根据财税〔2016〕36 号文件附件 2 的规定，试点纳税人发生应税行为，在纳入营改增试点之日前已缴纳营业税，营改增试点后因发生退款减除营业额的，应当向原主管地税机关申请退还已缴纳的营业税。

（国家税务总局）

7. 企业之间的免息资金拆借是否需缴纳增值税？

答：《营业税改征增值税试点实施办法》第十四条第（一）项规定，下列情形视同销售服务、无形资产或者不动产：

单位或者个体工商户向其他单位或者个人无偿提供服务，但用于公益事业或者以社会公众为对象的除外。

第四十四条规定，纳税人发生应税行为价格明显偏低或者偏高且不具有合理商业目的的，或者发生该办法第十四条所列行为而无销售额的，主管税务机关有权按照下列顺序确定销售额：

（1）按照纳税人最近时期销售同类服务、无形资产或者不动产的平均价格确定。

（2）按照其他纳税人最近时期销售同类服务、无形资产或者不动产的平均价格确定。

（3）按照组成计税价格确定。组成计税价格的公式为：

组成计税价格＝成本×（1＋成本利润率）

成本利润率由国家税务总局确定。

不具有合理商业目的，是指以谋取税收利益为主要目的，通过人为安排，减少、免除、推迟缴纳增值税税款，或者增加退还增值税税款。因此，企业之间的免息资金拆借属于无偿提供服务，属于视同销售行为，应缴纳增值税。

（广东省国家税务局）

8. 既从事钢结构等的生产销售，又提供安装、工程等建筑服务，如何纳税？

答： 既从事钢结构等的生产销售，又提供安装、工程等建筑服务，判断其是否属于混合销售应该把握两个原则：一是其销售行为必须是一项，二是该项行为必须即涉及服务又涉及货物。因此，对于钢构等企业，如果施工合同中分别注明钢构价款和设计、施工价款的，分别按照适用税率计算缴纳增值税；如果施工合同中未分别注明的，对于钢构生产企业应按照销售货物计算缴纳增值税，对于建筑企业购买钢构进行施工应按照建筑服务计算缴纳增值税。

（山东省国家税务局）

9. "采购设备＋安装业务"应如何缴纳增值税？

问：建筑企业，如果为业主方提供采购设备＋安装的业务，并在合同中明确采购价格和安装价格，是否属于混合销售？应如何缴纳增值税？

答：一项销售行为如果既涉及服务又涉及货物的，为混合销售。因此，如果销售设备和安装业务存在于一项销售行为中，属于混合销售。缴纳增值税应按照从主的原则，以货物批发或零售为主的，按照货物销售缴纳增值税。以建筑安装服务为主的，按照建筑服务缴纳增值税。

（上海市国家税务局）

10. 《外出经营活动税收管理证明》需不需要缴销？

答：《税务登记管理办法》（国家税务总局令第 7 号）第三十六条规定："纳税人应当在《外管证》有效期届满后 10 日内，持《外管证》回原税务登记地税务机关办理《外管证》缴销手续。"

根据《国家税务总局关于优化〈外出经营活动税收管理证明〉相关制度和办理程序的意见》（税总发〔2016〕106 号）第三条第三款的规定，纳税人外出经营活动结束，应当向经营地税务机关填报《外出经营活动情况申报表》，并结清税款。经营地税务机关核对资料，发现纳税人存在欠缴税款、多缴（包括预缴、应退未退）税款等未办结事项的，及时制发《税务事项通知书》，通知纳税人办理。纳税人不存在未办结事项的，经营地税务机关核销报验登记，在《外出经营活动税收管理证明》上签署意见（可使用业务专用章）。

（北京市国家税务局）

11. 甲供工程施工方销售额如何确定？

答：根据财税〔2016〕36 号文件的规定，销售额，是指纳税人发生应税行为取得的全部价款和价外费用，财政部和国家税务总局另有规定的除外。

甲供工程，是指全部或部分设备、材料、动力由工程发包方自行采购的建筑工程。营改增后，对于甲供工程，施工方销售额不包括建设方提供的材料款。

（新疆自治区国家税务局）

12. 营改增后提供建筑服务的分包方进行再分包，能否按照差额纳税？

答：根据财税〔2016〕36 号文件的规定，试点纳税人提供建筑服务适用简易计税方法的，以取得的全部价款和价外费用扣除支付的分包款后的余额为销售额。

（新疆自治区国家税务局）

13. 境外工程项目如何办理免税？

问：某建筑安装公司与中铁外服签署《尼日尔某安装维护合同》，合同工程标的在尼日尔，是工程劳务合同，该合同是中铁外服承接的尼日尔工程劳务再分包给该单位一部分工程。现该建筑安装公司需向中铁外服开具发票结账，企业想咨询能否享受跨境应税行为适用增值税零税率和免税政策，对中铁外服开具零税率增值税发票？如果可以享受，需提交哪些资料作备案？

答：根据财税〔2016〕36号文件和《国家税务总局关于发布〈营业税改征增值税跨境应税行为增值税免税管理办法（试行）〉的公告》（国家税务总局公告2016年第29号）的规定，境内的单位和个人提供的工程项目在境外的建筑服务免征增值税。

工程总承包方和工程分包方为施工地点在境外的工程项目提供的建筑服务，均属于工程项目在境外的建筑服务。

施工地点在境外的工程项目，工程分包方应提供工程项目在境外的证明、与发包方签订的建筑合同原件及复印件等资料，作为跨境销售服务书面合同。

纳税人提供的工程项目在境外的建筑服务，应在首次享受免税的纳税申报期内或在各省、自治区、直辖市和计划单列市国家税务局规定的申报征期后的其他期限内，到主管税务机关办理跨境应税行为免税备案手续，同时提交以下备案材料：

（1）《跨境应税行为免税备案表》；

（2）提供工程项目在境外的证明、与发包方签订的建筑合同原件及复印件；

（3）应提交服务地点在境外的证明材料原件及复印件；

（4）国家税务总局规定的其他资料。

（新疆自治区国家税务局）

14. 企业给高危行业职工购买的意外保险取得的增值税专用发票能否作为进项税额抵扣？

答：企业给高危行业职工购买的意外保险，取得符合规定的增值税专用发票，可以作为进项税额抵扣。

（新疆自治区国家税务局）

15. 建筑业纳税人跨县（市、区）项目应该如何办理税务登记？

答：（1）从事建筑业的纳税人到外县（市、区）临时从事建筑服务的，应当在外出生产经营以前，持税务登记证到主管税务机关开具《外出经营活动税收管理证明》（以下简称《外管证》）。

（2）跨县（市、区）经营的建筑项目在开展生产经营活动前，应当持《外管证》及税务登记证副本（或者？三证合一），到其项目所在地主管国税机关办理报验登记。

（3）在建的铁路、公路、电网、电缆、水库、管道、内河航道、港口码头、电站等工程建设项目在我省行政区划内跨市州的建设（施工）标段，跨市州的由建设（施工）标段所经过的市州分别负责征收管理。建设项目跨县（市、区）的由市州局指定一个县（市、区）国税机关负责征收管理。

（湖北省国家税务局）

16. 增值税纳税义务发生时间如何确定？

问：建筑企业根据完工进度等标准按照会计准则在账务上确认了收入，根据工程承包合同尚未到收款时间。如 2016 年 12 月 31 日，企业按会计准则在财务上确认了工程收入 1000 万元，但合同约定这 1000 万元的工程款在 2017 年 5 月支付，那么该收入的增值税纳税义务发生时间如何确定？

答：建筑企业工程收入确认时间和增值税纳税义务发生时间不一致是一种正常现象，因为各自的依据不一样。根据《营业税改征增值税试点实施办法》第四十五条的规定，"增值税纳税义务、扣缴义务发生时间为：

（一）纳税人发生应税行为并收讫销售款项或者取得索取销售款项凭据的当天；先开具发票的，为开具发票的当天。

（二）纳税人提供建筑服务（已取消）、租赁服务采取预收款方式的，其纳税义务发生时间为收到预收款的当天。"

本案例中建筑企业增值税纳税义务发生时间为合同约定时间，即 2017 年 5 月。

2016 年 12 月 31 日在账务上确认收入的同时，应按照《增值税会计处理规定》（财会〔2016〕22 号印发）的要求，对选择一般计税的工程项目计提并核算"应交税费——待转销项税额"，对选择简易计税的工程项目可自行设置"应交税费——待转简易计税"等科目进行核算。

（湖北省国家税务局）

17. 采取简易办法征收的建筑项目，能否抵扣取得的进项税额？是否可以开具增值税专用发票？

答：建筑项目选择按简易计税方法的，不得抵扣增值税进项税额，可以按规定开具增值税专用发票，税率栏填写 3%。

（湖北省国家税务局）

18. 付款单位与购货单位不一致进项税额能否抵扣？

问：纳税人提供建筑服务，总公司为所属分公司的建筑项目购买货物、服务支付货款或银行承兑，造成购进货物的实际付款单位与取得增值税专用发票上注明的购货单位名称不一致的，能否抵扣增值税进项税额？

答：《国家税务总局关于诺基亚公司实行统一结算方式增值税进项税额抵扣问题的批复》（国税函〔2006〕1211号）规定，对分公司购买货物从供应商取得的增值税专用发票，由总公司统一支付货款，造成购进货物的实际付款单位与发票上注明的购货单位名称不一致的，不属于《国家税务总局关于加强增值税征收管理若干问题的通知》（国税发〔1995〕192号）第一条第（三）款有关规定的情形，允许抵扣增值税进项税额。

因此，分公司购买货物从供应商取得的增值税专用发票，由总公司统一支付货款，造成购进货物的实际付款单位与发票上注明的购货单位名称不一致的，允许抵扣增值税进项税额。

（湖北省国家税务局）

19. 简易计税项目差额纳税时可以扣除的分包款项有哪些？

问：建筑企业选择简易计税的工程项目，在计算缴纳增值税时，可以扣除的分包款项包括哪些？

答：分包合同中约定的分包款项，可以凭发票在预缴增值税时扣除。如专项工程分包合同，其材料及劳务款均可凭票扣除。

（湖北省国家税务局）

【笔者注：湖北省的这一答复尺度比较大，一般认为只有工程分包款可以扣除。】

20. EPC总承包项目如何缴纳增值税？

问：EPC工程项目总包方承包工程建设项目的设计、采购、施工、试运行等全过程或若干阶段的，分别约定设计、采购、施工价款，是否可以分别缴纳增值税？如果甲方要求由牵头公司统一开票，其他各方能否开票给牵头公司结算相应款项？

答：可以分别缴纳增值税。如果甲方要求由牵头公司统一开票，并将所有款项支付给牵头公司，牵头公司再将款项支付给其他合作各方的，其他各方可以开具专票给牵头公司结算相应款项，牵头公司计提进项税额。

（湖北省国家税务局）

21. 发包方代分包方发放的农民工工资如何处理？

问：发包方代分包方发放农民工工资，代发的工资从应付分包款中直接扣除，分包方能否将发包方代为发放的农民工工资并入分包款中，向发包方开具增值税专用发票？

答：发包方代分包方发放农民工工资，代发的工资从应付分包款中直接扣除，分包方可以将发包方代为发放的农民工工资并入分包款中，向发包方开具增值税专用发票。

（湖北省国家税务局）

22. 委托付款方式下开具的发票是否可以抵扣？

问： 甲单位是总包单位，与乙单位签订分包合同，乙单位向甲单位开具发票，并委托甲单位将工程款支付给丙单位。这种委托付款情形下，乙方开给甲方的专票上注明的税额是否可以抵扣？

答： 国家税务总局明确，纳税人购进货物、服务，无论是私人账户还是对公账户支付，只要其购买的货物、服务符合现行规定，都可以抵扣进项税额，都没有因付款账户不同而对进项税额的抵扣做出限制性规定。因此，企业购进货物或服务，只要其购买的货物、服务符合抵扣政策，不论款项如何支付，其进项税额均可抵扣。

（湖北省国家税务局）

【笔者注：湖北省的这一答复是比较务实的，比一般地方税务机关掌握尺度更宽松一些。】

23. 建筑工程项目采用不同计税方法，在 2016 年 5 月 1 日后竣工的，处置结余的工程物资如何计税？

答：（1）采取简易计税方法的建筑工程老项目，在 2016 年 5 月 1 日后竣工的，处置结余的 4 月 30 日前购入的工程物资，所取得的收入可以按照简易计税方法计算缴纳增值税。

【笔者注：一般要求是按照适用税率缴税。】

（2）对采取简易计税方法的建筑工程老项目，在 5 月 1 日后购进的工程材料，发生转让、变卖和处置等应税行为的，要按照货物的适用税率计算缴纳增值税。

（3）在实际操作中，纳税人取得增值税专用发票先行申报增值税进项税额，后期按照简易计税方法建筑工程项目的工程材料实际投入使用的数量和金额，在当期做进项税额转出。竣工结算后，处置结余的工程物资取得的收入按照货物的适用税率计算缴纳增值税。

（湖北省国家税务局）

24. 提供图纸是否可以界定为甲供工程？

问： 一般纳税人为甲供工程提供的建筑服务，可以选择适用简易计税方法计税，其中的甲供工程如何界定？

答： 甲供工程，是指全部或部分设备、材料、动力由工程发包方自行采购的建筑工程。建筑工程施工图纸由甲方提供的，也可以按甲供工程选择适用简易计税方法计税。

（海南省国家税务局）

25. 自然人提供建筑服务，纳税申报地点如何确定？

答： 根据财税〔2016〕36 号文件的规定，其他个人提供建筑服务，销售或者租赁不动产，转让自然资源使用权，应向建筑服务发生地、不动产所在地、自然资源所在地主管税务机关申报纳税。

（深圳市国家税务局）

26. EPC 工程项目应按什么税目征收增值税？

问： 建筑企业受业主委托，按照合同约定承包工程建设项目的设计、采购、施工、试运行等全过程或若干阶段的 EPC 工程项目，应按什么税目征收增值税？

答： 根据《深圳市全面推开营改增试点工作指引（之一）》的规定，应按建筑服务缴纳增值税。

（深圳市国家税务局）

27. 建筑安装业跨省异地工程作业人员个人所得税怎样征收？

答：《国家税务总局关于建筑安装业跨省异地工程作业人员个人所得税征收管理问题的公告》（国家税务总局公告 2015 年第 52 号）第二条规定，跨省异地施工单位应就其所支付的工程作业人员工资、薪金所得，向工程作业所在地税务机关办理全员全额扣缴明细申报。凡实行全员全额扣缴明细申报的，工程作业所在地税务机关不得核定征收个人所得税。该公告自 2015 年 9 月 1 日起实施。

（深圳市国家税务局）

28. 开具增值税发票时，发票票面栏次无法满足开具需求的，如何填写？

答： 纳税人根据业务需要，开具发票时需要注明的信息，发票票面无相应栏次的，可在发票备注栏注明。增值税发票备注栏最大可容纳 230 个字符或 115 个汉字。

（河北省国家税务局）

29. 增值税普通发票购买方信息如何填列？

答： 开具增值税普通发票时，当购买方为已办理税务登记纳税人时，购买方信息栏内容应填写齐全，不得漏项；当购买方为未办理税务登记的行政事业单位时，应填写购方名称、地址，其他项目可不填；当购买方为其他个人时，应填写购买方名称，其他项目可不填。

（河北省国家税务局）

30. 购进办公用不动产能否抵扣进项税额？

问： 企业既有简易计税项目，又有一般计税项目，营改增后购进办公用不动产，能否抵扣进项税额？

答：纳税人营改增后购进办公用不动产，能够取得增值税专用发票，并且不是专用于简易计税办法计税项目、免征增值税项目、集体福利或者个人消费的，按照规定可以抵扣进项税额。

（厦门市国家税务局）

31. 销售门窗同时提供安装服务的业务如何征税？

答：若签订建筑工程施工合同，且合同中分别注明销售货物和提供建筑服务价款的，可按照销售货物和提供建筑服务分别缴纳增值税；未签订建筑工程施工合同或合同中未分别注明价款的，按照销售货物缴纳增值税。

（厦门市国家税务局）

32. 如何判断确认纳税义务的发生？

问：纳税人提供建筑服务时，按照工程进度在会计上确认收入，与按合同约定收到的款项不一致时，应以哪个时间确认纳税义务发生？

答：按合同约定的收款时限确认纳税义务发生时间；提前收到款项的，为收到款项的当天；先开具发票的，为开具发票的当天。

（厦门市国家税务局）

33. 跨地区预缴增值税销售额如何划分？

问：某建筑施工企业负责建造 BRT（快速公交专用道）工程，工程项目跨越翔安、同安、集美、湖里、思明五个区，共 20 多个站点。企业的工程款统一结算，目前无法划分各个区具体收入多少，这种情况在劳务发生地进行预缴存在较大困难，是否可以允许该企业直接在机构所在地缴纳？

答：经与财政局协商，所有市重点工程项目建设单位，报经市财政局确认后，统一调整至直属税务分局管征，发生跨区建筑安装服务不再实行劳务发生地预缴税款，直接在机构所在地申报缴纳税款。

（厦门市国家税务局）

34. PPP 项目（政府与社会资本合作）先期由市政工程集团建设后由政府回购如何缴税？

答：PPP 项目的纳税问题在原先营业税时期就比较复杂，同时由于项目运营与交接方式存在多样性，目前难以笼统概述其营改增后的纳税问题，需根据各个项目的具体情况确定。

（江西省国家税务局）

35. 如何判断外来施工企业是否是增值税一般纳税人？

问：建筑服务发生地主管国税机关在实际工作中，如何判断异地纳税人是一般纳税人，还是小规模纳税人？一般纳税人跨县提供的建筑服务是适用一般计税方法，还是适用简易计税方法？

答：本省纳税人省内跨县提供建筑服务的，机构所在地主管国税机关开具《外管证》时，应当在《外管证》"税务登记地税务机关意见栏"中注明是否属于一般纳税人，该项目是适用一般计税还是简易计税。

外省纳税人来我省提供建筑服务的，在预缴税款时，还应提供该项目适用一般计税还是适用简易计税的证明；小规模纳税人在申请代开增值税专用发票时，还应提供是否属于一般纳税人的证明。

（江西省国家税务局）

36. 为供电线路提供的日常维护如何纳税？

问：电力安装工程公司为供电线路提供的日常维护，是按建筑安装服务征收增值税，还是按修理修配劳务征收增值税？

答：根据《固定资产分类与代码》（GBT14885－1994）的规定，代码前两位为"02"的房屋和代码前两位为"03"的构筑物都属于不动产。为不动产提供的维护按安装服务征收增值税，为动产提供的日常维护按修理修配劳务处理。

（江西省国家税务局）

37. 代建行为如何开具增值税发票？

答：根据营改增试点政策及《国家税务总局关于"代建"房屋行为应如何征收营业税问题的批复》（国税函〔1998〕554号）精神，对代建工程业务按以下原则处理：

（1）如工程施工单位与业主签订工程建设合同，代建单位只负责代办手续及工程监管，代建单位收取的管理费按提供代理服务征收增值税。

（2）如工程施工单位与代建单位签订工程建设合同，且代建单位与业主间不需办理产权转移手续，代建单位按提供建筑服务征税，向业主开具增值税发票；施工单位按提供建筑服务征税，向代建单位开具增值税发票。

（3）如工程施工单位与代建单位签订工程建设合同，且代建单位与业主间需要办理产权转移手续，代建单位按销售不动产征税，向业主开具增值税发票；施工单位按提供建筑服务征税，向代建单位开具增值税发票。

（江西省国家税务局）

38. 实行差额征税的劳务派遣服务应符合哪些要求？

答：根据《财政部 国家税务总局关于进一步明确全面推开营改增试点有关再保

险不动产租赁和非学历教育等政策的通知》（财税〔2016〕68号）的规定，纳税人提供安全保护服务，比照劳务派遣服务政策执行。按照《财政部国家税务总局关于进一步明确全面推开营改增试点有关劳务派遣服务、收费公路通行费抵扣等政策的通知》（财税〔2016〕47号），以及《劳务派遣暂行规定》（人力资源和社会保障部令第22号）第五条的规定，可按照以下原则确定是否可实行差额征收。劳务公司接受用工单位的委托，为其安排劳动力，并同时满足以下条件的，对其增值税实行差额征收：

（1）劳务派遣公司与派遣劳动者签订劳动合同。

（2）劳务派遣公司与用工单位就派遣劳动者数量、劳动报酬、社会保险数额等事项签订劳务派遣协议或合同。

（3）劳务派遣公司与用工单位全额结算用工价款。

（4）派遣劳动者的工资由劳务派遣公司全额结算，原则上应通过银行转账形式发放。

（5）劳务公司按规定缴纳由企业承担派遣劳动者的社会保险。

（江西省国家税务局）

39. 适用一般计税方法后是否可以改为简易计税方法？

问： 增值税一般纳税人发生可选择简易计税的应税行为，适用一般计税办法后，中途是否可以改为简易计税方法？

答： 根据财税〔2016〕36号文件的规定，一般纳税人发生财政部和国家税务总局规定的特定应税行为，可以选择适用简易计税方法计税，但一经选择，36个月内不得变更。

一般纳税人提供建筑服务或销售自行开发房地产项目，符合财政部、国家税务总局规定可以选择简易计税的，应在首次申报该项目收入之前办理选择简易计税方法相关手续。该项目取得的收入如已按一般计税方法计税并申报纳税的，不得再改为简易计税办法计税。

一般纳税人发生除提供建筑服务或销售自行开发房地产项目以外的财政部和国家税务总局规定的特定应税行为，可以随时选择简易计税办法计税，一经选择，36个月内不得变更。

（江西省国家税务局）

40. 企业为员工购买的一年以下的人寿保险（应税）是否可以抵扣？

答： 根据《营业税改征增值税试点试点实施办法》第二十七条第（一）项的规定，用于简易计税方法计税项目、免征增值税项目、集体福利或者个人消费的购进货物、加工修理修配劳务、服务、无形资产和不动产，其进项税额不得从销项税额中抵扣。为员工购买的一年以下的人寿保险服务，属于用于集体福利，其进项税额不得抵扣。

（江西省国家税务局）

41. 既有总机构所在地开票又有经营地开票的如何纳税？

问： 若既有总机构所在地开票、又有经营地开票，向总机构所在地申报纳税是否仅限于总机构所在地开票范围内申报而经营地开具的发票向经营地国税机关申报纳税？

答： 跨县（市）提供建筑服务的小规模纳税人，可向建筑服务发生地主管国税机关申请代开专用发票，并预缴税款，向机构所在地主管国税机关申报；向机构所在地主管国税机关领取增值税普通发票自行开具，无论是在异地发生应税行为，还是在本地发生应税行为，全部销售收入向机构所在地主管国税机关纳税申报，其中异地预缴的税款可以抵减当期应纳税额，抵减不完的结转下期继续抵减。

（福建省国家税务局）

42. 以分公司名义取得的进项税额能否在总公司抵扣？

问： 跨县（市、区）外的建安项目，经总公司授权并由分公司对外签订分包合同、材料合同等，其取得进项发票回机构所在地税务机构时，由于公司名称不一致，无法抵扣进项税额。此问题应如何解决？

答： 总公司和分公司作为增值税链条上的独立纳税人，应当根据税收法律法规，独立核算和纳税申报，总公司与分公司的业务往来也应当独立作价并开具发票，以分公司名义取得的进项抵扣凭证不能在总公司做进项抵扣。

（福建省国家税务局）

43. 简易计税项目能否改为一般计税方法？

问： 一般纳税人的建筑工程老项目已经做了简易征收备案，但是还未实际发生业务，也没有开具过发票，可以改成一般计税方法吗？

答： 一般纳税人发生财政部和国家税务总局规定的特定应税行为，可以选择适用简易计税方法计税，但一经选择，36 个月内不得变更。办理了简易征收备案，属于已经选择了简易计税方法，与是否开始进场施工或开具发票无关。

（福建省国家税务局）

44. 相关合同是否必须注明"清包工"或者"甲供工程"？

问： 一般纳税人为甲供工程提供的建筑服务或者以清包工方式提供的建筑服务，相关的合同中必须注明"清包工"或者"甲供工程"吗？

答： 为方便税务部门及交易双方界定应税服务实质，选择计税方法等，一般应在合同中注明。

（福建省国家税务局）

45. 预缴税款是否可以申请退税？

问： 外建安企业 6 月有预缴税款，7 月申报增值税时没有进行抵减应纳税额，可以申请退税吗？

答： 不可以申请退税，可以留待下期申报时进行抵减。

（福建省国家税务局）

46. 处置结余的工程物资如何计税？

问： 建筑工程项目采用不同计税方法的，在 2016 年 5 月 1 日后竣工的，处置结余的工程物资如何计税？

答： 一般纳税人销售其资格登记为一般纳税人之前的库存货物，应按货物的适用税率计算缴纳增值税。因此，不管工程物资用在一般计税项目还是简易计税项目，一般纳税人处置结余的工程物资，均应按照货物的适用税率计算缴纳增值税。

（福建省国家税务局）

47. 总公司向独立核算的分公司收取的管理费用是否需要缴纳增值税？

答： 总公司向独立核算的分公司收取的管理费用需要缴纳增值税。根据合同约定的具体服务项目缴纳对应的增值税，如咨询服务、企业管理服务等。

（四川省国家税务局）

48. 采购部分材料用于提供建筑服务是否应分别纳税？

问： 建筑企业采购部分材料用于提供建筑服务，是否需要按照混合销售分开核算材料和建筑服务的销售额，分别纳税并开具发票？

答： 根据财税〔2016〕36 号文件的规定，一项销售行为如果既涉及服务又涉及货物，为混合销售。从事货物的生产、批发或者零售的单位和个体工商户的混合销售行为，按照销售货物缴纳增值税；其他单位和个体工商户的混合销售行为，按照销售服务缴纳增值税。

因此，建筑企业采购部分材料用于提供建筑服务的，应视为混合销售。建筑企业混合销售属于其他单位和个体工商户，应按照销售建筑服务缴纳增值税，不需要分别纳税、分别开票。

（河南省国家税务局）

49. PPP 等投融资项目应如何纳税？

问： 纳税人以投融资建设模式开展的建设项目，如 BT（即建设—移交）、BOT（即建设—经营—移交或转让）、PPP（政府和社会资本合作）项目，应如何缴纳增值税？

答： 暂按以下要求办理：

（1）BT 是政府利用非政府资金来进行非经营性基础设施建设项目的一种融资模式，指一个项目的运作通过项目公司总承包，融资、建设、验收合格后移交给业主，业主向投资方支付项目总投资加上合理回报的过程。

目前，BT 项目的推进模式主要有两类，一是投资方参与建设，承担项目的融资、投资和施工等职责，但不成立单独的项目公司；二是投资方不参与建设，通常为单独成立的项目公司，承担项目的融资、投资等职责，并与施工方签订施工合同。

对于 BT 项目，如果合同中对工程投资金额和投资回报分别进行明确约定的，投资方和业主方共同确认的工程投资金额由投资方按照"建筑业"计算缴纳增值税，取得的回报收入按照"利息收入"缴纳增值税。如果合同中对工程投资金额和投资回报没有分别进行明确约定的，投资方取得的全部收入按照"建筑业"缴纳增值税。

（2）BOT 是指政府部门就某个基础设施项目与私人企业（项目公司）签订特许权协议，授予签约方的私人企业（项目公司）来承担该项目的投资、融资、建设和维护，在协议规定的特许期限内，许可其融资建设和经营特定的公用基础设施，并准许其通过向用户收取费用或出售产品以清偿贷款，回收投资并赚取利润。政府对这一基础设施有监督权、调控权，特许期满，签约方的私人企业将该基础设施无偿或有偿移交给政府部门。

纳税人投资 BOT 项目，以项目建成后实际运营中取得的全部价款和价外费用，根据实际提供的服务项目所对应的征收率或者税率计算缴纳增值税。纳税人未分别准确核算各服务项目收入的，一律从高适用征收率或者税率。

（3）PPP 模式，从广义看是政府与社会资本合作，让非公共部门所掌握的资源参与提供公共产品和服务的一种项目融资模式。从狭义看，与 BOT 相比，政府对项目中后期建设管理运营过程参与更深。

BT、BOT、PPP 项目建成以后，纳税人为项目资产提供管理和维护等服务取得的全部价款和价外费用，分别准确核算各服务项目收入的，按照各服务项目所对应的征收率或者税率计算缴纳增值税。纳税人未分别准确核算各服务项目收入的，一律从高适用征收率或者税率。

（河南省国家税务局）

50. EPC 业务是否属于混合销售？

问：EPC（Engineering Procurement Construction）是指公司受业主委托，按照合同约定对工程建设项目的设计、采购、施工、试运行等实行全过程或若干阶段的承包。通常公司在总价合同条件下，对其所承包工程的质量、安全、费用和进度进行负责。那么 EPC 业务是否属于混合销售？

答：EPC 业务不属于混合销售行为，属于兼营行为，纳税人需要针对 EPC 合同中不同的业务分别进行核算，即按各业务适用的不同税率分别计提销项税额。

（河南省国家税务局）

51. 没有建筑资质的纳税人能否开具建筑业增值税发票?

答：纳税人发生销售服务行为即可开具增值税发票，不以其是否具备建筑资质为判定标准。

（宁夏自治区国家税务局）

52. 能否按照临时纳税人开具增值税发票并缴纳增值税?

问：建筑企业跨县（市、区）提供建筑服务，但无法提供机构所在地税务机关出具的《外出经营活动税收管理证明》，能否按照临时纳税人开具增值税发票并缴纳增值税?

答：建筑企业跨县（市、区）提供建筑服务，但无法提供机构所在地税务机关出具的《外出经营活动税收管理证明》，可以按照临时纳税人开具增值税发票并缴纳增值税。

（宁夏自治区国家税务局）

53. 其他个人代开票金额能否超过 500 万元?

问：其他个人（自然人）发生的偶然性大额建筑服务，金额超过 500 万元，可以在国税机关代开增值税发票吗?

答：其他个人（自然人）发生的偶然性大额建筑服务，金额超过 500 万元，在建筑服务发生地按照小规模纳税人缴纳增值税后，可以在国税机关代开增值税普通发票。

（宁夏自治区国家税务局）

54. 建筑服务发票是否通过差额征税开票功能开具?

问：对于选择简易计税方法且存在分包的建筑工程项目，纳税人使用增值税发票管理新系统自行开具增值税专用发票时，是否需通过新系统中的差额征税开票功能进行开具?

答：对于选择简易计税方法且存在差额扣除的建筑服务收入，纳税人使用新系统自行开具增值税专用发票时，不使用差额征税开票功能进行开具，而应全额开具增值税专用发票。

（青岛市国家税务局）

55. 试点纳税人用于生产经营的不动产，因属于违建项目被依法拆除，前期按规定核算抵扣的进项税额如何处理?

答：试点纳税人发生非正常损失的不动产，以及该不动产所耗用的购进货物、设计服务和建筑服务，以及不动产在建工程所耗用的购进货物、设计服务和建筑服务，不得从销项税额中抵扣，前期已经抵扣的进项税额应做进项税金转出。

非正常损失，是指因管理不善造成货物被盗、丢失、霉烂变质，以及因违反法律法规造成货物或者不动产被依法没收、销毁、拆除的情形。

（江苏省国家税务局）

56. 纳税人跨县（市、区）提供建筑服务扣除支付的分包款应取得什么凭证？

答：根据《纳税人跨县（市、区）提供建筑服务增值税征收管理暂行办法》（国家税务总局公告 2016 年第 17 号发布）第六条的规定，纳税人按照前述规定从取得的全部价款和价外费用中扣除支付的分包款，应当取得符合法律、行政法规和国家税务总局规定的合法有效凭证，否则不得扣除。

上述凭证是指：

（1）从分包方取得的 2016 年 4 月 30 日前开具的建筑业营业税发票。

上述建筑业营业税发票在 2016 年 6 月 30 日前可作为预缴税款的扣除凭证。

（2）从分包方取得的 2016 年 5 月 1 日后开具的，备注栏注明建筑服务发生地所在县（市、区）、项目名称的增值税发票。

（3）国家税务总局规定的其他凭证。

（江苏省国家税务局）

57. 资质共享模式下如何开具发票？

问：建筑企业以总公司名义签订建筑合同，由其下属分公司、子公司提供建筑服务并收取款项，是必须由总公司向发包方开具发票，还是可以由直接提供建筑服务的子公司或分公司开具发票？

答：建筑企业以总公司名义签订建筑合同，由其下属分公司、子公司提供建筑服务并收取款项，签订合同单位与提供服务单位签订授权协议的，该建筑服务可由实际提供服务的分公司（子公司）直接开票给发包方；也可由实际提供服务的分公司（子公司）开票给总公司（母公司），再由总公司（母公司）开票给发包方。

（安徽省国家税务局）

58. 是否建筑企业省内外所有建筑业务的发票（含普票和专票）都必须由总部开具？

答：纳税人提供建筑服务应自行开具增值税发票（含普票和专票），小规模纳税人不能自行开具增值税专用发票的可向机构所在地主管国税机关申请代开增值专用发票。小规模纳税人跨县（市、区）提供建筑服务，不能自行开具增值税发票的，可向建筑服务发生地主管国税机关按照其取得的全部价款和价外费用申请代开增值税发票。

（安徽省国家税务局）

59. 一般纳税人从事土地复垦业务，是否可以选择简易计税方法？

答：土地复垦业务是使用机械和人工对土地进行整理，使其达到可耕种状态。土地复垦业务属于其他建筑服务，一般纳税人提供的土地复垦服务，如果属于2016年4月30日前开始的老项目、甲供项目、清包工项目，可以选择适用简易计税方法计税。

（安徽省国家税务局）

60. 一级土地开发如何缴纳增值税？

答：纳税人在一级土地开发工程中，提供拆迁、土地平整、"三通一平"或"七通一平"服务取得的收入按建筑服务缴税；对其向政府提供支付拆借款资金取得的利息收入，按贷款服务缴税。

（安徽省国家税务局）

61. 营改增后，建筑劳务适用税率和征收率分别是多少？

答：适用一般计税方法的纳税人，建筑劳务适用税率为11%；适用简易计税方法的纳税人，建筑劳务适用征收率为3%。

（甘肃省国家税务局）

62. 承包建筑安装业各项工程作业的承包人取得的收入，如何计算个人所得税？

答：根据《建筑安装业个人所得税征收管理暂行办法》（国税发〔1996〕127号文件印发）第三条的规定，承包建筑安装业各项工程作业的承包人取得的所得，应区别不同情况计征个人所得税：

经营成果归承包人个人所有的所得，或按照承包合同（协议）规定，将一部分经营成果留归承包人个人的所得，按对企事业单位的承包经营、承租经营所得项目征税；以其他分配方式取得的所得，按工资、薪金所得项目征税。从事建筑安装业的个体工商户和未领取营业执照承揽建筑安装业工程作业的建筑安装队和个人，以及建筑安装企业实行个人承包后工商登记改变为个体经济性质的，其从事建筑安装业取得的收入应依照个体工商户的生产、经营所得项目计征个人所得税。从事建筑安装业工程作业的其他人员取得的所得，分别按照工资、薪金所得项目和劳务报酬所得项目计征个人所得税。

（甘肃省国家税务局）

63. 建安业的《外出经营活动税收管理证明》有效期是多长？

答：《国家税务总局关于优化〈外出经营活动税收管理证明〉相关制度和办理程序的意见》（税总发〔2016〕106号）第二条第三款规定："延长建筑安装行业纳税人

《外管证》有效期限。《外管证》有效期限一般不超过 180 天，但建筑安装行业纳税人项目合同期限超过 180 天的，按照合同期限确定有效期限。"

（黑龙江省国家税务局）

64. 跨旗县市区的建设（施工）标段如何纳税？

答：在建的铁路、公路、电网、电缆、水库、管道、内河航道、港口码头、电站等工程建设项目在我区行政区划内跨旗县市区的建设（施工）标段，由建设（施工）标段所经过的旗县市区分别负责征收管理。

（内蒙古自治区国家税务局）

65. 建安企业应由总部还是分公司给客户开发票？

问：我们是外地建安企业在重庆注册的非法人分公司，总部要求我们回总部开具增值税发票，再到这边的项目所在地国家税务机关预缴增值税。现在我们分公司已经在分公司所在地国税机关申请了一般纳税人，我们现在应该怎么操作？是按总部要求先到总部开具发票，再到这边项目所在地申报纳税，分公司这边则是零申报？

答：如果是以分公司名义提供建筑服务，应由分公司自行开具增值税发票，并向机构（项目）所在地预缴税款和申报纳税；如果是以总部名义提供建筑服务，则总部应向其机构所在地主管税务机关申请开具《外出经营活动税收管理证明》，向项目所在地主管税务机关报验登记，由总部自行开具增值税发票，按规定在项目所在地预缴税款，回机构所在地申报纳税。

（重庆市国家税务局）

66. 建筑公司的抵债房，未办理产权登记，在销售时按二手房交易处理吗？

答：房地产企业按销售不动产纳税；建筑公司按提供建筑服务纳税。

（大连市国家税务局）

附录
营改增文件汇编

财政部　国家税务总局
关于全面推开营业税改征增值税试点的通知

（财税〔2016〕36号）

各省、自治区、直辖市、计划单列市财政厅（局）、国家税务局、地方税务局，新疆生产建设兵团财务局：

经国务院批准，自2016年5月1日起，在全国范围内全面推开营业税改征增值税（以下称营改增）试点，建筑业、房地产业、金融业、生活服务业等全部营业税纳税人，纳入试点范围，由缴纳营业税改为缴纳增值税。现将《营业税改征增值税试点实施办法》、《营业税改征增值税试点有关事项的规定》、《营业税改征增值税试点过渡政策的规定》和《跨境应税行为适用增值税零税率和免税政策的规定》印发你们，请遵照执行。

本通知附件规定的内容，除另有规定执行时间外，自2016年5月1日起执行。《财政部 国家税务总局关于将铁路运输和邮政业纳入营业税改征增值税试点的通知》（财税〔2013〕106号）、《财政部 国家税务总局关于铁路运输和邮政业营业税改征增值税试点有关政策的补充通知》（财税〔2013〕121号）、《财政部 国家税务总局关于将电信业纳入营业税改征增值税试点的通知》（财税〔2014〕43号）、《财政部 国家税务总局关于国际水路运输增值税零税率政策的补充通知》（财税〔2014〕50号）和《财政部 国家税务总局关于影视等出口服务适用增值税零税率政策的通知》（财税〔2015〕118号），除另有规定的条款外，相应废止。

各地要高度重视营改增试点工作，切实加强试点工作的组织领导，周密安排，明确责任，采取各种有效措施，做好试点前的各项准备以及试点过程中的监测分析和宣传解释等工作，确保改革的平稳、有序、顺利进行。遇到问题请及时向财政部和国家税务总局反映。

附件：1. 营业税改征增值税试点实施办法
　　　2. 营业税改征增值税试点有关事项的规定
　　　3. 营业税改征增值税试点过渡政策的规定
　　　4. 跨境应税行为适用增值税零税率和免税政策的规定

财政部　国家税务总局
2016年3月23日

附件1：营业税改征增值税试点实施办法

第一章　纳税人和扣缴义务人

第一条　在中华人民共和国境内（以下称境内）销售服务、无形资产或者不动产（以下称应税行为）的单位和个人，为增值税纳税人，应当按照本办法缴纳增值税，不缴纳营业税。

单位，是指企业、行政单位、事业单位、军事单位、社会团体及其他单位。

个人，是指个体工商户和其他个人。

第二条　单位以承包、承租、挂靠方式经营的，承包人、承租人、挂靠人（以下统称承包人）以发包人、出租人、被挂靠人（以下统称发包人）名义对外经营并由发包人承担相关法律责任的，以该发包人为纳税人。否则，以承包人为纳税人。

第三条　纳税人分为一般纳税人和小规模纳税人。

应税行为的年应征增值税销售额（以下称应税销售额）超过财政部和国家税务总局规定标准的纳税人为一般纳税人，未超过规定标准的纳税人为小规模纳税人。

年应税销售额超过规定标准的其他个人不属于一般纳税人。年应税销售额超过规定标准但不经常发生应税行为的单位和个体工商户可选择按照小规模纳税人纳税。

第四条　年应税销售额未超过规定标准的纳税人，会计核算健全，能够提供准确税务资料的，可以向主管税务机关办理一般纳税人资格登记，成为一般纳税人。

会计核算健全，是指能够按照国家统一的会计制度规定设置账簿，根据合法、有效凭证核算。

第五条　符合一般纳税人条件的纳税人应当向主管税务机关办理一般纳税人资格登记。具体登记办法由国家税务总局制定。

除国家税务总局另有规定外，一经登记为一般纳税人后，不得转为小规模纳税人。

第六条　中华人民共和国境外（以下称境外）单位或者个人在境内发生应税行为，在境内未设有经营机构的，以购买方为增值税扣缴义务人。财政部和国家税务总局另有规定的除外。

第七条　两个或者两个以上的纳税人，经财政部和国家税务总局批准可以视为一个纳税人合并纳税。具体办法由财政部和国家税务总局另行制定。

第八条　纳税人应当按照国家统一的会计制度进行增值税会计核算。

第二章　征税范围

第九条　应税行为的具体范围，按照本办法所附的《销售服务、无形资产、不动产注释》执行。

第十条　销售服务、无形资产或者不动产，是指有偿提供服务、有偿转让无形资产或者不动产，但属于下列非经营活动的情形除外：

（一）行政单位收取的同时满足以下条件的政府性基金或者行政事业性收费。

1. 由国务院或者财政部批准设立的政府性基金，由国务院或者省级人民政府及其财政、价格主管部门批准设立的行政事业性收费；

2. 收取时开具省级以上（含省级）财政部门监（印）制的财政票据；

3. 所收款项全额上缴财政。

（二）单位或者个体工商户聘用的员工为本单位或者雇主提供取得工资的服务。

（三）单位或者个体工商户为聘用的员工提供服务。

（四）财政部和国家税务总局规定的其他情形。

第十一条　有偿，是指取得货币、货物或者其他经济利益。

第十二条　在境内销售服务、无形资产或者不动产，是指：

（一）服务（租赁不动产除外）或者无形资产（自然资源使用权除外）的销售方或者购买方在境内；

（二）所销售或者租赁的不动产在境内；

（三）所销售自然资源使用权的自然资源在境内；

（四）财政部和国家税务总局规定的其他情形。

第十三条　下列情形不属于在境内销售服务或者无形资产：

（一）境外单位或者个人向境内单位或者个人销售完全在境外发生的服务。

（二）境外单位或者个人向境内单位或者个人销售完全在境外使用的无形资产。

（三）境外单位或者个人向境内单位或者个人出租完全在境外使用的有形动产。

（四）财政部和国家税务总局规定的其他情形。

第十四条　下列情形视同销售服务、无形资产或者不动产：

（一）单位或者个体工商户向其他单位或者个人无偿提供服务，但用于公益事业或者以社会公众为对象的除外。

（二）单位或者个人向其他单位或者个人无偿转让无形资产或者不动产，但用于公益事业或者以社会公众为对象的除外。

（三）财政部和国家税务总局规定的其他情形。

第三章　税率和征收率

第十五条　增值税税率：

（一）纳税人发生应税行为，除本条第（二）项、第（三）项、第（四）项规定外，税率为6%。

（二）提供交通运输、邮政、基础电信、建筑、不动产租赁服务，销售不动产，转让土地使用权，税率为11%。

（三）提供有形动产租赁服务，税率为17%。

（四）境内单位和个人发生的跨境应税行为，税率为零。具体范围由财政部和国家税务总局另行规定。

第十六条　增值税征收率为3%，财政部和国家税务总局另有规定的除外。

第四章　应纳税额的计算
第一节　一般性规定

第十七条　增值税的计税方法，包括一般计税方法和简易计税方法。

第十八条　一般纳税人发生应税行为适用一般计税方法计税。

一般纳税人发生财政部和国家税务总局规定的特定应税行为，可以选择适用简易计税方法计税，但一经选择，36个月内不得变更。

第十九条　小规模纳税人发生应税行为适用简易计税方法计税。

第二十条　境外单位或者个人在境内发生应税行为，在境内未设有经营机构的，扣缴义务人按照下列公式计算应扣缴税额：

$$应扣缴税额＝购买方支付的价款÷（1＋税率）×税率$$

第二节　一般计税方法

第二十一条　一般计税方法的应纳税额，是指当期销项税额抵扣当期进项税额后的余额。应纳税额计算公式：

$$应纳税额＝当期销项税额－当期进项税额$$

当期销项税额小于当期进项税额不足抵扣时，其不足部分可以结转下期继续抵扣。

第二十二条　销项税额，是指纳税人发生应税行为按照销售额和增值税税率计算并收取的增值税额。销项税额计算公式：

$$销项税额＝销售额×税率$$

第二十三条　一般计税方法的销售额不包括销项税额，纳税人采用销售额和销项税额合并定价方法的，按照下列公式计算销售额：

$$销售额＝含税销售额÷（1＋税率）$$

第二十四条　进项税额，是指纳税人购进货物、加工修理修配劳务、服务、无形资产或者不动产，支付或者负担的增值税额。

第二十五条　下列进项税额准予从销项税额中抵扣：

（一）从销售方取得的增值税专用发票（含税控机动车销售统一发票，下同）上注明的增值税额。

（二）从海关取得的海关进口增值税专用缴款书上注明的增值税额。

（三）购进农产品，除取得增值税专用发票或者海关进口增值税专用缴款书外，按照农产品收购发票或者销售发票上注明的农产品买价和13％的扣除率计算的进项税额。计算公式为：

$$进项税额＝买价×扣除率$$

买价，是指纳税人购进农产品在农产品收购发票或者销售发票上注明的价款和按照规定缴纳的烟叶税。

购进农产品，按照《农产品增值税进项税额核定扣除试点实施办法》抵扣进项税额的除外。

（四）从境外单位或者个人购进服务、无形资产或者不动产，自税务机关或者扣缴义务人取得的解缴税款的完税凭证上注明的增值税额。

第二十六条 纳税人取得的增值税扣税凭证不符合法律、行政法规或者国家税务总局有关规定的，其进项税额不得从销项税额中抵扣。

增值税扣税凭证，是指增值税专用发票、海关进口增值税专用缴款书、农产品收购发票、农产品销售发票和完税凭证。

纳税人凭完税凭证抵扣进项税额的，应当具备书面合同、付款证明和境外单位的对账单或者发票。资料不全的，其进项税额不得从销项税额中抵扣。

第二十七条 下列项目的进项税额不得从销项税额中抵扣：

（一）用于简易计税方法计税项目、免征增值税项目、集体福利或者个人消费的购进货物、加工修理修配劳务、服务、无形资产和不动产。其中涉及的固定资产、无形资产、不动产，仅指专用于上述项目的固定资产、无形资产（不包括其他权益性无形资产）、不动产。

纳税人的交际应酬消费属于个人消费。

（二）非正常损失的购进货物，以及相关的加工修理修配劳务和交通运输服务。

（三）非正常损失的在产品、产成品所耗用的购进货物（不包括固定资产）、加工修理修配劳务和交通运输服务。

（四）非正常损失的不动产，以及该不动产所耗用的购进货物、设计服务和建筑服务。

（五）非正常损失的不动产在建工程所耗用的购进货物、设计服务和建筑服务。

纳税人新建、改建、扩建、修缮、装饰不动产，均属于不动产在建工程。

（六）购进的旅客运输服务、贷款服务、餐饮服务、居民日常服务和娱乐服务。

（七）财政部和国家税务总局规定的其他情形。

本条第（四）项、第（五）项所称货物，是指构成不动产实体的材料和设备，包括建筑装饰材料和给排水、采暖、卫生、通风、照明、通讯、煤气、消防、中央空调、电梯、电气、智能化楼宇设备及配套设施。

第二十八条 不动产、无形资产的具体范围，按照本办法所附的《销售服务、无形资产或者不动产注释》执行。

固定资产，是指使用期限超过 12 个月的机器、机械、运输工具以及其他与生产经营有关的设备、工具、器具等有形动产。

非正常损失，是指因管理不善造成货物被盗、丢失、霉烂变质，以及因违反法律法规造成货物或者不动产被依法没收、销毁、拆除的情形。

第二十九条 适用一般计税方法的纳税人，兼营简易计税方法计税项目、免征增值税项目而无法划分不得抵扣的进项税额，按照下列公式计算不得抵扣的进项税额：

$$\text{不得抵扣的进项税额} = \text{当期无法划分的全部进项税额} \times \left(\text{当期简易计税方法计税项目销售额} + \text{免征增值税项目销售额} \right) \div \text{当期全部销售额}$$

主管税务机关可以按照上述公式依据年度数据对不得抵扣的进项税额进行清算。

第三十条 已抵扣进项税额的购进货物（不含固定资产）、劳务、服务，发生本办法第二十七条规定情形（简易计税方法计税项目、免征增值税项目除外）的，应当将该进项税额从当期进项税额中扣减；无法确定该进项税额的，按照当期实际成本计算应扣减的进项税额。

第三十一条　已抵扣进项税额的固定资产、无形资产或者不动产，发生本办法第二十七条规定情形的，按照下列公式计算不得抵扣的进项税额：

$$不得抵扣的进项税额＝固定资产、无形资产或者不动产净值×适用税率$$

固定资产、无形资产或者不动产净值，是指纳税人根据财务会计制度计提折旧或摊销后的余额。

第三十二条　纳税人适用一般计税方法计税的，因销售折让、中止或者退回而退还给购买方的增值税额，应当从当期的销项税额中扣减；因销售折让、中止或者退回而收回的增值税额，应当从当期的进项税额中扣减。

第三十三条　有下列情形之一者，应当按照销售额和增值税税率计算应纳税额，不得抵扣进项税额，也不得使用增值税专用发票：

（一）一般纳税人会计核算不健全，或者不能够提供准确税务资料的。

（二）应当办理一般纳税人资格登记而未办理的。

第三节　简易计税方法

第三十四条　简易计税方法的应纳税额，是指按照销售额和增值税征收率计算的增值税额，不得抵扣进项税额。应纳税额计算公式：

$$应纳税额＝销售额×征收率$$

第三十五条　简易计税方法的销售额不包括其应纳税额，纳税人采用销售额和应纳税额合并定价方法的，按照下列公式计算销售额：

$$销售额＝含税销售额÷（1＋征收率）$$

第三十六条　纳税人适用简易计税方法计税的，因销售折让、中止或者退回而退还给购买方的销售额，应当从当期销售额中扣减。扣减当期销售额后仍有余额造成多缴的税款，可以从以后的应纳税额中扣减。

第四节　销售额的确定

第三十七条　销售额，是指纳税人发生应税行为取得的全部价款和价外费用，财政部和国家税务总局另有规定的除外。

价外费用，是指价外收取的各种性质的收费，但不包括以下项目：

（一）代为收取并符合本办法第十条规定的政府性基金或者行政事业性收费。

（二）以委托方名义开具发票代委托方收取的款项。

第三十八条　销售额以人民币计算。

纳税人按照人民币以外的货币结算销售额的，应当折合成人民币计算，折合率可以选择销售额发生的当天或者当月1日的人民币汇率中间价。纳税人应当在事先确定采用何种折合率，确定后12个月内不得变更。

第三十九条 纳税人兼营销售货物、劳务、服务、无形资产或者不动产，适用不同税率或者征收率的，应当分别核算适用不同税率或者征收率的销售额；未分别核算的，从高适用税率。

第四十条 一项销售行为如果既涉及服务又涉及货物，为混合销售。从事货物的生产、批发或者零售的单位和个体工商户的混合销售行为，按照销售货物缴纳增值税；其他单位和个体工商户的混合销售行为，按照销售服务缴纳增值税。

本条所称从事货物的生产、批发或者零售的单位和个体工商户，包括以从事货物的生产、批发或者零售为主，并兼营销售服务的单位和个体工商户在内。

第四十一条 纳税人兼营免税、减税项目的，应当分别核算免税、减税项目的销售额；未分别核算的，不得免税、减税。

第四十二条 纳税人发生应税行为，开具增值税专用发票后，发生开票有误或者销售折让、中止、退回等情形的，应当按照国家税务总局的规定开具红字增值税专用发票；未按照规定开具红字增值税专用发票的，不得按照本办法第三十二条和第三十六条的规定扣减销项税额或者销售额。

第四十三条 纳税人发生应税行为，将价款和折扣额在同一张发票上分别注明的，以折扣后的价款为销售额；未在同一张发票上分别注明的，以价款为销售额，不得扣减折扣额。

第四十四条 纳税人发生应税行为价格明显偏低或者偏高且不具有合理商业目的的，或者发生本办法第十四条所列行为而无销售额的，主管税务机关有权按照下列顺序确定销售额：

（一）按照纳税人最近时期销售同类服务、无形资产或者不动产的平均价格确定。

（二）按照其他纳税人最近时期销售同类服务、无形资产或者不动产的平均价格确定。

（三）按照组成计税价格确定。组成计税价格的公式为：

组成计税价格＝成本×（1＋成本利润率）

成本利润率由国家税务总局确定。

不具有合理商业目的，是指以谋取税收利益为主要目的，通过人为安排，减少、免除、推迟缴纳增值税税款，或者增加退还增值税税款。

第五章 纳税义务、扣缴义务发生时间和纳税地点

第四十五条 增值税纳税义务、扣缴义务发生时间为：

（一）纳税人发生应税行为并收讫销售款项或者取得索取销售款项凭据的当天；先开具发票的，为开具发票的当天。

收讫销售款项，是指纳税人销售服务、无形资产、不动产过程中或者完成后收到款项。

取得索取销售款项凭据的当天，是指书面合同确定的付款日期；未签订书面合

同或者书面合同未确定付款日期的，为服务、无形资产转让完成的当天或者不动产权属变更的当天。

（二）纳税人提供建筑服务、租赁服务采取预收款方式的，其纳税义务发生时间为收到预收款的当天。

（三）纳税人从事金融商品转让的，为金融商品所有权转移的当天。

（四）纳税人发生本办法第十四条规定情形的，其纳税义务发生时间为服务、无形资产转让完成的当天或者不动产权属变更的当天。

（五）增值税扣缴义务发生时间为纳税人增值税纳税义务发生的当天。

第四十六条　增值税纳税地点为：

（一）固定业户应当向其机构所在地或者居住地主管税务机关申报纳税。总机构和分支机构不在同一县（市）的，应当分别向各自所在地的主管税务机关申报纳税；经财政部和国家税务总局或者其授权的财政和税务机关批准，可以由总机构汇总向总机构所在地的主管税务机关申报纳税。

（二）非固定业户应当向应税行为发生地主管税务机关申报纳税；未申报纳税的，由其机构所在地或者居住地主管税务机关补征税款。

（三）其他个人提供建筑服务，销售或者租赁不动产，转让自然资源使用权，应向建筑服务发生地、不动产所在地、自然资源所在地主管税务机关申报纳税。

（四）扣缴义务人应当向其机构所在地或者居住地主管税务机关申报缴纳扣缴的税款。

第四十七条　增值税的纳税期限分别为 1 日、3 日、5 日、10 日、15 日、1 个月或者 1 个季度。纳税人的具体纳税期限，由主管税务机关根据纳税人应纳税额的大小分别核定。以 1 个季度为纳税期限的规定适用于小规模纳税人、银行、财务公司、信托投资公司、信用社，以及财政部和国家税务总局规定的其他纳税人。不能按照固定期限纳税的，可以按次纳税。

纳税人以 1 个月或者 1 个季度为 1 个纳税期的，自期满之日起 15 日内申报纳税；以 1 日、3 日、5 日、10 日或者 15 日为 1 个纳税期的，自期满之日起 5 日内预缴税款，于次月 1 日起 15 日内申报纳税并结清上月应纳税款。

扣缴义务人解缴税款的期限，按照前两款规定执行。

第六章　税收减免的处理

第四十八条　纳税人发生应税行为适用免税、减税规定的，可以放弃免税、减税，依照本办法的规定缴纳增值税。放弃免税、减税后，36 个月内不得再申请免税、减税。

纳税人发生应税行为同时适用免税和零税率规定的，纳税人可以选择适用免税或者零税率。

第四十九条　个人发生应税行为的销售额未达到增值税起征点的，免征增值税；达到起征点的，全额计算缴纳增值税。

增值税起征点不适用于登记为一般纳税人的个体工商户。

第五十条 增值税起征点幅度如下：

（一）按期纳税的，为月销售额 5 000～20 000 元（含本数）。

（二）按次纳税的，为每次（日）销售额 300～500 元（含本数）。

起征点的调整由财政部和国家税务总局规定。省、自治区、直辖市财政厅（局）和国家税务局应当在规定的幅度内，根据实际情况确定本地区适用的起征点，并报财政部和国家税务总局备案。

对增值税小规模纳税人中月销售额未达到 2 万元的企业或非企业性单位，免征增值税。2017 年 12 月 31 日前，对月销售额 2 万元（含本数）至 3 万元的增值税小规模纳税人，免征增值税。

第七章　征收管理

第五十一条 营业税改征的增值税，由国家税务局负责征收。纳税人销售取得的不动产和其他个人出租不动产的增值税，国家税务局暂委托地方税务局代为征收。

第五十二条 纳税人发生适用零税率的应税行为，应当按期向主管税务机关申报办理退（免）税，具体办法由财政部和国家税务总局制定。

第五十三条 纳税人发生应税行为，应当向索取增值税专用发票的购买方开具增值税专用发票，并在增值税专用发票上分别注明销售额和销项税额。

属于下列情形之一的，不得开具增值税专用发票：

（一）向消费者个人销售服务、无形资产或者不动产。

（二）适用免征增值税规定的应税行为。

第五十四条 小规模纳税人发生应税行为，购买方索取增值税专用发票的，可以向主管税务机关申请代开。

第五十五条 纳税人增值税的征收管理，按照本办法和《中华人民共和国税收征收管理法》及现行增值税征收管理有关规定执行。

附：销售服务、无形资产、不动产注释

销售服务、无形资产、不动产注释

一、销售服务

销售服务，是指提供交通运输服务、邮政服务、电信服务、建筑服务、金融服务、现代服务、生活服务。

（一）交通运输服务。

交通运输服务，是指利用运输工具将货物或者旅客送达目的地，使其空间位置得到转移的业务活动。包括陆路运输服务、水路运输服务、航空运输服务和管道运输服务。

1. 陆路运输服务。

陆路运输服务，是指通过陆路（地上或者地下）运送货物或者旅客的运输业务活动，包括铁路运输服务和其他陆路运输服务。

（1）铁路运输服务，是指通过铁路运送货物或者旅客的运输业务活动。

（2）其他陆路运输服务，是指铁路运输以外的陆路运输业务活动。包括公路运输、缆车运输、索道运输、地铁运输、城市轻轨运输等。

出租车公司向使用本公司自有出租车的出租车司机收取的管理费用，按照陆路运输服务缴纳增值税。

2. 水路运输服务。

水路运输服务，是指通过江、河、湖、川等天然、人工水道或者海洋航道运送货物或者旅客的运输业务活动。

水路运输的程租、期租业务，属于水路运输服务。

程租业务，是指运输企业为租船人完成某一特定航次的运输任务并收取租赁费的业务。

期租业务，是指运输企业将配备有操作人员的船舶承租给他人使用一定期限，承租期内听候承租方调遣，不论是否经营，均按天向承租方收取租赁费，发生的固定费用均由船东负担的业务。

3. 航空运输服务。

航空运输服务，是指通过空中航线运送货物或者旅客的运输业务活动。

航空运输的湿租业务，属于航空运输服务。

湿租业务，是指航空运输企业将配备有机组人员的飞机承租给他人使用一定期限，承租期内听候承租方调遣，不论是否经营，均按一定标准向承租方收取租赁费，发生的固定费用均由承租方承担的业务。

航天运输服务，按照航空运输服务缴纳增值税。

航天运输服务，是指利用火箭等载体将卫星、空间探测器等空间飞行器发射到空间轨道的业务活动。

4. 管道运输服务。

管道运输服务，是指通过管道设施输送气体、液体、固体物质的运输业务活动。

无运输工具承运业务，按照交通运输服务缴纳增值税。

无运输工具承运业务，是指经营者以承运人身份与托运人签订运输服务合同，收取运费并承担承运人责任，然后委托实际承运人完成运输服务的经营活动。

（二）邮政服务。

邮政服务，是指中国邮政集团公司及其所属邮政企业提供邮件寄递、邮政汇兑和机要通信等邮政基本服务的业务活动。包括邮政普遍服务、邮政特殊服务和其他邮政服务。

1. 邮政普遍服务。

邮政普遍服务，是指函件、包裹等邮件寄递，以及邮票发行、报刊发行和邮政汇兑等业务活动。

函件，是指信函、印刷品、邮资封片卡、无名址函件和邮政小包等。

包裹，是指按照封装上的名址递送给特定个人或者单位的独立封装的物品，其重量不超过五十千克，任何一边的尺寸不超过一百五十厘米，长、宽、高合计不超过三百厘米。

2. 邮政特殊服务。

邮政特殊服务，是指义务兵平常信函、机要通信、盲人读物和革命烈士遗物的寄递等业务活动。

3. 其他邮政服务。

其他邮政服务，是指邮册等邮品销售、邮政代理等业务活动。

（三）电信服务。

电信服务，是指利用有线、无线的电磁系统或者光电系统等各种通信网络资源，提供语音通话服务，传送、发射、接收或者应用图像、短信等电子数据和信息的业务活动。包括基础电信服务和增值电信服务。

1. 基础电信服务。

基础电信服务，是指利用固网、移动网、卫星、互联网，提供语音通话服务的业务活动，以及出租或者出售带宽、波长等网络元素的业务活动。

2. 增值电信服务。

增值电信服务，是指利用固网、移动网、卫星、互联网、有线电视网络，提供短信和彩信服务、电子数据和信息的传输及应用服务、互联网接入服务等业务活动。

卫星电视信号落地转接服务，按照增值电信服务缴纳增值税。

（四）建筑服务。

建筑服务，是指各类建筑物、构筑物及其附属设施的建造、修缮、装饰，线路、管道、设备、设施等的安装以及其他工程作业的业务活动。包括工程服务、安装服务、修缮服务、装饰服务和其他建筑服务。

1. 工程服务。

工程服务，是指新建、改建各种建筑物、构筑物的工程作业，包括与建筑物相连的各种设备或者支柱、操作平台的安装或者装设工程作业，以及各种窑炉和金属结构工程作业。

2. 安装服务。

安装服务，是指生产设备、动力设备、起重设备、运输设备、传动设备、医疗实验设备以及其他各种设备、设施的装配、安置工程作业，包括与被安装设备相连的工作台、梯子、栏杆的装设工程作业，以及被安装设备的绝缘、防腐、保温、油漆等工程作业。

固定电话、有线电视、宽带、水、电、燃气、暖气等经营者向用户收取的安装费、初装费、开户费、扩容费以及类似收费，按照安装服务缴纳增值税。

3. 修缮服务。

修缮服务，是指对建筑物、构筑物进行修补、加固、养护、改善，使之恢复原来的使用价值或者延长其使用期限的工程作业。

4. 装饰服务。

装饰服务，是指对建筑物、构筑物进行修饰装修，使之美观或者具有特定用途的工程作业。

5. 其他建筑服务。

其他建筑服务，是指上列工程作业之外的各种工程作业服务，如钻井（打井）、拆除建筑物或者构筑物、平整土地、园林绿化、疏浚（不包括航道疏浚）、建筑物平移、搭脚手架、爆破、矿山穿孔、表面附着物（包括岩层、土层、沙层等）剥离和清理等工程作业。

（五）金融服务。

金融服务，是指经营金融保险的业务活动。包括贷款服务、直接收费金融服务、保险服务和金融商品转让。

1. 贷款服务。

贷款，是指将资金贷与他人使用而取得利息收入的业务活动。

各种占用、拆借资金取得的收入，包括金融商品持有期间（含到期）利息（保本收益、报酬、资金占用费、补偿金等）收入、信用卡透支利息收入、买入返售金融商品利息收入、融资融券收取的利息收入，以及融资性售后回租、押汇、罚息、票据贴现、转贷等业务取得的利息及利息性质的收入，按照贷款服务缴纳增值税。

融资性售后回租，是指承租方以融资为目的，将资产出售给从事融资性售后回租业务的企业后，从事融资性售后回租业务的企业将该资产出租给承租方的业务活动。

以货币资金投资收取的固定利润或者保底利润，按照贷款服务缴纳增值税。

2. 直接收费金融服务。

直接收费金融服务，是指为货币资金融通及其他金融业务提供相关服务并且收取费用的业务活动。包括提供货币兑换、账户管理、电子银行、信用卡、信用证、财务担保、资产管理、信托管理、基金管理、金融交易场所（平台）管理、资金结算、资金清算、金融支付等服务。

3. 保险服务。

保险服务，是指投保人根据合同约定，向保险人支付保险费，保险人对于合同约定的可能发生的事故因其发生所造成的财产损失承担赔偿保险金责任，或者当被保险人死亡、伤残、疾病或者达到合同约定的年龄、期限等条件时承担给付保险金责任的商业保险行为。包括人身保险服务和财产保险服务。

人身保险服务，是指以人的寿命和身体为保险标的的保险业务活动。

财产保险服务，是指以财产及其有关利益为保险标的的保险业务活动。

4. 金融商品转让。

金融商品转让，是指转让外汇、有价证券、非货物期货和其他金融商品所有权的业务活动。

其他金融商品转让包括基金、信托、理财产品等各类资产管理产品和各种金融衍生品的转让。

（六）现代服务。

现代服务，是指围绕制造业、文化产业、现代物流产业等提供技术性、知识性服务的业务活动。包括研发和技术服务、信息技术服务、文化创意服务、物流辅助服务、租赁服务、鉴证咨询服务、广播影视服务、商务辅助服务和其他现代服务。

1. 研发和技术服务。

研发和技术服务，包括研发服务、合同能源管理服务、工程勘察勘探服务、专业技术服务。

（1）研发服务，也称技术开发服务，是指就新技术、新产品、新工艺或者新材料及其系统进行研究与试验开发的业务活动。

（2）合同能源管理服务，是指节能服务公司与用能单位以契约形式约定节能目标，节能服务公司提供必要的服务，用能单位以节能效果支付节能服务公司投入及其合理报酬的业务活动。

（3）工程勘察勘探服务，是指在采矿、工程施工前后，对地形、地质构造、地下资源蕴藏情况进行实地调查的业务活动。

（4）专业技术服务，是指气象服务、地震服务、海洋服务、测绘服务、城市规划、环境与生态监测服务等专项技术服务。

2. 信息技术服务。

信息技术服务，是指利用计算机、通信网络等技术对信息进行生产、收集、处理、加工、存储、运输、检索和利用，并提供信息服务的业务活动。包括软件服务、电路设计及测试服务、信息系统服务、业务流程管理服务和信息系统增值服务。

（1）软件服务，是指提供软件开发服务、软件维护服务、软件测试服务的业务活动。

（2）电路设计及测试服务，是指提供集成电路和电子电路产品设计、测试及相关技术支持服务的业务活动。

（3）信息系统服务，是指提供信息系统集成、网络管理、网站内容维护、桌面管理与维护、信息系统应用、基础信息技术管理平台整合、信息技术基础设施管理、数据中心、托管中心、信息安全服务、在线杀毒、虚拟主机等业务活动。包括网站对非自有的网络游戏提供的网络运营服务。

（4）业务流程管理服务，是指依托信息技术提供的人力资源管理、财务经济管理、审计管理、税务管理、物流信息管理、经营信息管理和呼叫中心等服务的活动。

（5）信息系统增值服务，是指利用信息系统资源为用户附加提供的信息技术服务。包括数据处理、分析和整合、数据库管理、数据备份、数据存储、容灾服务、电子商务平台等。

3. 文化创意服务。

文化创意服务,包括设计服务、知识产权服务、广告服务和会议展览服务。

(1) 设计服务,是指把计划、规划、设想通过文字、语言、图画、声音、视觉等形式传递出来的业务活动。包括工业设计、内部管理设计、业务运作设计、供应链设计、造型设计、服装设计、环境设计、平面设计、包装设计、动漫设计、网游设计、展示设计、网站设计、机械设计、工程设计、广告设计、创意策划、文印晒图等。

(2) 知识产权服务,是指处理知识产权事务的业务活动。包括对专利、商标、著作权、软件、集成电路布图设计的登记、鉴定、评估、认证、检索服务。

(3) 广告服务,是指利用图书、报纸、杂志、广播、电视、电影、幻灯、路牌、招贴、橱窗、霓虹灯、灯箱、互联网等各种形式为客户的商品、经营服务项目、文体节目或者通告、声明等委托事项进行宣传和提供相关服务的业务活动。包括广告代理和广告的发布、播映、宣传、展示等。

(4) 会议展览服务,是指为商品流通、促销、展示、经贸洽谈、民间交流、企业沟通、国际往来等举办或者组织安排的各类展览和会议的业务活动。

4. 物流辅助服务。

物流辅助服务,包括航空服务、港口码头服务、货运客运场站服务、打捞救助服务、装卸搬运服务、仓储服务和收派服务。

(1) 航空服务,包括航空地面服务和通用航空服务。

航空地面服务,是指航空公司、飞机场、民航管理局、航站等向在境内航行或者在境内机场停留的境内外飞机或者其他飞行器提供的导航等劳务性地面服务的业务活动。包括旅客安全检查服务、停机坪管理服务、机场候机厅管理服务、飞机清洗消毒服务、空中飞行管理服务、飞机起降服务、飞行通讯服务、地面信号服务、飞机安全服务、飞机跑道管理服务、空中交通管理服务等。

通用航空服务,是指为专业工作提供飞行服务的业务活动,包括航空摄影、航空培训、航空测量、航空勘探、航空护林、航空吊挂播洒、航空降雨、航空气象探测、航空海洋监测、航空科学实验等。

(2) 港口码头服务,是指港务船舶调度服务、船舶通讯服务、航道管理服务、航道疏浚服务、灯塔管理服务、航标管理服务、船舶引航服务、理货服务、系解缆服务、停泊和移泊服务、海上船舶溢油清除服务、水上交通管理服务、船只专业清洗消毒检测服务和防止船只漏油服务等为船只提供服务的业务活动。

港口设施经营人收取的港口设施保安费按照港口码头服务缴纳增值税。

(3) 货运客运场站服务,是指货运客运场站提供货物配载服务、运输组织服务、中转换乘服务、车辆调度服务、票务服务、货物打包整理、铁路线路使用服务、加挂铁路客车服务、铁路行包专列发送服务、铁路到达和中转服务、铁路车辆编解服务、车辆挂运服务、铁路接触网服务、铁路机车牵引服务等业务活动。

（4）打捞救助服务，是指提供船舶人员救助、船舶财产救助、水上救助和沉船沉物打捞服务的业务活动。

（5）装卸搬运服务，是指使用装卸搬运工具或者人力、畜力将货物在运输工具之间、装卸现场之间或者运输工具与装卸现场之间进行装卸和搬运的业务活动。

（6）仓储服务，是指利用仓库、货场或者其他场所代客贮放、保管货物的业务活动。

（7）收派服务，是指接受寄件人委托，在承诺的时限内完成函件和包裹的收件、分拣、派送服务的业务活动。

收件服务，是指从寄件人收取函件和包裹，并运送到服务提供方同城的集散中心的业务活动。

分拣服务，是指服务提供方在其集散中心对函件和包裹进行归类、分发的业务活动。

派送服务，是指服务提供方从其集散中心将函件和包裹送达同城的收件人的业务活动。

5. 租赁服务。

租赁服务，包括融资租赁服务和经营租赁服务。

（1）融资租赁服务，是指具有融资性质和所有权转移特点的租赁活动。即出租人根据承租人所要求的规格、型号、性能等条件购入有形动产或者不动产租赁给承租人，合同期内租赁物所有权属于出租人，承租人只拥有使用权，合同期满付清租金后，承租人有权按照残值购入租赁物，以拥有其所有权。不论出租人是否将租赁物销售给承租人，均属于融资租赁。

按照标的物的不同，融资租赁服务可分为有形动产融资租赁服务和不动产融资租赁服务。

融资性售后回租不按照本税目缴纳增值税。

（2）经营租赁服务，是指在约定时间内将有形动产或者不动产转让他人使用且租赁物所有权不变更的业务活动。

按照标的物的不同，经营租赁服务可分为有形动产经营租赁服务和不动产经营租赁服务。

将建筑物、构筑物等不动产或者飞机、车辆等有形动产的广告位出租给其他单位或者个人用于发布广告，按照经营租赁服务缴纳增值税。

车辆停放服务、道路通行服务（包括过路费、过桥费、过闸费等）等按照不动产经营租赁服务缴纳增值税。

水路运输的光租业务、航空运输的干租业务，属于经营租赁。

光租业务，是指运输企业将船舶在约定的时间内出租给他人使用，不配备操作人员，不承担运输过程中发生的各项费用，只收取固定租赁费的业务活动。

干租业务，是指航空运输企业将飞机在约定的时间内出租给他人使用，不配备机组人员，不承担运输过程中发生的各项费用，只收取固定租赁费的业务活动。

6. 鉴证咨询服务。

鉴证咨询服务，包括认证服务、鉴证服务和咨询服务。

（1）认证服务，是指具有专业资质的单位利用检测、检验、计量等技术，证明产品、服务、管理体系符合相关技术规范、相关技术规范的强制性要求或者标准的业务活动。

（2）鉴证服务，是指具有专业资质的单位受托对相关事项进行鉴证，发表具有证明力的意见的业务活动。包括会计鉴证、税务鉴证、法律鉴证、职业技能鉴定、工程造价鉴证、工程监理、资产评估、环境评估、房地产土地评估、建筑图纸审核、医疗事故鉴定等。

（3）咨询服务，是指提供信息、建议、策划、顾问等服务的活动。包括金融、软件、技术、财务、税收、法律、内部管理、业务运作、流程管理、健康等方面的咨询。

翻译服务和市场调查服务按照咨询服务缴纳增值税。

7. 广播影视服务。

广播影视服务，包括广播影视节目（作品）的制作服务、发行服务和播映（含放映，下同）服务。

（1）广播影视节目（作品）制作服务，是指进行专题（特别节目）、专栏、综艺、体育、动画片、广播剧、电视剧、电影等广播影视节目和作品制作的服务。具体包括与广播影视节目和作品相关的策划、采编、拍摄、录音、音视频文字图片素材制作、场景布置、后期的剪辑、翻译（编译）、字幕制作、片头、片尾、片花制作、特效制作、影片修复、编目和确权等业务活动。

（2）广播影视节目（作品）发行服务，是指以分账、买断、委托等方式，向影院、电台、电视台、网站等单位和个人发行广播影视节目（作品）以及转让体育赛事等活动的报道及播映权的业务活动。

（3）广播影视节目（作品）播映服务，是指在影院、剧院、录像厅及其他场所播映广播影视节目（作品），以及通过电台、电视台、卫星通信、互联网、有线电视等无线或者有线装置播映广播影视节目（作品）的业务活动。

8. 商务辅助服务。

商务辅助服务，包括企业管理服务、经纪代理服务、人力资源服务、安全保护服务。

（1）企业管理服务，是指提供总部管理、投资与资产管理、市场管理、物业管理、日常综合管理等服务的业务活动。

（2）经纪代理服务，是指各类经纪、中介、代理服务。包括金融代理、知识产权代理、货物运输代理、代理报关、法律代理、房地产中介、职业中介、婚姻中介、代理记账、拍卖等。

货物运输代理服务，是指接受货物收货人、发货人、船舶所有人、船舶承租人或者船舶经营人的委托，以委托人的名义，为委托人办理货物运输、装卸、仓储和船舶进出港口、引航、靠泊等相关手续的业务活动。

代理报关服务，是指接受进出口货物的收、发货人委托，代为办理报关手续的业务活动。

（3）人力资源服务，是指提供公共就业、劳务派遣、人才委托招聘、劳动力外包等服务的业务活动。

（4）安全保护服务，是指提供保护人身安全和财产安全，维护社会治安等的业务活动。包括场所住宅保安、特种保安、安全系统监控以及其他安保服务。

9. 其他现代服务。

其他现代服务，是指除研发和技术服务、信息技术服务、文化创意服务、物流辅助服务、租赁服务、鉴证咨询服务、广播影视服务和商务辅助服务以外的现代服务。

（七）生活服务。

生活服务，是指为满足城乡居民日常生活需求提供的各类服务活动。包括文化体育服务、教育医疗服务、旅游娱乐服务、餐饮住宿服务、居民日常服务和其他生活服务。

1. 文化体育服务。

文化体育服务，包括文化服务和体育服务。

（1）文化服务，是指为满足社会公众文化生活需求提供的各种服务。包括：文艺创作、文艺表演、文化比赛，图书馆的图书和资料借阅，档案馆的档案管理，文物及非物质遗产保护，组织举办宗教活动、科技活动、文化活动，提供游览场所。

（2）体育服务，是指组织举办体育比赛、体育表演、体育活动，以及提供体育训练、体育指导、体育管理的业务活动。

2. 教育医疗服务。

教育医疗服务，包括教育服务和医疗服务。

（1）教育服务，是指提供学历教育服务、非学历教育服务、教育辅助服务的业务活动。

学历教育服务，是指根据教育行政管理部门确定或者认可的招生和教学计划组织教学，并颁发相应学历证书的业务活动。包括初等教育、初级中等教育、高级中等教育、高等教育等。

非学历教育服务，包括学前教育、各类培训、演讲、讲座、报告会等。

教育辅助服务，包括教育测评、考试、招生等服务。

（2）医疗服务，是指提供医学检查、诊断、治疗、康复、预防、保健、接生、计划生育、防疫服务等方面的服务，以及与这些服务有关的提供药品、医用材料器具、救护车、病房住宿和伙食的业务。

3. 旅游娱乐服务。

旅游娱乐服务，包括旅游服务和娱乐服务。

（1）旅游服务，是指根据旅游者的要求，组织安排交通、游览、住宿、餐饮、购物、文娱、商务等服务的业务活动。

（2）娱乐服务，是指为娱乐活动同时提供场所和服务的业务。

具体包括：歌厅、舞厅、夜总会、酒吧、台球、高尔夫球、保龄球、游艺（包括射击、狩猎、跑马、游戏机、蹦极、卡丁车、热气球、动力伞、射箭、飞镖）。

4. 餐饮住宿服务。

餐饮住宿服务，包括餐饮服务和住宿服务。

（1）餐饮服务，是指通过同时提供饮食和饮食场所的方式为消费者提供饮食消费服务的业务活动。

（2）住宿服务，是指提供住宿场所及配套服务等的活动。包括宾馆、旅馆、旅社、度假村和其他经营性住宿场所提供的住宿服务。

5. 居民日常服务。

居民日常服务，是指主要为满足居民个人及其家庭日常生活需求提供的服务，包括市容市政管理、家政、婚庆、养老、殡葬、照料和护理、救助救济、美容美发、按摩、桑拿、氧吧、足疗、沐浴、洗染、摄影扩印等服务。

6. 其他生活服务。

其他生活服务，是指除文化体育服务、教育医疗服务、旅游娱乐服务、餐饮住宿服务和居民日常服务之外的生活服务。

二、销售无形资产

销售无形资产，是指转让无形资产所有权或者使用权的业务活动。无形资产，是指不具实物形态，但能带来经济利益的资产，包括技术、商标、著作权、商誉、自然资源使用权和其他权益性无形资产。

技术，包括专利技术和非专利技术。

自然资源使用权，包括土地使用权、海域使用权、探矿权、采矿权、取水权和其他自然资源使用权。

其他权益性无形资产，包括基础设施资产经营权、公共事业特许权、配额、经营权（包括特许经营权、连锁经营权、其他经营权）、经销权、分销权、代理权、会员权、席位权、网络游戏虚拟道具、域名、名称权、肖像权、冠名权、转会费等。

三、销售不动产

销售不动产，是指转让不动产所有权的业务活动。不动产，是指不能移动或者移动后会引起性质、形状改变的财产，包括建筑物、构筑物等。

建筑物，包括住宅、商业营业用房、办公楼等可供居住、工作或者进行其他活动的建造物。

构筑物，包括道路、桥梁、隧道、水坝等建造物。

转让建筑物有限产权或者永久使用权的，转让在建的建筑物或者构筑物所有权的，以及在转让建筑物或者构筑物时一并转让其所占土地的使用权的，按照销售不动产缴纳增值税。

附件 2：营业税改征增值税试点有关事项的规定

一、营改增试点期间，试点纳税人［指按照《营业税改征增值税试点实施办法》（以下称《试点实施办法》）缴纳增值税的纳税人］有关政策

（一）兼营。

试点纳税人销售货物、加工修理修配劳务、服务、无形资产或者不动产适用不同税率或者征收率的，应当分别核算适用不同税率或者征收率的销售额，未分别核算销售额的，按照以下方法适用税率或者征收率：

1. 兼有不同税率的销售货物、加工修理修配劳务、服务、无形资产或者不动产，从高适用税率。

2. 兼有不同征收率的销售货物、加工修理修配劳务、服务、无形资产或者不动产，从高适用征收率。

3. 兼有不同税率和征收率的销售货物、加工修理修配劳务、服务、无形资产或者不动产，从高适用税率。

（二）不征收增值税项目。

1. 根据国家指令无偿提供的铁路运输服务、航空运输服务，属于《试点实施办法》第十四条规定的用于公益事业的服务。

2. 存款利息。

3. 被保险人获得的保险赔付。

4. 房地产主管部门或者其指定机构、公积金管理中心、开发企业以及物业管理单位代收的住宅专项维修资金。

5. 在资产重组过程中，通过合并、分立、出售、置换等方式，将全部或者部分实物资产以及与其相关联的债权、负债和劳动力一并转让给其他单位和个人，其中涉及的不动产、土地使用权转让行为。

（三）销售额。

1. 贷款服务，以提供贷款服务取得的全部利息及利息性质的收入为销售额。

2. 直接收费金融服务，以提供直接收费金融服务收取的手续费、佣金、酬金、管理费、服务费、经手费、开户费、过户费、结算费、转托管费等各类费用为销售额。

3. 金融商品转让，按照卖出价扣除买入价后的余额为销售额。

转让金融商品出现的正负差，按盈亏相抵后的余额为销售额。若相抵后出现负差，可结转下一纳税期与下期转让金融商品销售额相抵，但年末时仍出现负差的，不得转入下一个会计年度。

金融商品的买入价，可以选择按照加权平均法或者移动加权平均法进行核算，选择后 36 个月内不得变更。

金融商品转让，不得开具增值税专用发票。

4. 经纪代理服务，以取得的全部价款和价外费用，扣除向委托方收取并代为支付的政府性基金或者行政事业性收费后的余额为销售额。向委托方收取的政府性基金或者行政事业性收费，不得开具增值税专用发票。

5. 融资租赁和融资性售后回租业务。

（1）经人民银行、银监会或者商务部批准从事融资租赁业务的试点纳税人，提供融资租赁服务，以取得的全部价款和价外费用，扣除支付的借款利息（包括外汇借款和人民币借款利息）、发行债券利息和车辆购置税后的余额为销售额。

（2）经人民银行、银监会或者商务部批准从事融资租赁业务的试点纳税人，提供融资性售后回租服务，以取得的全部价款和价外费用（不含本金），扣除对外支付的借款利息（包括外汇借款和人民币借款利息）、发行债券利息后的余额作为销售额。

（3）试点纳税人根据 2016 年 4 月 30 日前签订的有形动产融资性售后回租合同，在合同到期前提供的有形动产融资性售后回租服务，可继续按照有形动产融资租赁服务缴纳增值税。

继续按照有形动产融资租赁服务缴纳增值税的试点纳税人，经人民银行、银监会或者商务部批准从事融资租赁业务的，根据 2016 年 4 月 30 日前签订的有形动产融资性售后回租合同，在合同到期前提供的有形动产融资性售后回租服务，可以选择以下方法之一计算销售额：

①以向承租方收取的全部价款和价外费用，扣除向承租方收取的价款本金，以及对外支付的借款利息（包括外汇借款和人民币借款利息）、发行债券利息后的余额为销售额。

纳税人提供有形动产融资性售后回租服务，计算当期销售额时可以扣除的价款本金，为书面合同约定的当期应当收取的本金。无书面合同或者书面合同没有约定的，为当期实际收取的本金。

试点纳税人提供有形动产融资性售后回租服务，向承租方收取的有形动产价款本金，不得开具增值税专用发票，可以开具普通发票。

②以向承租方收取的全部价款和价外费用，扣除支付的借款利息（包括外汇借款和人民币借款利息）、发行债券利息后的余额为销售额。

（4）经商务部授权的省级商务主管部门和国家经济技术开发区批准的从事融资

租赁业务的试点纳税人，2016 年 5 月 1 日后实收资本达到 1.7 亿元的，从达到标准的当月起按照上述第（1）、（2）、（3）点规定执行；2016 年 5 月 1 日后实收资本未达到 1.7 亿元但注册资本达到 1.7 亿元的，在 2016 年 7 月 31 日前仍可按照上述第（1）、（2）、（3）点规定执行，2016 年 8 月 1 日后开展的融资租赁业务和融资性售后回租业务不得按照上述第（1）、（2）、（3）点规定执行。

6．航空运输企业的销售额，不包括代收的机场建设费和代售其他航空运输企业客票而代收转付的价款。

7．试点纳税人中的一般纳税人（以下称一般纳税人）提供客运场站服务，以其取得的全部价款和价外费用，扣除支付给承运方运费后的余额为销售额。

8．试点纳税人提供旅游服务，可以选择以取得的全部价款和价外费用，扣除向旅游服务购买方收取并支付给其他单位或者个人的住宿费、餐饮费、交通费、签证费、门票费和支付给其他接团旅游企业的旅游费用后的余额为销售额。

选择上述办法计算销售额的试点纳税人，向旅游服务购买方收取并支付的上述费用，不得开具增值税专用发票，可以开具普通发票。

9．试点纳税人提供建筑服务适用简易计税方法的，以取得的全部价款和价外费用扣除支付的分包款后的余额为销售额。

10．房地产开发企业中的一般纳税人销售其开发的房地产项目（选择简易计税方法的房地产老项目除外），以取得的全部价款和价外费用，扣除受让土地时向政府部门支付的土地价款后的余额为销售额。

房地产老项目，是指《建筑工程施工许可证》注明的合同开工日期在 2016 年 4 月 30 日前的房地产项目。

11．试点纳税人按照上述 4～10 款的规定从全部价款和价外费用中扣除的价款，应当取得符合法律、行政法规和国家税务总局规定的有效凭证。否则，不得扣除。

上述凭证是指：

（1）支付给境内单位或者个人的款项，以发票为合法有效凭证。

（2）支付给境外单位或者个人的款项，以该单位或者个人的签收单据为合法有效凭证，税务机关对签收单据有疑义的，可以要求其提供境外公证机构的确认证明。

（3）缴纳的税款，以完税凭证为合法有效凭证。

（4）扣除的政府性基金、行政事业性收费或者向政府支付的土地价款，以省级以上（含省级）财政部门监（印）制的财政票据为合法有效凭证。

（5）国家税务总局规定的其他凭证。

纳税人取得的上述凭证属于增值税扣税凭证的，其进项税额不得从销项税额中抵扣。

（四）进项税额。

1．适用一般计税方法的试点纳税人，2016 年 5 月 1 日后取得并在会计制度上按固定资产核算的不动产或者 2016 年 5 月 1 日后取得的不动产在建工程，其进项税额应自取得之日起分 2 年从销项税额中抵扣，第一年抵扣比例为 60％，第二年抵扣比例为 40％。

取得不动产，包括以直接购买、接受捐赠、接受投资入股、自建以及抵债等各种形式取得不动产，不包括房地产开发企业自行开发的房地产项目。

融资租入的不动产以及在施工现场修建的临时建筑物、构筑物，其进项税额不适用上述分 2 年抵扣的规定。

2. 按照《试点实施办法》第二十七条第（一）项规定不得抵扣且未抵扣进项税额的固定资产、无形资产、不动产，发生用途改变，用于允许抵扣进项税额的应税项目，可在用途改变的次月按照下列公式计算可以抵扣的进项税额：

$$可以抵扣的进项税额＝固定资产、无形资产、不动产净值/（1＋适用税率）×适用税率$$

上述可以抵扣的进项税额应取得合法有效的增值税扣税凭证。

3. 纳税人接受贷款服务向贷款方支付的与该笔贷款直接相关的投融资顾问费、手续费、咨询费等费用，其进项税额不得从销项税额中抵扣。

（五）一般纳税人资格登记。

《试点实施办法》第三条规定的年应税销售额标准为 500 万元（含本数）。财政部和国家税务总局可以对年应税销售额标准进行调整。

（六）计税方法。

一般纳税人发生下列应税行为可以选择适用简易计税方法计税：

1. 公共交通运输服务。

公共交通运输服务，包括轮客渡、公交客运、地铁、城市轻轨、出租车、长途客运、班车。

班车，是指按固定路线、固定时间运营并在固定站点停靠的运送旅客的陆路运输服务。

2. 经认定的动漫企业为开发动漫产品提供的动漫脚本编撰、形象设计、背景设计、动画设计、分镜、动画制作、摄制、描线、上色、画面合成、配音、配乐、音效合成、剪辑、字幕制作、压缩转码（面向网络动漫、手机动漫格式适配）服务，以及在境内转让动漫版权（包括动漫品牌、形象或者内容的授权及再授权）。

动漫企业和自主开发、生产动漫产品的认定标准和认定程序，按照《文化部 财政部 国家税务总局关于印发〈动漫企业认定管理办法（试行）〉的通知》（文市发〔2008〕51 号）的规定执行。

3. 电影放映服务、仓储服务、装卸搬运服务、收派服务和文化体育服务。

4. 以纳入营改增试点之日前取得的有形动产为标的物提供的经营租赁服务。

5. 在纳入营改增试点之日前签订的尚未执行完毕的有形动产租赁合同。

（七）建筑服务。

1. 一般纳税人以清包工方式提供的建筑服务，可以选择适用简易计税方法计税。

以清包工方式提供建筑服务，是指施工方不采购建筑工程所需的材料或只采购辅助材料，并收取人工费、管理费或者其他费用的建筑服务。

2. 一般纳税人为甲供工程提供的建筑服务，可以选择适用简易计税方法计税。

甲供工程，是指全部或部分设备、材料、动力由工程发包方自行采购的建筑工程。

3. 一般纳税人为建筑工程老项目提供的建筑服务，可以选择适用简易计税方法计税。

建筑工程老项目，是指：

（1）《建筑工程施工许可证》注明的合同开工日期在 2016 年 4 月 30 日前的建筑工程项目；

（2）未取得《建筑工程施工许可证》的，建筑工程承包合同注明的开工日期在 2016 年 4 月 30 日前的建筑工程项目。

4. 一般纳税人跨县（市）提供建筑服务，适用一般计税方法计税的，应以取得的全部价款和价外费用为销售额计算应纳税额。纳税人应以取得的全部价款和价外费用扣除支付的分包款后的余额，按照 2% 的预征率在建筑服务发生地预缴税款后，向机构所在地主管税务机关进行纳税申报。

5. 一般纳税人跨县（市）提供建筑服务，选择适用简易计税方法计税的，应以取得的全部价款和价外费用扣除支付的分包款后的余额为销售额，按照 3% 的征收率计算应纳税额。纳税人应按照上述计税方法在建筑服务发生地预缴税款后，向机构所在地主管税务机关进行纳税申报。

6. 试点纳税人中的小规模纳税人（以下称小规模纳税人）跨县（市）提供建筑服务，应以取得的全部价款和价外费用扣除支付的分包款后的余额为销售额，按照 3% 的征收率计算应纳税额。纳税人应按照上述计税方法在建筑服务发生地预缴税款后，向机构所在地主管税务机关进行纳税申报。

（八）销售不动产。

1. 一般纳税人销售其 2016 年 4 月 30 日前取得（不含自建）的不动产，可以选择适用简易计税方法，以取得的全部价款和价外费用减去该项不动产购置原价或者取得不动产时的作价后的余额为销售额，按照 5% 的征收率计算应纳税额。纳税人应按照上述计税方法在不动产所在地预缴税款后，向机构所在地主管税务机关进行纳税申报。

2. 一般纳税人销售其 2016 年 4 月 30 日前自建的不动产，可以选择适用简易计税方法，以取得的全部价款和价外费用为销售额，按照 5% 的征收率计算应纳税额。纳税人应按照上述计税方法在不动产所在地预缴税款后，向机构所在地主管税务机关进行纳税申报。

3. 一般纳税人销售其 2016 年 5 月 1 日后取得（不含自建）的不动产，应适用一般计税方法，以取得的全部价款和价外费用为销售额计算应纳税额。纳税人应以取得的全部价款和价外费用减去该项不动产购置原价或者取得不动产时的作价后的余额，按照5％的预征率在不动产所在地预缴税款后，向机构所在地主管税务机关进行纳税申报。

4. 一般纳税人销售其2016年5月1日后自建的不动产，应适用一般计税方法，以取得的全部价款和价外费用为销售额计算应纳税额。纳税人应以取得的全部价款和价外费用，按照5％的预征率在不动产所在地预缴税款后，向机构所在地主管税务机关进行纳税申报。

5. 小规模纳税人销售其取得（不含自建）的不动产（不含个体工商户销售购买的住房和其他个人销售不动产），应以取得的全部价款和价外费用减去该项不动产购置原价或者取得不动产时的作价后的余额为销售额，按照5％的征收率计算应纳税额。纳税人应按照上述计税方法在不动产所在地预缴税款后，向机构所在地主管税务机关进行纳税申报。

6. 小规模纳税人销售其自建的不动产，应以取得的全部价款和价外费用为销售额，按照5％的征收率计算应纳税额。纳税人应按照上述计税方法在不动产所在地预缴税款后，向机构所在地主管税务机关进行纳税申报。

7. 房地产开发企业中的一般纳税人，销售自行开发的房地产老项目，可以选择适用简易计税方法按照5％的征收率计税。

8. 房地产开发企业中的小规模纳税人，销售自行开发的房地产项目，按照5％的征收率计税。

9. 房地产开发企业采取预收款方式销售所开发的房地产项目，在收到预收款时按照3％的预征率预缴增值税。

10. 个体工商户销售购买的住房，应按照附件3《营业税改征增值税试点过渡政策的规定》第五条的规定征免增值税。纳税人应按照上述计税方法在不动产所在地预缴税款后，向机构所在地主管税务机关进行纳税申报。

11. 其他个人销售其取得（不含自建）的不动产（不含其购买的住房），应以取得的全部价款和价外费用减去该项不动产购置原价或者取得不动产时的作价后的余额为销售额，按照5％的征收率计算应纳税额。

（九）不动产经营租赁服务。

1. 一般纳税人出租其2016年4月30日前取得的不动产，可以选择适用简易计税方法，按照5％的征收率计算应纳税额。纳税人出租其2016年4月30日前取得的与机构所在地不在同一县（市）的不动产，应按照上述计税方法在不动产所在地预缴税款后，向机构所在地主管税务机关进行纳税申报。

2. 公路经营企业中的一般纳税人收取试点前开工的高速公路的车辆通行费，可以选择适用简易计税方法，减按3％的征收率计算应纳税额。

试点前开工的高速公路，是指相关施工许可证明上注明的合同开工日期在2016

年 4 月 30 日前的高速公路。

3. 一般纳税人出租其 2016 年 5 月 1 日后取得的、与机构所在地不在同一县（市）的不动产，应按照 3％的预征率在不动产所在地预缴税款后，向机构所在地主管税务机关进行纳税申报。

4. 小规模纳税人出租其取得的不动产（不含个人出租住房），应按照 5％的征收率计算应纳税额。纳税人出租与机构所在地不在同一县（市）的不动产，应按照上述计税方法在不动产所在地预缴税款后，向机构所在地主管税务机关进行纳税申报。

5. 其他个人出租其取得的不动产（不含住房），应按照 5％的征收率计算应纳税额。

6. 个人出租住房，应按照 5％的征收率减按 1.5％计算应纳税额。

（十）一般纳税人销售其 2016 年 4 月 30 日前取得的不动产（不含自建），适用一般计税方法计税的，以取得的全部价款和价外费用为销售额计算应纳税额。上述纳税人应以取得的全部价款和价外费用减去该项不动产购置原价或者取得不动产时的作价后的余额，按照 5％的预征率在不动产所在地预缴税款后，向机构所在地主管税务机关进行纳税申报。

房地产开发企业中的一般纳税人销售房地产老项目，以及一般纳税人出租其 2016 年 4 月 30 日前取得的不动产，适用一般计税方法计税的，应以取得的全部价款和价外费用，按照 3％的预征率在不动产所在地预缴税款后，向机构所在地主管税务机关进行纳税申报。

一般纳税人销售其 2016 年 4 月 30 日前自建的不动产，适用一般计税方法计税的，应以取得的全部价款和价外费用为销售额计算应纳税额。纳税人应以取得的全部价款和价外费用，按照 5％的预征率在不动产所在地预缴税款后，向机构所在地主管税务机关进行纳税申报。

（十一）一般纳税人跨省（自治区、直辖市或者计划单列市）提供建筑服务或者销售、出租取得的与机构所在地不在同一省（自治区、直辖市或者计划单列市）的不动产，在机构所在地申报纳税时，计算的应纳税额小于已预缴税额，且差额较大的，由国家税务总局通知建筑服务发生地或者不动产所在地省级税务机关，在一定时期内暂停预缴增值税。

（十二）纳税地点。

属于固定业户的试点纳税人，总分支机构不在同一县（市），但在同一省（自治区、直辖市、计划单列市）范围内的，经省（自治区、直辖市、计划单列市）财政厅（局）和国家税务局批准，可以由总机构汇总向总机构所在地的主管税务机关申报缴纳增值税。

（十三）试点前发生的业务。

1. 试点纳税人发生应税行为，按照国家有关营业税政策规定差额征收营业税的，因取得的全部价款和价外费用不足以抵减允许扣除项目金额，截至纳入营改增试点之日前尚未扣除的部分，不得在计算试点纳税人增值税应税销售额时抵减，应当向原主管地税机关申请退还营业税。

2. 试点纳税人发生应税行为，在纳入营改增试点之日前已缴纳营业税，营改增试点后因发生退款减除营业额的，应当向原主管地税机关申请退还已缴纳的营业税。

3. 试点纳税人纳入营改增试点之日前发生的应税行为，因税收检查等原因需要补缴税款的，应按照营业税政策规定补缴营业税。

（十四）销售使用过的固定资产。

一般纳税人销售自己使用过的、纳入营改增试点之日前取得的固定资产，按照现行旧货相关增值税政策执行。

使用过的固定资产，是指纳税人符合《试点实施办法》第二十八条规定并根据财务会计制度已经计提折旧的固定资产。

（十五）扣缴增值税适用税率。

境内的购买方为境外单位和个人扣缴增值税的，按照适用税率扣缴增值税。

（十六）其他规定。

1. 试点纳税人销售电信服务时，附带赠送用户识别卡、电信终端等货物或者电信服务的，应将其取得的全部价款和价外费用进行分别核算，按各自适用的税率计算缴纳增值税。

2. 油气田企业发生应税行为，适用《试点实施办法》规定的增值税税率，不再适用《财政部 国家税务总局关于印发〈油气田企业增值税管理办法〉的通知》（财税〔2009〕8 号）规定的增值税税率。

二、原增值税纳税人［指按照《中华人民共和国增值税暂行条例》（国务院令第538 号）（以下称《增值税暂行条例》）缴纳增值税的纳税人］有关政策

（一）进项税额。

1. 原增值税一般纳税人购进服务、无形资产或者不动产，取得的增值税专用发票上注明的增值税额为进项税额，准予从销项税额中抵扣。

2016 年 5 月 1 日后取得并在会计制度上按固定资产核算的不动产或者 2016 年 5 月 1 日后取得的不动产在建工程，其进项税额应自取得之日起分 2 年从销项税额中抵扣，第一年抵扣比例为 60%，第二年抵扣比例为 40%。

融资租入的不动产以及在施工现场修建的临时建筑物、构筑物，其进项税额不适用上述分 2 年抵扣的规定。

2. 原增值税一般纳税人自用的应征消费税的摩托车、汽车、游艇，其进项税额准予从销项税额中抵扣。

3. 原增值税一般纳税人从境外单位或者个人购进服务、无形资产或者不动产，按照规定应当扣缴增值税的，准予从销项税额中抵扣的进项税额为自税务机关或者扣缴义务人取得的解缴税款的完税凭证上注明的增值税额。

纳税人凭完税凭证抵扣进项税额的，应当具备书面合同、付款证明和境外单位

的对账单或者发票。资料不全的，其进项税额不得从销项税额中抵扣。

4. 原增值税一般纳税人购进货物或者接受加工修理修配劳务，用于《销售服务、无形资产或者不动产注释》所列项目的，不属于《增值税暂行条例》第十条所称的用于非增值税应税项目，其进项税额准予从销项税额中抵扣。

5. 原增值税一般纳税人购进服务、无形资产或者不动产，下列项目的进项税额不得从销项税额中抵扣：

（1）用于简易计税方法计税项目、免征增值税项目、集体福利或者个人消费。其中涉及的无形资产、不动产，仅指专用于上述项目的无形资产（不包括其他权益性无形资产）、不动产。

纳税人的交际应酬消费属于个人消费。

（2）非正常损失的购进货物，以及相关的加工修理修配劳务和交通运输服务。

（3）非正常损失的在产品、产成品所耗用的购进货物（不包括固定资产）、加工修理修配劳务和交通运输服务。

（4）非正常损失的不动产，以及该不动产所耗用的购进货物、设计服务和建筑服务。

（5）非正常损失的不动产在建工程所耗用的购进货物、设计服务和建筑服务。

纳税人新建、改建、扩建、修缮、装饰不动产，均属于不动产在建工程。

（6）购进的旅客运输服务、贷款服务、餐饮服务、居民日常服务和娱乐服务。

（7）财政部和国家税务总局规定的其他情形。

上述第（4）点、第（5）点所称货物，是指构成不动产实体的材料和设备，包括建筑装饰材料和给排水、采暖、卫生、通风、照明、通讯、煤气、消防、中央空调、电梯、电气、智能化楼宇设备及配套设施。

纳税人接受贷款服务向贷款方支付的与该笔贷款直接相关的投融资顾问费、手续费、咨询费等费用，其进项税额不得从销项税额中抵扣。

6. 已抵扣进项税额的购进服务，发生上述第5点规定情形（简易计税方法计税项目、免征增值税项目除外）的，应当将该进项税额从当期进项税额中扣减；无法确定该进项税额的，按照当期实际成本计算应扣减的进项税额。

7. 已抵扣进项税额的无形资产或者不动产，发生上述第5点规定情形的，按照下列公式计算不得抵扣的进项税额：

$$不得抵扣的进项税额 = 无形资产或者不动产净值 \times 适用税率$$

8. 按照《增值税暂行条例》第十条和上述第5点不得抵扣且未抵扣进项税额的固定资产、无形资产、不动产，发生用途改变，用于允许抵扣进项税额的应税项目，可在用途改变的次月按照下列公式，依据合法有效的增值税扣税凭证，计算可以抵扣的进项税额：

$$可以抵扣的进项税额 = 固定资产、无形资产、不动产净值/(1+适用税率) \times 适用税率$$

上述可以抵扣的进项税额应取得合法有效的增值税扣税凭证。

（二）增值税期末留抵税额。

原增值税一般纳税人兼有销售服务、无形资产或者不动产的，截止到纳入营改增试点之日前的增值税期末留抵税额，不得从销售服务、无形资产或者不动产的销项税额中抵扣。

（三）混合销售。

一项销售行为如果既涉及货物又涉及服务，为混合销售。从事货物的生产、批发或者零售的单位和个体工商户的混合销售行为，按照销售货物缴纳增值税；其他单位和个体工商户的混合销售行为，按照销售服务缴纳增值税。

上述从事货物的生产、批发或者零售的单位和个体工商户，包括以从事货物的生产、批发或者零售为主，并兼营销售服务的单位和个体工商户在内。

附件3：营业税改征增值税试点过渡政策的规定

一、下列项目免征增值税

（一）托儿所、幼儿园提供的保育和教育服务。

托儿所、幼儿园，是指经县级以上教育部门审批成立、取得办园许可证的实施0～6岁学前教育的机构，包括公办和民办的托儿所、幼儿园、学前班、幼儿班、保育院、幼儿院。

公办托儿所、幼儿园免征增值税的收入是指，在省级财政部门和价格主管部门审核报省级人民政府批准的收费标准以内收取的教育费、保育费。

民办托儿所、幼儿园免征增值税的收入是指，在报经当地有关部门备案并公示的收费标准范围内收取的教育费、保育费。

超过规定收费标准的收费，以开办实验班、特色班和兴趣班等为由另外收取的费用以及与幼儿入园挂钩的赞助费、支教费等超过规定范围的收入，不属于免征增值税的收入。

（二）养老机构提供的养老服务。

养老机构，是指依照民政部《养老机构设立许可办法》（民政部令第48号）设立并依法办理登记的为老年人提供集中居住和照料服务的各类养老机构；养老服务，是指上述养老机构按照民政部《养老机构管理办法》（民政部令第49号）的规定，为收住的老年人提供的生活照料、康复护理、精神慰藉、文化娱乐等服务。

（三）残疾人福利机构提供的育养服务。

（四）婚姻介绍服务。

（五）殡葬服务。

殡葬服务，是指收费标准由各地价格主管部门会同有关部门核定，或者实行政府指导价管理的遗体接运（含抬尸、消毒）、遗体整容、遗体防腐、存放（含冷藏）、火化、骨灰寄存、吊唁设施设备租赁、墓穴租赁及管理等服务。

（六）残疾人员本人为社会提供的服务。

（七）医疗机构提供的医疗服务。

医疗机构，是指依据国务院《医疗机构管理条例》（国务院令第149号）及卫生部《医疗机构管理条例实施细则》（卫生部令第35号）的规定，经登记取得《医疗机构执业许可证》的机构，以及军队、武警部队各级各类医疗机构。具体包括：各级各类医院、门诊部（所）、社区卫生服务中心（站）、急救中心（站）、城乡卫生院、护理院（所）、疗养院、临床检验中心，各级政府及有关部门举办的卫生防疫站（疾病控制中心）、各种专科疾病防治站（所），各级政府举办的妇幼保健所（站）、母婴保健机构、儿童保健机构，各级政府举办的血站（血液中心）等医疗机构。

本项所称的医疗服务，是指医疗机构按照不高于地（市）级以上价格主管部门会同同级卫生主管部门及其他相关部门制定的医疗服务指导价格（包括政府指导价和按照规定由供需双方协商确定的价格等）为就医者提供《全国医疗服务价格项目规范》所列的各项服务，以及医疗机构向社会提供卫生防疫、卫生检疫的服务。

（八）从事学历教育的学校提供的教育服务。

1. 学历教育，是指受教育者经过国家教育考试或者国家规定的其他入学方式，进入国家有关部门批准的学校或者其他教育机构学习，获得国家承认的学历证书的教育形式。具体包括：

（1）初等教育：普通小学、成人小学。

（2）初级中等教育：普通初中、职业初中、成人初中。

（3）高级中等教育：普通高中、成人高中和中等职业学校（包括普通中专、成人中专、职业高中、技工学校）。

（4）高等教育：普通本专科、成人本专科、网络本专科、研究生（博士、硕士）、高等教育自学考试、高等教育学历文凭考试。

2. 从事学历教育的学校，是指：

（1）普通学校。

（2）经地（市）级以上人民政府或者同级政府的教育行政部门批准成立、国家承认其学员学历的各类学校。

（3）经省级及以上人力资源社会保障行政部门批准成立的技工学校、高级技工学校。

（4）经省级人民政府批准成立的技师学院。

上述学校均包括符合规定的从事学历教育的民办学校，但不包括职业培训机构等国家不承认学历的教育机构。

3. 提供教育服务免征增值税的收入，是指对列入规定招生计划的在籍学生提供学历教育服务取得的收入，具体包括：经有关部门审核批准并按规定标准收取的学费、住宿费、课本费、作业本费、考试报名费收入，以及学校食堂提供餐饮服务取得的伙食费收入。除此之外的收入，包括学校以各种名义收取的赞助费、择校费等，不属于免征增值税的范围。

学校食堂是指依照《学校食堂与学生集体用餐卫生管理规定》（教育部令第 14 号）管理的学校食堂。

（九）学生勤工俭学提供的服务。

（十）农业机耕、排灌、病虫害防治、植物保护、农牧保险以及相关技术培训业务，家禽、牲畜、水生动物的配种和疾病防治。

农业机耕，是指在农业、林业、牧业中使用农业机械进行耕作（包括耕耘、种植、收割、脱粒、植物保护等）的业务；排灌，是指对农田进行灌溉或者排涝的业务；病虫害防治，是指从事农业、林业、牧业、渔业的病虫害测报和防治的业务；农牧保险，是指为种植业、养殖业、牧业种植和饲养的动植物提供保险的业务；相关技术培训，是指与农业机耕、排灌、病虫害防治、植物保护业务相关以及为使农民获得农牧保险知识的技术培训业务；家禽、牲畜、水生动物的配种和疾病防治业务的免税范围，包括与该项服务有关的提供药品和医疗用具的业务。

（十一）纪念馆、博物馆、文化馆、文物保护单位管理机构、美术馆、展览馆、书画院、图书馆在自己的场所提供文化体育服务取得的第一道门票收入。

（十二）寺院、宫观、清真寺和教堂举办文化、宗教活动的门票收入。

（十三）行政单位之外的其他单位收取的符合《试点实施办法》第十条规定条件的政府性基金和行政事业性收费。

（十四）个人转让著作权。

（十五）个人销售自建自用住房。

（十六）2018 年 12 月 31 日前，公共租赁住房经营管理单位出租公共租赁住房。

公共租赁住房，是指纳入省、自治区、直辖市、计划单列市人民政府及新疆生产建设兵团批准的公共租赁住房发展规划和年度计划，并按照《关于加快发展公共租赁住房的指导意见》（建保〔2010〕87 号）和市、县人民政府制定的具体管理办法进行管理的公共租赁住房。

（十七）台湾航运公司、航空公司从事海峡两岸海上直航、空中直航业务在大陆取得的运输收入。

台湾航运公司，是指取得交通运输部颁发的"台湾海峡两岸间水路运输许可证"且该许可证上注明的公司登记地址在台湾的航运公司。

台湾航空公司，是指取得中国民用航空局颁发的"经营许可"或者依据《海峡两岸空运协议》和《海峡两岸空运补充协议》规定，批准经营两岸旅客、货物和邮件不定期（包机）运输业务，且公司登记地址在台湾的航空公司。

（十八）纳税人提供的直接或者间接国际货物运输代理服务。

1. 纳税人提供直接或者间接国际货物运输代理服务，向委托方收取的全部国际货物运输代理服务收入，以及向国际运输承运人支付的国际运输费用，必须通过金融机构进行结算。

2. 纳税人为大陆与香港、澳门、台湾地区之间的货物运输提供的货物运输代理服务参照国际货物运输代理服务有关规定执行。

3. 委托方索取发票的，纳税人应当就国际货物运输代理服务收入向委托方全额开具增值税普通发票。

（十九）以下利息收入。

1. 2016 年 12 月 31 日前，金融机构农户小额贷款。

小额贷款，是指单笔且该农户贷款余额总额在 10 万元（含本数）以下的贷款。

所称农户，是指长期（一年以上）居住在乡镇（不包括城关镇）行政管理区域内的住户，还包括长期居住在城关镇所辖行政村范围内的住户和户口不在本地而在本地居住一年以上的住户，国有农场的职工和农村个体工商户。位于乡镇（不包括城关镇）行政管理区域内和在城关镇所辖行政村范围内的国有经济的机关、团体、学校、企事业单位的集体户；有本地户口，但举家外出谋生一年以上的住户，无论是否保留承包耕地均不属于农户。农户以户为统计单位，既可以从事农业生产经营，也可以从事非农业生产经营。农户贷款的判定应以贷款发放时的承贷主体是否属于农户为准。

2. 国家助学贷款。

3. 国债、地方政府债。

4. 人民银行对金融机构的贷款。

5. 住房公积金管理中心用住房公积金在指定的委托银行发放的个人住房贷款。

6. 外汇管理部门在从事国家外汇储备经营过程中，委托金融机构发放的外汇贷款。

7. 统借统还业务中，企业集团或企业集团中的核心企业以及集团所属财务公司按不高于支付给金融机构的借款利率水平或者支付的债券票面利率水平，向企业集团或者集团内下属单位收取的利息。

统借方向资金使用单位收取的利息，高于支付给金融机构借款利率水平或者支付的债券票面利率水平的，应全额缴纳增值税。

统借统还业务，是指：

（1）企业集团或者企业集团中的核心企业向金融机构借款或对外发行债券取得资金后，将所借资金分拨给下属单位（包括独立核算单位和非独立核算单位，下同），并向下属单位收取用于归还金融机构或债券购买方本息的业务。

（2）企业集团向金融机构借款或对外发行债券取得资金后，由集团所属财务公司与企业集团或者集团内下属单位签订统借统还贷款合同并分拨资金，并向企业集团或者集团内下属单位收取本息，再转付企业集团，由企业集团统一归还金融机构或债券购买方的业务。

（二十）被撤销金融机构以货物、不动产、无形资产、有价证券、票据等财产清偿债务。

被撤销金融机构，是指经人民银行、银监会依法决定撤销的金融机构及其分设于各地的分支机构，包括被依法撤销的商业银行、信托投资公司、财务公司、金融租赁公司、城市信用社和农村信用社。除另有规定外，被撤销金融机构所属、附属企业，不享受被撤销金融机构增值税免税政策。

（二十一）保险公司开办的一年期以上人身保险产品取得的保费收入。

一年期以上人身保险，是指保险期间为一年期及以上返还本利的人寿保险、养老年金保险，以及保险期间为一年期及以上的健康保险。

人寿保险，是指以人的寿命为保险标的的人身保险。

养老年金保险，是指以养老保障为目的，以被保险人生存为给付保险金条件，并按约定的时间间隔分期给付生存保险金的人身保险。养老年金保险应当同时符合下列条件：

1. 保险合同约定给付被保险人生存保险金的年龄不得小于国家规定的退休年龄。

2. 相邻两次给付的时间间隔不得超过一年。

健康保险，是指以因健康原因导致损失为给付保险金条件的人身保险。

上述免税政策实行备案管理，具体备案管理办法按照《国家税务总局关于一年期以上返还性人身保险产品免征营业税审批事项取消后有关管理问题的公告》（国家税务总局公告 2015 年第 65 号）规定执行。

（二十二）下列金融商品转让收入。

1. 合格境外投资者（QFII）委托境内公司在我国从事证券买卖业务。

2. 香港市场投资者（包括单位和个人）通过沪港通买卖上海证券交易所上市A股。

3. 对香港市场投资者（包括单位和个人）通过基金互认买卖内地基金份额。

4. 证券投资基金（封闭式证券投资基金，开放式证券投资基金）管理人运用基金买卖股票、债券。

5. 个人从事金融商品转让业务。

（二十三）金融同业往来利息收入。

1. 金融机构与人民银行所发生的资金往来业务。包括人民银行对一般金融机构贷款，以及人民银行对商业银行的再贴现等。

2. 银行联行往来业务。同一银行系统内部不同行、处之间所发生的资金账务往来业务。

3. 金融机构间的资金往来业务。是指经人民银行批准，进入全国银行间同业拆借市场的金融机构之间通过全国统一的同业拆借网络进行的短期（一年以下含一年）无担保资金融通行为。

4. 金融机构之间开展的转贴现业务。

金融机构是指：

（1）银行：包括人民银行、商业银行、政策性银行。

（2）信用合作社。

（3）证券公司。

（4）金融租赁公司、证券基金管理公司、财务公司、信托投资公司、证券投资基金。

（5）保险公司。

（6）其他经人民银行、银监会、证监会、保监会批准成立且经营金融保险业务的机构等。

（二十四）同时符合下列条件的担保机构从事中小企业信用担保或者再担保业务取得的收入（不含信用评级、咨询、培训等收入）3 年内免征增值税：

1. 已取得监管部门颁发的融资性担保机构经营许可证，依法登记注册为企（事）业法人，实收资本超过 2 000 万元。

2. 平均年担保费率不超过银行同期贷款基准利率的 50%。平均年担保费率＝本期担保费收入/（期初担保余额＋本期增加担保金额）×100%。

3. 连续合规经营 2 年以上，资金主要用于担保业务，具备健全的内部管理制度和为中小企业提供担保的能力，经营业绩突出，对受保项目具有完善的事前评估、事中监控、事后追偿与处置机制。

4. 为中小企业提供的累计担保贷款额占其两年累计担保业务总额的 80% 以上，单笔 800 万元以下的累计担保贷款额占其累计担保业务总额的 50% 以上。

5. 对单个受保企业提供的担保余额不超过担保机构实收资本总额的 10%，且平均单笔担保责任金额最多不超过 3 000 万元人民币。

6. 担保责任余额不低于其净资产的 3 倍，且代偿率不超过 2%。

担保机构免征增值税政策采取备案管理方式。符合条件的担保机构应到所在地县（市）主管税务机关和同级中小企业管理部门履行规定的备案手续，自完成备案手续之日起，享受 3 年免征增值税政策。3 年免税期满后，符合条件的担保机构可按规定程序办理备案手续后继续享受该项政策。

具体备案管理办法按照《国家税务总局关于中小企业信用担保机构免征营业税审批事项取消后有关管理问题的公告》（国家税务总局公告 2015 年第 69 号）规定执行，其中税务机关的备案管理部门统一调整为县（市）级国家税务局。

（二十五）国家商品储备管理单位及其直属企业承担商品储备任务，从中央或者地方财政取得的利息补贴收入和价差补贴收入。

国家商品储备管理单位及其直属企业，是指接受中央、省、市、县四级政府有关部门（或者政府指定管理单位）委托，承担粮（含大豆）、食用油、棉、糖、肉、盐（限于中央储备）等 6 种商品储备任务，并按有关政策收储、销售上述 6 种储备商品，取得财政储备经费或者补贴的商品储备企业。利息补贴收入，是指国家商品储备管理单位及其直属企业因承担上述商品储备任务从金融机构贷款，并从中央或者地方财政取得的用于偿还贷款利息的贴息收入。价差补贴收入包括销售价差补贴收入和轮换价差补贴收入。销售价差补贴收入，是指按照中央或者地方政府指令销售上述储备商品时，由于销售收入小于库存成本而从中央或者地方财政获得的全额价差补贴收入。轮换价差补贴收入，是指根据要求定期组织政策性储备商品轮换而从中央或者地方财政取得的商品新陈品质价差补贴收入。

（二十六）纳税人提供技术转让、技术开发和与之相关的技术咨询、技术服务。

1. 技术转让、技术开发，是指《销售服务、无形资产、不动产注释》中"转让技术""研发服务"范围内的业务活动。技术咨询，是指就特定技术项目提供可行性论证、技术预测、专题技术调查、分析评价报告等业务活动。

与技术转让、技术开发相关的技术咨询、技术服务，是指转让方（或者受托方）根据技术转让或者开发合同的规定，为帮助受让方（或者委托方）掌握所转让（或者委托开发）的技术，而提供的技术咨询、技术服务业务，且这部分技术咨询、技术服务的价款与技术转让或者技术开发的价款应当在同一张发票上开具。

2. 备案程序。试点纳税人申请免征增值税时，须持技术转让、开发的书面合同，到纳税人所在地省级科技主管部门进行认定，并持有关的书面合同和科技主管部门审核意见证明文件报主管税务机关备查。

（二十七）同时符合下列条件的合同能源管理服务：

1. 节能服务公司实施合同能源管理项目相关技术，应当符合国家质量监督检验检疫总局和国家标准化管理委员会发布的《合同能源管理技术通则》（GB/T24915—2010）规定的技术要求。

2. 节能服务公司与用能企业签订节能效益分享型合同，其合同格式和内容，符合《中华人民共和国合同法》和《合同能源管理技术通则》（GB/T24915—2010）等规定。

（二十八）2017 年 12 月 31 日前，科普单位的门票收入，以及县级及以上党政部门和科协开展科普活动的门票收入。

科普单位，是指科技馆、自然博物馆，对公众开放的天文馆（站、台）、气象台（站）、地震台（站），以及高等院校、科研机构对公众开放的科普基地。

科普活动，是指利用各种传媒以浅显的、让公众易于理解、接受和参与的方式，向普通大众介绍自然科学和社会科学知识，推广科学技术的应用，倡导科学方法，传播科学思想，弘扬科学精神的活动。

（二十九）政府举办的从事学历教育的高等、中等和初等学校（不含下属单位），举办进修班、培训班取得的全部归该学校所有的收入。

全部归该学校所有，是指举办进修班、培训班取得的全部收入进入该学校统一账户，并纳入预算全额上缴财政专户管理，同时由该学校对有关票据进行统一管理和开具。

举办进修班、培训班取得的收入进入该学校下属部门自行开设账户的，不予免征增值税。

（三十）政府举办的职业学校设立的主要为在校学生提供实习场所、并由学校出资自办、由学校负责经营管理、经营收入归学校所有的企业，从事《销售服务、无形资产或者不动产注释》中"现代服务"（不含融资租赁服务、广告服务和其他现代服务）、"生活服务"（不含文化体育服务、其他生活服务和桑拿、氧吧）业务活动取得的收入。

（三十一）家政服务企业由员工制家政服务员提供家政服务取得的收入。

家政服务企业，是指在企业营业执照的规定经营范围中包括家政服务内容的企业。

员工制家政服务员，是指同时符合下列 3 个条件的家政服务员：

1. 依法与家政服务企业签订半年及半年以上的劳动合同或者服务协议，且在该企业实际上岗工作。

2. 家政服务企业为其按月足额缴纳了企业所在地人民政府根据国家政策规定的基本养老保险、基本医疗保险、工伤保险、失业保险等社会保险。对已享受新型农村养老保险和新型农村合作医疗等社会保险或者下岗职工原单位继续为其缴纳社会保险的家政服务员，如果本人书面提出不再缴纳企业所在地人民政府根据国家政策规定的相应的社会保险，并出具其所在乡镇或者原单位开具的已缴纳相关保险的证明，可视同家政服务企业已为其按月足额缴纳了相应的社会保险。

3. 家政服务企业通过金融机构向其实际支付不低于企业所在地适用的经省级人民政府批准的最低工资标准的工资。

（三十二）福利彩票、体育彩票的发行收入。

（三十三）军队空余房产租赁收入。

（三十四）为了配合国家住房制度改革，企业、行政事业单位按房改成本价、标准价出售住房取得的收入。

（三十五）将土地使用权转让给农业生产者用于农业生产。

（三十六）涉及家庭财产分割的个人无偿转让不动产、土地使用权。

家庭财产分割，包括下列情形：离婚财产分割；无偿赠与配偶、父母、子女、祖父母、外祖父母、孙子女、外孙子女、兄弟姐妹；无偿赠与对其承担直接抚养或者赡养义务的抚养人或者赡养人；房屋产权所有人死亡，法定继承人、遗嘱继承人或者受遗赠人依法取得房屋产权。

（三十七）土地所有者出让土地使用权和土地使用者将土地使用权归还给土地所有者。

（三十八）县级以上地方人民政府或自然资源行政主管部门出让、转让或收回自然资源使用权（不含土地使用权）。

（三十九）随军家属就业。

1. 为安置随军家属就业而新开办的企业，自领取税务登记证之日起，其提供的应税服务3年内免征增值税。

享受税收优惠政策的企业，随军家属必须占企业总人数的60%（含）以上，并有军（含）以上政治和后勤机关出具的证明。

2. 从事个体经营的随军家属，自办理税务登记事项之日起，其提供的应税服务3年内免征增值税。

随军家属必须有师以上政治机关出具的可以表明其身份的证明。

按照上述规定，每一名随军家属可以享受一次免税政策。

（四十）军队转业干部就业。

1. 从事个体经营的军队转业干部，自领取税务登记证之日起，其提供的应税服务3年内免征增值税。

2. 为安置自主择业的军队转业干部就业而新开办的企业，凡安置自主择业的军队转业干部占企业总人数60%（含）以上的，自领取税务登记证之日起，其提供的应税服务3年内免征增值税。

享受上述优惠政策的自主择业的军队转业干部必须持有师以上部队颁发的转业证件。

二、增值税即征即退

（一）一般纳税人提供管道运输服务，对其增值税实际税负超过3%的部分实行增值税即征即退政策。

（二）经人民银行、银监会或者商务部批准从事融资租赁业务的试点纳税人中的一般纳税人，提供有形动产融资租赁服务和有形动产融资性售后回租服务，对其增值税实际税负超过3%的部分实行增值税即征即退政策。商务部授权的省级商务主管部门和国家经济技术开发区批准的从事融资租赁业务和融资性售后回租业务的试点纳税人中的一般纳税人，2016年5月1日后实收资本达到1.7亿元的，从达到标准的当月起按照上述规定执行；2016年5月1日后实收资本未达到1.7亿元但注册资本达到1.7亿元的，在2016年7月31日前仍可按照上述规定执行，2016年8月1日后开展的有形动产融资租赁业务和有形动产融资性售后回租业务不得按照上述规定执行。

（三）本规定所称增值税实际税负，是指纳税人当期提供应税服务实际缴纳的增值税额占纳税人当期提供应税服务取得的全部价款和价外费用的比例。

三、扣减增值税规定

（一）退役士兵创业就业。

1. 对自主就业退役士兵从事个体经营的，在3年内按每户每年8 000元为限额依次扣减其当年实际应缴纳的增值税、城市维护建设税、教育费附加、地方教育附加和个人所得税。限额标准最高可上浮20%，各省、自治区、直辖市人民政府可根据本地区实际情况在此幅度内确定具体限额标准，并报财政部和国家税务总局备案。

纳税人年度应缴纳税款小于上述扣减限额的，以其实际缴纳的税款为限；大于上述扣减限额的，应以上述扣减限额为限。纳税人的实际经营期不足一年的，应当以实际月份换算其减免税限额。换算公式为：减免税限额＝年度减免税限额÷12×实际经营月数。

纳税人在享受税收优惠政策的当月，持《中国人民解放军义务兵退出现役证》或《中国人民解放军士官退出现役证》以及税务机关要求的相关材料向主管税务机关备案。

2. 对商贸企业、服务型企业、劳动就业服务企业中的加工型企业和街道社区具有加工性质的小型企业实体，在新增加的岗位中，当年新招用自主就业退役士兵，与其签订1年以上期限劳动合同并依法缴纳社会保险费的，在3年内按实际招用人数予以定额依次扣减增值税、城市维护建设税、教育费附加、地方教育附加和企业所得税优惠。定额标准为每人每年4 000元，最高可上浮50％，各省、自治区、直辖市人民政府可根据本地区实际情况在此幅度内确定具体定额标准，并报财政部和国家税务总局备案。

本条所称服务型企业是指从事《销售服务、无形资产、不动产注释》中"不动产租赁服务"、"商务辅助服务"（不含货物运输代理和代理报关服务）、"生活服务"（不含文化体育服务）范围内业务活动的企业以及按照《民办非企业单位登记管理暂行条例》（国务院令第251号）登记成立的民办非企业单位。

纳税人按企业招用人数和签订的劳动合同时间核定企业减免税总额，在核定减免税总额内每月依次扣减增值税、城市维护建设税、教育费附加和地方教育附加。纳税人实际应缴纳的增值税、城市维护建设税、教育费附加和地方教育附加小于核定减免税总额的，以实际应缴纳的增值税、城市维护建设税、教育费附加和地方教育附加为限；实际应缴纳的增值税、城市维护建设税、教育费附加和地方教育附加大于核定减免税总额的，以核定减免税总额为限。

纳税年度终了，如果企业实际减免的增值税、城市维护建设税、教育费附加和地方教育附加小于核定的减免税总额，企业在企业所得税汇算清缴时扣减企业所得税。当年扣减不足的，不再结转以后年度扣减。

计算公式为：企业减免税总额＝Σ每名自主就业退役士兵本年度在本企业工作月份÷12×定额标准。

企业自招用自主就业退役士兵的次月起享受税收优惠政策，并于享受税收优惠政策的当月，持下列材料向主管税务机关备案：

（1）新招用自主就业退役士兵的《中国人民解放军义务兵退出现役证》或《中国人民解放军士官退出现役证》。

（2）企业与新招用自主就业退役士兵签订的劳动合同（副本），企业为职工缴纳的社会保险费记录。

（3）自主就业退役士兵本年度在企业工作时间表。

（4）主管税务机关要求的其他相关材料。

3. 上述所称自主就业退役士兵是指依照《退役士兵安置条例》（国务院、中央军委令第 608 号）的规定退出现役并按自主就业方式安置的退役士兵。

4. 上述税收优惠政策的执行期限为 2016 年 5 月 1 日至 2016 年 12 月 31 日，纳税人在 2016 年 12 月 31 日未享受满 3 年的，可继续享受至 3 年期满为止。

按照《财政部 国家税务总局 民政部关于调整完善扶持自主就业退役士兵创业就业有关税收政策的通知》（财税〔2014〕42 号）规定享受营业税优惠政策的纳税人，自 2016 年 5 月 1 日起按照上述规定享受增值税优惠政策，在 2016 年 12 月 31 日未享受满 3 年的，可继续享受至 3 年期满为止。

《财政部 国家税务总局关于将铁路运输和邮政业纳入营业税改征增值税试点的通知》（财税〔2013〕106 号）附件 3 第一条第（十二）项城镇退役士兵就业免征增值税政策，自 2014 年 7 月 1 日起停止执行。在 2014 年 6 月 30 日未享受满 3 年的，可继续享受至 3 年期满为止。

（二）重点群体创业就业。

1. 对持《就业创业证》（注明"自主创业税收政策"或"毕业年度内自主创业税收政策"）或 2015 年 1 月 27 日前取得的《就业失业登记证》（注明"自主创业税收政策"或附着《高校毕业生自主创业证》）的人员从事个体经营的，在 3 年内按每户每年 8000 元为限额依次扣减其当年实际应缴纳的增值税、城市维护建设税、教育费附加、地方教育附加和个人所得税。限额标准最高可上浮 20%，各省、自治区、直辖市人民政府可根据本地区实际情况在此幅度内确定具体限额标准，并报财政部和国家税务总局备案。

纳税人年度应缴纳税款小于上述扣减限额的，以其实际缴纳的税款为限；大于上述扣减限额的，应以上述扣减限额为限。

上述人员是指：

（1）在人力资源社会保障部门公共就业服务机构登记失业半年以上的人员。

（2）零就业家庭、享受城市居民最低生活保障家庭劳动年龄内的登记失业人员。

（3）毕业年度内高校毕业生。高校毕业生是指实施高等学历教育的普通高等学校、成人高等学校毕业的学生；毕业年度是指毕业所在自然年，即 1 月 1 日至 12 月31 日。

2. 对商贸企业、服务型企业、劳动就业服务企业中的加工型企业和街道社区具有加工性质的小型企业实体，在新增加的岗位中，当年新招用在人力资源社会保障部门公共就业服务机构登记失业半年以上且持《就业创业证》或 2015 年 1 月 27 日前取得的《就业失业登记证》（注明"企业吸纳税收政策"）人员，与其签订 1 年以上期限劳动合同并依法缴纳社会保险费的，在 3 年内按实际招用人数予以定额依次扣减增值税、城市维护建设税、教育费附加、地方教育附加和企业所得税优惠。定额标准为每人每年 4 000 元，最高可上浮 30%，各省、自治区、直辖市人民政府可根据本地区实际情况在此幅度内确定具体定额标准，并报财政部和国家税务总局备案。

按上述标准计算的税收扣减额应在企业当年实际应缴纳的增值税、城市维护建设税、教育费附加、地方教育附加和企业所得税税额中扣减，当年扣减不足的，不得结转下年使用。

本条所称服务型企业是指从事《销售服务、无形资产、不动产注释》中"不动产租赁服务"、"商务辅助服务"（不含货物运输代理和代理报关服务）、"生活服务"（不含文化体育服务）范围内业务活动的企业以及按照《民办非企业单位登记管理暂行条例》（国务院令第 251 号）登记成立的民办非企业单位。

3. 享受上述优惠政策的人员按以下规定申领《就业创业证》：

（1）按照《就业服务与就业管理规定》（劳动和社会保障部令第 28 号）第六十三条的规定，在法定劳动年龄内，有劳动能力，有就业要求，处于无业状态的城镇常住人员，在公共就业服务机构进行失业登记，申领《就业创业证》。其中，农村进城务工人员和其他非本地户籍人员在常住地稳定就业满 6 个月的，失业后可以在常住地登记。

（2）零就业家庭凭社区出具的证明，城镇低保家庭凭低保证明，在公共就业服务机构登记失业，申领《就业创业证》。

（3）毕业年度内高校毕业生在校期间凭学生证向公共就业服务机构按规定申领《就业创业证》，或委托所在高校就业指导中心向公共就业服务机构按规定代为其申领《就业创业证》；毕业年度内高校毕业生离校后直接向公共就业服务机构按规定申领《就业创业证》。

（4）上述人员申领相关凭证后，由就业和创业地人力资源社会保障部门对人员范围、就业失业状态、已享受政策情况进行核实，在《就业创业证》上注明"自主创业税收政策"、"毕业年度内自主创业税收政策"或"企业吸纳税收政策"字样，同时符合自主创业和企业吸纳税收政策条件的，可同时加注；主管税务机关在《就业创业证》上加盖戳记，注明减免税所属时间。

4. 上述税收优惠政策的执行期限为 2016 年 5 月 1 日至 2016 年 12 月 31 日，纳税人在 2016 年 12 月 31 日未享受满 3 年的，可继续享受至 3 年期满为止。

按照《财政部 国家税务总局 人力资源社会保障部关于继续实施支持和促进重点群体创业就业有关税收政策的通知》（财税〔2014〕39 号）规定享受营业税优惠政策的纳税人，自 2016 年 5 月 1 日起按照上述规定享受增值税优惠政策，在 2016 年 12 月 31 日未享受满 3 年的，可继续享受至 3 年期满为止。

《财政部 国家税务总局关于将铁路运输和邮政业纳入营业税改征增值税试点的通知》（财税〔2013〕106 号）附件 3 第一条第（十三）项失业人员就业增值税优惠政策，自 2014 年 1 月 1 日起停止执行。在 2013 年 12 月 31 日未享受满 3 年的，可继续享受至 3 年期满为止。

四、金融企业发放贷款后，自结息日起 90 天内发生的应收未收利息按现行规定缴纳增值税，自结息日起 90 天后发生的应收未收利息暂不缴纳增值税，待实际收到利息时按规定缴纳增值税。

上述所称金融企业，是指银行（包括国有、集体、股份制、合资、外资银行以及其他所有制形式的银行）、城市信用社、农村信用社、信托投资公司、财务公司。

五、个人将购买不足 2 年的住房对外销售的，按照 5％的征收率全额缴纳增值税；个人将购买 2 年以上（含 2 年）的住房对外销售的，免征增值税。上述政策适用于北京市、上海市、广州市和深圳市之外的地区。

个人将购买不足 2 年的住房对外销售的，按照 5％的征收率全额缴纳增值税；个人将购买 2 年以上（含 2 年）的非普通住房对外销售的，以销售收入减去购买住房价款后的差额按照 5％的征收率缴纳增值税；个人将购买 2 年以上（含 2 年）的普通住房对外销售的，免征增值税。上述政策仅适用于北京市、上海市、广州市和深圳市。

办理免税的具体程序、购买房屋的时间、开具发票、非购买形式取得住房行为及其他相关税收管理规定，按照《国务院办公厅转发建设部等部门关于做好稳定住房价格工作意见的通知》（国办发〔2005〕26 号）、《国家税务总局 财政部 建设部关于加强房地产税收管理的通知》（国税发〔2005〕89 号）和《国家税务总局关于房地产税收政策执行中几个具体问题的通知》（国税发〔2005〕172 号）的有关规定执行。

六、上述增值税优惠政策除已规定期限的项目和第五条政策外，其他均在营改增试点期间执行。如果试点纳税人在纳入营改增试点之日前已经按照有关政策规定享受了营业税税收优惠，在剩余税收优惠政策期限内，按照本规定享受有关增值税优惠。

附件 4：跨境应税行为适用增值税零税率和免税政策的规定

一、中华人民共和国境内（以下称境内）的单位和个人销售的下列服务和无形资产，适用增值税零税率：

（一）国际运输服务。

国际运输服务，是指：

1. 在境内载运旅客或者货物出境。

2. 在境外载运旅客或者货物入境。

3. 在境外载运旅客或者货物。

（二）航天运输服务。

（三）向境外单位提供的完全在境外消费的下列服务：

1. 研发服务。

2. 合同能源管理服务。

3. 设计服务。

4. 广播影视节目（作品）的制作和发行服务。

5. 软件服务。

6. 电路设计及测试服务。

7. 信息系统服务。

8. 业务流程管理服务。

9. 离岸服务外包业务。

离岸服务外包业务，包括信息技术外包服务（ITO）、技术性业务流程外包服务（BPO）、技术性知识流程外包服务（KPO），其所涉及的具体业务活动，按照《销售服务、无形资产、不动产注释》相对应的业务活动执行。

10. 转让技术。

（四）财政部和国家税务总局规定的其他服务。

二、境内的单位和个人销售的下列服务和无形资产免征增值税，但财政部和国家税务总局规定适用增值税零税率的除外：

（一）下列服务：

1. 工程项目在境外的建筑服务。

2. 工程项目在境外的工程监理服务。

3. 工程、矿产资源在境外的工程勘察勘探服务。

4. 会议展览地点在境外的会议展览服务。

5. 存储地点在境外的仓储服务。

6. 标的物在境外使用的有形动产租赁服务。

7. 在境外提供的广播影视节目（作品）的播映服务。

8. 在境外提供的文化体育服务、教育医疗服务、旅游服务。

（二）为出口货物提供的邮政服务、收派服务、保险服务。

为出口货物提供的保险服务，包括出口货物保险和出口信用保险。

（三）向境外单位提供的完全在境外消费的下列服务和无形资产：

1. 电信服务。

2. 知识产权服务。

3. 物流辅助服务（仓储服务、收派服务除外）。

4. 鉴证咨询服务。

5. 专业技术服务。

6. 商务辅助服务。

7. 广告投放地在境外的广告服务。

8. 无形资产。

（四）以无运输工具承运方式提供的国际运输服务。

（五）为境外单位之间的货币资金融通及其他金融业务提供的直接收费金融服务，且该服务与境内的货物、无形资产和不动产无关。

（六）财政部和国家税务总局规定的其他服务。

三、按照国家有关规定应取得相关资质的国际运输服务项目，纳税人取得相关资质的，适用增值税零税率政策，未取得的，适用增值税免税政策。

境内的单位或个人提供程租服务，如果租赁的交通工具用于国际运输服务和港澳台运输服务，由出租方按规定申请适用增值税零税率。

境内的单位和个人向境内单位或个人提供期租、湿租服务，如果承租方利用租赁的交通工具向其他单位或个人提供国际运输服务和港澳台运输服务，由承租方适用增值税零税率。境内的单位或个人向境外单位或个人提供期租、湿租服务，由出租方适用增值税零税率。

境内单位和个人以无运输工具承运方式提供的国际运输服务，由境内实际承运人适用增值税零税率；无运输工具承运业务的经营者适用增值税免税政策。

四、境内的单位和个人提供适用增值税零税率的服务或者无形资产，如果属于适用简易计税方法的，实行免征增值税办法。如果属于适用增值税一般计税方法的，生产企业实行免抵退税办法，外贸企业外购服务或者无形资产出口实行免退税办法，外贸企业直接将服务或自行研发的无形资产出口，视同生产企业连同其出口货物统一实行免抵退税办法。

服务和无形资产的退税率为其按照《试点实施办法》第十五条第（一）至（三）项规定适用的增值税税率。实行退（免）税办法的服务和无形资产，如果主管税务机关认定出口价格偏高的，有权按照核定的出口价格计算退（免）税，核定的出口价格低于外贸企业购进价格的，低于部分对应的进项税额不予退税，转入成本。

五、境内的单位和个人销售适用增值税零税率的服务或无形资产的，可以放弃适用增值税零税率，选择免税或按规定缴纳增值税。放弃适用增值税零税率后，36个月内不得再申请适用增值税零税率。

六、境内的单位和个人销售适用增值税零税率的服务或无形资产，按月向主管退税的税务机关申报办理增值税退（免）税手续。具体管理办法由国家税务总局商财政部另行制定。

七、本规定所称完全在境外消费，是指：

（一）服务的实际接受方在境外，且与境内的货物和不动产无关。

（二）无形资产完全在境外使用，且与境内的货物和不动产无关。

（三）财政部和国家税务总局规定的其他情形。

八、境内单位和个人发生的与香港、澳门、台湾有关的应税行为，除本文另有规定外，参照上述规定执行。

九、2016年4月30日前签订的合同，符合《财政部 国家税务总局关于将铁路运输和邮政业纳入营业税改征增值税试点的通知》（财税〔2013〕106 号）附件 4 和《财政部 国家税务总局关于影视等出口服务适用增值税零税率政策的通知》（财税〔2015〕118 号）规定的零税率或者免税政策条件的，在合同到期前可以继续享受零税率或者免税政策。

国家税务总局关于全面推开营业税改征增值税试点后增值税纳税申报有关事项的公告

（国家税务总局公告 2016 年第 13 号）

为保障全面推开营业税改征增值税改革试点工作顺利实施，现将增值税纳税申报有关事项公告如下：

一、中华人民共和国境内增值税纳税人均应按照本公告的规定进行增值税纳税申报。

二、纳税申报资料

纳税申报资料包括纳税申报表及其附列资料和纳税申报其他资料。

（一）纳税申报表及其附列资料

1. 增值税一般纳税人（以下简称一般纳税人）纳税申报表及其附列资料包括：

（1）《增值税纳税申报表（一般纳税人适用）》。

（2）《增值税纳税申报表附列资料（一）》（本期销售情况明细）。

（3）《增值税纳税申报表附列资料（二）》（本期进项税额明细）。

（4）《增值税纳税申报表附列资料（三）》（服务、不动产和无形资产扣除项目明细）。

一般纳税人销售服务、不动产和无形资产，在确定服务、不动产和无形资产销售额时，按照有关规定可以从取得的全部价款和价外费用中扣除价款的，需填报《增值税纳税申报表附列资料（三）》。其他情况不填写该附列资料。

（5）《增值税纳税申报表附列资料（四）》（税额抵减情况表）。

（6）《增值税纳税申报表附列资料（五）》（不动产分期抵扣计算表）。

（7）《固定资产（不含不动产）进项税额抵扣情况表》。

（8）《本期抵扣进项税额结构明细表》。

（9）《增值税减免税申报明细表》。

2. 增值税小规模纳税人（以下简称小规模纳税人）纳税申报表及其附列资料包括：

（1）《增值税纳税申报表（小规模纳税人适用）》。

（2）《增值税纳税申报表（小规模纳税人适用）附列资料》。

小规模纳税人销售服务，在确定服务销售额时，按照有关规定可以从取得的全部价款和价外费用中扣除价款的，需填报《增值税纳税申报表（小规模纳税人适用）附列资料》。其他情况不填写该附列资料。

（3）《增值税减免税申报明细表》。

3. 上述纳税申报表及其附列资料表样和填写说明详见附件 1 至附件 4。

（二）纳税申报其他资料

1. 已开具的税控机动车销售统一发票和普通发票的存根联。

2. 符合抵扣条件且在本期申报抵扣的增值税专用发票（含税控机动车销售统一发票）的抵扣联。

3. 符合抵扣条件且在本期申报抵扣的海关进口增值税专用缴款书、购进农产品取得的普通发票的复印件。

4. 符合抵扣条件且在本期申报抵扣的税收完税凭证及其清单，书面合同、付款证明和境外单位的对账单或者发票。

5. 已开具的农产品收购凭证的存根联或报查联。

6. 纳税人销售服务、不动产和无形资产，在确定服务、不动产和无形资产销售额时，按照有关规定从取得的全部价款和价外费用中扣除价款的合法凭证及其清单。

7. 主管税务机关规定的其他资料。

（三）纳税申报表及其附列资料为必报资料。纳税申报其他资料的报备要求由各省、自治区、直辖市和计划单列市国家税务局确定。

三、纳税人跨县（市）提供建筑服务、房地产开发企业预售自行开发的房地产项目、纳税人出租与机构所在地不在同一县（市）的不动产，按规定需要在项目所在地或不动产所在地主管国税机关预缴税款的，需填写《增值税预缴税款表》，表样及填写说明详见附件 5 至附件 6。

四、主管税务机关应做好增值税纳税申报的宣传和辅导工作。

五、本公告自 2016 年 6 月 1 日起施行。《国家税务总局关于调整增值税纳税申报有关事项的公告》（国家税务总局公告 2012 年第 31 号）、《国家税务总局关于营业税改征增值税总分机构试点纳税人增值税纳税申报有关事项的公告》（国家税务总局公告 2013 年第 22 号）、《国家税务总局关于调整增值税纳税申报有关事项的公告》（国家税务总局公告 2013 年第 32 号）、《国家税务总局关于铁路运输和邮政业营业税改征增值税后纳税申报有关事项的公告》（国家税务总局公告 2014 年第 7 号）、《国家税务总局关于调整增值税纳税申报有关事项的公告》（国家税务总局公告 2014 年第 45 号）、《国家税务总局关于调整增值税纳税申报有关事项的公告》（国家税务总局公告 2014 年第 58 号）、《国家税务总局关于调整增值税纳税申报有关事项的公告》（国家税务总局公告 2014 年第 69 号）、《国家税务总局关于调整增值税纳税申报有关事项的公告》（国家税务总局公告 2015 年第 23 号）同时废止。

特此公告。

附件：1.《增值税纳税申报表（一般纳税人适用）》及其附列资料（略）

2.《增值税纳税申报表（一般纳税人适用）》及其附列资料填写说明（略）

3.《增值税纳税申报表（小规模纳税人适用）》及其附列资料（略）

4. 《增值税纳税申报表（小规模纳税人适用）》及其附列资料填写说明（略）

5. 《增值税预缴税款表》（略）

6. 《增值税预缴税款表》填写说明（略）

国家税务总局

2016 年 3 月 31 日

国家税务总局关于发布《纳税人转让不动产增值税征收管理暂行办法》的公告

（国家税务总局公告 2016 年第 14 号）

国家税务总局制定了《纳税人转让不动产增值税征收管理暂行办法》，现予以公布，自 2016 年 5 月 1 日起施行。

特此公告。

国家税务总局
2016 年 3 月 31 日

纳税人转让不动产增值税征收管理暂行办法

第一条 根据《财政部 国家税务总局关于全面推开营业税改征增值税试点的通知》（财税〔2016〕36 号）及现行增值税有关规定，制定本办法。

第二条 纳税人转让其取得的不动产，适用本办法。

本办法所称取得的不动产，包括以直接购买、接受捐赠、接受投资入股、自建以及抵债等各种形式取得的不动产。

房地产开发企业销售自行开发的房地产项目不适用本办法。

第三条 一般纳税人转让其取得的不动产，按照以下规定缴纳增值税：

（一）一般纳税人转让其 2016 年 4 月 30 日前取得（不含自建）的不动产，可以选择适用简易计税方法计税，以取得的全部价款和价外费用扣除不动产购置原价或者取得不动产时的作价后的余额为销售额，按照 5% 的征收率计算应纳税额。纳税人应按照上述计税方法向不动产所在地主管地税机关预缴税款，向机构所在地主管国税机关申报纳税。

（二）一般纳税人转让其 2016 年 4 月 30 日前自建的不动产，可以选择适用简易计税方法计税，以取得的全部价款和价外费用为销售额，按照 5% 的征收率计算应纳税额。纳税人应按照上述计税方法向不动产所在地主管地税机关预缴税款，向机构所在地主管国税机关申报纳税。

（三）一般纳税人转让其 2016 年 4 月 30 日前取得（不含自建）的不动产，选择适用一般计税方法计税的，以取得的全部价款和价外费用为销售额计算应纳税额。纳税人应以取得的全部价款和价外费用扣除不动产购置原价或者取得不动产时的作价后的余额，按照 5% 的预征率向不动产所在地主管地税机关预缴税款，向机构所在地主管国税机关申报纳税。

（四）一般纳税人转让其 2016 年 4 月 30 日前自建的不动产，选择适用一般计税方法计税的，以取得的全部价款和价外费用为销售额计算应纳税额。纳税人应以取得的全部价款和价外费用，按照 5％ 的预征率向不动产所在地主管地税机关预缴税款，向机构所在地主管国税机关申报纳税。

（五）一般纳税人转让其 2016 年 5 月 1 日后取得（不含自建）的不动产，适用一般计税方法，以取得的全部价款和价外费用为销售额计算应纳税额。纳税人应以取得的全部价款和价外费用扣除不动产购置原价或者取得不动产时的作价后的余额，按照 5％ 的预征率向不动产所在地主管地税机关预缴税款，向机构所在地主管国税机关申报纳税。

（六）一般纳税人转让其 2016 年 5 月 1 日后自建的不动产，适用一般计税方法，以取得的全部价款和价外费用为销售额计算应纳税额。纳税人应以取得的全部价款和价外费用，按照 5％ 的预征率向不动产所在地主管地税机关预缴税款，向机构所在地主管国税机关申报纳税。

第四条 小规模纳税人转让其取得的不动产，除个人转让其购买的住房外，按照以下规定缴纳增值税：

（一）小规模纳税人转让其取得（不含自建）的不动产，以取得的全部价款和价外费用扣除不动产购置原价或者取得不动产时的作价后的余额为销售额，按照 5％ 的征收率计算应纳税额。

（二）小规模纳税人转让其自建的不动产，以取得的全部价款和价外费用为销售额，按照 5％ 的征收率计算应纳税额。

除其他个人之外的小规模纳税人，应按照本条规定的计税方法向不动产所在地主管地税机关预缴税款，向机构所在地主管国税机关申报纳税；其他个人按照本条规定的计税方法向不动产所在地主管地税机关申报纳税。

第五条 个人转让其购买的住房，按照以下规定缴纳增值税：

（一）个人转让其购买的住房，按照有关规定全额缴纳增值税的，以取得的全部价款和价外费用为销售额，按照 5％ 的征收率计算应纳税额。

（二）个人转让其购买的住房，按照有关规定差额缴纳增值税的，以取得的全部价款和价外费用扣除购买住房价款后的余额为销售额，按照 5％ 的征收率计算应纳税额。

个体工商户应按照本条规定的计税方法向住房所在地主管地税机关预缴税款，向机构所在地主管国税机关申报纳税；其他个人应按照本条规定的计税方法向住房所在地主管地税机关申报纳税。

第六条 其他个人以外的纳税人转让其取得的不动产，区分以下情形计算应向不动产所在地主管地税机关预缴的税款：

（一）以转让不动产取得的全部价款和价外费用作为预缴税款计算依据的，计算公式为：

$$应预缴税款＝全部价款和价外费用÷(1＋5\%)×5\%$$

（二）以转让不动产取得的全部价款和价外费用扣除不动产购置原价或者取得不动产时的作价后的余额作为预缴税款计算依据的，计算公式为：

$$应预缴税款＝\left(\begin{array}{c}全部价款和\\价外费用\end{array}－\begin{array}{c}不动产购置原价或者\\取得不动产时的作价\end{array}\right)÷(1＋5\%)×5\%$$

第七条　其他个人转让其取得的不动产，按照本办法第六条规定的计算方法计算应纳税额并向不动产所在地主管地税机关申报纳税。

第八条　纳税人按规定从取得的全部价款和价外费用中扣除不动产购置原价或者取得不动产时的作价的，应当取得符合法律、行政法规和国家税务总局规定的合法有效凭证。否则，不得扣除。

上述凭证是指：

（一）税务部门监制的发票。

（二）法院判决书、裁定书、调解书，以及仲裁裁决书、公证债权文书。

（三）国家税务总局规定的其他凭证。

第九条　纳税人转让其取得的不动产，向不动产所在地主管地税机关预缴的增值税税款，可以在当期增值税应纳税额中抵减，抵减不完的，结转下期继续抵减。

纳税人以预缴税款抵减应纳税额，应以完税凭证作为合法有效凭证。

第十条　小规模纳税人转让其取得的不动产，不能自行开具增值税发票的，可向不动产所在地主管地税机关申请代开。

第十一条　纳税人向其他个人转让其取得的不动产，不得开具或申请代开增值税专用发票。

第十二条　纳税人转让不动产，按照本办法规定应向不动产所在地主管地税机关预缴税款而自应当预缴之月起超过6个月没有预缴税款的，由机构所在地主管国税机关按照《中华人民共和国税收征收管理法》及相关规定进行处理。

纳税人转让不动产，未按照本办法规定缴纳税款的，由主管税务机关按照《中华人民共和国税收征收管理法》及相关规定进行处理。

国家税务总局关于发布
《不动产进项税额分期抵扣暂行办法》的公告
（国家税务总局公告 2016 年第 15 号）

国家税务总局制定了《不动产进项税额分期抵扣暂行办法》，现予以公布，自 2016 年 5 月 1 日起施行。

特此公告。

国家税务总局

2016 年 3 月 31 日

不动产进项税额分期抵扣暂行办法

第一条 根据《财政部 国家税务总局关于全面推开营业税改征增值税试点的通知》（财税〔2016〕36 号）及现行增值税有关规定，制定本办法。

第二条 增值税一般纳税人（以下称纳税人）2016 年 5 月 1 日后取得并在会计制度上按固定资产核算的不动产，以及 2016 年 5 月 1 日后发生的不动产在建工程，其进项税额应按照本办法有关规定分 2 年从销项税额中抵扣，第一年抵扣比例为 60%，第二年抵扣比例为 40%。

取得的不动产，包括以直接购买、接受捐赠、接受投资入股以及抵债等各种形式取得的不动产。

纳税人新建、改建、扩建、修缮、装饰不动产，属于不动产在建工程。

房地产开发企业自行开发的房地产项目，融资租入的不动产，以及在施工现场修建的临时建筑物、构筑物，其进项税额不适用上述分 2 年抵扣的规定。

第三条 纳税人 2016 年 5 月 1 日后购进货物和设计服务、建筑服务，用于新建不动产，或者用于改建、扩建、修缮、装饰不动产并增加不动产原值超过 50% 的，其进项税额依照本办法有关规定分 2 年从销项税额中抵扣。

不动产原值，是指取得不动产时的购置原价或作价。

上述分 2 年从销项税额中抵扣的购进货物，是指构成不动产实体的材料和设备，包括建筑装饰材料和给排水、采暖、卫生、通风、照明、通讯、煤气、消防、中央空调、电梯、电气、智能化楼宇设备及配套设施。

第四条 纳税人按照本办法规定从销项税额中抵扣进项税额，应取得 2016 年 5 月 1 日后开具的合法有效的增值税扣税凭证。

上述进项税额中，60％的部分于取得扣税凭证的当期从销项税额中抵扣；40％的部分为待抵扣进项税额，于取得扣税凭证的当月起第 13 个月从销项税额中抵扣。

第五条　购进时已全额抵扣进项税额的货物和服务，转用于不动产在建工程的，其已抵扣进项税额的 40％部分，应于转用的当期从进项税额中扣减，计入待抵扣进项税额，并于转用的当月起第 13 个月从销项税额中抵扣。

第六条　纳税人销售其取得的不动产或者不动产在建工程时，尚未抵扣完毕的待抵扣进项税额，允许于销售的当期从销项税额中抵扣。

第七条　已抵扣进项税额的不动产，发生非正常损失，或者改变用途，专用于简易计税方法计税项目、免征增值税项目、集体福利或者个人消费的，按照下列公式计算不得抵扣的进项税额：

$$不得抵扣的进项税额＝（已抵扣进项税额＋待抵扣进项税额）×不动产净值率$$
$$不动产净值率＝（不动产净值÷不动产原值）×100％$$

不得抵扣的进项税额小于或等于该不动产已抵扣进项税额的，应于该不动产改变用途的当期，将不得抵扣的进项税额从进项税额中扣减。

不得抵扣的进项税额大于该不动产已抵扣进项税额的，应于该不动产改变用途的当期，将已抵扣进项税额从进项税额中扣减，并从该不动产待抵扣进项税额中扣减不得抵扣进项税额与已抵扣进项税额的差额。

第八条　不动产在建工程发生非正常损失的，其所耗用的购进货物、设计服务和建筑服务已抵扣的进项税额应于当期全部转出；其待抵扣进项税额不得抵扣。

第九条　按照规定不得抵扣进项税额的不动产，发生用途改变，用于允许抵扣进项税额项目的，按照下列公式在改变用途的次月计算可抵扣进项税额。

$$可抵扣进项税额＝增值税扣税凭证注明或计算的进项税额×不动产净值率$$

依照本条规定计算的可抵扣进项税额，应取得 2016 年 5 月 1 日后开具的合法有效的增值税扣税凭证。

按照本条规定计算的可抵扣进项税额，60％的部分于改变用途的次月从销项税额中抵扣，40％的部分为待抵扣进项税额，于改变用途的次月起第 13 个月从销项税额中抵扣。

第十条　纳税人注销税务登记时，其尚未抵扣完毕的待抵扣进项税额于注销清算的当期从销项税额中抵扣。

第十一条　待抵扣进项税额记入"应交税金—待抵扣进项税额"科目核算，并于可抵扣当期转入"应交税金—应交增值税（进项税额）"科目。

对不同的不动产和不动产在建工程，纳税人应分别核算其待抵扣进项税额。

第十二条　纳税人分期抵扣不动产的进项税额，应据实填报增值税纳税申报表附列资料。

第十三条　纳税人应建立不动产和不动产在建工程台账，分别记录并归集不动产和不动产在建工程的成本、费用、扣税凭证及进项税额抵扣情况，留存备查。

用于简易计税方法计税项目、免征增值税项目、集体福利或者个人消费的不动产和不动产在建工程，也应在纳税人建立的台账中记录。

第十四条　纳税人未按照本办法有关规定抵扣不动产和不动产在建工程进项税额的，主管税务机关应按照《中华人民共和国税收征收管理法》及有关规定进行处理。

国家税务总局关于发布《纳税人提供不动产经营租赁服务增值税征收管理暂行办法》的公告

（国家税务总局公告 2016 年第 16 号）

国家税务总局制定了《纳税人提供不动产经营租赁服务增值税征收管理暂行办法》，现予以公布，自 2016 年 5 月 1 日起施行。

特此公告。

国家税务总局

2016 年 3 月 31 日

纳税人提供不动产经营租赁服务增值税征收管理暂行办法

第一条　根据《财政部 国家税务总局关于全面推开营业税改征增值税试点的通知》（财税〔2016〕36 号）及现行增值税有关规定，制定本办法。

第二条　纳税人以经营租赁方式出租其取得的不动产（以下简称出租不动产），适用本办法。

取得的不动产，包括以直接购买、接受捐赠、接受投资入股、自建以及抵债等各种形式取得的不动产。

纳税人提供道路通行服务不适用本办法。

第三条　一般纳税人出租不动产，按照以下规定缴纳增值税：

（一）一般纳税人出租其 2016 年 4 月 30 日前取得的不动产，可以选择适用简易计税方法，按照 5% 的征收率计算应纳税额。

不动产所在地与机构所在地不在同一县（市、区）的，纳税人应按照上述计税方法向不动产所在地主管国税机关预缴税款，向机构所在地主管国税机关申报纳税。

不动产所在地与机构所在地在同一县（市、区）的，纳税人向机构所在地主管国税机关申报纳税。

（二）一般纳税人出租其 2016 年 5 月 1 日后取得的不动产，适用一般计税方法计税。

不动产所在地与机构所在地不在同一县（市、区）的，纳税人应按照 3% 的预征率向不动产所在地主管国税机关预缴税款，向机构所在地主管国税机关申报纳税。

不动产所在地与机构所在地在同一县（市、区）的，纳税人应向机构所在地主管国税机关申报纳税。

一般纳税人出租其 2016 年 4 月 30 日前取得的不动产适用一般计税方法计税的，

按照上述规定执行。

第四条　小规模纳税人出租不动产，按照以下规定缴纳增值税：

（一）单位和个体工商户出租不动产（不含个体工商户出租住房），按照5%的征收率计算应纳税额。个体工商户出租住房，按照5%的征收率减按1.5%计算应纳税额。

不动产所在地与机构所在地不在同一县（市、区）的，纳税人应按照上述计税方法向不动产所在地主管国税机关预缴税款，向机构所在地主管国税机关申报纳税。

不动产所在地与机构所在地在同一县（市、区）的，纳税人应向机构所在地主管国税机关申报纳税。

（二）其他个人出租不动产（不含住房），按照5%的征收率计算应纳税额，向不动产所在地主管地税机关申报纳税。其他个人出租住房，按照5%的征收率减按1.5%计算应纳税额，向不动产所在地主管地税机关申报纳税。

第五条　纳税人出租的不动产所在地与其机构所在地在同一直辖市或计划单列市但不在同一县（市、区）的，由直辖市或计划单列市国家税务局决定是否在不动产所在地预缴税款。

第六条　纳税人出租不动产，按照本办法规定需要预缴税款的，应在取得租金的次月纳税申报期或不动产所在地主管国税机关核定的纳税期限预缴税款。

第七条　预缴税款的计算

（一）纳税人出租不动产适用一般计税方法计税的，按照以下公式计算应预缴税款：

$$应预缴税款＝含税销售额÷(1＋11\%)×3\%$$

（二）纳税人出租不动产适用简易计税方法计税的，除个人出租住房外，按照以下公式计算应预缴税款：

$$应预缴税款＝含税销售额÷(1＋5\%)×5\%$$

（三）个体工商户出租住房，按照以下公式计算应预缴税款：

$$应预缴税款＝含税销售额÷(1＋5\%)×1.5\%$$

第八条　其他个人出租不动产，按照以下公式计算应纳税款：

（一）出租住房：

$$应纳税款＝含税销售额÷(1＋5\%)×1.5\%$$

（二）出租非住房：

$$应纳税款＝含税销售额÷(1＋5\%)×5\%$$

第九条　单位和个体工商户出租不动产，按照本办法规定向不动产所在地主管国税机关预缴税款时，应填写《增值税预缴税款表》。

第十条　单位和个体工商户出租不动产，向不动产所在地主管国税机关预缴的增值税款，可以在当期增值税应纳税额中抵减，抵减不完的，结转下期继续抵减。

纳税人以预缴税款抵减应纳税额，应以完税凭证作为合法有效凭证。

第十一条　小规模纳税人中的单位和个体工商户出租不动产，不能自行开具增值税发票的，可向不动产所在地主管国税机关申请代开增值税发票。

其他个人出租不动产，可向不动产所在地主管地税机关申请代开增值税发票。

第十二条　纳税人向其他个人出租不动产，不得开具或申请代开增值税专用发票。

第十三条　纳税人出租不动产，按照本办法规定应向不动产所在地主管国税机关预缴税款而自应当预缴之月起超过 6 个月没有预缴税款的，由机构所在地主管国税机关按照《中华人民共和国税收征收管理法》及相关规定进行处理。

纳税人出租不动产，未按照本办法规定缴纳税款的，由主管税务机关按照《中华人民共和国税收征收管理法》及相关规定进行处理。

国家税务总局关于发布《纳税人跨县（市、区）提供建筑服务增值税征收管理暂行办法》的公告

（国家税务总局公告 2016 年第 17 号）

国家税务总局制定了《跨县（市、区）提供建筑服务增值税征收管理暂行办法》，现予以公布，自 2016 年 5 月 1 日起施行。

特此公告。

国家税务总局

2016 年 3 月 31 日

纳税人跨县（市、区）提供建筑服务增值税征收管理暂行办法

第一条　根据《财政部 国家税务总局关于全面推开营业税改征增值税试点的通知》（财税〔2016〕36 号）及现行增值税有关规定，制定本办法。

第二条　本办法所称跨县（市、区）提供建筑服务，是指单位和个体工商户（以下简称纳税人）在其机构所在地以外的县（市、区）提供建筑服务。

纳税人在同一直辖市、计划单列市范围内跨县（市、区）提供建筑服务的，由直辖市、计划单列市国家税务局决定是否适用本办法。

其他个人跨县（市、区）提供建筑服务，不适用本办法。

第三条　纳税人跨县（市、区）提供建筑服务，应按照财税〔2016〕36 号文件规定的纳税义务发生时间和计税方法，向建筑服务发生地主管国税机关预缴税款，向机构所在地主管国税机关申报纳税。

《建筑工程施工许可证》未注明合同开工日期，但建筑工程承包合同注明的开工日期在 2016 年 4 月 30 日前的建筑工程项目，属于财税〔2016〕36 号文件规定的可以选择简易计税方法计税的建筑工程老项目。

第四条　纳税人跨县（市、区）提供建筑服务，按照以下规定预缴税款：

（一）一般纳税人跨县（市、区）提供建筑服务，适用一般计税方法计税的，以取得的全部价款和价外费用扣除支付的分包款后的余额，按照 2% 的预征率计算应预缴税款。

（二）一般纳税人跨县（市、区）提供建筑服务，选择适用简易计税方法计税的，以取得的全部价款和价外费用扣除支付的分包款后的余额，按照 3% 的征收率计算应预缴税款。

（三）小规模纳税人跨县（市、区）提供建筑服务，以取得的全部价款和价外费

用扣除支付的分包款后的余额，按照3%的征收率计算应预缴税款。

第五条 纳税人跨县（市、区）提供建筑服务，按照以下公式计算应预缴税款：

（一）适用一般计税方法计税的，应预缴税款＝（全部价款和价外费用－支付的分包款）÷(1+11%)×2%

（二）适用简易计税方法计税的，应预缴税款＝（全部价款和价外费用－支付的分包款）÷(1+3%)×3%

纳税人取得的全部价款和价外费用扣除支付的分包款后的余额为负数的，可结转下次预缴税款时继续扣除。

纳税人应按照工程项目分别计算应预缴税款，分别预缴。

第六条 纳税人按照上述规定从取得的全部价款和价外费用中扣除支付的分包款，应当取得符合法律、行政法规和国家税务总局规定的合法有效凭证，否则不得扣除。

上述凭证是指：

（一）从分包方取得的2016年4月30日前开具的建筑业营业税发票。

上述建筑业营业税发票在2016年6月30日前可作为预缴税款的扣除凭证。

（二）从分包方取得的2016年5月1日后开具的，备注栏注明建筑服务发生地所在县（市、区）、项目名称的增值税发票。

（三）国家税务总局规定的其他凭证。

第七条 纳税人跨县（市、区）提供建筑服务，在向建筑服务发生地主管国税机关预缴税款时，需提交以下资料：

（一）《增值税预缴税款表》；

（二）与发包方签订的建筑合同原件及复印件；

（三）与分包方签订的分包合同原件及复印件；

（四）从分包方取得的发票原件及复印件。

第八条 纳税人跨县（市、区）提供建筑服务，向建筑服务发生地主管国税机关预缴的增值税税款，可以在当期增值税应纳税额中抵减，抵减不完的，结转下期继续抵减。

纳税人以预缴税款抵减应纳税额，应以完税凭证作为合法有效凭证。

第九条 小规模纳税人跨县（市、区）提供建筑服务，不能自行开具增值税发票的，可向建筑服务发生地主管国税机关按照其取得的全部价款和价外费用申请代开增值税发票。

第十条 对跨县（市、区）提供的建筑服务，纳税人应自行建立预缴税款台账，区分不同县（市、区）和项目逐笔登记全部收入、支付的分包款、已扣除的分包款、扣除分包款的发票号码、已预缴税款以及预缴税款的完税凭证号码等相关内容，留存备查。

第十一条 纳税人跨县（市、区）提供建筑服务预缴税款时间，按照财税

〔2016〕36 号文件规定的纳税义务发生时间和纳税期限执行。

第十二条　纳税人跨县（市、区）提供建筑服务，按照本办法应向建筑服务发生地主管国税机关预缴税款而自应当预缴之月起超过 6 个月没有预缴税款的，由机构所在地主管国税机关按照《中华人民共和国税收征收管理法》及相关规定进行处理。

纳税人跨县（市、区）提供建筑服务，未按照本办法缴纳税款的，由机构所在地主管国税机关按照《中华人民共和国税收征收管理法》及相关规定进行处理。

国家税务总局关于发布
《房地产开发企业销售自行开发的房地产
项目增值税征收管理暂行办法》的公告

（国家税务总局公告 2016 年第 18 号）

国家税务总局制定了《房地产开发企业销售自行开发的房地产项目增值税征收管理暂行办法》，现予以公布，自 2016 年 5 月 1 日起施行。

特此公告。

国家税务总局

2016 年 3 月 31 日

房地产开发企业销售自行开发的房地产项目增值税征收管理暂行办法

第一章　适用范围

第一条　根据《财政部 国家税务总局关于全面推开营业税改征增值税试点的通知》（财税〔2016〕36 号）及现行增值税有关规定，制定本办法。

第二条　房地产开发企业销售自行开发的房地产项目，适用本办法。

自行开发，是指在依法取得土地使用权的土地上进行基础设施和房屋建设。

第三条　房地产开发企业以接盘等形式购入未完工的房地产项目继续开发后，以自己的名义立项销售的，属于本办法规定的销售自行开发的房地产项目。

第二章　一般纳税人征收管理

第一节　销售额

第四条　房地产开发企业中的一般纳税人（以下简称一般纳税人）销售自行开发的房地产项目，适用一般计税方法计税，按照取得的全部价款和价外费用，扣除当期销售房地产项目对应的土地价款后的余额计算销售额。销售额的计算公式如下：

$$销售额 ＝（全部价款和价外费用 － 当期允许扣除的土地价款）÷（1＋11\%）$$

第五条　当期允许扣除的土地价款按照以下公式计算：

$$当期允许扣除的土地价款 ＝ \left(当期销售房地产项目建筑面积 ÷ 房地产项目可供销售建筑面积 \right) × 支付的土地价款$$

当期销售房地产项目建筑面积，是指当期进行纳税申报的增值税销售额对应的建筑面积。

房地产项目可供销售建筑面积，是指房地产项目可以出售的总建筑面积，不包括销售房地产项目时未单独作价结算的配套公共设施的建筑面积。

支付的土地价款，是指向政府、土地管理部门或受政府委托收取土地价款的单位直接支付的土地价款。

第六条 在计算销售额时从全部价款和价外费用中扣除土地价款，应当取得省级以上（含省级）财政部门监（印）制的财政票据。

第七条 一般纳税人应建立台账登记土地价款的扣除情况，扣除的土地价款不得超过纳税人实际支付的土地价款。

第八条 一般纳税人销售自行开发的房地产老项目，可以选择适用简易计税方法按照 5% 的征收率计税。一经选择简易计税方法计税的，36 个月内不得变更为一般计税方法计税。

房地产老项目，是指：

（一）《建筑工程施工许可证》注明的合同开工日期在 2016 年 4 月 30 日前的房地产项目；

（二）《建筑工程施工许可证》未注明合同开工日期或者未取得《建筑工程施工许可证》但建筑工程承包合同注明的开工日期在 2016 年 4 月 30 日前的建筑工程项目。

第九条 一般纳税人销售自行开发的房地产老项目适用简易计税方法计税的，以取得的全部价款和价外费用为销售额，不得扣除对应的土地价款。

第二节 预缴税款

第十条 一般纳税人采取预收款方式销售自行开发的房地产项目，应在收到预收款时按照 3% 的预征率预缴增值税。

第十一条 应预缴税款按照以下公式计算：

$$应预缴税款 = 预收款 \div (1 + 适用税率或征收率) \times 3\%$$

适用一般计税方法计税的，按照 11% 的适用税率计算；适用简易计税方法计税的，按照 5% 的征收率计算。

第十二条 一般纳税人应在取得预收款的次月纳税申报期向主管国税机关预缴税款。

第三节 进项税额

第十三条 一般纳税人销售自行开发的房地产项目，兼有一般计税方法计税、简易计税方法计税、免征增值税的房地产项目而无法划分不得抵扣的进项税额的，应以《建筑工程施工许可证》注明的"建设规模"为依据进行划分。

$$不得抵扣的进项税额 = 当期无法划分的全部进项税额 \times \left(\frac{简易计税、免税房地产项目建设规模}{房地产项目总建设规模} \right)$$

第四节 纳税申报

第十四条 一般纳税人销售自行开发的房地产项目适用一般计税方法计税的，

应按照《营业税改征增值税试点实施办法》（财税〔2016〕36 号文件印发，以下简称《试点实施办法》）第四十五条规定的纳税义务发生时间，以当期销售额和 11％的适用税率计算当期应纳税额，抵减已预缴税款后，向主管国税机关申报纳税。未抵减完的预缴税款可以结转下期继续抵减。

第十五条　一般纳税人销售自行开发的房地产项目适用简易计税方法计税的，应按照《试点实施办法》第四十五条规定的纳税义务发生时间，以当期销售额和 5％的征收率计算当期应纳税额，抵减已预缴税款后，向主管国税机关申报纳税。未抵减完的预缴税款可以结转下期继续抵减。

第五节　发票开具

第十六条　一般纳税人销售自行开发的房地产项目，自行开具增值税发票。

第十七条　一般纳税人销售自行开发的房地产项目，其 2016 年 4 月 30 日前收取并已向主管地税机关申报缴纳营业税的预收款，未开具营业税发票的，可以开具增值税普通发票，不得开具增值税专用发票。

第十八条　一般纳税人向其他个人销售自行开发的房地产项目，不得开具增值税专用发票。

第三章　小规模纳税人征收管理

第一节　预缴税款

第十九条　房地产开发企业中的小规模纳税人（以下简称小规模纳税人）采取预收款方式销售自行开发的房地产项目，应在收到预收款时按照 3％的预征率预缴增值税。

第二十条　应预缴税款按照以下公式计算：

$$应预缴税款＝预收款÷(1＋5\%)×3\%$$

第二十一条　小规模纳税人应在取得预收款的次月纳税申报期或主管国税机关核定的纳税期限向主管国税机关预缴税款。

第二节　纳税申报

第二十二条　小规模纳税人销售自行开发的房地产项目，应按照《试点实施办法》第四十五条规定的纳税义务发生时间，以当期销售额和 5％的征收率计算当期应纳税额，抵减已预缴税款后，向主管国税机关申报纳税。未抵减完的预缴税款可以结转下期继续抵减。

第三节　发票开具

第二十三条　小规模纳税人销售自行开发的房地产项目，自行开具增值税普通发票。购买方需要增值税专用发票的，小规模纳税人向主管国税机关申请代开。

第二十四条　小规模纳税人销售自行开发的房地产项目，其 2016 年 4 月 30 日前收取并已向主管地税机关申报缴纳营业税的预收款，未开具营业税发票的，可以开具增值税普通发票，不得申请代开增值税专用发票。

第二十五条　小规模纳税人向其他个人销售自行开发的房地产项目，不得申请代开增值税专用发票。

第四章　其他事项

　　第二十六条　房地产开发企业销售自行开发的房地产项目，按照本办法规定预缴税款时，应填报《增值税预缴税款表》。

　　第二十七条　房地产开发企业以预缴税款抵减应纳税额，应以完税凭证作为合法有效凭证。

　　第二十八条　房地产开发企业销售自行开发的房地产项目，未按本办法规定预缴或缴纳税款的，由主管国税机关按照《中华人民共和国税收征收管理法》及相关规定进行处理。

国家税务总局关于营业税改征增值税委托地税机关代征税款和代开增值税发票的公告

（国家税务总局公告 2016 年第 19 号）

根据《中华人民共和国税收征收管理法》、《财政部 国家税务总局关于全面推开营业税改征增值税试点的通知》（财税〔2016〕36 号）和《国家税务总局关于加强国家税务局、地方税务局互相委托代征税收的通知》（税总发〔2015〕155 号）等有关规定，税务总局决定，营业税改征增值税后由地税机关继续受理纳税人销售其取得的不动产和其他个人出租不动产的申报缴税和代开增值税发票业务，以方便纳税人办税。

本公告自 2016 年 5 月 1 日起施行。

特此公告。

国家税务总局

2016 年 3 月 31 日

国家税务总局关于全面推开营业税改征增值税
试点有关税收征收管理事项的公告

（国家税务总局公告 2016 年第 23 号）

为保障全面推开营业税改征增值税（以下简称营改增）试点工作顺利实施，现将有关税收征收管理事项公告如下：

一、纳税申报期

（一）2016 年 5 月 1 日新纳入营改增试点范围的纳税人（以下简称试点纳税人），2016 年 6 月份增值税纳税申报期延长至 2016 年 6 月 27 日。

（二）根据工作实际情况，省、自治区、直辖市和计划单列市国家税务局（以下简称省国税局）可以适当延长 2015 年度企业所得税汇算清缴时间，但最长不得超过 2016 年 6 月 30 日。

（三）实行按季申报的原营业税纳税人，2016 年 5 月申报期内，向主管地税机关申报税款所属期为 4 月份的营业税；2016 年 7 月申报期内，向主管国税机关申报税款所属期为 5、6 月份的增值税。

二、增值税一般纳税人资格登记

（一）试点纳税人应按照本公告规定办理增值税一般纳税人资格登记。

（二）除本公告第二条第（三）项规定的情形外，营改增试点实施前（以下简称试点实施前）销售服务、无形资产或者不动产（以下简称应税行为）的年应税销售额超过 500 万元的试点纳税人，应向主管国税机关办理增值税一般纳税人资格登记手续。

试点纳税人试点实施前的应税行为年应税销售额按以下公式换算：

$$\text{应税行为年应税销售额} = \text{连续不超过 12 个月应税行为营业额合计} \div (1 + 3\%)$$

按照现行营业税规定差额征收营业税的试点纳税人，其应税行为营业额按未扣除之前的营业额计算。

试点实施前，试点纳税人偶然发生的转让不动产的营业额，不计入应税行为年应税销售额。

（三）试点实施前已取得增值税一般纳税人资格并兼有应税行为的试点纳税人，不需要重新办理增值税一般纳税人资格登记手续，由主管国税机关制作、送达《税务事项通知书》，告知纳税人。

（四）试点实施前应税行为年应税销售额未超过 500 万元的试点纳税人，会计核算健全，能够提供准确税务资料的，也可以向主管国税机关办理增值税一般纳税人资格登记。

（五）试点实施前，试点纳税人增值税一般纳税人资格登记可由省国税局按照本公告及相关规定采取预登记措施。

（六）试点实施后，符合条件的试点纳税人应当按照《增值税一般纳税人资格认定管理办法》（国家税务总局令第 22 号）、《国家税务总局关于调整增值税一般纳税人管理有关事项的公告》（国家税务总局公告 2015 年第 18 号）及相关规定，办理增值税一般纳税人资格登记。按照营改增有关规定，应税行为有扣除项目的试点纳税人，其应税行为年应税销售额按未扣除之前的销售额计算。

增值税小规模纳税人偶然发生的转让不动产的销售额，不计入应税行为年应税销售额。

（七）试点纳税人兼有销售货物、提供加工修理修配劳务和应税行为的，应税货物及劳务销售额与应税行为销售额分别计算，分别适用增值税一般纳税人资格登记标准。

兼有销售货物、提供加工修理修配劳务和应税行为，年应税销售额超过财政部、国家税务总局规定标准且不经常发生销售货物、提供加工修理修配劳务和应税行为的单位和个体工商户可选择按照小规模纳税人纳税。

（八）试点纳税人在办理增值税一般纳税人资格登记后，发生增值税偷税、骗取出口退税和虚开增值税扣税凭证等行为的，主管国税机关可以对其实行 6 个月的纳税辅导期管理。

三、发票使用

（一）增值税一般纳税人销售货物、提供加工修理修配劳务和应税行为，使用增值税发票管理新系统（以下简称新系统）开具增值税专用发票、增值税普通发票、机动车销售统一发票、增值税电子普通发票。

（二）增值税小规模纳税人销售货物、提供加工修理修配劳务月销售额超过 3 万元（按季纳税 9 万元），或者销售服务、无形资产月销售额超过 3 万元（按季纳税 9 万元），使用新系统开具增值税普通发票、机动车销售统一发票、增值税电子普通发票。

（三）增值税普通发票（卷式）启用前，纳税人可通过新系统使用国税机关发放的现有卷式发票。

（四）门票、过路（过桥）费发票、定额发票、客运发票和二手车销售统一发票继续使用。

（五）采取汇总纳税的金融机构，省、自治区所辖地市以下分支机构可以使用地市级机构统一领取的增值税专用发票、增值税普通发票、增值税电子普通发票；直辖市、计划单列市所辖区县及以下分支机构可以使用直辖市、计划单列市机构统一领取的增值税专用发票、增值税普通发票、增值税电子普通发票。

（六）国税机关、地税机关使用新系统代开增值税专用发票和增值税普通发票。代开增值税专用发票使用六联票，代开增值税普通发票使用五联票。

（七）自 2016 年 5 月 1 日起，地税机关不再向试点纳税人发放发票。试点纳税人已领取地税机关印制的发票以及印有本单位名称的发票，可继续使用至 2016 年 6 月 30 日，特殊情况经省国税局确定，可适当延长使用期限，最迟不超过 2016 年 8 月 31 日。

纳税人在地税机关已申报营业税未开具发票，2016 年 5 月 1 日以后需要补开发票的，可于 2016 年 12 月 31 日前开具增值税普通发票（税务总局另有规定的除外）。

四、增值税发票开具

（一）税务总局编写了《商品和服务税收分类与编码（试行）》（以下简称编码，见附件），并在新系统中增加了编码相关功能。自 2016 年 5 月 1 日起，纳入新系统推行范围的试点纳税人及新办增值税纳税人，应使用新系统选择相应的编码开具增值税发票。北京市、上海市、江苏省和广东省已使用编码的纳税人，应于 5 月 1 日前完成开票软件升级。5 月 1 日前已使用新系统的纳税人，应于 8 月 1 日前完成开票软件升级。

（二）按照现行政策规定适用差额征税办法缴纳增值税，且不得全额开具增值税发票的（财政部、税务总局另有规定的除外），纳税人自行开具或者税务机关代开增值税发票时，通过新系统中差额征税开票功能，录入含税销售额（或含税评估额）和扣除额，系统自动计算税额和不含税金额，备注栏自动打印“差额征税”字样，发票开具不应与其他应税行为混开。

（三）提供建筑服务，纳税人自行开具或者税务机关代开增值税发票时，应在发票的备注栏注明建筑服务发生地县（市、区）名称及项目名称。

（四）销售不动产，纳税人自行开具或者税务机关代开增值税发票时，应在发票“货物或应税劳务、服务名称”栏填写不动产名称及房屋产权证书号码（无房屋产权证书的可不填写），“单位”栏填写面积单位，备注栏注明不动产的详细地址。

（五）出租不动产，纳税人自行开具或者税务机关代开增值税发票时，应在备注栏注明不动产的详细地址。

（六）个人出租住房适用优惠政策减按 1.5% 征收，纳税人自行开具或者税务机关代开增值税发票时，通过新系统中征收率减按 1.5% 征收开票功能，录入含税销售额，系统自动计算税额和不含税金额，发票开具不应与其他应税行为混开。

（七）税务机关代开增值税发票时，“销售方开户行及账号”栏填写税收完税凭证字轨及号码或系统税票号码（免税代开增值税普通发票可不填写）。

（八）国税机关为跨县（市、区）提供不动产经营租赁服务、建筑服务的小规模纳税人（不包括其他个人），代开增值税发票时，在发票备注栏中自动打印“YD”字样。

五、扩大取消增值税发票认证的纳税人范围

（一）纳税信用 B 级增值税一般纳税人取得销售方使用新系统开具的增值税发票（包括增值税专用发票、货物运输业增值税专用发票、机动车销售统一发票，下同），可以不再进行扫描认证，登录本省增值税发票查询平台，查询、选择用于申报抵扣或者出口退税的增值税发票信息，未查询到对应发票信息的，仍可进行扫描认证。

（二）2016 年 5 月 1 日新纳入营改增试点的增值税一般纳税人，2016 年 5 月至 7 月期间不需进行增值税发票认证，登录本省增值税发票查询平台，查询、选择用于申报抵扣或者出口退税的增值税发票信息，未查询到对应发票信息的，可进行扫描认证。2016 年 8 月起按照纳税信用级别分别适用发票认证的有关规定。

六、其他纳税事项

（一）原以地市一级机构汇总缴纳营业税的金融机构，营改增后继续以地市一级机构汇总缴纳增值税。

同一省（自治区、直辖市、计划单列市）范围内的金融机构，经省（自治区、直辖市、计划单列市）国家税务局和财政厅（局）批准，可以由总机构汇总向总机构所在地的主管国税机关申报缴纳增值税。

（二）增值税小规模纳税人应分别核算销售货物，提供加工、修理修配劳务的销售额，和销售服务、无形资产的销售额。增值税小规模纳税人销售货物，提供加工、修理修配劳务月销售额不超过 3 万元（按季纳税 9 万元），销售服务、无形资产月销售额不超过 3 万元（按季纳税 9 万元）的，自 2016 年 5 月 1 日起至 2017 年 12 月 31 日，可分别享受小微企业暂免征收增值税优惠政策。

（三）按季纳税申报的增值税小规模纳税人，实际经营期不足一个季度的，以实际经营月份计算当期可享受小微企业免征增值税政策的销售额度。

按照本公告第一条第（三）项规定，按季纳税的试点增值税小规模纳税人，2016 年 7 月纳税申报时，申报的 2016 年 5 月、6 月增值税应税销售额中，销售货物，提供加工、修理修配劳务的销售额不超过 6 万元，销售服务、无形资产的销售额不超过 6 万元的，可分别享受小微企业暂免征收增值税优惠政策。

（四）其他个人采取预收款形式出租不动产，取得的预收租金收入，可在预收款对应的租赁期内平均分摊，分摊后的月租金收入不超过 3 万元的，可享受小微企业免征增值税优惠政策。

七、本公告自 2016 年 5 月 1 日起施行，《国家税务总局关于使用新版不动产销售统一发票和新版建筑业统一发票有关问题的通知》（国税发〔2006〕173 号）、《国家税务总局关于营业税改征增值税试点增值税一般纳税人资格认定有关事项的公告》（国家税务总局公告 2013 年第 75 号）、《国家税务总局关于开展商品和服务税收分类与编码试点工作的通知》（税总函〔2016〕56 号）同时废止。

特此公告。

附件：商品和服务税收分类与编码（试行）（电子件）（略）

国家税务总局
2016 年 4 月 19 日

国家税务总局关于发布增值税发票
税控开票软件数据接口规范的公告

（国家税务总局公告 2016 年第 25 号）

为配合全面推开营改增试点工作，支持使用商品和服务税收分类与编码开具增值税发票，国家税务总局决定对纳税人使用的增值税发票税控开票软件（以下简称开票软件）相关数据接口规范予以发布。现将有关事项公告如下：

一、开票软件是指增值税纳税人安装使用的增值税发票税控开票软件（金税盘版）和增值税发票税控开票软件（税控盘版）。

二、本次发布的接口规范为开具增值税发票（不含电子发票）的接口规范，包括导入接口规范和导出接口规范。

发票类型支持增值税专用发票、增值税普通发票、机动车销售统一发票和货物运输业增值税专用发票四种发票。导入接口规范是指开票软件可接收的待开具发票信息的数据格式；导出接口规范是指开票软件导出已开具发票信息的数据格式。

三、需要使用本数据接口规范的纳税人，应将开票软件统一升级为 V2.0.09 版本。

四、本数据接口规范和开票软件安装包在金税工程纳税人技术服务网（http://its.chinatax.gov.cn）上发布，纳税人可自行下载免费安装使用。

五、纳税人在使用本数据接口规范过程中如有问题，可通过电子邮件（邮箱：shuikong@chinatax.gov.cn）向税务总局反映。

六、本公告自 2016 年 5 月 1 日起施行。《国家税务总局关于发布增值税发票系统升级版开票软件数据接口规范的公告》（国家税务总局公告 2015 年第 36 号）同时废止。

特此公告。

国家税务总局

2016 年 4 月 25 日

国家税务总局关于明确营改增试点若干征管问题的公告

（国家税务总局公告 2016 年第 26 号）

为确保全面推开营改增试点顺利实施，现将若干税收征管问题公告如下：

一、餐饮行业增值税一般纳税人购进农业生产者自产农产品，可以使用国税机关监制的农产品收购发票，按照现行规定计算抵扣进项税额。

有条件的地区，应积极在餐饮行业推行农产品进项税额核定扣除办法，按照《财政部 国家税务总局关于在部分行业试行农产品增值税进项税额核定扣除办法的通知》（财税〔2012〕38 号）有关规定计算抵扣进项税额。

二、个人转让住房，在 2016 年 4 月 30 日前已签订转让合同，2016 年 5 月 1 日以后办理产权变更事项的，应缴纳增值税，不缴纳营业税。

三、按照现行规定，适用增值税差额征收政策的增值税小规模纳税人，以差额前的销售额确定是否可以享受 3 万元（按季纳税 9 万元）以下免征增值税政策。

四、营改增后，门票、过路（过桥）费发票属于予以保留的票种，自 2016 年 5 月 1 日起，由国税机关监制管理。原地税机关监制的上述两类发票，可以延用至 2016 年 6 月 30 日。

本公告自 2016 年 5 月 1 日起施行。

特此公告。

国家税务总局

2016 年 4 月 26 日

国家税务总局关于调整增值税纳税申报
有关事项的公告

（国家税务总局公告 2016 年第 27 号）

为配合全面推开营业税改征增值税试点工作顺利实施，国家税务总局对增值税纳税申报有关事项进行了调整，现公告如下：

一、对《国家税务总局关于全面推开营业税改征增值税试点后增值税纳税申报有关事项的公告》（国家税务总局公告 2016 年第 13 号）附件 1 中《本期抵扣进项税额结构明细表》进行调整，调整后的表式见附件 1，填写说明见附件 2。

二、对国家税务总局公告 2016 年第 13 号附件 3《增值税纳税申报表（小规模纳税人适用）》及其附列资料进行调整，调整后的表式见附件 3，填写说明见附件 4。

三、增值税一般纳税人支付道路、桥、闸通行费，按照政策规定，以取得的通行费发票（不含财政票据）上注明的收费金额计算的可抵扣进项税额，填入国家税务总局公告 2016 年第 13 号附件 1 中《增值税纳税申报表附列资料（二）》（本期进项税额明细）第 8 栏"其他"。

四、本公告自 2016 年 6 月 1 日起施行。国家税务总局公告 2016 年第 13 号附件 1 中《本期抵扣进项税额结构明细表》、附件 2 中《本期抵扣进项税额结构明细表》填写说明、附件 3、附件 4 内容同时废止。

特此公告。

附件：1. 本期抵扣进项税额结构明细表（略）

2.《本期抵扣进项税额结构明细表》填写说明（略）

3.《增值税纳税申报表（小规模纳税人适用）》及其附列资料（略）

4.《增值税纳税申报表（小规模纳税人适用）》及其附列资料填写说明（略）

国家税务总局

2016 年 5 月 5 日

国家税务总局关于发布《营业税改征增值税跨境应税行为增值税免税管理办法（试行）》的公告

（国家税务总局公告 2016 年第 29 号）

国家税务总局制定了《营业税改征增值税跨境应税行为增值税免税管理办法（试行）》，现予以公布，自 2016 年 5 月 1 日起施行。《国家税务总局关于重新发布〈营业税改征增值税跨境应税服务增值税免税管理办法（试行）〉的公告》（国家税务总局公告 2014 年第 49 号）同时废止。

特此公告。

附件：1. 跨境应税行为免税备案表（略）

2. 放弃适用增值税零税率声明（略）

国家税务总局

2016 年 5 月 6 日

营业税改征增值税跨境应税行为增值税免税管理办法（试行）

第一条　中华人民共和国境内（以下简称境内）的单位和个人（以下称纳税人）发生跨境应税行为，适用本办法。

第二条　下列跨境应税行为免征增值税：

（一）工程项目在境外的建筑服务。

工程总承包方和工程分包方为施工地点在境外的工程项目提供的建筑服务，均属于工程项目在境外的建筑服务。

（二）工程项目在境外的工程监理服务。

（三）工程、矿产资源在境外的工程勘察勘探服务。

（四）会议展览地点在境外的会议展览服务。

为客户参加在境外举办的会议、展览而提供的组织安排服务，属于会议展览地点在境外的会议展览服务。

（五）存储地点在境外的仓储服务。

（六）标的物在境外使用的有形动产租赁服务。

（七）在境外提供的广播影视节目（作品）的播映服务。

在境外提供的广播影视节目（作品）播映服务，是指在境外的影院、剧院、录像厅及其他场所播映广播影视节目（作品）。

通过境内的电台、电视台、卫星通信、互联网、有线电视等无线或者有线装置向境外播映广播影视节目（作品），不属于在境外提供的广播影视节目（作品）播映服务。

（八）在境外提供的文化体育服务、教育医疗服务、旅游服务。

在境外提供的文化体育服务和教育医疗服务，是指纳税人在境外现场提供的文化体育服务和教育医疗服务。

为参加在境外举办的科技活动、文化活动、文化演出、文化比赛、体育比赛、体育表演、体育活动而提供的组织安排服务，属于在境外提供的文化体育服务。

通过境内的电台、电视台、卫星通信、互联网、有线电视等媒体向境外单位或个人提供的文化体育服务或教育医疗服务，不属于在境外提供的文化体育服务、教育医疗服务。

（九）为出口货物提供的邮政服务、收派服务、保险服务。

1. 为出口货物提供的邮政服务，是指：

（1）寄递函件、包裹等邮件出境。

（2）向境外发行邮票。

（3）出口邮册等邮品。

2. 为出口货物提供的收派服务，是指为出境的函件、包裹提供的收件、分拣、派送服务。

纳税人为出口货物提供收派服务，免税销售额为其向寄件人收取的全部价款和价外费用。

3. 为出口货物提供的保险服务，包括出口货物保险和出口信用保险。

（十）向境外单位销售的完全在境外消费的电信服务。

纳税人向境外单位或者个人提供的电信服务，通过境外电信单位结算费用的，服务接受方为境外电信单位，属于完全在境外消费的电信服务。

（十一）向境外单位销售的完全在境外消费的知识产权服务。

服务实际接受方为境内单位或者个人的知识产权服务，不属于完全在境外消费的知识产权服务。

（十二）向境外单位销售的完全在境外消费的物流辅助服务（仓储服务、收派服务除外）。

境外单位从事国际运输和港澳台运输业务经停我国机场、码头、车站、领空、内河、海域时，纳税人向其提供的航空地面服务、港口码头服务、货运客运站场服务、打捞救助服务、装卸搬运服务，属于完全在境外消费的物流辅助服务。

（十三）向境外单位销售的完全在境外消费的鉴证咨询服务。

下列情形不属于完全在境外消费的鉴证咨询服务：

1. 服务的实际接受方为境内单位或者个人。

2. 对境内的货物或不动产进行的认证服务、鉴证服务和咨询服务。

（十四）向境外单位销售的完全在境外消费的专业技术服务。

下列情形不属于完全在境外消费的专业技术服务：

1. 服务的实际接受方为境内单位或者个人。

2. 对境内的天气情况、地震情况、海洋情况、环境和生态情况进行的气象服务、地震服务、海洋服务、环境和生态监测服务。

3. 为境内的地形地貌、地质构造、水文、矿藏等进行的测绘服务。

4. 为境内的城、乡、镇提供的城市规划服务。

（十五）向境外单位销售的完全在境外消费的商务辅助服务。

1. 纳税人向境外单位提供的代理报关服务和货物运输代理服务，属于完全在境外消费的代理报关服务和货物运输代理服务。

2. 纳税人向境外单位提供的外派海员服务，属于完全在境外消费的人力资源服务。外派海员服务，是指境内单位派出属于本单位员工的海员，为境外单位在境外提供的船舶驾驶和船舶管理等服务。

3. 纳税人以对外劳务合作方式，向境外单位提供的完全在境外发生的人力资源服务，属于完全在境外消费的人力资源服务。对外劳务合作，是指境内单位与境外单位签订劳务合作合同，按照合同约定组织和协助中国公民赴境外工作的活动。

4. 下列情形不属于完全在境外消费的商务辅助服务：

（1）服务的实际接受方为境内单位或者个人。

（2）对境内不动产的投资与资产管理服务、物业管理服务、房地产中介服务。

（3）拍卖境内货物或不动产过程中提供的经纪代理服务。

（4）为境内货物或不动产的物权纠纷提供的法律代理服务。

（5）为境内货物或不动产提供的安全保护服务。

（十六）向境外单位销售的广告投放地在境外的广告服务。

广告投放地在境外的广告服务，是指为在境外发布的广告提供的广告服务。

（十七）向境外单位销售的完全在境外消费的无形资产（技术除外）。

下列情形不属于向境外单位销售的完全在境外消费的无形资产：

1. 无形资产未完全在境外使用。

2. 所转让的自然资源使用权与境内自然资源相关。

3. 所转让的基础设施资产经营权、公共事业特许权与境内货物或不动产相关。

4. 向境外单位转让在境内销售货物、应税劳务、服务、无形资产或不动产的配额、经营权、经销权、分销权、代理权。

（十八）为境外单位之间的货币资金融通及其他金融业务提供的直接收费金融服务，且该服务与境内的货物、无形资产和不动产无关。

为境外单位之间、境外单位和个人之间的外币、人民币资金往来提供的资金清算、资金结算、金融支付、账户管理服务，属于为境外单位之间的货币资金融通及其他金融业务提供的直接收费金融服务。

（十九）属于以下情形的国际运输服务：

1. 以无运输工具承运方式提供的国际运输服务。

2. 以水路运输方式提供国际运输服务但未取得《国际船舶运输经营许可证》的。

3. 以公路运输方式提供国际运输服务但未取得《道路运输经营许可证》或者《国际汽车运输行车许可证》，或者《道路运输经营许可证》的经营范围未包括"国际运输"的。

4. 以航空运输方式提供国际运输服务但未取得《公共航空运输企业经营许可证》，或者其经营范围未包括"国际航空客货邮运输业务"的。

5. 以航空运输方式提供国际运输服务但未持有《通用航空经营许可证》，或者其经营范围未包括"公务飞行"的。

（二十）符合零税率政策但适用简易计税方法或声明放弃适用零税率选择免税的下列应税行为：

1. 国际运输服务。

2. 航天运输服务。

3. 向境外单位提供的完全在境外消费的下列服务：

（1）研发服务；

（2）合同能源管理服务；

（3）设计服务；

（4）广播影视节目（作品）的制作和发行服务；

（5）软件服务；

（6）电路设计及测试服务；

（7）信息系统服务；

（8）业务流程管理服务；

（9）离岸服务外包业务。

4. 向境外单位转让完全在境外消费的技术。

第三条　纳税人向国内海关特殊监管区域内的单位或者个人销售服务、无形资产，不属于跨境应税行为，应照章征收增值税。

第四条　2016年4月30日前签订的合同，符合《财政部 国家税务总局关于将铁路运输和邮政业纳入营业税改征增值税试点的通知》（财税〔2013〕106号）附件4和《财政部 国家税务总局关于影视等出口服务适用增值税零税率政策的通知》（财税〔2015〕118号）规定的免税政策条件的，在合同到期前可以继续享受免税政策。

第五条　纳税人发生本办法第二条所列跨境应税行为，除第（九）项、第（二十）项外，必须签订跨境销售服务或无形资产书面合同。否则，不予免征增值税。

纳税人向外国航空运输企业提供空中飞行管理服务，以中国民用航空局下发的航班计划或者中国民用航空局清算中心临时来华飞行记录，为跨境销售服务书面合同。

纳税人向外国航空运输企业提供物流辅助服务（除空中飞行管理服务外），与经中国民用航空局批准设立的外国航空运输企业常驻代表机构签订的书面合同，属于与服务接受方签订跨境销售服务书面合同。外国航空运输企业临时来华飞行，未签订跨境服务书面合同的，以中国民用航空局清算中心临时来华飞行记录为跨境销售服务书面合同。

施工地点在境外的工程项目，工程分包方应提供工程项目在境外的证明、与发包方签订的建筑合同原件及复印件等资料，作为跨境销售服务书面合同。

第六条 纳税人向境外单位销售服务或无形资产，按本办法规定免征增值税的，该项销售服务或无形资产的全部收入应从境外取得，否则，不予免征增值税。

下列情形视同从境外取得收入：

（一）纳税人向外国航空运输企业提供物流辅助服务，从中国民用航空局清算中心、中国航空结算有限责任公司或者经中国民用航空局批准设立的外国航空运输企业常驻代表机构取得的收入。

（二）纳税人与境外关联单位发生跨境应税行为，从境内第三方结算公司取得的收入。上述所称第三方结算公司，是指承担跨国企业集团内部成员单位资金集中运营管理职能的资金结算公司，包括财务公司、资金池、资金结算中心等。

（三）纳税人向外国船舶运输企业提供物流辅助服务，通过外国船舶运输企业指定的境内代理公司结算取得的收入。

（四）国家税务总局规定的其他情形。

第七条 纳税人发生跨境应税行为免征增值税的，应单独核算跨境应税行为的销售额，准确计算不得抵扣的进项税额，其免税收入不得开具增值税专用发票。

纳税人为出口货物提供收派服务，按照下列公式计算不得抵扣的进项税额：

$$\frac{\text{不得抵扣的}}{\text{进项税额}} = \frac{\text{当期无法划分的}}{\text{全部进项税额}} \times \left(\frac{\text{当期简易计税方法}}{\text{计税项目销售额}} + \frac{\text{免征增值税}}{\text{项目销售额}} - \frac{\text{为出口货物提供收派服务}}{\text{支付给境外合作方的费用}} \right) \div \frac{\text{当期全部}}{\text{销售额}}$$

第八条 纳税人发生免征增值税跨境应税行为，除提供第二条第（二十）项所列服务外，应在首次享受免税的纳税申报期内或在各省、自治区、直辖市和计划单列市国家税务局规定的申报征期后的其他期限内，到主管税务机关办理跨境应税行为免税备案手续，同时提交以下备案材料：

（一）《跨境应税行为免税备案表》（附件1）；

（二）本办法第五条规定的跨境销售服务或无形资产的合同原件及复印件；

（三）提供本办法第二条第（一）项至第（八）项和第（十六）项服务，应提交服务地点在境外的证明材料原件及复印件；

（四）提供本办法第二条规定的国际运输服务，应提交实际发生相关业务的证明材料；

（五）向境外单位销售服务或无形资产，应提交服务或无形资产购买方的机构所在地在境外的证明材料；

（六）国家税务总局规定的其他资料。

第九条 纳税人发生第二条第（二十）项所列应税行为的，应在首次享受免税的纳税申报期内或在各省、自治区、直辖市和计划单列市国家税务局规定的申报征期后的其他期限内，到主管税务机关办理跨境应税行为免税备案手续，同时提交以下备案材料：

（一）已向办理增值税免抵退税或免退税的主管税务机关备案的《放弃适用增值税零税率声明》（附件2）；

（二）该项应税行为享受零税率到主管税务机关办理增值税免抵退税或免退税申报时需报送的材料和原始凭证。

第十条 按照本办法第八条规定提交备案的跨境销售服务或无形资产合同原件为外文的，应提供中文翻译件并由法定代表人（负责人）签字或者单位盖章。

纳税人无法提供本办法第八条规定的境外资料原件的，可只提供复印件，注明"复印件与原件一致"字样，并由法定代表人（负责人）签字或者单位盖章；境外资料原件为外文的，应提供中文翻译件并由法定代表人（负责人）签字或者单位盖章。

主管税务机关对提交的境外证明材料有明显疑义的，可以要求纳税人提供境外公证部门出具的证明材料。

第十一条 纳税人办理跨境应税行为免税备案手续时，主管税务机关应当根据以下情况分别做出处理：

（一）备案材料存在错误的，应当告知并允许纳税人更正。

（二）备案材料不齐全或者不符合规定形式的，应当场一次性告知纳税人补正。

（三）备案材料齐全、符合规定形式的，或者纳税人按照税务机关的要求提交全部补正备案材料的，应当受理纳税人的备案，并将有关资料原件退还纳税人。

（四）按照税务机关的要求补正后的备案材料仍不符合本办法第八、九、十条规定的，应当对纳税人的本次跨境应税行为免税备案不予受理，并将所有报送材料退还纳税人。

第十二条 主管税务机关受理或者不予受理纳税人跨境应税行为免税备案，应当出具加盖本机关专用印章和注明日期的书面凭证。

第十三条 原签订的跨境销售服务或无形资产合同发生变更，或者跨境销售服务或无形资产的有关情况发生变化，变化后仍属于本办法第二条规定的免税范围的，纳税人应向主管税务机关重新办理跨境应税行为免税备案手续。

第十四条 纳税人应当完整保存本办法第八、九、十条要求的各项材料。纳税人在税务机关后续管理中不能提供上述材料的，不得享受本办法规定的免税政策，对已享受的减免税款应予补缴，并依照《中华人民共和国税收征收管理法》的有关规定处理。

第十五条　纳税人发生跨境应税行为享受免税的，应当按规定进行纳税申报。纳税人享受免税到期或实际经营情况不再符合本办法规定的免税条件的，应当停止享受免税，并按照规定申报纳税。

第十六条　纳税人发生实际经营情况不符合本办法规定的免税条件、采用欺骗手段获取免税、或者享受减免税条件发生变化未及时向税务机关报告，以及未按照本办法规定履行相关程序自行减免税的，税务机关依照《中华人民共和国税收征收管理法》有关规定予以处理。

第十七条　税务机关应高度重视跨境应税行为增值税免税管理工作，针对纳税人的备案材料，采取案头分析、日常检查、重点稽查等方式，加强对纳税人业务真实性的核实，发现问题的，按照现行有关规定处理。

第十八条　纳税人发生的与香港、澳门、台湾有关的应税行为，参照本办法执行。

第十九条　本办法自 2016 年 5 月 1 日起施行。此前，纳税人发生符合本办法第四条规定的免税跨境应税行为，已办理免税备案手续的，不再重新办理免税备案手续。纳税人发生符合本办法第二条和第四条规定的免税跨境应税行为，未办理免税备案手续但已进行免税申报的，按照本办法规定补办备案手续；未进行免税申报的，按照本办法规定办理跨境服务备案手续后，可以申请退还已缴税款或者抵减以后的应纳税额；已开具增值税专用发票的，应将全部联次追回后方可办理跨境应税行为免税备案手续。

国家税务总局关于营业税改征增值税部分试点
纳税人增值税纳税申报有关事项调整的公告

（国家税务总局公告 2016 年第 30 号）

为配合全面推开营业税改征增值税试点工作，国家税务总局对增值税纳税申报有关事项进行了调整，现公告如下：

一、在增值税纳税申报其他资料中增加《营改增税负分析测算明细表》（表式见附件 1），由从事建筑、房地产、金融或生活服务等经营业务的增值税一般纳税人在办理增值税纳税申报时填报，具体名单由主管税务机关确定。

二、本公告自 2016 年 6 月 1 日起施行。

特此公告。

附件：1. 营改增税负分析测算明细表（略）

2.《营改增税负分析测算明细表》填写说明（略）

3. 营改增试点应税项目明细表（略）

国家税务总局

2016 年 5 月 10 日

国家税务总局关于营业税改征增值税委托地税局
代征税款和代开增值税发票的通知

（税总函〔2016〕145 号）

各省、自治区、直辖市和计划单列市国家税务局、地方税务局：

为平稳推进营改增后国税、地税有关工作的顺利衔接，方便纳税人办税，根据《中华人民共和国税收征收管理法》、《财政部 国家税务总局关于全面推开营业税改征增值税试点的通知》（财税〔2016〕36 号）和《国家税务总局关于加强国家税务局、地方税务局互相委托代征税收的通知》（税总发〔2015〕155 号）等有关规定，现就营改增后纳税人销售其取得的不动产和其他个人出租不动产有关代征税款和代开增值税发票工作通知如下：

一、分工安排

国税局是增值税的主管税务机关。营改增后，为方便纳税人，暂定由地税局办理纳税人销售其取得的不动产和其他个人出租不动产增值税的纳税申报受理、计税价格评估、税款征收、税收优惠备案、发票代开等有关事项。地税局办理征缴、退库业务，使用地税局税收票证，并负责收入对账、会计核算、汇总上报工作。本代征业务国税局和地税局不需签订委托代征协议。

纳税人销售其取得的不动产和其他个人出租不动产，申请代开发票的，由代征税款的地税局代开增值税专用发票或者增值税普通发票（以下简称增值税发票）。对于具备增值税发票安全保管条件、可连通网络、地税局可有效监控代征税款及代开发票情况的政府部门等单位，县（区）以上地税局经评估后认为风险可控的，可以同意其代征税款并代开增值税发票。

2016 年 4 月 25 日前，国税局负责完成同级地税局代开增值税发票操作及相关政策培训工作。

二、代开发票流程

在国税局代开增值税发票流程基础上，地税局按照纳税人销售其取得的不动产和其他个人出租不动产增值税征收管理办法有关规定，为纳税人代开增值税发票。原地税营业税发票停止使用。

（一）代开发票部门登记

比照国税局现有代开增值税发票模式，在国税综合征管软件或金税三期系统中登记维护地税局代开发票部门信息。地税局代开发票部门编码为 15 位，第 11 位为"D"，其他编码规则按照《国家税务总局关于增值税防伪税控代开专用发票系统设备及软件配备的通知》（国税发〔2004〕139 号）规定编制。

（二）税控专用设备发行

地税局代开发票部门登记信息同步至增值税发票管理新系统，比照现有代开增值税发票税控专用设备发行流程，国税局为同级地税局代开发票部门发行税控专用设备并加载税务数字证书。

（三）发票提供

国税局向同级地税局提供六联增值税专用发票和五联增值税普通发票。

（四）发票开具

增值税小规模纳税人销售其取得的不动产以及其他个人出租不动产，购买方或承租方不属于其他个人的，纳税人缴纳增值税后可以向地税局申请代开增值税专用发票。不能自开增值税普通发票的小规模纳税人销售其取得的不动产，以及其他个人出租不动产，可以向地税局申请代开增值税普通发票。地税局代开发票部门通过增值税发票管理新系统代开增值税发票，系统自动在发票上打印"代开"字样。

地税局代开发票部门为纳税人代开的增值税发票，统一使用六联增值税专用发票和五联增值税普通发票。第四联由代开发票岗位留存，以备发票扫描补录；第五联交征收岗位留存，用于代开发票与征收税款的定期核对；其他联次交纳税人。

代开发票岗位应按下列要求填写增值税发票：

1. "税率"栏填写增值税征收率。免税、其他个人出租其取得的不动产适用优惠政策减按1.5%征收、差额征税的，"税率"栏自动打印"＊＊＊"；

2. "销售方名称"栏填写代开地税局名称；

3. "销售方纳税人识别号"栏填写代开发票地税局代码；

4. "销售方开户行及账号"栏填写税收完税凭证字轨及号码（免税代开增值税普通发票可不填写）；

5. 备注栏填写销售或出租不动产纳税人的名称、纳税人识别号（或者组织机构代码）、不动产的详细地址；

6. 差额征税代开发票，通过系统中差额征税开票功能，录入含税销售额（或含税评估额）和扣除额，系统自动计算税额和金额，备注栏自动打印"差额征税"字样；

7. 纳税人销售其取得的不动产代开发票，"货物或应税劳务、服务名称"栏填写不动产名称及房屋产权证书号码，"单位"栏填写面积单位；

8. 按照核定计税价格征税的，"金额"栏填写不含税计税价格，备注栏注明"核定计税价格，实际成交含税金额×××元"。

其他项目按照增值税发票填开的有关规定填写。

地税局代开发票部门应在代开增值税发票的备注栏上，加盖地税代开发票专用章。

（五）开票数据传输

地税局代开发票部门通过网络实时或定期将已代开增值税发票信息传输至增值

税发票管理新系统。

（六）发票再次领取

地税局代开发票部门需再次领取增值税发票的，发票抄报税后，国税局通过系统验旧缴销，再次提供发票。

三、发票管理

（一）专用发票安全管理

按照国税局现有增值税发票管理有关规定，地税局应加强安全保卫，采取有效措施，保障增值税发票的安全。

（二）日常信息比对

地税局应加强内部管理，每周将代开发票岗代开发票信息与征收岗税款征收信息进行比对，发现问题的要按有关规定及时处理。

（三）事后信息比对

税务总局将根据有关工作安排，提取地税局征收税款信息与代开发票信息进行比对，防范不征税代开增值税专用发票和少征税多开票等风险。

四、信息系统升级改造

2016 年 4 月 25 日前，金税三期未上线省份应由各省地税局按照税务总局有关规定及时更新升级相关信息系统，调配征管资源、规范受理申报缴税工作。金税三期已上线省份由税务总局（征管科技司）负责统一调试相关信息系统。

五、税控专用设备配备和维护

2016 年 4 月 5 日前，各省地税局将代开增值税发票需要使用的税控专用设备数量告知省国税局。4 月 8 日前，各省国税局将需要初始化的专用设备数量通过可控FTP 报税务总局（货物劳务税司）。4 月 20 日前，各省国税局向地税局提供税控专用设备。国税局负责协调增值税税控系统服务单位，做好地税局代开增值税发票系统的安装及维护工作。

国税局委托地税局代征和代开增值税发票是深化部门合作的重要内容，各地国税局、地税局要切实履行职责，加强协调配合，形成工作合力；要对纳税人做好政策宣传和纳税辅导工作，提供优质服务和便利条件，方便纳税人申报纳税；要认真做好应急预案，切实关注纳税人反映和动态舆情，确保税制转换平稳顺利。

国家税务总局

2016 年 3 月 31 日

国家税务总局关于进一步做好营改增税控装置安装
服务和监督管理工作有关问题的通知

(税总函〔2016〕170号)

各省、自治区、直辖市和计划单列市国家税务局：

为加强营业税改征增值税（以下简称营改增）纳税人税控装置安装服务的管理，确保2016年5月1日如期顺利开出增值税发票，现将有关问题进一步通知如下：

一、各地国税机关应严格按照税务总局对营改增纳税人税控装置安装服务提出的工作要求，既要结合本地实际情况，周密组织，科学安排，履行好统一组织协调职责，也要维护纳税人权益，尊重纳税人的意见，确保工作积极稳妥，扎实有序。要督导服务单位认真做好营改增纳税人税控装置安装培训等工作，确保按期完成任务。要加强对服务单位的监督管理，督促其提高服务水平和服务质量，及时处理回应纳税人投诉，对存在问题的服务单位责令其立即纠正，并限期整改。税务机关及税务干部要严格执行廉政规定，不得违反纪律参与、干预、引导纳税人选择服务单位，不得以权谋私，更不能从中牟利，否则将依法依规从严处理。

二、各服务单位要规范内部管理，调配资源，加强力量，提升服务水平和服务效率，做到人员责任到位、保障措施到位、技术支持到位，全力以赴做好系统操作培训、税控装置及开票软件的安装、调试及维护等服务工作。工作中不能出现"抢户"、"漏户"现象，不得强迫纳税人接受服务。对服务单位采取过激行为，造成不良社会影响以及恶意竞争、服务不到位、违规搭售设备或软件、乱收费的，国税机关将依法依规严肃处理。

三、对纳税人通过总部招标方式确定服务单位的，原则上分支机构可依据总部选择的结果确定相关服务单位，分支机构所在地区服务单位被暂停服务资格的，可暂由其上一级服务单位提供服务。

四、国税机关与服务单位要加强协同配合，建立沟通联系机制，定期召开会议，及时发现问题并妥善解决，难以解决的应立即逐级向上报告。在营改增实施过程中，如发生突发事件，国税机关要采取坚决措施，迅速处置，并及时向当地党委、政府报告，争取支持，坚决杜绝群体性负面影响事件和重大负面舆情发生，确保营改增顺利实施。

请各省、自治区、直辖市、计划单列市国税局接到此文后第一时间转发至市县国税局及各分局。

国家税务总局
2016年4月19日

财政部 国家税务总局关于营改增后契税 房产税 土地增值税 个人所得税计税依据问题的通知

(财税〔2016〕43 号)

各省、自治区、直辖市、计划单列市财政厅（局）、地方税务局，西藏、宁夏、青海省（自治区）国家税务局，新疆生产建设兵团财务局：

经研究，现将营业税改征增值税后契税、房产税、土地增值税、个人所得税计税依据有关问题明确如下：

一、计征契税的成交价格不含增值税。

二、房产出租的，计征房产税的租金收入不含增值税。

三、土地增值税纳税人转让房地产取得的收入为不含增值税收入。

《中华人民共和国土地增值税暂行条例》等规定的土地增值税扣除项目涉及的增值税进项税额，允许在销项税额中计算抵扣的，不计入扣除项目，不允许在销项税额中计算抵扣的，可以计入扣除项目。

四、个人转让房屋的个人所得税应税收入不含增值税，其取得房屋时所支付价款中包含的增值税计入财产原值，计算转让所得时可扣除的税费不包括本次转让缴纳的增值税。

个人出租房屋的个人所得税应税收入不含增值税，计算房屋出租所得可扣除的税费不包括本次出租缴纳的增值税。个人转租房屋的，其向房屋出租方支付的租金及增值税额，在计算转租所得时予以扣除。

五、免征增值税的，确定计税依据时，成交价格、租金收入、转让房地产取得的收入不扣减增值税额。

六、在计征上述税种时，税务机关核定的计税价格或收入不含增值税。

本通知自 2016 年 5 月 1 日起执行。

财政部 国家税务总局

2016 年 4 月 25 日

国务院关于印发《全面推开营改增试点后调整中央与地方增值税收入划分过渡方案》的通知

（国发〔2016〕26 号）

各省、自治区、直辖市人民政府，国务院各部委、各直属机构：

现将《全面推开营改增试点后调整中央与地方增值税收入划分过渡方案》印发给你们，请认真遵照执行。

国务院

2016 年 4 月 29 日

全面推开营改增试点后调整中央与地方增值税收入划分过渡方案

全面推开营改增试点将于 2016 年 5 月 1 日实施。按照党的十八届三中全会关于"保持现有中央和地方财力格局总体稳定，结合税制改革，考虑税种属性，进一步理顺中央和地方收入划分"的要求，同时考虑到税制改革未完全到位，推进中央与地方事权和支出责任划分改革还有一个过程，国务院决定，制定全面推开营改增试点后调整中央与地方增值税收入划分的过渡方案。

一、基本原则

（一）保持现有财力格局不变。既要保障地方既有财力，不影响地方财政平稳运行，又要保持目前中央和地方财力大体"五五"格局。

（二）注重调动地方积极性。适当提高地方按税收缴纳地分享增值税的比例，有利于调动地方发展经济和培植财源的积极性，缓解当前经济下行压力。

（三）兼顾好东中西部利益关系。以 2014 年为基数，将中央从地方上划收入通过税收返还方式给地方，确保既有财力不变。调整后，收入增量分配向中西部地区倾斜，重点加大对欠发达地区的支持力度，推进基本公共服务均等化。

同时，在加快地方税体系建设、推进中央与地方事权和支出责任划分改革过程中，做好过渡方案与下一步财税体制改革的衔接。

二、主要内容

（一）以 2014 年为基数核定中央返还和地方上缴基数。

（二）所有行业企业缴纳的增值税均纳入中央和地方共享范围。

（三）中央分享增值税的 50%。

（四）地方按税收缴纳地分享增值税的 50%。

（五）中央上划收入通过税收返还方式给地方，确保地方既有财力不变。

（六）中央集中的收入增量通过均衡性转移支付分配给地方，主要用于加大对中西部地区的支持力度。

三、实施时间和过渡期限

本方案与全面推开营改增试点同步实施，即自 2016 年 5 月 1 日起执行。过渡期暂定 2～3 年，届时根据中央与地方事权和支出责任划分、地方税体系建设等改革进展情况，研究是否适当调整。

财政部 国家税务总局关于进一步明确全面推开
营改增试点金融业有关政策的通知

（财税〔2016〕46号）

各省、自治区、直辖市、计划单列市财政厅（局）、国家税务局、地方税务局，新疆生产建设兵团财务局：

经研究，现将营改增试点期间有关金融业政策补充通知如下：

一、金融机构开展下列业务取得的利息收入，属于《营业税改征增值税试点过渡政策的规定》（财税〔2016〕36号，以下简称《过渡政策的规定》）第一条第（二十三）项所称的金融同业往来利息收入：

（一）质押式买入返售金融商品。

质押式买入返售金融商品，是指交易双方进行的以债券等金融商品为权利质押的一种短期资金融通业务。

（二）持有政策性金融债券。

政策性金融债券，是指开发性、政策性金融机构发行的债券。

二、《过渡政策的规定》第一条第（二十一）项中，享受免征增值税的一年期及以上返还本利的人身保险包括其他年金保险，其他年金保险是指养老年金以外的年金保险。

三、农村信用社、村镇银行、农村资金互助社、由银行业机构全资发起设立的贷款公司、法人机构在县（县级市、区、旗）及县以下地区的农村合作银行和农村商业银行提供金融服务收入，可以选择适用简易计税方法按照3%的征收率计算缴纳增值税。

村镇银行，是指经中国银行业监督管理委员会依据有关法律、法规批准，由境内外金融机构、境内非金融机构企业法人、境内自然人出资，在农村地区设立的主要为当地农民、农业和农村经济发展提供金融服务的银行业金融机构。

农村资金互助社，是指经银行业监督管理机构批准，由乡（镇）、行政村农民和农村小企业自愿入股组成，为社员提供存款、贷款、结算等业务的社区互助性银行业金融机构。

由银行业机构全资发起设立的贷款公司，是指经中国银行业监督管理委员会依据有关法律、法规批准，由境内商业银行或农村合作银行在农村地区设立的专门为县域农民、农业和农村经济发展提供贷款服务的非银行业金融机构。

县（县级市、区、旗），不包括直辖市和地级市所辖城区。

四、对中国农业银行纳入"三农金融事业部"改革试点的各省、自治区、直辖市、计划单列市分行下辖的县域支行和新疆生产建设兵团分行下辖的县域支行（也称县事业部），提供农户贷款、农村企业和农村各类组织贷款（具体贷款业务清单见附件）取得的利息收入，可以选择适用简易计税方法按照3‰的征收率计算缴纳增值税。

农户贷款，是指金融机构发放给农户的贷款，但不包括按照《过渡政策的规定》第一条第（十九）项规定的免征增值税的农户小额贷款。

农户，是指《过渡政策的规定》第一条第（十九）项所称的农户。

农村企业和农村各类组织贷款，是指金融机构发放给注册在农村地区的企业及各类组织的贷款。

五、本通知自2016年5月1日起执行。

财政部 国家税务总局

2016年4月29日

财政部 国家税务总局关于进一步明确全面
推开营改增试点有关劳务派遣服务、
收费公路通行费抵扣等政策的通知

（财税〔2016〕47号）

各省、自治区、直辖市、计划单列市财政厅（局）、国家税务局、地方税务局，新疆生产建设兵团财务局：

经研究，现将营改增试点期间劳务派遣服务等政策补充通知如下：

一、劳务派遣服务政策

一般纳税人提供劳务派遣服务，可以按照《财政部 国家税务总局关于全面推开营业税改征增值税试点的通知》（财税〔2016〕36号）的有关规定，以取得的全部价款和价外费用为销售额，按照一般计税方法计算缴纳增值税；也可以选择差额纳税，以取得的全部价款和价外费用，扣除代用工单位支付给劳务派遣员工的工资、福利和为其办理社会保险及住房公积金后的余额为销售额，按照简易计税方法依5％的征收率计算缴纳增值税。

小规模纳税人提供劳务派遣服务，可以按照《财政部 国家税务总局关于全面推开营业税改征增值税试点的通知》（财税〔2016〕36号）的有关规定，以取得的全部价款和价外费用为销售额，按照简易计税方法依3％的征收率计算缴纳增值税；也可以选择差额纳税，以取得的全部价款和价外费用，扣除代用工单位支付给劳务派遣员工的工资、福利和为其办理社会保险及住房公积金后的余额为销售额，按照简易计税方法依5％的征收率计算缴纳增值税。

选择差额纳税的纳税人，向用工单位收取用于支付给劳务派遣员工工资、福利和为其办理社会保险及住房公积金的费用，不得开具增值税专用发票，可以开具普通发票。

劳务派遣服务，是指劳务派遣公司为了满足用工单位对于各类灵活用工的需求，将员工派遣至用工单位，接受用工单位管理并为其工作的服务。

二、收费公路通行费抵扣及征收政策

（一）2016年5月1日至7月31日，一般纳税人支付的道路、桥、闸通行费，暂凭取得的通行费发票（不含财政票据，下同）上注明的收费金额按照下列公式计算可抵扣的进项税额：

$$高速公路通行费可抵扣进项税额 = 高速公路通行费发票上注明的金额 \div (1+3\%) \times 3\%$$

$$一级公路、二级公路、桥、闸通行费可抵扣进项税额 = 一级公路、二级公路、桥、闸通行费发票上注明的金额 \div (1+5\%) \times 5\%$$

通行费，是指有关单位依法或者依规设立并收取的过路、过桥和过闸费用。

（二）一般纳税人收取试点前开工的一级公路、二级公路、桥、闸通行费，可以选择适用简易计税方法，按照5％的征收率计算缴纳增值税。

试点前开工，是指相关施工许可证注明的合同开工日期在2016年4月30日前。

三、其他政策

（一）纳税人提供人力资源外包服务，按照经纪代理服务缴纳增值税，其销售额不包括受客户单位委托代为向客户单位员工发放的工资和代理缴纳的社会保险、住房公积金。向委托方收取并代为发放的工资和代理缴纳的社会保险、住房公积金，不得开具增值税专用发票，可以开具普通发票。

一般纳税人提供人力资源外包服务，可以选择适用简易计税方法，按照5％的征收率计算缴纳增值税。

（二）纳税人以经营租赁方式将土地出租给他人使用，按照不动产经营租赁服务缴纳增值税。

纳税人转让2016年4月30日前取得的土地使用权，可以选择适用简易计税方法，以取得的全部价款和价外费用减去取得该土地使用权的原价后的余额为销售额，按照5％的征收率计算缴纳增值税。

（三）一般纳税人2016年4月30日前签订的不动产融资租赁合同，或以2016年4月30日前取得的不动产提供的融资租赁服务，可以选择适用简易计税方法，按照5％的征收率计算缴纳增值税。

（四）一般纳税人提供管道运输服务和有形动产融资租赁服务，按照《营业税改征增值税试点过渡政策的规定》（财税〔2013〕106号）第二条有关规定适用的增值税实际税负超过3％部分即征即退政策，在2016年1月1日至4月30日期间继续执行。

四、本通知规定的内容，除另有规定执行时间外，自2016年5月1日起执行。

财政部 国家税务总局

2016年4月30日

国家税务总局关于纳税人销售其取得的不动产办理产权过户手续使用的增值税发票联次问题的通知

（税总函〔2016〕190 号）

各省、自治区、直辖市和计划单列市国家税务局、地方税务局：

近接部分地区反映，需要明确营改增后纳税人销售其取得的不动产，办理产权过户手续使用的增值税发票联次问题。经研究，现将有关问题通知如下：

纳税人销售其取得的不动产，自行开具或者税务机关代开增值税发票时，使用六联增值税专用发票或者五联增值税普通发票。纳税人办理产权过户手续需要使用发票的，可以使用增值税专用发票第六联或者增值税普通发票第三联。

国家税务总局

2016 年 5 月 2 日

财政部 国家税务总局
关于促进残疾人就业增值税优惠政策的通知
(财税〔2016〕52号)

各省、自治区、直辖市、计划单列市财政厅（局）、国家税务局，新疆生产建设兵团财务局：

为继续发挥税收政策促进残疾人就业的作用，进一步保障残疾人权益，经国务院批准，决定对促进残疾人就业的增值税政策进行调整完善。现将有关政策通知如下：

一、对安置残疾人的单位和个体工商户（以下称纳税人），实行由税务机关按纳税人安置残疾人的人数，限额即征即退增值税的办法。

安置的每位残疾人每月可退还的增值税具体限额，由县级以上税务机关根据纳税人所在区县（含县级市、旗，下同）适用的经省（含自治区、直辖市、计划单列市，下同）人民政府批准的月最低工资标准的4倍确定。

二、享受税收优惠政策的条件

（一）纳税人（除盲人按摩机构外）月安置的残疾人占在职职工人数的比例不低于25%（含25%），并且安置的残疾人人数不少于10人（含10人）；

盲人按摩机构月安置的残疾人占在职职工人数的比例不低于25%（含25%），并且安置的残疾人人数不少于5人（含5人）。

（二）依法与安置的每位残疾人签订了一年以上（含一年）的劳动合同或服务协议。

（三）为安置的每位残疾人按月足额缴纳了基本养老保险、基本医疗保险、失业保险、工伤保险和生育保险等社会保险。

（四）通过银行等金融机构向安置的每位残疾人，按月支付了不低于纳税人所在区县适用的经省人民政府批准的月最低工资标准的工资。

三、《财政部 国家税务总局关于教育税收政策的通知》（财税〔2004〕39号）第一条第7项规定的特殊教育学校举办的企业，只要符合本通知第二条第（一）项第一款规定的条件，即可享受本通知第一条规定的增值税优惠政策。这类企业在计算残疾人人数时可将在企业上岗工作的特殊教育学校的全日制在校学生计算在内，在计算企业在职职工人数时也要将上述学生计算在内。

四、纳税人中纳税信用等级为税务机关评定的C级或D级的，不得享受本通知第一条、第三条规定的政策。

五、纳税人按照纳税期限向主管国税机关申请退还增值税。本纳税期已交增值税额不足退还的，可在本纳税年度内以前纳税期已交增值税扣除已退增值税的余额中退还，仍不足退还的可结转本纳税年度内以后纳税期退还，但不得结转以后年度退还。纳税期限不为按月的，只能对其符合条件的月份退还增值税。

六、本通知第一条规定的增值税优惠政策仅适用于生产销售货物，提供加工、修理修配劳务，以及提供营改增现代服务和生活服务税目（不含文化体育服务和娱乐服务）范围的服务取得的收入之和，占其增值税收入的比例达到 50％的纳税人，但不适用于上述纳税人直接销售外购货物（包括商品批发和零售）以及销售委托加工的货物取得的收入。

纳税人应当分别核算上述享受税收优惠政策和不得享受税收优惠政策业务的销售额，不能分别核算的，不得享受本通知规定的优惠政策。

七、如果既适用促进残疾人就业增值税优惠政策，又适用重点群体、退役士兵、随军家属、军转干部等支持就业的增值税优惠政策的，纳税人可自行选择适用的优惠政策，但不能累加执行。一经选定，36 个月内不得变更。

八、残疾人个人提供的加工、修理修配劳务，免征增值税。

九、税务机关发现已享受本通知增值税优惠政策的纳税人，存在不符合本通知第二条、第三条规定条件，或者采用伪造或重复使用残疾人证、残疾军人证等手段骗取本通知规定的增值税优惠的，应将纳税人发生上述违法违规行为的纳税期内按本通知已享受到的退税全额追缴入库，并自发现当月起 36 个月内停止其享受本通知规定的各项税收优惠。

十、本通知有关定义

（一）残疾人，是指法定劳动年龄内，持有《中华人民共和国残疾人证》或者《中华人民共和国残疾军人证（1 至 8 级)》的自然人，包括具有劳动条件和劳动意愿的精神残疾人。

（二）残疾人个人，是指自然人。

（三）在职职工人数，是指与纳税人建立劳动关系并依法签订劳动合同或者服务协议的雇员人数。

（四）特殊教育学校举办的企业，是指特殊教育学校主要为在校学生提供实习场所、并由学校出资自办、由学校负责经营管理、经营收入全部归学校所有的企业。

十一、本通知规定的增值税优惠政策的具体征收管理办法，由国家税务总局制定。

十二、本通知自 2016 年 5 月 1 日起执行，《财政部 国家税务总局关于促进残疾人就业税收优惠政策的通知》（财税〔2007〕92 号）、《财政部 国家税务总局关于将铁路运输和邮政业纳入营业税改征增值税试点的通知》（财税〔2013〕106 号）附件 3 第二条第（二）项同时废止。纳税人 2016 年 5 月 1 日前执行财税〔2007〕92 号和财税〔2013〕106 号文件发生的应退未退的增值税余额，可按照本通知第五条规定执行。

财政部 国家税务总局
2016 年 5 月 5 日

财政部 国家税务总局关于营业税改征增值税
试点有关文化事业建设费政策及征收管理
问题的补充通知

（财税〔2016〕60 号）

各省、自治区、直辖市、计划单列市财政厅（局）、国家税务局、地方税务局：

为促进文化事业发展，现就全面推开营业税改征增值税试点（以下简称营改增）后娱乐服务征收文化事业建设费有关事项补充通知如下：

一、在中华人民共和国境内提供娱乐服务的单位和个人（以下称缴纳义务人），应按照本通知以及《财政部 国家税务总局关于营业税改征增值税试点有关文化事业建设费政策及征收管理问题的通知》（财税〔2016〕25 号）的规定缴纳文化事业建设费。

二、缴纳义务人应按照提供娱乐服务取得的计费销售额和 3％的费率计算娱乐服务应缴费额，计算公式如下：

娱乐服务应缴费额＝娱乐服务计费销售额×3％

娱乐服务计费销售额，为缴纳义务人提供娱乐服务取得的全部含税价款和价外费用。

三、未达到增值税起征点的缴纳义务人，免征文化事业建设费。

四、本通知所称娱乐服务，是指《财政部 国家税务总局关于全面推开营业税改征增值税试点的通知》（财税〔2016〕36 号）的《销售服务、无形资产、不动产注释》中"娱乐服务"范围内的服务。

五、本通知自 2016 年 5 月 1 日起执行。《财政部 国家税务总局关于印发〈文化事业建设费征收管理暂行办法〉的通知》（财税字〔1997〕95 号）同时废止。

财政部 国家税务总局

2016 年 5 月 13 日

国家税务总局关于发布《促进残疾人就业
增值税优惠政策管理办法》的公告

（国家税务总局公告 2016 年第 33 号）

为规范和完善促进残疾人就业增值税优惠政策管理，国家税务总局制定了《促进残疾人就业增值税优惠政策管理办法》，现予以公布，自 2016 年 5 月 1 日起施行。

特此公告。

国家税务总局
2016 年 5 月 27 日

附件：

促进残疾人就业增值税优惠政策管理办法

第一条 为加强促进残疾人就业增值税优惠政策管理，根据《财政部 国家税务总局关于促进残疾人就业增值税优惠政策的通知》（财税〔2016〕52 号）、《国家税务总局关于发布〈税收减免管理办法〉的公告》（国家税务总局公告 2015 年第 43 号）及有关规定，制定本办法。

第二条 纳税人享受安置残疾人增值税即征即退优惠政策，适用本办法规定。

本办法所指纳税人，是指安置残疾人的单位和个体工商户。

第三条 纳税人首次申请享受税收优惠政策，应向主管税务机关提供以下备案资料：

（一）《税务资格备案表》。

（二）安置的残疾人的《中华人民共和国残疾人证》或者《中华人民共和国残疾军人证（1 至 8 级）》复印件，注明与原件一致，并逐页加盖公章。安置精神残疾人的，提供精神残疾人同意就业的书面声明以及其法定监护人签字或印章的证明精神残疾人具有劳动条件和劳动意愿的书面材料。

（三）安置的残疾人的身份证明复印件，注明与原件一致，并逐页加盖公章。

第四条 主管税务机关受理备案后，应将全部《中华人民共和国残疾人证》或者《中华人民共和国残疾军人证（1 至 8 级）》信息以及所安置残疾人的身份证明信息录入征管系统。

第五条 纳税人提供的备案资料发生变化的，应于发生变化之日起 15 日内就变化情况向主管税务机关办理备案。

第六条　纳税人申请退还增值税时，需报送如下资料：

（一）《退（抵）税申请审批表》。

（二）《安置残疾人纳税人申请增值税退税声明》（见附件）。

（三）当期为残疾人缴纳社会保险费凭证的复印件及由纳税人加盖公章确认的注明缴纳人员、缴纳金额、缴纳期间的明细表。

（四）当期由银行等金融机构或纳税人加盖公章的按月为残疾人支付工资的清单。

特殊教育学校举办的企业，申请退还增值税时，不提供资料（三）和资料（四）。

第七条　纳税人申请享受税收优惠政策，应对报送资料的真实性和合法性承担法律责任。主管税务机关对纳税人提供资料的完整性和增值税退税额计算的准确性进行审核。

第八条　主管税务机关受理退税申请后，查询纳税人的纳税信用等级，对符合信用条件的，审核计算应退增值税额，并按规定办理退税。

第九条　纳税人本期应退增值税额按以下公式计算：

$$本期应退增值税额＝本期所含月份每月应退增值税额之和$$

$$\begin{matrix}月应退增\\值税额\end{matrix}＝纳税人本月安置残疾人员人数×本月月最低工资标准的4倍$$

月最低工资标准，是指纳税人所在区县（含县级市、旗）适用的经省（含自治区、直辖市、计划单列市）人民政府批准的月最低工资标准。

纳税人本期已缴增值税额小于本期应退税额不足退还的，可在本年度内以前纳税期已缴增值税额扣除已退增值税额的余额中退还，仍不足退还的可结转本年度内以后纳税期退还。年度已缴增值税额小于或等于年度应退税额的，退税额为年度已缴增值税额；年度已缴增值税额大于年度应退税额的，退税额为年度应退税额。年度已缴增值税额不足退还的，不得结转以后年度退还。

第十条　纳税人新安置的残疾人从签订劳动合同并缴纳社会保险的次月起计算，其他职工从录用的次月起计算；安置的残疾人和其他职工减少的，从减少当月计算。

第十一条　主管税务机关应于每年2月底之前，在其网站或办税服务厅，将本地区上一年度享受安置残疾人增值税优惠政策的纳税人信息，按下列项目予以公示：纳税人名称、纳税人识别号、法人代表、计算退税的残疾人职工人次等。

第十二条　享受促进残疾人就业增值税优惠政策的纳税人，对能证明或印证符合政策规定条件的相关材料负有留存备查义务。纳税人在税务机关后续管理中不能提供相关材料的，不得继续享受优惠政策。税务机关应追缴其相应纳税期内已享受的增值税退税，并依照税收征管法及其实施细则的有关规定处理。

第十三条　各地税务机关要加强税收优惠政策落实情况的后续管理，对纳税人进行定期或不定期检查。检查发现纳税人不符合财税〔2016〕52号文件规定的，按有关规定予以处理。

第十四条 本办法实施前已办理税收优惠资格备案的纳税人，主管税务机关应检查其已备案资料是否满足本办法第三条规定，残疾人信息是否已按第四条规定录入信息系统，如有缺失，应要求纳税人补充报送备案资料，补录信息。

第十五条 各省、自治区、直辖市和计划单列市国家税务局，应定期或不定期在征管系统中对残疾人信息进行比对，发现异常的，按相关规定处理。

第十六条 本办法自 2016 年 5 月 1 日起施行。

财政部 国家税务总局关于进一步明确全面推开营改增试点有关再保险、不动产租赁和非学历教育等政策的通知

（财税〔2016〕68号）

各省、自治区、直辖市、计划单列市财政厅（局）、国家税务局、地方税务局，新疆生产建设兵团财务局：

经研究，现将营改增试点期间有关再保险、不动产租赁和非学历教育等政策补充通知如下：

一、再保险服务

（一）境内保险公司向境外保险公司提供的完全在境外消费的再保险服务，免征增值税。

（二）试点纳税人提供再保险服务（境内保险公司向境外保险公司提供的再保险服务除外），实行与原保险服务一致的增值税政策。再保险合同对应多个原保险合同的，所有原保险合同均适用免征增值税政策时，该再保险合同适用免征增值税政策。否则，该再保险合同应按规定缴纳增值税。

原保险服务，是指保险分出方与投保人之间直接签订保险合同而建立保险关系的业务活动。

二、不动产经营租赁服务

1. 房地产开发企业中的一般纳税人，出租自行开发的房地产老项目，可以选择适用简易计税方法，按照5%的征收率计算应纳税额。纳税人出租自行开发的房地产老项目与其机构所在地不在同一县（市）的，应按照上述计税方法在不动产所在地预缴税款后，向机构所在地主管税务机关进行纳税申报。

房地产开发企业中的一般纳税人，出租其2016年5月1日后自行开发的与机构所在地不在同一县（市）的房地产项目，应按照3%预征率在不动产所在地预缴税款后，向机构所在地主管税务机关进行纳税申报。

2. 房地产开发企业中的小规模纳税人，出租自行开发的房地产项目，按照5%的征收率计算应纳税额。纳税人出租自行开发的房地产项目与其机构所在地不在同一县（市）的，应按照上述计税方法在不动产所在地预缴税款后，向机构所在地主管税务机关进行纳税申报。

三、一般纳税人提供非学历教育服务，可以选择适用简易计税方法按照3%征收率计算应纳税额。

四、纳税人提供安全保护服务，比照劳务派遣服务政策执行。

五、各党派、共青团、工会、妇联、中科协、青联、台联、侨联收取党费、团

费、会费，以及政府间国际组织收取会费，属于非经营活动，不征收增值税。

六、本通知自 2016 年 5 月 1 日起执行。

财政部 国家税务总局

2016 年 6 月 18 日

国家税务总局关于印发《全面推开营改增试点税负分析和整体运行情况分析工作方案》的通知

（税总函〔2016〕202 号）

根据《国家税务总局关于做好全面推开营改增行业税负分析有关工作的通知》（税总函〔2016〕172 号）和《国家税务总局关于印发〈全面推开营改增试点税负分析和整体运行情况分析工作方案〉的通知》（税总函〔2016〕202 号）的规定：

一、以下规定的纳税人在纳税申报时需要多填报一张报表《营改增税负分析测算明细表》：

自 2016 年 6 月申报期起，四大行业中所有的一般纳税人（包括营改增主行业为四大行业的一般纳税人，以及营改增主行业为"3 7"行业兼营四大行业业务的一般纳税人）在办理增值税纳税申报时，需要同时填报《营改增税负分析测算明细表》，作为跟踪测算试点纳税人税负变化情况的主要依据。

二、以下纳税人不需要填报测算明细表：

2016 年 5 月 1 日以后新办理税务登记的试点一般纳税人，以及 2016 年 5 月 1 日以后首次发生四大行业业务的纳税人，和小规模纳税人，不需要填报测算明细表。

三、行业范围：

1. 四大行业是指建筑业、房地产业、金融业和生活服务业。

2. "3 7"行业是指已试点的交通运输业、邮政业、电信业和现代服务业。

国家税务总局
2016 年 5 月 26 日

国家税务总局关于优化《外出经营活动税收管理证明》相关制度和办理程序的意见

（税总发〔2016〕106号）

各省、自治区、直辖市和计划单列市国家税务局、地方税务局：

为切实做好税源管理工作，减轻基层税务机关和纳税人的办税负担，提高税收征管效率，现就优化《外出经营活动税收管理证明》（见附件1，以下简称《外管证》）相关制度和办理程序提出如下意见：

一、正确认识《外管证》在当前税收管理中的意义

外出经营税收管理是现行税收征管的一项基本制度，是税收征管法实施细则和增值税暂行条例规定的法定事项。《外管证》作为纳税人主管税务机关与经营地税务机关管理权限界定和管理职责衔接的依据与纽带，对维持现行税收属地入库原则、防止漏征漏管和重复征收具有重要作用，是税务机关传统且行之有效的管理手段，当前情况下仍须坚持，但应结合税收信息化建设与国税、地税合作水平的提升，创新管理制度，优化办理程序，减轻纳税人和基层税务机关负担。其存废问题需根据相关法律法规制度和征管体制机制改革情况，综合评估论证后统筹考虑。

二、创新《外管证》管理制度

（一）改进《外管证》开具范围界定。纳税人跨省税务机关管辖区域（以下简称跨省）经营的，应按本规定开具《外管证》；纳税人在省税务机关管辖区域内跨县（市）经营的，是否开具《外管证》由省税务机关自行确定。

（二）探索外出经营税收管理信息化。省税务机关管辖区域内跨县（市）经营需要开具《外管证》的，税务机关应积极推进网上办税服务厅建设，受理纳税人的网上申请，为其开具电子《外管证》；通过网络及时向经营地税务机关推送相关信息。在此前提下，探索取消电子《外管证》纸质打印和经营地报验登记。

（三）延长建筑安装行业纳税人《外管证》有效期限。《外管证》有效期限一般不超过180天，但建筑安装行业纳税人项目合同期限超过180天的，按照合同期限确定有效期限。

三、优化《外管证》办理程序

（一）《外管证》的开具

1. "一地一证"。从事生产、经营的纳税人跨省从事生产、经营活动的，应当在外出生产经营之前，到机构所在地主管税务机关开具《外管证》。税务机关按照"一地一证"的原则，发放《外管证》。

2. 简化资料报送。一般情况下，纳税人办理《外管证》时只需提供税务登记证件副本或者加盖纳税人印章的副本首页复印件（实行实名办税的纳税人，可不提供

上述证件）；从事建筑安装的纳税人另需提供外出经营合同（原件或复印件，没有合同或合同内容不全的，提供外出经营活动情况说明）。

3. 即时办理。纳税人提交资料齐全、符合法定形式的，税务机关应即时开具《外管证》（可使用业务专用章）。

（二）《外管证》的报验登记

1. 纳税人应当自《外管证》签发之日起 30 日内，持《外管证》向经营地税务机关报验登记，并接受经营地税务机关的管理。纳税人以《外管证》上注明的纳税人识别号，在经营地税务机关办理税务事项。

2. 报验登记时应提供《外管证》，建筑安装行业纳税人另需提供外出经营合同复印件或外出经营活动情况说明。

3. 营改增之前地税机关开具的《外管证》仍在有效期限内的，国税机关应予以受理，进行报验登记。

（三）《外管证》的核销

1. 纳税人外出经营活动结束，应当向经营地税务机关填报《外出经营活动情况申报表》（见附件 2），并结清税款。

2. 经营地税务机关核对资料，发现纳税人存在欠缴税款、多缴（包括预缴、应退未退）税款等未办结事项的，及时制发《税务事项通知书》，通知纳税人办理。纳税人不存在未办结事项的，经营地税务机关核销报验登记，在《外管证》上签署意见（可使用业务专用章）。

四、其他事项

异地不动产转让和租赁业务不适用外出经营活动税收管理相关制度规定。

附件：

1. 外出经营活动税收管理证明（略）

2. 外出经营活动情况申报表（略）

国家税务总局

2016 年 7 月 6 日

国家税务总局关于个人保险代理人
税收征管有关问题的公告

（国家税务总局公告 2016 年第 45 号）

现将个人保险代理人为保险企业提供保险代理服务税收征管有关问题公告如下：

一、个人保险代理人为保险企业提供保险代理服务应当缴纳的增值税和城市维护建设税、教育费附加、地方教育附加，税务机关可以根据《国家税务总局关于发布〈委托代征管理办法〉的公告》（国家税务总局公告 2013 年第 24 号）的有关规定，委托保险企业代征。

个人保险代理人为保险企业提供保险代理服务应当缴纳的个人所得税，由保险企业按照现行规定依法代扣代缴。

二、个人保险代理人以其取得的佣金、奖励和劳务费等相关收入（以下简称"佣金收入"，不含增值税）减去地方税费附加及展业成本，按照规定计算个人所得税。

展业成本，为佣金收入减去地方税费附加余额的 40％。

三、接受税务机关委托代征税款的保险企业，向个人保险代理人支付佣金费用后，可代个人保险代理人统一向主管国税机关申请汇总代开增值税普通发票或增值税专用发票。

四、保险企业代个人保险代理人申请汇总代开增值税发票时，应向主管国税机关出具个人保险代理人的姓名、身份证号码、联系方式、付款时间、付款金额、代征税款的详细清单。

保险企业应将个人保险代理人的详细信息，作为代开增值税发票的清单，随发票入账。

五、主管国税机关为个人保险代理人汇总代开增值税发票时，应在备注栏内注明"个人保险代理人汇总代开"字样。

六、本公告所称个人保险代理人，是指根据保险企业的委托，在保险企业授权范围内代为办理保险业务的自然人，不包括个体工商户。

七、证券经纪人、信用卡和旅游等行业的个人代理人比照上述规定执行。信用卡、旅游等行业的个人代理人计算个人所得税时，不执行本公告第二条有关展业成本的规定。

个人保险代理人和证券经纪人其他个人所得税问题，按照《国家税务总局关于保险营销员取得佣金收入征免个人所得税问题的通知》（国税函〔2006〕454 号）、《国家税务总局关于证券经纪人佣金收入征收个人所得税问题的公告》（国家税务总局公告 2012 年第 45 号）执行。

本公告自发布之日起施行。

特此公告。

国家税务总局
2016 年 7 月 7 日

国家税务总局关于红字增值税发票
开具有关问题的公告

(国家税务总局公告 2016 年第 47 号)

为进一步规范纳税人开具增值税发票管理，现将红字发票开具有关问题公告如下：

一、增值税一般纳税人开具增值税专用发票（以下简称"专用发票"）后，发生销货退回、开票有误、应税服务中止等情形但不符合发票作废条件，或者因销货部分退回及发生销售折让，需要开具红字专用发票的，按以下方法处理：

（一）购买方取得专用发票已用于申报抵扣的，购买方可在增值税发票管理新系统（以下简称"新系统"）中填开并上传《开具红字增值税专用发票信息表》（以下简称《信息表》，详见附件），在填开《信息表》时不填写相对应的蓝字专用发票信息，应暂依《信息表》所列增值税税额从当期进项税额中转出，待取得销售方开具的红字专用发票后，与《信息表》一并作为记账凭证。

购买方取得专用发票未用于申报抵扣、但发票联或抵扣联无法退回的，购买方填开《信息表》时应填写相对应的蓝字专用发票信息。

销售方开具专用发票尚未交付购买方，以及购买方未用于申报抵扣并将发票联及抵扣联退回的，销售方可在新系统中填开并上传《信息表》。销售方填开《信息表》时应填写相对应的蓝字专用发票信息。

（二）主管税务机关通过网络接收纳税人上传的《信息表》，系统自动校验通过后，生成带有"红字发票信息表编号"的《信息表》，并将信息同步至纳税人端系统中。

（三）销售方凭税务机关系统校验通过的《信息表》开具红字专用发票，在新系统中以销项负数开具。红字专用发票应与《信息表》一一对应。

（四）纳税人也可凭《信息表》电子信息或纸质资料到税务机关对《信息表》内容进行系统校验。

二、税务机关为小规模纳税人代开专用发票，需要开具红字专用发票的，按照一般纳税人开具红字专用发票的方法处理。

三、纳税人需要开具红字增值税普通发票的，可以在所对应的蓝字发票金额范围内开具多份红字发票。红字机动车销售统一发票需与原蓝字机动车销售统一发票一一对应。

四、按照《国家税务总局关于纳税人认定或登记为一般纳税人前进项税额抵扣问题的公告》（国家税务总局公告 2015 年第 59 号）的规定，需要开具红字专用发票的，按照本公告规定执行。

五、本公告自 2016 年 8 月 1 日起施行,《国家税务总局关于推行增值税发票系统升级版有关问题的公告》(国家税务总局公告 2014 年第 73 号)第四条、附件 1、附件 2 和《国家税务总局关于全面推行增值税发票系统升级版有关问题的公告》(国家税务总局公告 2015 年第 19 号)第五条、附件 1、附件 2 同时废止。此前未处理的事项,按照本公告规定执行。

特此公告。

附件:开具红字增值税专用发票信息表(略)

国家税务总局
2016 年 7 月 20 日

国家税务总局关于被盗、丢失增值税
专用发票有关问题的公告

（国家税务总局公告 2016 年第 50 号）

为方便纳税人，税务总局决定取消纳税人的增值税专用发票发生被盗、丢失时必须统一在《中国税务报》上刊登"遗失声明"的规定。

本公告自发布之日起施行。《国家税务总局关于被盗、丢失增值税专用发票的处理意见的通知》（国税函〔1995〕292 号）同时废止。

特此公告。

国家税务总局

2016 年 7 月 28 日

财政部 国家税务总局关于纳税人异地预缴增值税有关城市维护建设税和教育费附加政策问题的通知

（财税〔2016〕74 号）

各省、自治区、直辖市、计划单列市财政厅（局）、国家税务局、地方税务局，新疆生产建设兵团财务局：

根据全面推开"营改增"试点后增值税政策调整情况，现就纳税人异地预缴增值税涉及的城市维护建设税和教育费附加政策执行问题通知如下：

一、纳税人跨地区提供建筑服务、销售和出租不动产的，应在建筑服务发生地、不动产所在地预缴增值税时，以预缴增值税税额为计税依据，并按预缴增值税所在地的城市维护建设税适用税率和教育费附加征收率就地计算缴纳城市维护建设税和教育费附加。

二、预缴增值税的纳税人在其机构所在地申报缴纳增值税时，以其实际缴纳的增值税税额为计税依据，并按机构所在地的城市维护建设税适用税率和教育费附加征收率就地计算缴纳城市维护建设税和教育费附加。

三、本通知自 2016 年 5 月 1 日起执行。

财政部 国家税务总局

2016 年 7 月 12 日

国家税务总局关于保险机构代收车船税
开具增值税发票问题的公告

（国家税务总局公告 2016 年第 51 号）

现对保险机构代收车船税开具增值税发票问题公告如下：

保险机构作为车船税扣缴义务人，在代收车船税并开具增值税发票时，应在增值税发票备注栏中注明代收车船税税款信息。具体包括：保险单号、税款所属期（详细至月）、代收车船税金额、滞纳金金额、金额合计等。该增值税发票可作为纳税人缴纳车船税及滞纳金的会计核算原始凭证。

本公告自 2016 年 5 月 1 日起施行。

特此公告。

国家税务总局

2016 年 8 月 7 日

财政部 国家税务总局关于收费公路
通行费增值税抵扣有关问题的通知

（财税〔2016〕86 号）

各省、自治区、直辖市、计划单列市财政厅（局）、国家税务局、地方税务局，新疆生产建设兵团财务局：

为保证营业税改征增值税试点的平稳运行，现将收费公路通行费增值税抵扣有关问题通知如下：

一、增值税一般纳税人支付的道路、桥、闸通行费，暂凭取得的通行费发票（不含财政票据，下同）上注明的收费金额按照下列公式计算可抵扣的进项税额：

$$\frac{高速公路通行费}{可抵扣进项税额}=高速公路通行费发票上注明的金额÷(1+3\%)×3\%$$

$$\frac{一级公路、二级公路、桥、闸}{通行费可抵扣进项税额}=\frac{一级公路、二级公路、桥、闸}{通行费发票上注明的金额}÷(1+5\%)×5\%$$

通行费，是指有关单位依法或者依规设立并收取的过路、过桥和过闸费用。

二、本通知自 2016 年 8 月 1 日起执行，停止执行时间另行通知。

财政部 国家税务总局

2016 年 8 月 3 日

国家税务总局关于规范国税机关代开
发票环节征收地方税费工作的通知

（税总发〔2016〕127号）

各省、自治区、直辖市和计划单列市国家税务局、地方税务局：

为贯彻落实《深化国税、地税征管体制改革方案》（以下简称《方案》）要求，进一步加强地方税费的管理，根据《中华人民共和国税收征收管理法》及其实施细则、《中华人民共和国发票管理办法》和《国家税务总局关于发布〈委托代征管理办法〉的公告》（国家税务总局公告2013年第24号）的有关规定，现对规范国税机关为纳税人代开发票环节征收地方税费工作，提出如下要求：

一、基本原则

代开发票应当缴纳税款的，税务机关应严格执行先征收税款、再代开发票的有关规定。

二、征收方式

地税机关直接征收。对已实现国税、地税办税服务厅互设窗口，或者国税与地税共建办税服务厅、共驻政务服务中心等合作办税模式的地区，地税机关应在办税服务厅设置专职岗位，负责征收国税机关代开发票环节涉及的地方税费。

委托国税机关代征。对暂未实现上述国税、地税合作办税模式的地区，地税机关应委托国税机关在代开发票环节代征地方税费。

三、具体事项

（一）代征范围

委托国税机关代征的，国税机关应当在代开发票环节征收增值税，并同时按规定代征城市维护建设税、教育费附加、地方教育附加、个人所得税（有扣缴义务人的除外）以及跨地区经营建筑企业项目部的企业所得税。

有条件的地区，经省国税机关、地税机关协商，国税机关在代开发票环节可为地税机关代征资源税、印花税及其他非税收入，代征范围需及时向社会公告。

（二）票证使用及税款退库

委托国税机关代征的，国税机关、地税机关应在《委托代征协议书》中明确税款解缴、税收票证使用等事项。

国税机关为纳税人代开发票，如果发生作废或者销货退回需开具红字发票等情形涉及税款退库的，国税机关、地税机关应按照有关规定为纳税人做好税款退库事宜。

（三）情况反馈

纳税人拒绝接受国税机关代征税款的，国税机关应当及时告知委托方地税机关，由地税机关根据法律、法规的规定予以处理。

四、工作要求

（一）统一思想，提高认识

加强代开发票环节征收地方税费工作是满足营改增地税机关征管范围调整以及地税发票停止使用后加强税源管理、保障地方税费应收尽收的重要手段，是落实《方案》，推动国税机关与地税机关深度合作的重要内容。各地税务机关要充分认识其现实意义，积极争取当地党委、政府支持和相关部门的配合，不断优化整合征管资源，立足当地实际确保代开发票环节征收地方税费工作落到实处。

（二）加强合作，统筹协调

各省国税机关、地税机关要协同配合，制定本辖区委托代征工作的管理办法，指导基层税务机关签订《委托代征协议书》，做好宣传解释、督导检查工作，制定应急预案，并就委托代征的具体范围联合向社会公告。要建立定期工作沟通协调机制，及时研究解决新出现的问题，及时总结创新做法、先进经验并加以推广。

（三）信息支撑，减轻负担

各省税务机关要按照提高征管效率、节约行政资源、方便纳税人办税的原则，利用信息化手段，有效简化环节，解决纳税人"多头跑、跑多次"的问题，切实减轻纳税人的办税负担。

请各省税务机关于 2016 年 10 月 31 日之前，将对本通知的贯彻落实情况书面报告税务总局（征管科技司）。

国家税务总局

2016 年 8 月 15 日

国家税务总局关于营改增试点若干征管问题的公告

(国家税务总局公告 2016 年第 53 号)

根据《财政部 国家税务总局关于全面推开营业税改征增值税试点的通知》(财税〔2016〕36 号),现将营改增试点有关征管问题公告如下:

一、境外单位或者个人发生的下列行为不属于在境内销售服务或者无形资产:

(一)为出境的函件、包裹在境外提供的邮政服务、收派服务;

(二)向境内单位或者个人提供的工程施工地点在境外的建筑服务、工程监理服务;

(三)向境内单位或者个人提供的工程、矿产资源在境外的工程勘察勘探服务;

(四)向境内单位或者个人提供的会议展览地点在境外的会议展览服务。

二、其他个人采取一次性收取租金的形式出租不动产,取得的租金收入可在租金对应的租赁期内平均分摊,分摊后的月租金收入不超过 3 万元的,可享受小微企业免征增值税优惠政策。

三、单用途商业预付卡(以下简称"单用途卡")业务按照以下规定执行:

(一)单用途卡发卡企业或者售卡企业(以下统称"售卡方")销售单用途卡,或者接受单用途卡持卡人充值取得的预收资金,不缴纳增值税。售卡方可按照本公告第九条的规定,向购卡人、充值人开具增值税普通发票,不得开具增值税专用发票。

单用途卡,是指发卡企业按照国家有关规定发行的,仅限于在本企业、本企业所属集团或者同一品牌特许经营体系内兑付货物或者服务的预付凭证。

发卡企业,是指按照国家有关规定发行单用途卡的企业。售卡企业,是指集团发卡企业或者品牌发卡企业指定的,承担单用途卡销售、充值、挂失、换卡、退卡等相关业务的本集团或同一品牌特许经营体系内的企业。

(二)售卡方因发行或者销售单用途卡并办理相关资金收付结算业务取得的手续费、结算费、服务费、管理费等收入,应按照现行规定缴纳增值税。

(三)持卡人使用单用途卡购买货物或服务时,货物或者服务的销售方应按照现行规定缴纳增值税,且不得向持卡人开具增值税发票。

(四)销售方与售卡方不是同一个纳税人的,销售方在收到售卡方结算的销售款时,应向售卡方开具增值税普通发票,并在备注栏注明"收到预付卡结算款",不得开具增值税专用发票。

售卡方从销售方取得的增值税普通发票,作为其销售单用途卡或接受单用途卡充值取得预收资金不缴纳增值税的凭证,留存备查。

四、支付机构预付卡(以下称"多用途卡")业务按照以下规定执行:

（一）支付机构销售多用途卡取得的等值人民币资金，或者接受多用途卡持卡人充值取得的充值资金，不缴纳增值税。支付机构可按照本公告第九条的规定，向购卡人、充值人开具增值税普通发票，不得开具增值税专用发票。

支付机构，是指取得中国人民银行核发的《支付业务许可证》，获准办理"预付卡发行与受理"业务的发卡机构和获准办理"预付卡受理"业务的受理机构。

多用途卡，是指发卡机构以特定载体和形式发行的，可在发卡机构之外购买货物或服务的预付价值。

（二）支付机构因发行或者受理多用途卡并办理相关资金收付结算业务取得的手续费、结算费、服务费、管理费等收入，应按照现行规定缴纳增值税。

（三）持卡人使用多用途卡，向与支付机构签署合作协议的特约商户购买货物或服务，特约商户应按照现行规定缴纳增值税，且不得向持卡人开具增值税发票。

（四）特约商户收到支付机构结算的销售款时，应向支付机构开具增值税普通发票，并在备注栏注明"收到预付卡结算款"，不得开具增值税专用发票。

支付机构从特约商户取得的增值税普通发票，作为其销售多用途卡或接受多用途卡充值取得预收资金不缴纳增值税的凭证，留存备查。

五、单位将其持有的限售股在解禁流通后对外转让的，按照以下规定确定买入价：

（一）上市公司实施股权分置改革时，在股票复牌之前形成的原非流通股股份，以及股票复牌首日至解禁日期间由上述股份孳生的送、转股，以该上市公司完成股权分置改革后股票复牌首日的开盘价为买入价。

（二）公司首次公开发行股票并上市形成的限售股，以及上市首日至解禁日期间由上述股份孳生的送、转股，以该上市公司股票首次公开发行（IPO）的发行价为买入价。

（三）因上市公司实施重大资产重组形成的限售股，以及股票复牌首日至解禁日期间由上述股份孳生的送、转股，以该上市公司因重大资产重组股票停牌前一交易日的收盘价为买入价。

六、银行提供贷款服务按期计收利息的，结息日当日计收的全部利息收入，均应计入结息日所属期的销售额，按照现行规定计算缴纳增值税。

七、按照《中华人民共和国增值税暂行条例》《营业税改征增值税试点实施办法》《中华人民共和国消费税暂行条例》及相关文件规定，以1个季度为纳税期限的增值税纳税人，其取得的全部增值税应税收入、消费税应税收入，均可以1个季度为纳税期限。

八、《纳税人跨县（市、区）提供建筑服务增值税征收管理暂行办法》（国家税务总局公告2016年第17号发布）第七条规定调整为：

纳税人跨县（市、区）提供建筑服务，在向建筑服务发生地主管国税机关预缴税款时，需填报《增值税预缴税款表》，并出示以下资料：

（一）与发包方签订的建筑合同复印件（加盖纳税人公章）；

（二）与分包方签订的分包合同复印件（加盖纳税人公章）；

（三）从分包方取得的发票复印件（加盖纳税人公章）。

九、《国家税务总局关于全面推开营业税改征增值税试点有关税收征收管理事项的公告》（国家税务总局公告 2016 年第 23 号）附件《商品和服务税收分类与编码（试行）》中的分类编码调整以下内容，纳税人应将增值税税控开票软件升级到最新版本（V2.0.11）：

（一）3010203 "水路运输期租业务" 下分设 301020301 "水路旅客运输期租业务" 和 301020302 "水路货物运输期租业务"；3010204 "水路运输程租业务" 下设 301020401 "水路旅客运输程租业务" 和 301020402 "水路货物运输程租业务"；301030103 "航空运输湿租业务" 下设 30103010301 "航空旅客运输湿租业务" 和 30103010302 "航空货物运输湿租业务"。

（二）30105 "无运输工具承运业务" 下新增 3010502 "无运输工具承运陆路运输业务"、3010503 "无运输工具承运水路运输服务"、3010504 "无运输工具承运航空运输服务"、3010505 "无运输工具承运管道运输服务" 和 3010506 "无运输工具承运联运运输服务"。

停用编码 3010501 "无船承运"。

（三）301 "交通运输服务" 下新增 30106 "联运服务"，用于利用多种运输工具载运旅客、货物的业务活动。

30106 "联运服务" 下新增 3010601 "旅客联运服务" 和 3010602 "货物联运服务"。

（四）30199 "其他运输服务" 下新增 3019901 "其他旅客运输服务" 和 3019902 "其他货物运输服务"。

（五）30401 "研发和技术服务" 下新增 3040105 "专业技术服务"。

停止使用编码 304010403 "专业技术服务"。

（六）304050202 "不动产经营租赁" 下新增 30405020204 "商业营业用房经营租赁服务"。

（七）3040801 "企业管理服务" 下新增 304080101 "物业管理服务" 和 304080199 "其他企业管理服务"。

（八）3040802 "经纪代理服务" 下新增 304080204 "人力资源外包服务"。

（九）3040803 "人力资源服务" 下新增 304080301 "劳务派遣服务" 和 304080399 "其他人力资源服务"。

（十）30601 "贷款服务" 下新增 3060110 "客户贷款"，用于向企业、个人等客户发放贷款以及票据贴现的情况；3060110 "客户贷款" 下新增 306011001 "企业贷款"、306011002 "个人贷款"、306011003 "票据贴现"。

（十一）增加 6 "未发生销售行为的不征税项目"，用于纳税人收取款项但未发生销售货物、应税劳务、服务、无形资产或不动产的情形。

"未发生销售行为的不征税项目"下设 601"预付卡销售和充值"、602"销售自行开发的房地产项目预收款"、603"已申报缴纳营业税未开票补开票"。

使用"未发生销售行为的不征税项目"编码，发票税率栏应填写"不征税"，不得开具增值税专用发票。

十、本公告自 2016 年 9 月 1 日起施行，此前已发生未处理的事项，按照本公告规定执行。2016 年 5 月 1 日前，纳税人发生本公告第二、五、六条规定的应税行为，此前未处理的，比照本公告规定缴纳营业税。

特此公告。

国家税务总局

2016 年 8 月 18 日

国家税务总局关于物业管理服务中收取的
自来水水费增值税问题的公告

（国家税务总局公告 2016 年第 54 号）

现将物业管理服务中收取的自来水水费增值税有关问题公告如下：

提供物业管理服务的纳税人，向服务接受方收取的自来水水费，以扣除其对外支付的自来水水费后的余额为销售额，按照简易计税方法依 3% 的征收率计算缴纳增值税。

本公告自发布之日起施行，2016 年 5 月 1 日以后已发生并处理的事项，不再作调整；未处理的，按本公告规定执行。

特此公告。

国家税务总局

2016 年 8 月 19 日

财政部 国家税务总局关于供热企业增值税
房产税 城镇土地使用税优惠政策的通知

（财税〔2016〕94 号）

北京、天津、河北、山西、内蒙古、辽宁、大连、吉林、黑龙江、山东、青岛、河南、陕西、甘肃、宁夏、新疆、青海省（自治区、直辖市、计划单列市）财政厅（局）、国家税务局、地方税务局，新疆生产建设兵团财务局：

为保障居民供热采暖，经国务院批准，现将"三北"地区供热企业（以下简称供热企业）增值税、房产税、城镇土地使用税政策通知如下：

一、自 2016 年 1 月 1 日至 2018 年供暖期结束，对供热企业向居民个人（以下统称居民）供热而取得的采暖费收入免征增值税。

向居民供热而取得的采暖费收入，包括供热企业直接向居民收取的、通过其他单位向居民收取的和由单位代居民缴纳的采暖费。

免征增值税的采暖费收入，应当按照《中华人民共和国增值税暂行条例》第十六条的规定单独核算。通过热力产品经营企业向居民供热的热力产品生产企业，应当根据热力产品经营企业实际从居民取得的采暖费收入占该经营企业采暖费总收入的比例确定免税收入比例。

本条所称供暖期，是指当年下半年供暖开始至次年上半年供暖结束的期间。

二、自 2016 年 1 月 1 日至 2018 年 12 月 31 日，对向居民供热而收取采暖费的供热企业，为居民供热所使用的厂房及土地免征房产税、镇土地使用税；对供热企业其他厂房及土地，应当按规定征收房产税、城镇土地使用税。

对专业供热企业，按其向居民供热取得的采暖费收入占全部采暖费收入的比例计算免征的房产税、城镇土地使用税。

对兼营供热企业，视其供热所使用的厂房及土地与其他生产经营活动所使用的厂房及土地是否可以区分，按照不同方法计算免征的房产税、城镇土地使用税。可以区分的，对其供热所使用厂房及土地，按向居民供热取得的采暖费收入占全部采暖费收入的比例计算减免税。难以区分的，对其全部厂房及土地，按向居民供热取得的采暖费收入占其营业收入的比例计算减免税。

对自供热单位，按向居民供热建筑面积占总供热建筑面积的比例计算免征供热所使用的厂房及土地的房产税、城镇土地使用税。

三、本通知所称供热企业，是指热力产品生产企业和热力产品经营企业。热力产品生产企业包括专业供热企业、兼营供热企业和自供热单位。

四、本通知所称"三北"地区，是指北京市、天津市、河北省、山西省、内蒙古自治区、辽宁省、大连市、吉林省、黑龙江省、山东省、青岛市、河南省、陕西省、甘肃省、青海省、宁夏回族自治区和新疆维吾尔自治区。

财政部 国家税务总局
2016 年 8 月 24 日

国家税务总局关于纳税人申请代开
增值税发票办理流程的公告

（国家税务总局公告 2016 年第 59 号）

现将纳税人代开发票（纳税人销售取得的不动产和其他个人出租不动产由地税机关代开增值税发票业务除外）办理流程公告如下：

一、办理流程

（一）在地税局委托国税局代征税费的办税服务厅，纳税人按照以下次序办理：

1. 在国税局办税服务厅指定窗口：

（1）提交《代开增值税发票缴纳税款申报单》（见附件）；

（2）自然人申请代开发票，提交身份证件及复印件；

其他纳税人申请代开发票，提交加载统一社会信用代码的营业执照（或税务登记证或组织机构代码证）、经办人身份证件及复印件。

2. 在同一窗口申报缴纳增值税等有关税费。

3. 在同一窗口领取发票。

（二）在国税地税合作、共建的办税服务厅，纳税人按照以下次序办理：

1. 在办税服务厅国税指定窗口：

（1）提交《代开增值税发票缴纳税款申报单》；

（2）自然人申请代开发票，提交身份证件及复印件；

其他纳税人申请代开发票，提交加载统一社会信用代码的营业执照（或税务登记证或组织机构代码证）、经办人身份证件及复印件。

2. 在同一窗口缴纳增值税。

3. 到地税指定窗口申报缴纳有关税费。

4. 到国税指定窗口凭相关缴纳税费证明领取发票。

二、各省税务机关应在本公告规定的基础上，结合本地实际，制定更为细化、更有明确指向和可操作的纳税人申请代开发票办理流程公告，切实将简化优化办税流程落到实处。

三、纳税人销售取得的不动产和其他个人出租不动产代开增值税发票业务所需资料，仍然按照《国家税务总局关于加强和规范税务机关代开普通发票工作的通知》（国税函〔2004〕1024 号）第二条第（五）项执行。

本公告自 2016 年 11 月 15 日起施行。

特此公告。

附件：代开增值税发票缴纳税款申报单（略）

国家税务总局
2016 年 8 月 31 日

国家税务总局关于调整增值税普通
发票防伪措施有关事项的公告

（国家税务总局公告 2016 年第 68 号）

税务总局决定调整增值税普通发票防伪措施，自 2016 年第四季度起印制的增值税普通发票采用新的防伪措施。现将有关事项公告如下：

调整后的增值税普通发票的防伪措施为灰变红防伪油墨（详见附件）。增值税普通发票各联次颜色：第一联为蓝色，第二联为棕色，第三联为绿色，第四联为紫色，第五联为粉红色。

税务机关库存和纳税人尚未使用的增值税普通发票可以继续使用。

本公告自发布之日起实施。

特此公告。

附件：增值税普通发票防伪措施的说明

国家税务总局
2016 年 11 月 2 日

附件

增值税普通发票防伪措施的说明

一、防伪效果

增值税普通发票各联次左上方的发票代码及右上方的字符（No）使用灰变红防伪油墨印制，油墨印记在外力摩擦作用下可以发生颜色变化，产生红色擦痕。

二、鉴别方法

使用白纸摩擦票面的发票代码和字符（No）区域，在白纸表面以及发票代码和字符（No）的摩擦区域均会产生红色擦痕。（如下图所示）

发票代码图案原色

原色摩擦可产生红色擦痕

国家税务总局关于在境外提供
建筑服务等有关问题的公告

（国家税务总局公告 2016 年第 69 号）

进一步推进全面营改增试点平稳运行，现将在境外提供建筑服务等有关征管问题公告如下：

一、境内的单位和个人为施工地点在境外的工程项目提供建筑服务，按照《国家税务总局关于发布〈营业税改征增值税跨境应税行为增值税免税管理办法（试行）〉的公告》（国家税务总局公告 2016 年第 29 号）第八条规定办理免税备案手续时，凡与发包方签订的建筑合同注明施工地点在境外的，可不再提供工程项目在境外的其他证明材料。

二、境内的单位和个人在境外提供旅游服务，按照国家税务总局公告 2016 年第 29 号第八条规定办理免税备案手续时，以下列材料之一作为服务地点在境外的证明材料：

（一）旅游服务提供方派业务人员随同出境的，出境业务人员的出境证件首页及出境记录页复印件。

出境业务人员超过 2 人的，只需提供其中 2 人的出境证件复印件。

（二）旅游服务购买方的出境证件首页及出境记录页复印件。

旅游服务购买方超过 2 人的，只需提供其中 2 人的出境证件复印件。

三、享受国际运输服务免征增值税政策的境外单位和个人，到主管税务机关办理免税备案时，提交的备案资料包括：

（一）关于纳税人基本情况和业务介绍的说明；

（二）依据的税收协定或国际运输协定复印件。

四、纳税人提供建筑服务，被工程发包方从应支付的工程款中扣押的质押金、保证金，未开具发票的，以纳税人实际收到质押金、保证金的当天为纳税义务发生时间。

五、纳税人以长（短）租形式出租酒店式公寓并提供配套服务的，按照住宿服务缴纳增值税。

六、境外单位通过教育部考试中心及其直属单位在境内开展考试，教育部考试中心及其直属单位应以取得的考试费收入扣除支付给境外单位考试费后的余额为销售额，按提供"教育辅助服务"缴纳增值税；就代为收取并支付给境外单位的考试费统一扣缴增值税。教育部考试中心及其直属单位代为收取并支付给境外单位的考试费，不得开具增值税专用发票，可以开具增值税普通发票。

七、纳税人提供签证代理服务，以取得的全部价款和价外费用，扣除向服务接受方收取并代为支付给外交部和外国驻华使（领）馆的签证费、认证费后的余额为销售额。向服务接受方收取并代为支付的签证费、认证费，不得开具增值税专用发票，可以开具增值税普通发票。

八、纳税人代理进口按规定免征进口增值税的货物，其销售额不包括向委托方收取并代为支付的货款。向委托方收取并代为支付的款项，不得开具增值税专用发票，可以开具增值税普通发票。

九、纳税人提供旅游服务，将火车票、飞机票等交通费发票原件交付给旅游服务购买方而无法收回的，以交通费发票复印件作为差额扣除凭证。

十、全面开展住宿业小规模纳税人自行开具增值税专用发票试点。月销售额超过 3 万元（或季销售额超过 9 万元）的住宿业小规模纳税人提供住宿服务、销售货物或发生其他应税行为，需要开具增值税专用发票的，可以通过增值税发票管理新系统自行开具，主管国税机关不再为其代开。

住宿业小规模纳税人销售其取得的不动产，需要开具增值税专用发票的，仍须向地税机关申请代开。

住宿业小规模纳税人自行开具增值税专用发票应缴纳的税款，应在规定的纳税申报期内，向主管税务机关申报纳税。在填写增值税纳税申报表时，应将当期开具专用发票的销售额，按照 3% 和 5% 的征收率，分别填写在《增值税纳税申报表》（小规模纳税人适用）第 2 栏和第 5 栏"税务机关代开的增值税专用发票不含税销售额"的"本期数"相应栏次中。

十一、本公告自发布之日起施行，此前已发生未处理的事项，按照本公告规定执行。《国家税务总局关于部分地区开展住宿业增值税小规模纳税人自开增值税专用发票试点工作有关事项的公告》（国家税务总局公告 2016 年第 44 号）同时废止。

特此公告。

国家税务总局
2016 年 11 月 4 日

国家税务总局关于按照纳税信用等级对增值税发票使用实行分类管理有关事项的公告

（国家税务总局公告 2016 年第 71 号）

　　为进一步优化纳税服务，提高办税效率，税务总局决定按照纳税信用等级对增值税发票使用实行分类管理，现将有关事项公告如下：

　　一、简并发票领用次数

　　纳税信用 A 级的纳税人可一次领取不超过 3 个月的增值税发票用量，纳税信用 B 级的纳税人可一次领取不超过 2 个月的增值税发票用量。以上两类纳税人生产经营情况发生变化，需要调整增值税发票用量，手续齐全的，按照规定即时办理。

　　二、扩大取消增值税发票认证的纳税人范围

　　将取消增值税发票认证的纳税人范围由纳税信用 A 级、B 级的增值税一般纳税人扩大到纳税信用 C 级的增值税一般纳税人。

　　对 2016 年 5 月 1 日新纳入营改增试点、尚未进行纳税信用评级的增值税一般纳税人，2017 年 4 月 30 日前不需进行增值税发票认证，登录本省增值税发票选择确认平台，查询、选择、确认用于申报抵扣或者出口退税的增值税发票信息，未查询到对应发票信息的，可进行扫描认证。

　　本公告自 2016 年 12 月 1 日起实施。

　　特此公告。

国家税务总局

2016 年 11 月 17 日

国家税务总局关于纳税人转让不动产缴纳
增值税差额扣除有关问题的公告

（国家税务总局公告 2016 年第 73 号）

现将纳税人转让不动产缴纳增值税差额扣除有关问题公告如下：

一、纳税人转让不动产，按照有关规定差额缴纳增值税的，如因丢失等原因无法提供取得不动产时的发票，可向税务机关提供其他能证明契税计税金额的完税凭证等资料，进行差额扣除。

二、纳税人以契税计税金额进行差额扣除的，按照下列公式计算增值税应纳税额：

（一）2016 年 4 月 30 日及以前缴纳契税的

$$增值税应纳税额＝[全部交易价格(含增值税)－契税计税金额(含营业税)]÷(1＋5\%)×5\%$$

（二）2016 年 5 月 1 日及以后缴纳契税的

$$\frac{增值税}{应纳税额}＝\left[\frac{全部交易价格}{(含增值税)}÷(1＋5\%)－\frac{契税计税金额}{(不含增值税)}\right]×5\%$$

三、纳税人同时保留取得不动产时的发票和其他能证明契税计税金额的完税凭证等资料的，应当凭发票进行差额扣除。

本公告自发布之日起施行。此前已发生未处理的事项，按照本公告的规定执行。

特此公告。

国家税务总局

2016 年 11 月 24 日

国家税务总局关于全面推行增值税
发票网上申领有关问题的通知

(税总函〔2016〕638号)

各省、自治区、直辖市和计划单列市国家税务局:

为进一步优化纳税服务,方便纳税人申领发票,各自由贸易试验区依托增值税发票管理新系统(以下简称"新系统")推行了增值税发票网上申领,取得明显成效,税务总局决定全面复制推广,现将有关问题通知如下:

一、增值税发票网上申领范围

纳税信用等级A级、B级纳税人,以及地市国税局确定的税收风险等级低、尚未评级的纳税人(不包括新办小型商贸企业),可自愿选择使用网上申领方式领用增值税发票。

二、增值税发票网上申领流程

纳税人网上发票验旧后,通过新系统开票软件或各省网上办税平台提交领用发票申请,申请信息传递到核心征管系统,征管系统处理申请信息发放发票,税务机关通过物流配送将纸质发票邮寄给纳税人,或者放置在办税服务厅指定位置由纳税人自取,同时将领用发票的电子信息发送至新系统开票软件。纳税人收到纸质发票后,通过新系统确认下载领用发票的电子信息,实现足不出户办理发票网上申领。

三、增值税发票网上申领模式

为保障增值税发票网上申领工作平稳推进,已推行发票网上申领的地区,可结合本地实际,由省国税局确定本省实现方式,纳税人通过新系统开票软件或者各省网上办税平台提交领用发票申请;尚未推行发票网上申领的地区采用纳税人通过新系统提交申请的方式。

使用新系统提交领用发票申请方式的地区,主管国税机关应按要求配置新系统后台软件,通知选择使用网上申领方式的纳税人,升级新系统开票软件。支持网上申领发票的新系统开票软件需通过税务专网获取,软件版本号为V2.0.12_ZS及以上。

四、发票邮寄费用问题

自愿选择使用网上申领邮寄方式的纳税人需承担邮寄发票的相关费用。

五、有关工作要求

(一)高度重视,周密组织

推行增值税发票网上申领是税务机关优化纳税服务,实现"互联网+税务"的重要举措,可有效减轻纳税人办税负担和基层税务机关工作负担,各地税务机关要高度重视,周密组织安排,细化推行工作方案,加强部门协作配合,做好对纳税人的宣传辅导工作。

（二）优化服务，规范管理

各地国税机关在推行增值税发票网上申领，优化纳税服务的同时，要规范税收管理，做好风险防控工作。一是规范相关信息管理，纳税人接收邮寄发票地址、收件人信息应与征管软件登记信息一致，特殊情况经税务机关同意后方可变更。二是要注重信息安全，各地要高度重视信息安全保密工作，加强系统运维，保障信息安全。三是做好发票物流配送衔接工作，保障邮寄发票的安全。

国家税务总局

2016 年 11 月 30 日

国家税务总局关于调整增值税一般纳税人
留抵税额申报口径的公告

（国家税务总局公告 2016 年第 75 号）

现将增值税一般纳税人留抵税额有关申报口径公告如下：

一、《国家税务总局关于全面推开营业税改征增值税试点后增值税纳税申报有关事项的公告》（国家税务总局公告 2016 年第 13 号）附件 1《增值税纳税申报表（一般纳税人适用）》（以下称"申报表主表"）第 13 栏"上期留抵税额""一般项目"列"本年累计"和第 20 栏"期末留抵税额""一般项目"列"本年累计"栏次停止使用，不再填报数据。

二、本公告发布前，申报表主表第 20 栏"期末留抵税额""一般项目"列"本年累计"中有余额的增值税一般纳税人，在本公告发布之日起的第一个纳税申报期，将余额一次性转入第 13 栏"上期留抵税额""一般项目"列"本月数"中。

三、本公告自 2016 年 12 月 1 日起施行。

特此公告。

国家税务总局

2016 年 12 月 1 日

国家税务总局关于走逃（失联）企业开具增值税专用发票认定处理有关问题的公告

（国家税务总局公告 2016 年第 76 号）

为进一步加强增值税专用发票管理，有效防范税收风险，根据《中华人民共和国增值税暂行条例》有关规定，现将走逃（失联）企业开具增值税专用发票认定处理的有关问题公告如下：

一、走逃（失联）企业的判定

走逃（失联）企业，是指不履行税收义务并脱离税务机关监管的企业。

根据税务登记管理有关规定，税务机关通过实地调查、电话查询、涉税事项办理核查以及其他征管手段，仍对企业和企业相关人员查无下落的，或虽然可以联系到企业代理记账、报税人员等，但其并不知情也不能联系到企业实际控制人的，可以判定该企业为走逃（失联）企业。

二、走逃（失联）企业开具增值税专用发票的处理

（一）走逃（失联）企业存续经营期间发生下列情形之一的，所对应属期开具的增值税专用发票列入异常增值税扣税凭证（以下简称"异常凭证"）范围。

1. 商贸企业购进、销售货物名称严重背离的；生产企业无实际生产加工能力且无委托加工，或生产能耗与销售情况严重不符，或购进货物并不能直接生产其销售的货物且无委托加工的。

2. 直接走逃失踪不纳税申报，或虽然申报但通过填列增值税纳税申报表相关栏次，规避税务机关审核比对，进行虚假申报的。

（二）增值税一般纳税人取得异常凭证，尚未申报抵扣或申报出口退税的，暂不允许抵扣或办理退税；已经申报抵扣的，一律先作进项税额转出；已经办理出口退税的，税务机关可按照异常凭证所涉及的退税额对该企业其他已审核通过的应退税款暂缓办理出口退税，无其他应退税款或应退税款小于涉及退税额的，可由出口企业提供差额部分的担保。经核实，符合现行增值税进项税额抵扣或出口退税相关规定的，企业可继续申报抵扣，或解除担保并继续办理出口退税。

（三）异常凭证由开具方主管税务机关推送至接受方所在地税务机关进行处理，具体操作规程另行明确。

本公告自发布之日起施行。

特此公告。

国家税务总局

2016 年 12 月 1 日

国家税务总局关于启用增值税普通
发票（卷票）有关事项的公告

（国家税务总局公告 2016 年第 82 号）

为了满足纳税人发票使用需要，税务总局决定自 2017 年 1 月 1 日起启用增值税普通发票（卷票），现将有关事项公告如下：

一、增值税普通发票（卷票）规格、联次及防伪措施

增值税普通发票（卷票）分为两种规格：57mm×177.8mm、76mm×177.8mm，均为单联。增值税普通发票（卷票）的防伪措施为光变油墨防伪（详见附件 1）。

二、增值税普通发票（卷票）代码及号码

增值税普通发票（卷票）的发票代码为 12 位，编码规则：第 1 位为 0，第 2—5 位代表省、自治区、直辖市和计划单列市，第 6—7 位代表年度，第 8—10 位代表批次，第 11—12 位代表票种和规格，其中 06 代表 57mm×177.8mm 增值税普通发票（卷票）、07 代表 76mm×177.8mm 增值税普通发票（卷票）。

增值税普通发票（卷票）的发票号码为 8 位，按年度、分批次编制。

三、增值税普通发票（卷票）内容

增值税普通发票（卷票）的基本内容包括：发票名称、发票监制章、发票联、税徽、发票代码、发票号码、机打号码、机器编号、销售方名称及纳税人识别号、开票日期、收款员、购买方名称及纳税人识别号、项目、单价、数量、金额、合计金额（小写）、合计金额（大写）、校验码、二维码码区等。增值税普通发票（卷票）票样见附件 2。

四、其他事项

（一）增值税普通发票（卷票）由纳税人自愿选择使用，重点在生活性服务业纳税人中推广使用。

（二）增值税普通发票（卷票）的真伪鉴别按照《中华人民共和国发票管理办法实施细则》第三十三条有关规定执行。

本公告自 2017 年 1 月 1 日起实施。

特此公告。

附件：1. 增值税普通发票（卷票）防伪措施的说明（略）

2. 增值税普通发票（卷票）票样（略）

国家税务总局

2016 年 12 月 13 日

财政部 国家税务总局关于明确金融 房地产开发 教育辅助服务等增值税政策的通知

（财税〔2016〕140号）

各省、自治区、直辖市、计划单列市财政厅（局）、国家税务局，地方税务局，新疆生产建设兵团财务局：

现将营改增试点期间有关金融、房地产开发、教育辅助服务等政策补充通知如下：

一、《销售服务、无形资产、不动产注释》（财税〔2016〕36号）第一条第（五）项第1点所称"保本收益、报酬、资金占用费、补偿金"，是指合同中明确承诺到期本金可全部收回的投资收益。金融商品持有期间（含到期）取得的非保本的上述收益，不属于利息或利息性质的收入，不征收增值税。

二、纳税人购入基金、信托、理财产品等各类资产管理产品持有至到期，不属于《销售服务、无形资产、不动产注释》（财税〔2016〕36号）第一条第（五）项第4点所称的金融商品转让。

三、证券公司、保险公司、金融租赁公司、证券基金管理公司、证券投资基金以及其他经人民银行、银监会、证监会、保监会批准成立且经营金融保险业务的机构发放贷款后，自结息日起90天内发生的应收未收利息按现行规定缴纳增值税，自结息日起90天后发生的应收未收利息暂不缴纳增值税，待实际收到利息时按规定缴纳增值税。

四、资管产品运营过程中发生的增值税应税行为，以资管产品管理人为增值税纳税人。

五、纳税人2016年1～4月份转让金融商品出现的负差，可结转下一纳税期，与2016年5～12月份转让金融商品销售额相抵。

六、《财政部 国家税务总局关于全面推开营业税改征增值税试点的通知》（财税〔2016〕36号）所称"人民银行、银监会或者商务部批准"、"商务部授权的省级商务主管部门和国家经济技术开发区批准"从事融资租赁业务（含融资性售后回租业务）的试点纳税人（含试点纳税人中的一般纳税人），包括经上述部门备案从事融资租赁业务的试点纳税人。

七、《营业税改征增值税试点有关事项的规定》（财税〔2016〕36号）第一条第（三）项第10点中"向政府部门支付的土地价款"，包括土地受让人向政府部门支付的征地和拆迁补偿费用、土地前期开发费用和土地出让收益等。

房地产开发企业中的一般纳税人销售其开发的房地产项目（选择简易计税方法的房地产老项目除外），在取得土地时向其他单位或个人支付的拆迁补偿费用也允许在计算销售额时扣除。纳税人按上述规定扣除拆迁补偿费用时，应提供拆迁协议、拆迁双方支付和取得拆迁补偿费用凭证等能够证明拆迁补偿费用真实性的材料。

八、房地产开发企业（包括多个房地产开发企业组成的联合体）受让土地向政府部门支付土地价款后，设立项目公司对该受让土地进行开发，同时符合下列条件的，可由项目公司按规定扣除房地产开发企业向政府部门支付的土地价款。

（一）房地产开发企业、项目公司、政府部门三方签订变更协议或补充合同，将土地受让人变更为项目公司；

（二）政府部门出让土地的用途、规划等条件不变的情况下，签署变更协议或补充合同时，土地价款总额不变；

（三）项目公司的全部股权由受让土地的房地产开发企业持有。

九、提供餐饮服务的纳税人销售的外卖食品，按照"餐饮服务"缴纳增值税。

十、宾馆、旅馆、旅社、度假村和其他经营性住宿场所提供会议场地及配套服务的活动，按照"会议展览服务"缴纳增值税。

十一、纳税人在游览场所经营索道、摆渡车、电瓶车、游船等取得的收入，按照"文化体育服务"缴纳增值税。

十二、非企业性单位中的一般纳税人提供的研发和技术服务、信息技术服务、鉴证咨询服务，以及销售技术、著作权等无形资产，可以选择简易计税方法按照3%征收率计算缴纳增值税。

非企业性单位中的一般纳税人提供《营业税改征增值税试点过渡政策的规定》（财税〔2016〕36号）第一条第（二十六）项中的"技术转让、技术开发和与之相关的技术咨询、技术服务"，可以参照上述规定，选择简易计税方法按照3%征收率计算缴纳增值税。

十三、一般纳税人提供教育辅助服务，可以选择简易计税方法按照3%征收率计算缴纳增值税。

十四、纳税人提供武装守护押运服务，按照"安全保护服务"缴纳增值税。

十五、物业服务企业为业主提供的装修服务，按照"建筑服务"缴纳增值税。

十六、纳税人将建筑施工设备出租给他人使用并配备操作人员的，按照"建筑服务"缴纳增值税。

十七、自2017年1月1日起，生产企业销售自产的海洋工程结构物，或者融资租赁企业及其设立的项目子公司、金融租赁公司及其设立的项目子公司购买并以融资租赁方式出租的国内生产企业生产的海洋工程结构物，应按规定缴纳增值税，不再适用《财政部 国家税务总局关于出口货物劳务增值税和消费税政策的通知》（财税〔2012〕39号）或者《财政部 国家税务总局关于在全国开展融资租赁货物出口退税政策试点的通知》（财税〔2014〕62号）规定的增值税出口退税政策，但购买方或者承租方为按实物征收增值税的中外合作油（气）田开采企业的除外。

2017年1月1日前签订的海洋工程结构物销售合同或者融资租赁合同，在合同到期前，可继续按现行相关出口退税政策执行。

　　十八、本通知除第十七条规定的政策外，其他均自 2016 年 5 月 1 日起执行。此前已征的应予免征或不征的增值税，可抵减纳税人以后月份应缴纳的增值税。

财政部　国家税务总局

2016 年 12 月 21 日

国家税务总局关于土地价款扣除
时间等增值税征管问题的公告

(国家税务总局公告 2016 年第 86 号)

为细化落实《财政部 国家税务总局关于明确金融 房地产开发 教育辅助服务等增值税政策的通知》（财税〔2016〕140 号）和进一步明确营改增试点运行中反映的操作问题，现将有关事项公告如下：

一、房地产开发企业向政府部门支付的土地价款，以及向其他单位或个人支付的拆迁补偿费用，按照财税〔2016〕140 号文件第七、八条规定，允许在计算销售额时扣除但未扣除的，从 2016 年 12 月份（税款所属期）起按照现行规定计算扣除。

二、财税〔2016〕140 号文件第九、十、十一、十四、十五、十六条明确的税目适用问题，按以下方式处理：

（一）不涉及税率适用问题的不调整申报；

（二）纳税人原适用的税率高于财税〔2016〕140 号文件所明确税目对应税率的，多申报的销项税额可以抵减以后月份的销项税额；

（三）纳税人原适用的税率低于财税〔2016〕140 号文件所明确税目对应税率的，不调整申报，并从 2016 年 12 月份（税款所属期）起按照财税〔2016〕140 号文件执行。

纳税人已就相关业务向购买方开具增值税专用发票的，应将增值税专用发票收回并重新开具；无法收回的不再调整。

三、财税〔2016〕140 号文件第十八条规定的"此前已征的应予免征或不征的增值税，可抵减纳税人以后月份应缴纳的增值税"，按以下方式处理：

（一）应予免征或不征增值税业务已按照一般计税方法缴纳增值税的，以该业务对应的销项税额抵减以后月份的销项税额，同时按照现行规定计算不得从销项税额中抵扣的进项税额；

（二）应予免征或不征增值税业务已按照简易计税方法缴纳增值税的，以该业务对应的增值税应纳税额抵减以后月份的增值税应纳税额。

纳税人已就应予免征或不征增值税业务向购买方开具增值税专用发票的，应将增值税专用发票收回后方可享受免征或不征增值税政策。

四、保险公司开展共保业务时，按照以下规定开具增值税发票：

（一）主承保人与投保人签订保险合同并全额收取保费，然后再与其他共保人签订共保协议并支付共保保费的，由主承保人向投保人全额开具发票，其他共保人向主承保人开具发票；

（二）主承保人和其他共保人共同与投保人签订保险合同并分别收取保费的，由主承保人和其他共保人分别就各自获得的保费收入向投保人开具发票。

五、《国家税务总局关于发布〈房地产开发企业销售自行开发的房地产项目增值税征收管理暂行办法〉的公告》(国家税务总局公告 2016 年第 18 号)第五条中，"当期销售房地产项目建筑面积""房地产项目可供销售建筑面积"，是指计容积率地上建筑面积，不包括地下车位建筑面积。

六、纳税人办理无偿赠与或受赠不动产免征增值税的手续，按照《国家税务总局关于进一步简化和规范个人无偿赠与或受赠不动产免征营业税、个人所得税所需证明资料的公告》(国家税务总局公告 2015 年第 75 号，以下称《公告》)的规定执行。《公告》第一条第(四)项第 2 目"经公证的能够证明有权继承或接受遗赠的证明资料原件及复印件"，修改为"有权继承或接受遗赠的证明资料原件及复印件"。

七、纳税人出租不动产，租赁合同中约定免租期的，不属于《营业税改征增值税试点实施办法》(财税〔2016〕36 号文件印发)第十四条规定的视同销售服务。

本公告自发布之日起施行。

特此公告。

国家税务总局
2016 年 12 月 24 日

国家税务总局关于启用全国增值税
发票查验平台的公告

（国家税务总局公告 2016 年第 87 号）

为进一步优化纳税服务，加强发票管理，税务总局依托增值税发票管理新系统（以下简称"新系统"）开发了增值税发票查验平台。经过前期试点，系统运行平稳，税务总局决定启用全国增值税发票查验平台。现将有关事项公告如下：

取得增值税发票的单位和个人可登陆全国增值税发票查验平台（https://inv-veri.chinatax.gov.cn），对新系统开具的增值税专用发票、增值税普通发票、机动车销售统一发票和增值税电子普通发票的发票信息进行查验。

单位和个人通过网页浏览器首次登陆平台时，应下载安装根目录证书文件，查看平台提供的发票查验操作说明。

各级税务机关要通过多种渠道做好增值税发票查验工作的宣传辅导，采取有效措施，保证增值税发票查验工作的顺利实施。

本公告自 2017 年 1 月 1 日起实施。

特此公告。

国家税务总局

2016 年 12 月 23 日

财政部 国家税务总局关于资管产品
增值税政策有关问题的补充通知
（财税〔2017〕2 号）

各省、自治区、直辖市、计划单列市财政厅（局）、国家税务局，地方税务局，新疆生产建设兵团财务局：

现就《财政部 国家税务总局关于明确金融 房地产开发 教育辅助服务等增值税政策的通知》（财税〔2016〕140 号）第四条规定的"资管产品运营过程中发生的增值税应税行为，以资管产品管理人为增值税纳税人"问题补充通知如下：

2017 年 7 月 1 日（含）以后，资管产品运营过程中发生的增值税应税行为，以资管产品管理人为增值税纳税人，按照现行规定缴纳增值税。

对资管产品在 2017 年 7 月 1 日前运营过程中发生的增值税应税行为，未缴纳增值税的，不再缴纳；已缴纳增值税的，已纳税额从资管产品管理人以后月份的增值税应纳税额中抵减。

资管产品运营过程中发生增值税应税行为的具体征收管理办法，由国家税务总局另行制定。

财政部 国家税务总局
2017 年 1 月 6 日

国家税务总局关于开展鉴证咨询业增值税小规模
纳税人自开增值税专用发票试点工作
有关事项的公告

（国家税务总局公告 2017 年第 4 号）

为保障全面推开营改增试点工作顺利实施，方便纳税人发票使用，税务总局决定，将鉴证咨询业纳入增值税小规模纳税人自行开具增值税专用发票（以下简称"专用发票"）试点范围。现将有关事项公告如下：

一、试点内容

（一）全国范围内月销售额超过 3 万元（或季销售额超过 9 万元）的鉴证咨询业增值税小规模纳税人（以下简称"试点纳税人"）提供认证服务、鉴证服务、咨询服务、销售货物或发生其他增值税应税行为，需要开具专用发票的，可以通过增值税发票管理新系统自行开具，主管国税机关不再为其代开。

试点纳税人销售其取得的不动产，需要开具专用发票的，仍须向地税机关申请代开。

（二）试点纳税人所开具的专用发票应缴纳的税款，应在规定的纳税申报期内，向主管税务机关申报纳税。在填写增值税纳税申报表时，应将当期开具专用发票的销售额，按照 3％和 5％的征收率，分别填写在《增值税纳税申报表》（小规模纳税人适用）第 2 栏和第 5 栏"税务机关代开的增值税专用发票不含税销售额"的"本期数"相应栏次中。

二、有关要求

（一）主管税务机关要加强对试点纳税人的培训辅导，保障纳税人正确开具专用发票，同时要强化风险防控，加强数据分析比对，认真总结试点经验。

（二）试点纳税人应严格按照专用发票管理有关规定领用、保管、开具专用发票。

本公告自 2017 年 3 月 1 日起施行。

特此公告。

国家税务总局
2017 年 2 月 22 日

国家税务总局关于进一步做好增值税电子
普通发票推行工作的指导意见

(税总发〔2017〕31 号)

各省、自治区、直辖市和计划单列市国家税务局：

为适应经济社会发展和税收现代化建设需要，满足纳税人使用增值税电子普通发票的需求，自 2015 年 12 月 1 日起税务总局推行了通过增值税发票管理新系统（以下简称"新系统"）开具的增值税电子普通发票。为进一步做好增值税电子普通发票推行工作，现提出以下意见：

一、高度重视电子发票推行工作

推行通过新系统开具的增值税电子普通发票，对降低纳税人经营成本，节约社会资源，方便纳税人发票使用，营造健康公平的税收环境起到了重要作用。各地国税机关要高度重视电子发票推行工作，精心组织，扎实推进，满足纳税人开具使用电子发票的合理需求。

二、坚持问题导向，重点行业重点推行

各地国税机关要认真总结前期推行增值税电子普通发票的情况，做好分析评估工作，坚持问题导向原则，重点在电商、电信、金融、快递、公用事业等有特殊需求的纳税人中推行使用电子发票。

三、规范电子发票服务平台建设

电子发票服务平台以纳税人自建为主，也可由第三方建设提供服务平台。电子发票服务平台应免费提供电子发票版式文件的生成、打印、查询和交付等基础服务。

税务总局负责统一制定电子发票服务平台的技术标准和管理制度，建设对服务平台进行监督管理的税务监管平台。电子发票服务平台必须遵循统一的技术标准和管理制度。平台建设的技术方案和管理方案应报国税机关备案。

四、做好纳税人的宣传辅导工作

各地国税机关要利用多种渠道，切实做好纳税人的宣传辅导工作。增值税电子普通发票的开票方和受票方需要纸质发票的，可以自行打印增值税电子普通发票的版式文件，其法律效力、基本用途、基本使用规定等与税务机关监制的增值税普通发票相同。购买方向开具增值税电子普通发票的纳税人当场索取纸质普通发票的，纳税人应当免费提供电子发票版式文件打印服务。对于拒绝提供免费打印服务或者纸质发票的，主管国税务机关应当及时予以纠正。

五、规范电子发票编码规则及发票赋码流程

各地国税机关应严格按照《国家税务总局关于推行通过增值税电子发票系统开具的增值税电子普通发票有关问题的公告》（国家税务总局公告 2015 年第 84 号）规

定的发票编码规则编制增值税电子普通发票的发票代码，通过金税三期核心征管系统将电子发票的号段同步至新系统，通过新系统最终赋予纳税人。

六、简化税控专用设备发行流程

各地国税机关要进一步简化税控专用设备发行流程，及时为使用电子发票的纳税人或其书面委托的单位办理税控专用设备发行，提高办税效率。

七、加强对服务单位的监督管理

各地国税机关应严格按照税务总局对纳税人税控装置安装服务提出的工作要求，加强对服务单位的监督管理，督促其提高服务水平和服务质量。税务机关及税务干部要严格执行廉政规定，不得违反纪律参与、干预、引导纳税人选择服务单位。税务机关要及时处理回应纳税人投诉，对存在问题的服务单位责令其立即纠正，并限期整改。

税控专用设备销售单位应保障税控专用设备的及时供应，不得以任何理由推诿、拖延或者拒绝使用电子发票的纳税人购买税控专用设备的要求。

八、落实主体责任，加强部门协作配合

各地国税机关要将推行工作做实做细，加强部门协作配合，形成工作合力。按照新系统推行到哪里、主体责任就要落实到哪里的原则，货物劳务税部门要落实好发票管理、系统推行中的主体责任，实行专人专岗、责任到人。征管科技、电子税务等部门要加强协作配合，共同保障推行工作平稳顺利。

国家税务总局

2017 年 3 月 21 日

国家税务总局关于使用印有本单位名称的增值税
普通发票（卷票）有关问题的公告

（国家税务总局公告 2017 年第 9 号）

为进一步规范增值税发票管理，优化纳税服务，保障全面推开营业税改征增值税试点工作顺利实施，现将使用印有本单位名称的增值税普通发票（卷票）有关问题公告如下：

一、纳税人可按照《中华人民共和国发票管理办法》及其实施细则要求，书面向国税机关要求使用印有本单位名称的增值税普通发票（卷票），国税机关按规定确认印有该单位名称发票的种类和数量。纳税人通过增值税发票管理新系统开具印有本单位名称的增值税普通发票（卷票）。

二、印有本单位名称的增值税普通发票（卷票），由税务总局统一招标采购的增值税普通发票（卷票）中标厂商印制，其式样、规格、联次和防伪措施等与原有增值税普通发票（卷票）一致，并加印企业发票专用章。

三、印有本单位名称的增值税普通发票（卷票）发票代码及号码按照《国家税务总局关于启用增值税普通发票（卷票）有关事项的公告》（国家税务总局公告 2016 年第 82 号）规定的编码规则编制。发票代码的第 8—10 位代表批次，由省国税机关在 501—999 范围内统一编制。

四、使用印有本单位名称的增值税普通发票（卷票）的企业，按照《国家税务总局 财政部关于冠名发票印制费结算问题的通知》（税总发〔2013〕53 号）规定，与发票印制企业直接结算印制费用。

本公告自 2017 年 7 月 1 日起施行。

特此公告。

国家税务总局
2017 年 4 月 14 日

国家税务总局关于进一步明确营改增
有关征管问题的公告

（国家税务总局公告 2017 年第 11 号）

为进一步明确营改增试点运行中反映的有关征管问题，现将有关事项公告如下：

一、纳税人销售活动板房、机器设备、钢结构件等自产货物的同时提供建筑、安装服务，不属于《营业税改征增值税试点实施办法》（财税〔2016〕36 号文件印发）第四十条规定的混合销售，应分别核算货物和建筑服务的销售额，分别适用不同的税率或者征收率。

二、建筑企业与发包方签订建筑合同后，以内部授权或者三方协议等方式，授权集团内其他纳税人（以下称"第三方"）为发包方提供建筑服务，并由第三方直接与发包方结算工程款的，由第三方缴纳增值税并向发包方开具增值税发票，与发包方签订建筑合同的建筑企业不缴纳增值税。发包方可凭实际提供建筑服务的纳税人开具的增值税专用发票抵扣进项税额。

三、纳税人在同一地级行政区范围内跨县（市、区）提供建筑服务，不适用《纳税人跨县（市、区）提供建筑服务增值税征收管理暂行办法》（国家税务总局公告 2016 年第 17 号印发）。

四、一般纳税人销售电梯的同时提供安装服务，其安装服务可以按照甲供工程选择适用简易计税方法计税。

纳税人对安装运行后的电梯提供的维护保养服务，按照"其他现代服务"缴纳增值税。

五、纳税人提供植物养护服务，按照"其他生活服务"缴纳增值税。

六、发卡机构、清算机构和收单机构提供银行卡跨机构资金清算服务，按照以下规定执行：

（一）发卡机构以其向收单机构收取的发卡行服务费为销售额，并按照此销售额向清算机构开具增值税发票。

（二）清算机构以其向发卡机构、收单机构收取的网络服务费为销售额，并按照发卡机构支付的网络服务费向发卡机构开具增值税发票，按照收单机构支付的网络服务费向收单机构开具增值税发票。

清算机构从发卡机构取得的增值税发票上记载的发卡行服务费，一并计入清算机构的销售额，并由清算机构按照此销售额向收单机构开具增值税发票。

（三）收单机构以其向商户收取的收单服务费为销售额，并按照此销售额向商户开具增值税发票。

七、纳税人 2016 年 5 月 1 日前发生的营业税涉税业务，需要补开发票的，可于

2017 年 12 月 31 日前开具增值税普通发票（税务总局另有规定的除外）。

八、实行实名办税的地区，已由税务机关现场采集法定代表人（业主、负责人）实名信息的纳税人，申请增值税专用发票最高开票限额不超过十万元的，主管国税机关应自受理申请之日起 2 个工作日内办结，有条件的主管国税机关即时办结。即时办结的，直接出具和送达《准予税务行政许可决定书》，不再出具《税务行政许可受理通知书》。

九、自 2017 年 6 月 1 日起，将建筑业纳入增值税小规模纳税人自行开具增值税专用发票试点范围。月销售额超过 3 万元（或季销售额超过 9 万元）的建筑业增值税小规模纳税人（以下称"自开发票试点纳税人"）提供建筑服务、销售货物或发生其他增值税应税行为，需要开具增值税专用发票的，通过增值税发票管理新系统自行开具。

自开发票试点纳税人销售其取得的不动产，需要开具增值税专用发票的，仍须向地税机关申请代开。

自开发票试点纳税人所开具的增值税专用发票应缴纳的税款，应在规定的纳税申报期内，向主管国税机关申报纳税。在填写增值税纳税申报表时，应将当期开具增值税专用发票的销售额，按照 3% 和 5% 的征收率，分别填写在《增值税纳税申报表》（小规模纳税人适用）第 2 栏和第 5 栏"税务机关代开的增值税专用发票不含税销售额"的"本期数"相应栏次中。

十、自 2017 年 7 月 1 日起，增值税一般纳税人取得的 2017 年 7 月 1 日及以后开具的增值税专用发票和机动车销售统一发票，应自开具之日起 360 日内认证或登录增值税发票选择确认平台进行确认，并在规定的纳税申报期内，向主管国税机关申报抵扣进项税额。

增值税一般纳税人取得的 2017 年 7 月 1 日及以后开具的海关进口增值税专用缴款书，应自开具之日起 360 日内向主管国税机关报送《海关完税凭证抵扣清单》，申请稽核比对。

纳税人取得的 2017 年 6 月 30 日前开具的增值税扣税凭证，仍按《国家税务总局关于调整增值税扣税凭证抵扣期限有关问题的通知》（国税函〔2009〕617 号）执行。

除本公告第九条和第十条以外，其他条款自 2017 年 5 月 1 日起施行。此前已发生未处理的事项，按照本公告规定执行。

特此公告。

国家税务总局
2017 年 4 月 20 日

财政部 国家税务总局关于继续执行有线
电视收视费增值税政策的通知

（财税〔2017〕35 号）

各省、自治区、直辖市、计划单列市财政厅（局）、国家税务局，新疆生产建设兵团
财务局：

为继续支持广播电视运营事业发展，现就有线电视收视费增值税政策通知如下：

2017 年 1 月 1 日至 2019 年 12 月 31 日，对广播电视运营服务企业收取的有线数
字电视基本收视维护费和农村有线电视基本收视费，免征增值税。

本通知印发之日前，已征的按照本通知规定应予免征的增值税，可抵减纳税人
以后月份应缴纳的增值税或予以退还。

财政部 国家税务总局

2017 年 4 月 28 日

财政部 国家税务总局关于简并增值税
税率有关政策的通知

(财税〔2017〕37号)

各省、自治区、直辖市、计划单列市财政厅（局）、国家税务局、地方税务局，新疆生产建设兵团财务局：

自2017年7月1日起，简并增值税税率结构，取消13%的增值税税率。现将有关政策通知如下：

一、纳税人销售或者进口下列货物，税率为11%：

农产品（含粮食）、自来水、暖气、石油液化气、天然气、食用植物油、冷气、热水、煤气、居民用煤炭制品、食用盐、农机、饲料、农药、农膜、化肥、沼气、二甲醚、图书、报纸、杂志、音像制品、电子出版物。

上述货物的具体范围见本通知附件1。

二、纳税人购进农产品，按下列规定抵扣进项税额：

（一）除本条第（二）项规定外，纳税人购进农产品，取得一般纳税人开具的增值税专用发票或海关进口增值税专用缴款书的，以增值税专用发票或海关进口增值税专用缴款书上注明的增值税额为进项税额；从按照简易计税方法依照3%征收率计算缴纳增值税的小规模纳税人取得增值税专用发票的，以增值税专用发票上注明的金额和11%的扣除率计算进项税额；取得（开具）农产品销售发票或收购发票的，以农产品销售发票或收购发票上注明的农产品买价和11%的扣除率计算进项税额。

（二）营业税改征增值税试点期间，纳税人购进用于生产销售或委托受托加工17%税率货物的农产品维持原扣除力度不变。

（三）继续推进农产品增值税进项税额核定扣除试点，纳税人购进农产品进项税额已实行核定扣除的，仍按照《财政部 国家税务总局关于在部分行业试行农产品增值税进项税额核定扣除办法的通知》（财税〔2012〕38号）、《财政部 国家税务总局关于扩大农产品增值税进项税额核定扣除试点行业范围的通知》（财税〔2013〕57号）执行。其中，《农产品增值税进项税额核定扣除试点实施办法》（财税〔2012〕38号印发）第四条第（二）项规定的扣除率调整为11%；第（三）项规定的扣除率调整为按本条第（一）项、第（二）项规定执行。

（四）纳税人从批发、零售环节购进适用免征增值税政策的蔬菜、部分鲜活肉蛋而取得的普通发票，不得作为计算抵扣进项税额的凭证。

（五）纳税人购进农产品既用于生产销售或委托受托加工17%税率货物又用于生产销售其他货物服务的，应当分别核算用于生产销售或委托受托加工17%税率货物和其他货物服务的农产品进项税额。未分别核算的，统一以增值税专用发票或海关进口增值税专用缴款书上注明的增值税额为进项税额，或以农产品收购发票或销售发票上注明的农产品买价和11％的扣除率计算进项税额。

（六）《中华人民共和国增值税暂行条例》第八条第二款第（三）项和本通知所称销售发票，是指农业生产者销售自产农产品适用免征增值税政策而开具的普通发票。

三、本通知附件2所列货物的出口退税率调整为11％。出口货物适用的出口退税率，以出口货物报关单上注明的出口日期界定。

外贸企业2017年8月31日前出口本通知附件2所列货物，购进时已按13％税率征收增值税的，执行13％出口退税率；购进时已按11％税率征收增值税的，执行11％出口退税率。生产企业2017年8月31日前出口本通知附件2所列货物，执行13％出口退税率。出口货物的时间，按照出口货物报关单上注明的出口日期执行。

四、本通知自2017年7月1日起执行。此前有关规定与本通知规定的增值税税率、扣除率、相关货物具体范围不一致的，以本通知为准。《财政部 国家税务总局关于免征部分鲜活肉蛋产品流通环节增值税政策的通知》（财税〔2012〕75号）第三条同时废止。

五、各地要高度重视简并增值税税率工作，切实加强组织领导，周密安排，明确责任。做好实施前的各项准备以及实施过程中的监测分析、宣传解释等工作，确保简并增值税税率平稳、有序推进。遇到问题请及时向财政部和税务总局反映。

附件：1. 适用11％增值税税率货物范围注释（略）
2. 出口退税率调整产品清单（略）

财政部 国家税务总局
2017年4月28日

国家税务总局关于增值税发票开具有关问题的公告

（国家税务总局公告 2017 年第 16 号）

为进一步加强增值税发票管理，保障全面推开营业税改征增值税试点工作顺利实施，保护纳税人合法权益，营造健康公平的税收环境，现将增值税发票开具有关问题公告如下：

一、自 2017 年 7 月 1 日起，购买方为企业的，索取增值税普通发票时，应向销售方提供纳税人识别号或统一社会信用代码；销售方为其开具增值税普通发票时，应在"购买方纳税人识别号"栏填写购买方的纳税人识别号或统一社会信用代码。不符合规定的发票，不得作为税收凭证。

本公告所称企业，包括公司、非公司制企业法人、企业分支机构、个人独资企业、合伙企业和其他企业。

二、销售方开具增值税发票时，发票内容应按照实际销售情况如实开具，不得根据购买方要求填开与实际交易不符的内容。销售方开具发票时，通过销售平台系统与增值税发票税控系统后台对接，导入相关信息开票的，系统导入的开票数据内容应与实际交易相符，如不相符应及时修改完善销售平台系统。

特此公告。

国家税务总局
2017 年 5 月 19 日

国家税务总局关于调整增值税
纳税申报有关事项的公告

（国家税务总局公告 2017 年第 19 号）

为配合增值税税率的简并，国家税务总局对增值税纳税申报有关事项进行了调整，现公告如下：

一、将《国家税务总局关于全面推开营业税改征增值税试点后增值税纳税申报有关事项的公告》（国家税务总局公告 2016 年第 13 号）附件 1《增值税纳税申报表附列资料（一）》（本期销售情况明细）中的"11％税率"栏次调整为两栏，分别为"11％税率的货物及加工修理修配劳务"和"11％税率的服务、不动产和无形资产"，调整后的表式见附件 1，所涉及的填写说明调整内容见附件 3。

二、将国家税务总局公告 2016 年第 13 号附件 1《增值税纳税申报表附列资料（二）》（本期进项税额明细）中的第 8 栏"其他"栏次调整为两栏，分别为"加计扣除农产品进项税额"和"其他"，调整后的表式见附件 2，所涉及的填写说明调整内容见附件 3。

三、本公告自 2017 年 8 月 1 日起施行。国家税务总局公告 2016 年第 13 号附件 1 中的《增值税纳税申报表附列资料（一）》（本期销售情况明细）和《增值税纳税申报表附列资料（二）》（本期进项税额明细）同时废止。

特此公告。

附件：

1. 《增值税纳税申报表附列资料（一）》（本期销售情况明细）（略）

2. 《增值税纳税申报表附列资料（二）》（本期进项税额明细）（略）

3. 关于《增值税纳税申报表（一般纳税人适用）》及其附列资料填写说明的调整事项（略）

国家税务总局
2017 年 5 月 23 日

财政部 税务总局关于建筑服务等
营改增试点政策的通知

(财税〔2017〕58 号)

各省、自治区、直辖市、计划单列市财政厅（局）、国家税务局、地方税务局、新疆生产建设兵团财务局：

现将营改增试点期间建筑服务等政策补充通知如下：

一、建筑工程总承包单位为房屋建筑的地基与基础、主体结构提供工程服务，建设单位自行采购全部或部分钢材、混凝土、砌体材料、预制构件的，适用简易计税方法计税。

地基与基础、主体结构的范围，按照《建筑工程施工质量验收统一标准》（GB50300—2013）附录 B《建筑工程的分部工程、分项工程划分》中的"地基与基础""主体结构"分部工程的范围执行。

二、《营业税改征增值税试点实施办法》（财税〔2016〕36 号印发）第四十五条第（二）项修改为"纳税人提供租赁服务采取预收款方式的，其纳税义务发生时间为收到预收款的当天"。

三、纳税人提供建筑服务取得预收款，应在收到预收款时，以取得的预收款扣除支付的分包款后的余额，按照本条第三款规定的预征率预缴增值税。

按照现行规定应在建筑服务发生地预缴增值税的项目，纳税人收到预收款时在建筑服务发生地预缴增值税。按照现行规定无需在建筑服务发生地预缴增值税的项目，纳税人收到预收款时在机构所在地预缴增值税。

适用一般计税方法计税的项目预征率为 2%，适用简易计税方法计税的项目预征率为 3%。

四、纳税人采取转包、出租、互换、转让、入股等方式将承包地流转给农业生产者用于农业生产，免征增值税。

五、自 2018 年 1 月 1 日起，金融机构开展贴现、转贴现业务，以其实际持有票据期间取得的利息收入作为贷款服务销售额计算缴纳增值税。此前贴现机构已就贴现利息收入全额缴纳增值税的票据，转贴现机构转贴现利息收入继续免征增值税。

六、本通知除第五条外，自 2017 年 7 月 1 日起执行。《营业税改征增值税试点实施办法》（财税〔2016〕36 号印发）第七条自 2017 年 7 月 1 日起废止。《营业税改征增值税试点过渡政策的规定》（财税〔2016〕36 号印发）第一条第（二十三）项第 4 点自 2018 年 1 月 1 日起废止。

财政部 税务总局
2017 年 7 月 11 日